Entre-Textes

Entre-Textes introduces advanced students of French to the richness of the Francophone world through literature from the Middle Ages to the 21st century.

The course anthology is divided into fourteen modules, each of which pairs a classical text with a modern one. Students are guided to read works from different periods of time and cultural origin and consider how these echo, complement or question each other. Through comparing and contrasting the texts, students will develop a new approach to reading literature while simultaneously reinforcing linguistic and cultural competencies.

Suitable for advanced students of French and featuring texts from across the French-speaking world, *Entre-Textes* is an innovative course anthology with a flexible structure and versatile methodology.

Oana Panaïté is Associate Professor of French at Indiana University–Bloomington, USA.

Vera A. Klekovkina is Associate Professor of French at the University of Wisconsin–Stevens Point, USA.

Entre-Textes

Dialogues littéraires et culturels

Edited by
Oana Panaïté and Vera A. Klekovkina

Routledge
Taylor & Francis Group

LONDON AND NEW YORK

First published 2018
by Routledge
2 Park Square, Milton Park, Abingdon, Oxon OX14 4RN

and by Routledge
711 Third Avenue, New York, NY 10017

Routledge is an imprint of the Taylor & Francis Group, an informa business

British Library Cataloguing-in-Publication Data
A catalogue record for this book is available from the British Library

Library of Congress Cataloging-in-Publication Data
Names: Panaite, Oana, editor. | Klekovkina, Vera, editor.
Title: Entre-textes : dialogues littâeraires et culturels / edited by
   Oana Panaitâe and Vera Klekovkina.
Description: Milton Park, Abingdon, Oxon ; New York, NY : Routledge, [2017] |
   Includes bibliographical references and index.
Identifiers: LCCN 2016048946| ISBN 9781138939820 (hardback :
   alk. paper) | ISBN 9781138939844 (pbk. : alk. paper) |
   ISBN 9781315200422 (ebook)
Subjects: LCSH: French language—Study and teaching—Foreign speakers. |
   French literature—Study and teaching. | Language and culture—French
   speaking countries.
Classification: LCC PC2065 .E68 2017 | DDC 840.9—dc23
LC record available at https://lccn.loc.gov/2016048946

ISBN: 978-1-138-93982-0 (hbk)
ISBN: 978-1-138-93984-4 (pbk)
ISBN: 978-1-315-20042-2 (ebk)

Typeset in Times New Roman
by Apex CoVantage, LLC

Contents

Figures

Contributors

Olga Amarie is an Associate Professor of French at Georgia Southern University. While her research focuses mainly on the works of writers associated with the OULIPO group, it also extends to the genre of the French and Francophone *novella* as well as the practice of study abroad. She has published articles on Georges Perec and Hervé Le Tellier, Octave Mirbeau and Juliette Adam, and the stereotypes and risks associated with study abroad. Since 2013, she has been serving as a Vice President of Pi Delta Phi, a French honor society based in the US. Currently, she is involved in a SoTL (Scholarship of Teaching and Learning) interdisciplinary team project dedicated to student activities.

Florin Beschea is a Visiting Assistant Professor of French in the French and Francophone Studies Department at Davidson College who received his PhD from Indiana University–Bloomington, in Medieval French with a minor in Medieval Studies. His research includes the literature surrounding the miracles of the Virgin Mary (13th-century Gautier de Coinci texts) and the evolution of these texts in the 14th-century Virgin Mary Miracle plays. He is currently working on paratext in the French *Books of Hours*. His teaching ranges from language courses to phonetics, oral and written expression, advanced French grammar, introductory and advanced literature courses covering the pre-modern period in France.

Hall Bjørnstad is an Associate Professor of French at Indiana University–Bloomington. He has authored the study *Créature sans créateur: Pour une anthropologie baroque dans les Pensées de Pascal* (Presses Universitaires de Laval, 2010), edited *Borrowed Feathers: Plagiarism and the Limits of Imitation in Early Modern Europe* (Unipub, 2008), and co-edited a special issue of *Yale French Studies* dedicated to Walter Benjamin. He is also the Norwegian translator of the *Pensées* by Blaise Pascal (Pax, 2007).

Audrey Dobrenn holds a PhD in French Literature from Indiana University–Bloomington. Her research focuses on fictions of masculinity in contemporary French writing, especially as represented in the works of Michel Houellebecq, Virginie Despentes, Frédéric Beigbeder, and Yann Moix. She is currently a French teacher and administrator at Cleburne High School (Texas). Her other interests include foreign language pedagogy in secondary education and she is presently developing strategies for kinesthetic grammar.

Julia V. Douthwaite is Professor at the University of Notre Dame (Indiana). Her latest book is entitled *The Frankenstein of 1790 and Other Lost Chapters from Revolutionary France* (University of Chicago Press, 2012), which will appear in French under the title *Le Frankenstein français et la littérature de l'ère révolutionnaire* (Classiques Garnier). She is also the author of *The Wild Girl, Natural Man and the Monster: Dangerous Experiments in the Age of Enlightenment* (Chicago, 2002), *Exotic Women: Literary Heroines and Cultural Strategies in Ancien Régime France* (Philadelphia, 1992), and numerous articles such as

"Objets de recherche de part et d'autre de l'Atlantique" in *Dix-Huitième siècle* (Paris, 2014) and "Les martyres de Marat et de Sebastião" in *La Révolution française et le monde d'aujourd'hui* (Paris, 2014).

Virginie A. Duzer is an Associate Professor and the Department Chair of Romance Languages and Literatures at Pomona College. She teaches in the areas of late 19th, 20th, and 21st-century French literature, art, and culture. Her research deals with the relation between texts, images, and aesthetics in the avant-gardes. A research associate for *Savoirs des femmes* (CRSH Canada 2012–2015), she is also an MDRN research affiliate (large-scale KU Leuven-based research initiative) and a part of the scientific committee of the *Revue de Photolittérature*, serving as well on the review committee of the journal *MuseMedusa* and on the editorial board of the *Cahiers Benjamin Péret*. Her study *L'Impressionnisme littéraire* was published in 2013 by the Presses Universitaires de Vincennes.

Flavien Falantin is a PhD candidate in French/Francophone Studies at Indiana University–Bloomington. His research deals with the concept of Bovarysm in the French tradition before and after Flaubert, as well as the literary persona of Françoise Sagan. His dissertation is dedicated to the theory and history of "readerly contamination" in literature and its repercussions on the modern world. His articles have been published in venues such as *The French Review* and *Revue italienne d'études françaises*.

Gladys M. Francis is Associate Professor of French and Francophone Studies, Theory and Cultural Studies, as well as Director of the South Atlantic Center of the Institute of the Americas at Georgia State University. Her research offers a reading together of the literary, cinematic, and performing arts to arrive at a transdisciplinary conversation in Post/Colonial Studies, Cultural Studies, Women and Gender Studies, Africana and Francophone Studies, and the Geohumanities. She has published two books (*Amour, sexe, genre et trauma dans la Caraïbe francophone*, 2016; *Odious Caribbean Women and the Palpable Aesthetics of Transgression*, 2017) and over twenty articles on questions of im/migration, social justice, race, gender, and class in the Caribbean and Sub-Saharan Africa.

Margaret Gray is an Associate Professor of French at Indiana University–Bloomington. Her publications include the study *Postmodern Proust* (University of Pennsylvania Press, 1992) as well as numerous articles on the French novel from George Sand to Noémi LeFebvre which have been published in *Modern Language Notes*, *Romanic Review*, *French Forum*, *French Cultural Studies*, *Studies in 20th- and 21st-Century Literature*, *Symposium*, and *Modern Fiction Studies*.

Rebecca C. Harmon received her PhD in French Literature from Princeton University. Her research interests include Agrippa d'Aubigné, Jean de Léry, eyewitness testimony, religious conflict, New World travel literature, and the interplay between visual arts and the written word. Currently an Associate Professor of French at Grove City College, she teaches all levels of undergraduate French.

Jason Herbeck is Professor of French and French Section Head at Boise State University. He has authored many articles in *Romanic Review*, *Dalhousie French Studies*, *The French Review*, *Mosaïc*, *Présence d'Albert Camus*, and *Francophone Postcolonial Studies* on Albert Camus and the works of Francophone Caribbean writers Maryse Condé, Daniel Maximin, Évelyne Trouillot, and Raphaël Confiant. His book, *Architextual Authenticity: Constructing Literature and Literary Identity in the French Caribbean*, is forthcoming with Liverpool University Press.

Vincent Jauneau is a graduate student at Université de Rennes 2 who completed an MA in French and Francophone Studies at the University of Notre Dame. His primary focus is French contemporary poetry, particularly the poetic work of Antoine Emaz.

Eileen Julien is Professor of French, Comparative Literature and African Studies as well as Director of the Institute for Advanced Studies at Indiana University–Bloomington. Her research is dedicated to the 20th-century novel, postcolonial studies, and French and Francophone writing from the Hexagon and Africa. Her titles include *African Novels and the Question of Orality* (IU Press, 1992) and *Travels with Mae: Scenes from a New Orleans Girlhood* (IU Press, 2009). She co-edited the *Encyclopedia of African Literature* (with Simon Gikandi, Routledge, 2002) and *The Locations and Dislocations of African Literature: A Dialogue between Humanities and Social Science Scholars* (with Biodun Jeyifo, Africa World Press, 2016).

Diane Kelley is Professor of French Studies at the University of Puget Sound in Tacoma, Washington. With a PhD in early modern French literature, her principal area of specialty is women's fiction of the 18th century in France. Her research has taken her from the novels of Mme de Lafayette, Catherine Bernard and Mme de Tencin to Mme de Graffigny, including her relationship with Voltaire. Her work on Graffigny's play *Cénie* resulted in research in the field of literary history, regarding Diderot's influence on *Cénie's* legacy. Most recently, she completed an historical project on Mme Helvétius' experience of the Terror. When not researching in those fields, she works on the practice and cultivation of creative approaches to teaching language, literature, and history. She is particularly appreciative of the opportunity to participate in the creation of *Entre-Textes*.

Vera A. Klekovkina is an Associate Professor of French, Department of World Languages and Literatures, University of Wisconsin–Stevens Point (UWSP). Her research interests range from 19th- to 21st-century French and Francophone Studies in the areas of personal discourse, masculinity, Film Studies, and women's writers. She has published her research on Marcel Proust, Auguste Villiers de l'Isle-Adam, Emmanuel Levinas, Amélie Nothomb, and Anna Gavalda. She also conducts pedagogical projects for Scholarship of Teaching and Learning to investigate teaching practices in the areas of oral proficiency in the target language, application of backward design for curricular and programmatic changes, effective means of fostering of critical thinking skills through *la pensée visuelle* (argument, concept, and mind maps). Recipient of the UWSP University Excellence in Teaching Award and the Leadership Mentor Award, Dr. Klekovkina also serves as the Co-Chair of the Faculty Senate Assessment Sub-Committee.

Laurent Loty is Chargé de recherche 1re classe at the Centre National de la Recherche Scientifique (Paris) and the Centre d'Étude de la Langue et de la Littérature Françaises des XVIIe et XVIIIe siècles (CELLF XVIIe-XVIIIe, UMR 8599, CNRS and Université Paris Sorbonne-Paris 4). He was previously taught at Université Rennes 2 and presided the Société française pour l'histoire des sciences de l'homme. His research extends to the history of ideas and the history of political and scientific imaginaries, and he is currently working on humanism from the book to the digital age. He has co-authored *Esprit de Diderot* (Hermann, 2013) and co-edited *L'histoire des sciences de l'homme* (L'Harmattan, 1999), *Littérature et engagement pendant la Révolution française* (PUR, 2007), *Individus et communautés* (*Dix-Huitième Siècle*, 2009), *Vers une économie "humaine" ?* (Hermann, 2014) and le *Dictionnaire des anti-Lumières et des antiphilosophes* (Champion, 2017). His forthcoming publication is entitled *Aux origines de l'optimisme et du fatalisme* (Classiques Garnier, 2017).

Eric MacPhail is Professor of French and Adjunct Professor of Comparative Literature at Indiana University–Bloomington, where he has taught since 1988. He is the author of three monographs and numerous articles and book chapters on European Renaissance literature. Since 2013 he has served as editor of *Erasmus Studies*, published under the auspices of the Erasmus of Rotterdam Society. He is the co-editor, along with two colleagues, of the new scholarly edition of Jean Bodin's *Démonomanie des sorciers* (Droz, 2016). His new project is entitled *Atheist's Progress: Religious Tolerance from Renaissance to Enlightenment* and focuses on the intersection of religion and politics in France from Jean Bodin to Pierre Bayle.

Marilyn Matar is a Clinical Assistant Professor at the Catholic University of America. She obtained her PhD in Modern French Studies from the University of Maryland, College Park, with a dissertation on the literary representations of the Lebanese civil war. Her research focuses on the representations of war and identities in conflict in the Francophone literature of the Machrek, with a special emphasis on Lebanon and on the themes of memory and identity. She is currently preparing a book, *Les Représentations littéraires de la guerre civile libanaise: pour une poétique du lien* that explores the singularity of the aesthetics of writings from the Lebanese civil war, and addresses the ethical questions raised by these works.

Olivier Morel is an Assistant Professor of French and Film Studies at the University of Notre Dame. He is a screenwriter and film director known for his documentaries *On the Bridge/L'âme en sang/Amerika's verletzte Seelen* (Zadig Productions/ARTE France, 2011), *Maurice Nadeau, Le chemin de la vie* (ARTE, 2011) and *Between Listening and Speaking Auschwitz-Birkenau, 1945–2005* (video installation and exhibit, Ville de Paris, 2004). He has also published two monographs, *Berlin légendes ou la mémoire des décombres* (Presses Universitaires de Vincennes, 2014) and *Visages de la Grande Guerre* (Calmann-Lévy, 1998), and an illustrated novel, *Revenants* (Futuropolis-Gallimard, 2013), with illustrations by Maël.

Véronique Olivier (PhD from University of Wisconsin–Madison) is an Assistant Professor at Chapman University, in the Department of World Languages. Amongst the courses she teaches are French Women Writers, From France to Hollywood: The Remake, Cuisine in French Literature and Film, and French Popular Music. Her interest is in Women's Studies and she has recently published an article on "Simone de Beauvoir, Food and Existentialism" (*Simone de Beauvoir Studies*, 2012) and on "Muriel Barbery's Une Gourmandise: les mots, les mets et l'écriture féminine" (*French Review*, 2013). She is currently preparing a book about French and American women writers' relationship to the kitchen.

Lynn E. Palermo is an Associate Professor of French at Susquehanna University. She has published essays on the 1889 Exposition Universelle in *The Color of Liberty: Histories of Race in France* and on the 1931 Exposition Colonial in *French Cultural Studies*. Her academic translations have appeared in *Dada/Surrealism,* and her literary translations in *World Literature Today, Exchanges*, and *The Kenyon Review Online*. In 2016, she and her co-translator received a French Voices Translation Award for *Destiny's Repairman* by Cyrille Fleischman.

Oana Panaïté is an Associate Professor of French and Director of Graduate Studies in French/Francophone Studies at Indiana University–Bloomington. She has authored the study *Des littératures-mondes en français. Écritures singulières, poétiques transfrontalières dans la prose contemporaine* (Rodopi, 2012) and edited a special issue of the journal *L'Esprit créateur* on "The Idea of Literature/La Pensée littéraire" (Fall 2014) as well as a theoretical companion to this anthology, entitled *Communautés de lecture: pour une approche dialogique des oeuvres classiques et contemporaines* (Cambridge Scholars, 2016). Her latest publication is *The Colonial Fortune in Contemporary Fiction in French* (Liverpool University Press, 2017).

AMarie Petitjean is "agrégée" and Maître de conférences en Langue et Littérature françaises at the Université de Rouen (France). In 2013, she defended her doctoral dissertation entitled "La littérature sur le métier : étude comparée des pratiques créatives d'écriture littéraire dans les universités, en France, aux États-Unis et au Québec", at Université de Cergy-Pontoise.

Alison Rice is an Associate Professor of French and Francophone Literature at the University of Notre Dame. She has published two critical studies entitled *Time Signatures: Contextualizing Contemporary Autobiographical Writing from the Maghreb* (Lexington Books, 2006) and *Polygraphies: Francophone Women Writing Algeria* (University of Virginia Press, 2012).

Michel Rocchi is Professor in the department of French Studies at the University of Puget Sound in Tacoma, Washington, has a PhD in Comparative Literature. He specializes in theater, modern French fiction, Francophone literature, and theory. He has published on Jean Anouilh, and worked on Charles Baudelaire, Marguerite Duras, and Yasmina Reza. Lately, he has been studying and presenting on the "rapport mère-fille" in the works of Annie Ernaux, Amélie Nothomb, Anna Gavalda, and Claire Castillon. His teaching assignments cover contemporary French issues, pop culture, and a conversational approach to French films. He thanks all the project coordinators for the opportunity to contribute to the *Entre-Textes* initiative.

Sylvie Romanowski is Professor Emerita of French at Northwestern University. She specializes in the literature of the 17th and 18th centuries, and is also interested in the field of Women's Studies. She is the author of *L'Illusion chez Descartes: la structure du discours cartésien* (1974), and *Through Strangers' Eyes: Fictional Foreigners in Old Regime France* (2005), which contains chapters on Montaigne, Montesquieu, Graffigny, Voltaire, and Claire de Duras. She has also written on Malraux, Cyrano de Bergerac, Molière, Racine, Rousseau, Colette, and Ernaux. She translated Alexander von Humboldt's *Essai sur la géographie des plantes* (1807) and wrote an essay on a plate accompanying that work, published by the University of Chicago Press (2009).

Véronique Taquin is Professeure en Classes Préparatoires aux Grandes Écoles at the Lycée Condorcet (Paris, France). She has published an essay on *Antigone* by Jean Anouilh and various texts on literature, cinema, economics, and politics. She worked with Gilles Deuleuze on emotion in cinema and she released *Bartleby ou les hommes au rebut* (1993), a film adaptation of Melville's story. Her novelistic trilogy centers on the role the media play in the contemporary imaginary. In *Vous pouvez mentir* (Le Rouergue, 1998), she uses radio as a matrix medium. *Un roman du réseau* (Hermann, 2012) is a work of fiction about a network novel written on the Internet and it was first serialized and staged on *Mediapart*. The third installment will be called *Étreinte des fantômes. Un roman-vidéo en réseau* (see http://lejedetaquin.free.fr).

Acknowledgments

This anthology is the product of collaboration with many participants whom we would like to thank for their contributions at every stage of this process. First of all, we would like to recognize Julia V. Douthwaite, Alison Rice, and Olivier Morel from the University of Notre Dame, who helped organize a collaborative project with the Indiana University–Bloomington, entitled "Circulating French in the Classroom: Reading Literature in Community," in Fall 2013. Following a preparatory "journée d'étude" entitled "French Literature Beyond Borders" at Indiana University–Bloomington, this innovative three-day workshop brought together French-speaking scholars and college and high school teachers from many US states and France, and launched a productive dialogue that came to fruition on the pages that follow. Many of these participants served as contributors to this anthology.

We would like to give our heartfelt thanks to all our undergraduate students who continue to inspire us to create news ways of teaching them as well as of discovering along with them new cultural practices and understandings that shape global communities of today's speakers and learners. The assistance of Notre Dame and Indiana University graduate students has also been vital for pedagogical focus groups and manuscript revisions. We would also like to thank all of the outside colleagues and friends who commented on different parts of the manuscript.

The Routledge readers' comments and editorial support have been instrumental in shaping this project and we thank them for their professionalism and enthusiasm. We are especially grateful for the generous financial support from the University of Notre Dame, Indiana University–Bloomington, and University of Wisconsin–Stevens Point that allowed us to initiate, develop, and bring this project to fruition.

Finally, we would like to thank all the publishers, authors, and copyright holders for their kind permission to reproduce the selected texts in this anthology:

Introduction

0.1 DIALOGICAL APPROACH TO READING: FROM TEXTUAL LITERACY TO CULTURAL COMPETENCY

Entre-Textes is the result of a long-term collaborative project that brought together teachers and scholars from the United States, Canada, and France. This collective work has developed a new conceptual framework to help redefine and innovate the study of French literature. Fourteen modules, most of which were prepared by a team of two scholars, illustrate a dialogical approach to teaching classical and contemporary texts.

Disciplinary and institutional traditions routinely draw discrete taxonomies and categorize texts based on historical contexts or geographical origins. Enshrined in literary histories, featured in textbooks and curricula, the temporal and spatial divisions persist in establishing chronological and geographical hierarchies. Yet, texts themselves often resist such an artificial division, which neither authors nor readers, critics nor teachers, follow in their practice of reading, reflecting upon, writing about, or teaching literary works.

On the one hand, canonical works are placed in a pantheon that renders them exemplary while isolating them from the wide range of literary production to which they have, in fact, never ceased to belong. On the other hand, contemporary writings are relegated to the rank of transient artistic production, of questionable value, deemed either too elitist and inaccessible for their experimental poetics, or too commercial and conventional because of their desire to conform to mainstream expectations.

The consequence of this asymmetry in teaching practices is often paradoxical as it leads to overvaluing classical texts and underestimating contemporary works. Deepening disciplinary divides, such an approach particularly affects the literary production of the French-speaking world, opposing French to Francophone literatures. It is necessary, therefore, to revise the theoretical framework and academic study of literary texts in French from a dynamic global vision, which recognizes the multiplicity and richness of French-language writing.

The emergence of literatures written in French outside of the Hexagon and the increasing visibility of their authors invite students, teachers, and researchers to broaden their cultural horizons, to rethink artistic hierarchies, and to find new ways of reading and, more importantly, positioning themselves in relation to such texts. To respond adequately to this reality, *Entre-Textes* builds, through the dialogical approach to reading, a constellation of relationships between the texts' creation and reception, past and present, "here" and "there."

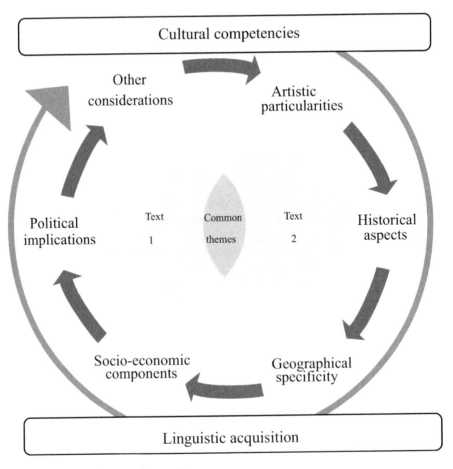

Figure 1 Dialogical approach to reading.

The **dialogical approach to reading** envisions a comparative reading of two primary texts, originating from different historical periods and cultural backgrounds, through the angle of common themes, in order to facilitate the reader's understanding and development of cultural competencies via interdisciplinary connections derived from artistic, historical, socio-economic, and/or political considerations arising from the texts.

Bringing together literature, history, the arts, and social sciences, this method supports linguistic acquisition through deep engagement with the readings. Under the umbrella of unifying themes, the paired texts reveal their intrinsic differences and meaningful affinities. The dialogical approach to reading aids 21st-century readers to develop linguistic and cultural competencies simultaneously and to draw connections within a text, between texts and their contexts, and with their lives and the world.

0.2 TO THE INSTRUCTOR: TEACHING APPROACHES

Entre-Textes is intended for transitional and advanced levels of a foreign language classroom. The target audience is college and high school students who want to discover the Francophone world in its richness through a new arrangement of literary texts ranging from the Middle Ages to the 21st century and representing various French-speaking cultures. To highlight new relationships between texts and facilitate potential encounters of cultures and diverse communities, pedagogical practices are specifically designed to circulate French in the classroom and beyond, with the overall goal of nourishing a lasting interest in the French language and forming lifelong learners who use the second language for personal and professional enrichment.

By directly aligning its pedagogical methodology with the five goals set by the American Council on Teaching of Foreign Languages (ACTFL), namely the five Cs – Communication, Cultures, Connections, Comparisons, and Communities – *Entre-Textes* aims to meet the needs of current students, studying and preparing for world-readiness and living in a multimedia environment. To target key competencies such as oral, written, cultural, critical thinking, and figurative proficiencies, as well as community involvement and outreach, the textbook uses a variety of linguistic support: texts, advertisements, songs, films, talk shows, interviews, documentaries, blogs, and forums, among others, to provide students with several venues to learn and discover the cultural productions and practices of French-speaking countries.

Working in concert with the holistic approach to reading proposed by Dr. Janet Swaffar (University of Texas–Austin)[1], *Entre-Textes* offers a wide-ranging support system to enhance all four linguistic skills – reading, listening, speaking, and writing – while keeping the focus on increasing students' cultural sensitivity and reinforcing their critical thinking competencies through building connections with various disciplines and making comparisons with students' own cultural and linguistic backgrounds.

Anchored in literary and cultural analysis, the dialogical approach adopted in the textbook involves an extended comparative analysis of two main texts in each module. The paired texts are first approached through consideration of common themes that connect them, and then consecutively studied in detail to come to the final discussion, which solidifies the parallels between the texts. Each module offers students concrete tools for getting involved with the texts and opens up the discussion beyond the classroom with the help of multimedia resources.

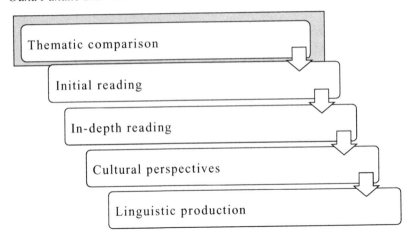

Figure 2 Dialogical reading stages.

Although the multimedia environment may seem like a "panacea" for teaching and learning languages, pedagogical mediation proves itself essential[2]. To ensure the articulation of the varied links the paired texts suggest, students are provided with guidelines to help them navigate through a plethora of information available online. The pedagogical mediation supports the development of linguistic and interpretive skills in students who are encouraged by the dialogical approach to reading to see how different time periods and cultures can interact. Such pedagogical mediation prepares students to become lifelong independent learners who can actively seek and evaluate information as well as apply textual and cultural decoding skills beyond the classroom.

Entre-Textes lends itself effectively to a variety of teaching audiences and needs. Its versatile methodology can be used in a traditional, flipped, or hybrid classroom. It offers multiple learning opportunities for students to deepen their understanding of readings and to acquire a more comprehensive picture of the target culture. Many activities can be assigned for in-class or at-home preparation. For instance, in a flipped classroom or a hybrid course, students learn new content at home (via pre-reading activities which often require Internet search and preparation for presentations or in-class discussions) and practice to apply their knowledge in the classroom, or online forums, as they make their oral presentations and participate in group discussions and class debates.

0.2.1 Module structure and features

Each module features two main texts from different historical periods and cultural origins. Somewhat varied in length, most of the texts are short excerpts of novels and poems, carefully chosen for their mutual affinities. The following course of activities intends to help students grasp and build on the dialogical relationship between the texts.

Opening page (*Entrée en matière*) presents a scaffolding activity, based on two short citations from both texts, to guide students' attention to relevant vocabulary and to help them anticipate major themes.

The *Author biographies* section briefly summarizes authors' lives and works to familiarize students with the historical period, cultural origin, and stylistic particularities of each author.

The *Text summaries* (*Résumés des textes*) section concisely describes the plot, characters, and specificities of each text to contextualize the excerpts. As students read short biographies and plot synopses, they are encouraged to conduct independent research to broaden their knowledge about literary movements or cultural events in which the authors participated. To question the efficiency of literary marketing techniques, students compare book covers of different editions of each text. Today's social media offer an unprecedented opportunity for students to participate in linguistic communities via blogs or forums. Therefore, students are invited to seek out forums dedicated to authors they study in order to read and contribute to their discussions. These pages continue vocabulary building as the key terms are highlighted in the margins and students are asked to find their definitions on their own.

The *Common themes* (*Thèmes communs*) section establishes the dialogical relationship between the texts to prepare students for context-given understanding. Reading, therefore, is positioned as a meaning-generating activity, built on anticipation and targeting a holistic understanding, rather than an act of linguistic decoding. This priming activity introduces the whole picture upfront rather than making students wait until the end of the module to deduce common themes between the texts. As the final stage of the pre-reading activities, it charts guiding directions for the initial reading of the texts. If assigned at home, this activity envisions independent reflection that can culminate in a written assignment, such as a concise paraphrasing report, for instance. In class, it allows students to practice interpersonal, interpretative, and presentational communication skills.

Next, the excerpts are presented and situated within the larger plot. Endnotes explain difficult vocabulary, idiomatic expressions, historical figures, and cultural references. *Initial reading* (*Lecture initiale*; in shaded boxes) targets the texts' general comprehension. The primary questions of *who*, *what*, *where*, and *when* allow students to parse out essential details to facilitate comprehension and build linguistic confidence. The questions of genre, types of discourse, and tonality increase in complexity and allow students to identify the text as a narrative artifice with its discursive strategies chosen for a specific audience. The act of note-taking is vital in this stage because writing down the text *verbatim* and/or paraphrasing it will prepare students for their own oral and written production in the future.

In-depth reading (*Lecture approfondie*) further examines the primary texts. The comprehension exercises (Annexe A) actively engage students to reconstitute and visualize the texts' main elements and to approach them on a more personal level. These exercises enhance oral proficiency as students 1) draw sequential images and narrate the plot in a cohesive paragraph, linking their ideas with appropriate connectors, and 2) interview a character by asking him/her personal questions related to the story. Analysis questions bring to the surface literary devices specific to each text therefore increasing students' textual literacy, as they are now able to identify and name narrative strategies and rhetorical figures. Interpretation questions help construct overall meanings of the texts.

The *Perspectives* section establishes historical, linguistic, and cultural contexts to facilitate a more global comprehension of the excerpts. They also help build vocabulary and provide students with the necessary terminology to discuss historical and cultural concepts the texts evoke.

Oral and written production (*Production orale et écrite*) exercises suggest post-reading activities to solidify oral and written production, critical thinking, and figurative and cultural proficiency. Each module features these exercises repeatedly to provide ample opportunities for students to practice their skills after studying each text separately and together. The self-reflection exercise (Annexe B) invites students to reflect, at the end, on how new ideas and facts learned in each module affect them personally.

Putting in parallel (*Mise en parallèle*) and *Synthesis* (*Synthèse*) are two recapitulating activities that revisit the dialogical relationship and allow students to return to the main themes and concepts, recycle vocabulary, and further exercise their analytical skills as well as oral and written communication skills. To complete their understanding of the paired texts, students are encouraged to reconsider the links that connect the texts and bring their own experiences into the discussion.

0.2.2 Semester/course structure and sample unit

Entre-Textes contains fourteen modules that can be studied all together or in different combinations, depending on the individual needs of a course. For example, in a seminar on the theme of "love," Modules 1, 2, 6, 7, 10, and 11 will be especially relevant. A survey of French literature may use all modules during one or two semesters. In an upper-level traditional or hybrid course, each module can be covered in two to three weeks, as most of the activities are suited both for in-class or individual work. In an intermediate-level course, each module can be covered in four to five weeks and be supplemented with grammar activities.

In a course that meets three times a week, the following lesson unit per module can be implemented:

1)   Week 1, lecture 1: *Dialogical relationship*

Home assignments	In-class activities
Read the following pages at home: • Opening page • Author biographies • Text summaries • Common themes. Internet search: Questions in shaded boxes	*Warm-up*: Students present vocabulary from the opening page. *Solo*: Individual presentations by students of the authors' biographies, the paired texts' synopses, and Internet search results. *Pair/group*: Discussion of the common themes. *Class*: Setting goals for reading—which themes and directions to look for during the initial reading. *Wind-down*: Key vocabulary review.

2)   Week 1, lecture 2: *First text – Initial reading*

Home assignments	In-class activities
Read the following pages: • Text 1 + *lecture initiale.*	*Warm-up*: Individual readings of short passages from the text. *Pair/group*: Answering questions in shaded boxes and taking notes. *Class*: Discussion of the text's plot elements, genre, discourse type, and target audience. *Wind-down*: Key vocabulary review.

3)   Week 1, lecture 3: *First text – In-depth reading*

Home assignments	In-class activities
Read the following pages: • *Lecture approfondie* for Text 1. Prepare: Annexe A exercises.	*Warm-up*: Sequential narration and character interviews. *Pair/group*: Answering the analysis and interpretation questions from *Lecture approfondie.* *Wind-down*: Key literary terms review.

4)   Week 2, lecture 1: *First text – Cultural perspectives and oral/written production*

Home assignments	In-class activities
Read the following pages: • *Perspectives* for Text 1, when applicable. • *Production orale et écrite* for Text 1. Prepare: Selected oral and/or written exercises.	*Warm-up*: Summarizing cultural perspectives. *Pair/group/class*: Selected oral and/or written exercises. *Wind-down*: Logical connectors review.

5)   Week 2, lecture 2: *Second text – Initial reading*

Home assignments	In-class activities
Read the following pages: • Text 2 + *lecture initiale*.	Similar activities as for Text 1.

6)   Week 2, lecture 3: *Second text – In-depth reading*

Home assignments	In-class activities
Read the following pages: • *Lecture approfondie* for Text 2. Prepare: Annexe A exercises.	Similar activities as for Text 1.

7)   Week 3, lecture 1: *Second text – Cultural perspectives and oral/written production*

Home assignments	In-class activities
Read the following pages: • *Perspectives* for Text 2, when applicable. • *Production orale et écrite* for Text 2. Prepare: Selected oral and/or written exercises.	Similar activities as for Text 1.

8)   Week 3, lecture 2: *Putting it all together*

Home assignments	In-class activities
Read the following pages: • *Mise en parallèle*. • *Synthèse*. Prepare: Selected oral and/or written exercises.	*Warm-up*: Review of key vocabulary, characters, places, and plot elements. *Class*: Recapitulation and discussion of the common themes. *Pair/group/class*: Selected oral and/or written exercises. *Wind-down*: Describe the dialogical relationship between the paired texts in one phrase.

9)   Week 3, lecture 3: *(Self-)Assessment of student learning* (optional)

Home assignments	In-class activities
Read the following pages: • *Synthèse*. • *Autoréflexion* (Annexe B).	Suggestions: To perform formal, informal, or self-assessment of student learning, use oral and written production activities to gauge students' analytical or creative writing, vocabulary acquisition, cultural knowledge, etc.

0.2.3 Assessment of student learning

To keep track of student learning, formative and/or summative assessments could be implemented throughout the unit, in the final week of the unit or at specific moments in the semester. Individual and pair/group activities offer ample opportunities for informal formative assessment of how well students understand the texts and how successfully they can communicate in the target language. For more formal summative assessment of students' writing or speaking, rubrics could enhance instruction and self-assessment of their progress by students themselves. For instance, the VALUE Rubrics designed by the Association of American Colleges and Universities could be adopted and tailored for each individual course[3].

0.3 TO THE STUDENT: PUTTING IT ALL IN PERSPECTIVE

Entre-Textes invites you to read differently. You will be reading all the texts in French (with exception of Ngugi wa Thiong'o's text, originally written in English). It might be intimidating, at first, especially if you have just finished the second year of French. Reading is an active undertaking and requires time and effort, but how this time and effort are spent is up to you. Looking up each new word in a dictionary demands hours and hours, yet it might not help you understand the text in its entirety. Therefore, we encourage you to use the vocabulary provided in each chapter and supplement it with your own research to ensure a good grasp of the text's meaning. Concentrating on how the texts interact with each other will also ease the task of reading and help you to understand the general meaning.

0.3.1 Dialogical approach

Seeing how two texts, taken from different periods of time and cultural origins, echo, complement, or question each other adds an important aspect to reading, namely the pleasure of discovering commonalities and patterns that extend beyond the narratives. Comparing romantic longings of a young French woman from the 19th century with those of a contemporary Senegalese girl can shed light on individual stories, and more importantly, on what connects them. While reading the texts, look for lexical affinities, such as recognizable expressions and sentence structures. Consider how individuals act in a specific cultural context. Examine their sources of aspirations and suffering. Reflect on their economic circumstances, socio-political contexts, religious practices, and gender status.

0.3.2 Independent research

To read actively, you will be required to conduct independent research on the Internet in order to acquaint yourself better with the authors and their texts. You may also watch YouTube videos, read articles and blogs, and participate in forums. All of these activities can help you understand how these texts continue to affect and engage the general public, scholarly critics, and even political figures and high officials. For instance, when former French President Nicolas Sarkozy claimed during his presidential campaign in 2006 that a *guichetière* (ticket saleswoman) would not read *La Princesse de Clèves*, and therefore implied that the text was irrelevant in today's world, the public reaction was immediate. To show general interest in this famous 17th-century novel written by Madame de Lafayette (found in Module 6), public readings and discussions of the novel were organized in the streets of Paris. Despite the three centuries that separate the novel from today, the moral struggles of a married princess still resonate with readers from all walks of life. As you read any text in the anthology, you are encouraged to look for more information surrounding the text in order to appreciate its ongoing legacy.

0.3.3 Speak up!

Reading goes hand in hand with speaking and writing. While studying these texts, read them out loud to practice your pronunciation and intonation, discuss them with your classmates and friends to formulate your ideas, and present your point of view to practice your oral and written communication. In preparation for each class, start by writing simple words (key vocabulary), then put them in short but complete sentences, and, finally, connect them in brief paragraphs. You will be amazed to see how your ideas shape up in front of your eyes.

0.3.4 Big picture

When putting a puzzle together, one has to envision the final picture. While reading the paired texts, always keep in mind the guiding thread that connects them. Do not let yourself be distracted by difficult words (of course, you can always look them up in a dictionary). Continue reading and try to find elements that help you put the puzzle together, i.e. compare and contrast the texts in order to arrive at a more comprehensive understanding of cultural differences and similarities.

The world we live in continually expands, depending on our preparedness and ability to participate in it. Curtis Bonk reminds us in *The World Is Open* that "Among the key required skills of our time" is "the ability to work collaboratively with people from different countries or geographic regions. Students need greater sensitivity to different cultures and languages [...]. They need to build such skills through real-world experiences and projects[4]." For Bonk, it is the use of "new and emerging technologies" that can assist students in achieving these goals. Indeed, social media or wearable electronics, such as Google Glass, can facilitate worldwide communication and information retrieval. Still, one can learn from the past as much as from the present. By reading texts ranging from the Middle Ages to the 21st century and representing various French-speaking countries, you can achieve similar goals by gaining a deeper understanding of language, history, and culture. With this dialogical approach to reading and the use of multimedia resources, *Entre-Textes* aims to foster lifelong learners of French who are exposed to linguistic and cultural diversity and who can work collaboratively with other speakers of French.

Notes

1 Janet Swaffar and Katherine Arens, "Foreign Language Teaching Methods: Reading." *Foreign Language Teaching Methods: Reading*. Center for Open Educational Resources and Language Learning (COERLL). The University of Texas at Austin. 2010. Web.

2 Anne-Laure Foucher, "Réflexions linguistiques et sémiologiques pour une écriture didactique du multimédia de langues," *Alsic*, 1.1 (1998) : 3–25, p. 4. Web. 3 Jun 2014.

3 VALUE Rubric Development Project. Association of American Colleges and Universities, n.d. Web.

4 Curtis Bonk, The World Is Open: How Web Technology Is Revolutionizing Education. San Francisco: Jossey-Bass, 2009, 42–43. Print.

Module 1 — Amour et séduction dans la légende de Tristan et Iseut[1] chez Béroul, Thomas et Albert Cohen

Florin Beschea et Olga Amarie

1.1 ENTRÉE EN MATIÈRE

« Il semblait à Tristan qu'une ronce vivace, aux épines aiguës, aux fleurs odorantes, poussait ses racines dans le sang de son cœur et par de forts liens enlaçait au beau corps d'Iseut son corps et toute sa pensée, et tout son désir. »

(Béroul/Thomas, *Tristan et Iseut*)

« [Il] allait et souriait, étrange et princier, sûr d'une victoire. À deux reprises, hier et avant-hier, il avait été lâche et il n'avait pas osé. Aujourd'hui, en ce premier jour de mai, il oserait et elle l'aimerait. »

(Albert Cohen, *Belle du Seigneur*)

Interprétation

1) Dans les citations précédentes, identifiez cinq termes avec lesquels vous n'êtes pas entièrement familiers, ou que vous trouvez révélateurs. Cherchez leurs définitions dans un dictionnaire.
2) Quelle est la fonction de ces mots dans les citations ?
3) Quelles images évoquent-ils ?
4) En quoi peut-on dire que les deux citations se font écho ?
5) Quel thème unifie les deux citations ?
6) Dans la citation d'Albert Cohen, la conjonction de coordination « et » unit cinq fois deux éléments ayant la même fonction syntaxique et grammaticale. Quel est l'effet littéraire de cette répétition ?

Vocabulaire utile : aigu, aimer, désir (m.), enlacer, épine (f.), étrange, lâche, lien (m.), odorant, oser, pousser, princier, racine (f.), reprise (f.), ronce (f.), sourire (m.), victoire (f.), vivace

Présentation

Présentez à vos partenaires les cinq termes que vous avez préparés et comparez-les. Quels sont les termes communs ?

1.2 BÉROUL, THOMAS ET ALBERT COHEN

La légende de Tristan et ses « auteurs »

Introduit en France sous forme de *lais*, la légende de Tristan s'est surtout imposée grâce à **Bréri**, jongleur gallois qui vécut à la cour de Poitiers entre 1130 et 1150. Tout au long du XIIe siècle, le personnage de Tristan sera le sujet d'œuvres littéraires nombreuses et diverses. Nous possédons deux versions moins lacunaires de cette légende. Celle de **Béroul**, écrite vers 1180 (environ 4500 vers, BNF 2171) et celle de **Thomas** (environ 3000 vers), qui vécut dans l'entourage d'Aliénor d'Aquitaine. D'autres versions (la *Folie Tristan* de Berne et la *Folie Tristan* d'Oxford) nous aident à reconstituer l'architecture globale du récit. Au début du XIIIe siècle (vers 1230), un *Tristan* en prose rassemblera en un seul roman les multiples épisodes de la légende. **Joseph Bédier** (1864–1938) est un grand écrivain et médiéviste français qui au début du XXe siècle a réuni en un seul texte cohérent l'ensemble des épisodes.

Albert Cohen, écrivain suisse romand (1895–1981)

Issu d'une famille juive d'origine italienne et orientale, **Albert Cohen** passe son enfance sur l'île Corfou en Grèce et son adolescence à Marseille. Marcel Pagnol et Marcel Brion, à jamais ses frères et ses vrais amis d'adolescence, sont les premiers à lui parler d'Homère et de Virgile. Ils jouent, rient beaucoup, lisent ensemble, vivent des moments d'amitié et de grâce. En 1915, il s'inscrit à l'université de droit de Genève en Suisse. Il sera très attaché à ce pays paisible, siège de la Société des Nations et de la Croix-Rouge. Chez Albert Cohen, souvent décrit comme un dandy solitaire, tout passe par l'écriture. En mai 1968, quand les mouvements étudiants grondent, il publie *Belle du Seigneur* aux Éditions Gallimard, roman-fleuve, lyrique et diffus, tendre et cruel, où se révèlent la splendeur et la misère de l'être humain. Épuisé par la maladie et les opérations, il meurt le 17 octobre 1981 à Genève.

Vocabulaire

Cherchez la définition des mots suivants dans un dictionnaire : diffus, droit (m.), entourage (m), grâce (f.), gronder, jongleur (m.), lacunaire, lai (m.), pilier (m.), paisible, siège (m.), tronquer

Contexte

Pour bien vous situer dans le contexte historique et géographique, faites une recherche pour répondre aux questions suivantes :

- Comment transmet-on l'œuvre littéraire à l'époque du Moyen Âge ? Pour bien répondre à cette question, prenez en considération la « mouvance » du texte médiéval !
- Trouvez des monuments et des lieux d'intérêt sur la ville de Genève.

Culture

Faites une recherche web soutenue pour trouver toute information sur les personnes suivantes :

- Aliénor d'Aquitaine
- Bréri
- Homère
- Marcel Pagnol
- Virgile

1.3 RÉSUMÉ DES TEXTES

Tristan et Iseut *(1130–1150)*

Tristan de Loonois, qui est orphelin et neveu du roi Marc de Cornouailles, part à l'aventure et il tue le Morholt, un géant qui venait tous les ans chercher un tribut dans le pays de Marc. Empoisonné, il est trouvé et guéri à l'aide de philtres magiques par Iseut la Blonde et sa mère. Tristan repart chercher la future femme de Marc : la femme dont un cheveu d'or lui avait été apporté le matin par deux hirondelles. En Irlande, Tristan tue un dragon et repart avec Iseut. Sur la route de retour, Tristan et Iseut boivent par erreur le philtre d'amour destiné à Iseut et Marc. Les deux tombent amoureux et Marc les condamne, mais ils s'échappent. Plein de remords, Tristan ramène Iseut à la cour de Marc et s'exile en Bretagne où il épouse Iseut aux Blanches Mains. De nouveau empoisonné dans une bataille, Tristan sait que personne ne pourra le guérir sauf Iseut la Blonde. Kaherdin, le beau-frère de Tristan, va chercher Iseut en bateau mais ils arrivent trop tard. Désespérée, Iseut meurt aussi en embrassant Tristan.

Belle du Seigneur *(1968)*

Ce roman se présente comme une passion qui triomphe, puis dégénère en ennui et en jalousie. Solal, séduisant, grand seigneur, tombe amoureux d'Ariane Cassandre Corisande d'Auble, la femme de son subalterne, Adrien Deume. Malgré son attitude sceptique envers l'amour, Solal s'éprend de la belle Ariane et oublie sa passion pour Isolde, son ancienne maîtresse hongroise. Adrien est en mission pour trois mois, toutes les conditions sont réunies pour que Solal et Ariane savourent la tendresse de l'amour à ses débuts. Aidé par ses cousins, les Valeureux, cinq personnages burlesques, Solal emmène Ariane dans une fugue amoureuse dans le midi de la France, à Agay. Mariette, la femme de chambre d'Ariane, vient les rejoindre dans cette « prison d'amour ». Perdu et désespéré, le mari, contemplant la photo de sa femme, se donne un coup de pistolet sur la tempe. Arrivés au plus bas niveau de dégradation et de violence, les deux amoureux décident de se suicider par empoisonnement. Ils trouvent dans la mort la beauté des premiers moments. L'amour terrestre rejoint l'amour divin.

Vocabulaire

Cherchez la définition des mots suivants : dégénérer, ennui (m.), fugue (f.), hirondelle (f.), maîtresse (f.), orphelin (m.), philtre (m.), remords (m.), tribut (m.)

Comparaisons

En paire ou en groupe, identifiez, d'après leurs résumés, ce qui peut relier ces textes. Cherchez sur Internet et étudiez les couvertures des différentes éditions de *Tristan et Iseut* et de *Belle du Seigneur*.

- Quelles informations, verbales et visuelles, se trouvent sur chacune de ces couvertures ?
- À quoi servent-elles ?
- Quelles réactions suscitent-elles chez vous?
- Quelle version achèteriez-vous et pourquoi ?

Communautés

Allez sur un forum dédié à la légende de Tristan et Iseut et à A. Cohen et lisez les discussions ou créez vous-même une nouvelle discussion.

1.4 THÈMES COMMUNS : AMOUR ET SÉDUCTION

Le thème de l'amour possède une double origine, marquée par la distinction entre les mots grecs : *erôs* (cupidité) et *agapê* (spiritualité). L'amour, selon le christianisme, signifie : « Aime ton prochain comme toi-même ». Les moralistes, comme La Rochefoucauld, soupçonnent l'amour de n'être qu'un égoïsme naturel. L'amour se constitue, ainsi, dans une expérience interpersonnelle : on ne peut aimer un autre que si l'on s'aime soi-même et que si l'on est aimé. Solal et Ariane se trouvent, s'aiment, et se donnent la mort. Ils font partie des couples mythiques de la littérature occidentale, à côté de Tristan et Iseut, Héloïse et Abélard, Roméo et Juliette, Rodrigue et Chimène, Didon et Énée, Pelléas et Mélisandre, Daphnis et Chloé, Saint-Preux et Julie, Paul et Virginie.

La courtoisie apparaît dans les romans médiévaux pour placer la préoccupation amoureuse au centre de toute activité à la cour ou à l'extérieur. Les chevaliers ont les mêmes caractéristiques que les personnages des chansons de geste, mais au lieu d'agir selon le serment de fidélité à leur seigneur, nation ou Dieu, ils sont maintenant au « service de l'amour » qui implique une soumission totale du chevalier à sa « dame ».

Le désir et la volonté sont souvent pris l'un pour l'autre. Le langage commun confond aisément « Je veux » et « Je désire ». Le désir définit la liaison de l'âme et du corps (par exemple, l'« excitation violente » chez Cicéron, les « pulsions » chez Freud, l'« appétit » chez Spinoza), de façon irrationnelle. Le désir est une impulsion qui pousse l'homme à agir sans toujours consulter sa raison. La volonté (« *boulèsis* » chez les Stoïciens, le « choix » chez Aristote, l'acte de « penser » chez Descartes, la « lucidité » chez Nietzsche) est au contraire un acte réfléchi où l'agent rationnel pèse les conséquences de ses actions.

L'art de la séduction désigne souvent une forme de jeu ou de défi entre hommes ou femmes qui s'efforcent d'obtenir un avantage de la personne séduite, par exemple, des cadeaux, des rapports sexuels, des manipulations psychologiques. Même si la religion condamne un tel acte, il semble toutefois constituer une étape préliminaire pour tout amour à ses débuts.

Vocabulaire

Cherchez la définition des mots suivants : aisément (adv.), âme (f.), impulsion (f.), charnel

Discussion

- Quelles réactions les mots « désir » et « volonté » suscitent-ils chez vous ?
- Selon vous, l'amour est-il narcissique ou altruiste ? Expliquez.
- Quel rôle le regard, les gestes, les vêtements, le maquillage, le corps jouent-ils dans la séduction ?
- Y a-t-il des différences entre les méthodes de séduction des hommes et des femmes ? Lesquelles ?

Recherche web

Faites des recherches supplémentaires sur les concepts et phénomènes suivants :

- La chanson de geste
- Le lai féerique
- Le fabliau

- Le bonheur
- La passion
- L'amour religieux
- La carte du Tendre
- L'amour romantique
- L'amour et la sexualité.

1.5 BÉROUL/THOMAS, *LE ROMAN DE TRISTAN ET ISEUT*

Extrait 1[2] : *Dans la forêt de Morois, Tristan et Iseut vivent dans une cabane dans des conditions précaires. Epuisé après une chasse, Tristan se repose à côté d'Iseut. C'est le moment où Marc va les surprendre quand un forestier lui dévoile l'emplacement de leur abri (pp. 105–109).*

Sous la loge de verts rameaux[3], jonchée d'herbes fraîches, Iseut s'étendit la première. Tristan se coucha près d'elle et déposa son épée nue entre leurs corps. Pour leur bonheur ils avaient gardé leurs vêtements. La reine avait au doigt l'anneau d'or aux belles émeraudes que Marc lui avait donné au jour des épousailles, ses doigts étaient devenus si grêles[4] que la bague y tenait à peine. Ils dormaient ainsi, l'un des bras de Tristan passé sous le cou de son amie, l'autre jeté sur son beau corps, étroitement embrassés, mais leurs lèvres ne se touchaient point. Pas un souffle de brise, pas une feuille qui tremble. À travers le toit de feuillage, un rayon de soleil descendait sur le visage d'Iseut, qui brillait comme un glaçon. [...] Le roi délace son manteau aux attaches d'or fin, le rejette, et son beau corps apparaît. Il tire son épée hors de la gaine[5], et redit en son cœur qu'il veut mourir s'il ne les tue pas. Le forestier le suivait, il lui fait signe de s'en retourner.

Il pénètre seul, sous la hutte[6], l'épée nue, et la brandit... Ah ! quel deuil[7] s'il assène[8] de coup ! Mais il remarqua que leurs bouches ne se touchaient pas et qu'une épée nue séparait leurs corps :

« Dieu ! se dit-il, que vois-je ici ! Faut-il les tuer ? Depuis si longtemps qu'ils vivent en ce bois, s'ils s'aimaient de fol amour, auraient-ils placé cette épée entre eux ? Et chacun ne sait-il pas qu'une lame nue, qui sépare deux corps, est garante et gardienne de chasteté ? S'ils s'aimaient de fol amour, reposeraient-ils si purement ? Non, je ne les tuerai pas, ce serait grand péché de les frapper, et si j'éveillais ce dormeur et que l'un de nous deux fût tué, on en parlerait longtemps, et pour notre honte. Mais je ferai qu'à leur réveil ils sachent que je les ai trouvés endormis, que je n'ai pas voulu leur mort, et que Dieu les a pris en pitié. »

Le soleil, traversant la hutte, brûlait la face blanche d'Iseut, le roi prit ses gants parés d'hermine[9] : « C'est elle, songeait-il, qui, naguère[10], me les apporta d'Irlande ! » Il les plaça dans la feuillée pour fermer le trou par où le rayon descendait, puis il retira doucement la bague aux pierres d'émeraude qu'il avait donnée à la reine, naguère il avait fallu forger un peu pour la lui passer au doigt, maintenant ses doigts étaient si grêles que la bague vint sans effort : à la place, le roi mit l'anneau dont Iseut, jadis, lui avait fait présent. Puis il enleva l'épée qui séparait les amants, celle-là même – il la reconnut – qui s'était ébréchée[11] dans le crâne du Morholt, posa la sienne à la place, sortit de la loge, sauta en selle[12], et dit au forestier :

« Fuis maintenant, et sauve ton corps, si tu peux ! » [...]

> **Extrait 2** : *Tristan, empoisonné à nouveau, attend l'arrivée incertaine d'Iseut la Blonde. Il demande à sa femme, Iseut aux Blanches Mains, de lui dire quelle voile se trouve sur la nef[13] de Kaherdin (pp. 219–223).*

Tristan était trop faible désormais pour veiller encore sur la falaise de Penmarch, et depuis de longs jours, enfermé loin du rivage, il pleurait pour Iseut qui ne venait pas. Dolent[14] et las, il se plaint, soupire, s'agite, peu s'en faut qu'il ne meure de son désir.

Enfin, le vent fraîchit et la voile blanche apparut. Alors, Iseut aux Blanches Mains se vengea. Elle vient vers le lit de Tristan et dit :

« Ami, Kaherdin arrive. J'ai vu sa nef en mer : elle avance à grand'peine, pourtant je l'ai reconnue, puisse-t-il apporter ce qui doit vous guérir ! »

Tristan tressaille :

« Amie belle, vous êtes sûre que c'est sa nef ? Or, dites-moi comment est la voile.

– Je l'ai bien vue, ils l'ont ouverte et dressée très haut, car ils ont peu de vent. Sachez qu'elle est toute noire. »

Tristan se tourna vers la muraille et dit :

« Je ne puis retenir ma vie plus longtemps. » Il dit trois fois : « Iseut, amie ! » À la quatrième, il rendit l'âme[15]. [...]

Auprès de Tristan, Iseut aux Blanches Mains, affolée par le mal qu'elle avait causé, poussait de grands cris sur le cadavre. L'autre Iseut entra et lui dit :

« Dame, relevez-vous, et laissez-moi approcher. J'ai plus de droits à le pleurer que vous, croyez-m'en. Je l'ai plus aimé. »

Elle se tourna vers l'orient et pria Dieu. Puis elle découvrit un peu le corps, s'étendit[16] près de lui, tout le long de son ami, lui baisa la bouche et la face, et le serra étroitement : corps contre corps, bouche contre bouche, elle rend ainsi son âme, elle mourut auprès de lui pour la douleur de son ami.

Quand le roi Marc apprit la mort des amants, il franchit la mer et, venu en Bretagne, fit ouvrir deux cercueils, l'un de chalcédoine[17] pour Iseut, l'autre de béryl[18] pour Tristan. Il emporta sur sa nef vers Tintagel leurs corps aimés. Auprès d'une chapelle, à gauche et à droite de l'abside[19], il les ensevelit en deux tombeaux. Mais, pendant la nuit, de la tombe de Tristan jaillit[20] une ronce[21] verte et feuillue, aux forts rameaux, aux fleurs odorantes, qui, s'élevant par dessus la chapelle, s'enfonça dans la tombe d'Iseut. Les gens du pays coupèrent la ronce : au lendemain elle renaît, aussi verte, aussi fleurie, aussi vivace, et plonge encore au lit d'Iseut la Blonde. Par trois fois ils voulurent la détruire, vainement. Enfin, ils rapportèrent la merveille au roi Marc : le roi défendit de couper la ronce désormais.

Seigneurs, les bons trouvères d'antan, Béroul et Thomas, et monseigneur Eilhart et maître Gottfried, ont conté ce conte pour tous ceux qui aiment, non pour les autres. Ils vous mandent par moi leur salut. Ils saluent ceux qui sont heureux, les mécontents et les désireux, ceux qui sont joyeux et ceux qui sont troublés, tous les amants. Puissent-ils trouver ici consolation contre l'inconstance, contre l'injustice, contre le dépit, contre la peine, contre tous les maux d'amour ! »

1.6 LECTURE DE BÉROUL/THOMAS

1.6.1 Lecture initiale

Lisez le texte et puis répondez aux questions suivantes :

- *Qui* : Qui parle dans ces extraits et à qui ? Pourquoi est-ce important ?
- *Quoi* : De quoi s'agit-il dans chaque fragment ?
- *Où et quand* : Relevez les références historiques et géographiques dans chaque fragment.

Genre et discours

- Quel est le genre du texte (pièce de théâtre, poème, roman, etc.) ?
- Quel est le type de discours (argumentatif, descriptif, explicatif, narratif, injonctif) ?
- Quelle est la tonalité du texte (comique, épique, lyrique, tragique, polémique, etc.) ?

Prise de notes

Prenez des notes en lisant le texte. Notez des détails importants et vos propres questions.

1.6.2 Lecture approfondie

Compréhension

Résumé en images et interview des personnages

Pour assurer la compréhension du texte étudié, faites son résumé en images séquentielles et posez des questions aux personnages (voir Annexe A). Lisez le texte une deuxième fois. Faites d'abord attention aux procédés littéraires et dégagez ensuite la signification de chaque extrait.

Analyse

Procédés littéraires

Comparez vos réponses aux questions suivantes avec celles de votre partenaire ou de la classe :

1) Étudiez les verbes utilisés dans le <u>premier fragment</u> et notez-les dans le tableau ci-dessous.

Temps & modes	Verbes	Action/Inaction ?
Indicatif présent		
Indicatif imparfait		
Indicatif passé simple		

2) Expliquez la formation et l'utilisation du passé simple. Dans quelles situations l'auteur utilise-t-il l'imparfait de l'indicatif ?

3) Il existe une alternance significative entre le présent et le passé simple. Retrouvez un passage dans le premier fragment où l'on passe d'un temps à l'autre. Quel est l'effet créé au niveau de l'action dans le fragment ? Existe-t-il une certaine amplification de la tension narrative quand on utilise le présent ou le passé simple ? Expliquez.

4) Pourquoi l'auteur choisit-il de rendre le monologue intérieur de Marc en utilisant le discours direct ? Quelles sont les différences entre le discours direct et le discours indirect ? Quel effet produit l'utilisation du premier procédé littéraire par rapport au second ?

Dans les deux fragments, il existe plusieurs symboles, c'est-à-dire des objets ou des images qui représentent quelque chose d'autre par association. Essayez d'identifier au moins deux symboles dans le deuxième fragment et expliquez ce qu'ils signifient.

Interprétation

Signification

5) Le premier fragment est le fameux épisode de l'épée. À remarquer dans ce fragment l'importance que l'auteur met sur la description du tableau des amants endormis. Quelle est l'importance des lèvres qui ne se touchent pas ? Le visage d'Iseut « brillait comme un glaçon ». Pourquoi cette comparaison ?

6) Les deux amoureux sont immobiles, par contre, le roi Marc est en plein mouvement dans ce fragment. Relevez les inactions/actions dans le passage pour établir les caractéristiques antithétiques des personnages.

7) Le deuxième fragment est le dénouement du roman. Il est pourtant très rapide par rapport aux autres épisodes du roman. Pourquoi, à votre avis, l'auteur choisit-il de finir le roman si rapidement ?

1.7 PERSPECTIVES CULTURELLES : ORALITÉ

Texte éminemment oral, la légende de Tristan et Iseut a été transmise par les troubadours et les jongleurs du XIIe siècle. L'oralité du texte est un fait incontestable à un moment de l'histoire où l'écriture était peu répandue et réservée à très peu de gens instruits. Pourtant, l'oralité n'est pas un phénomène unique au Moyen Âge occidental. Ainsi, certaines parties de l'Europe de l'Est contemporaine, ainsi qu'une grande partie de l'Afrique se caractérisent par une littérature orale féconde.

L'oralité : Le poème original nous parvient en vers octosyllabiques à rime plate, le texte contient nombre de formules d'interpellation du lecteur, au but de capter à nouveau son attention. Cette formule mnémotechnique aide non seulement avec la mémorisation des vers, mais elle se prête aussi à la déclamation, ainsi qu'à l'accompagnement par un instrument de musique simple. Par ce fait, la légende de Tristan se rapproche des poèmes épiques qui étaient transmis oralement à cette époque-là de la même manière. De nos jours, il existe toujours des sociétés où l'oralité est une partie intégrale de la vie quotidienne. Qu'en savez-vous ? Faites des recherches pour établir des liens entre l'oralité du texte médiéval et les sociétés orales contemporaines.

Les personnages : À force de vivre pendant des siècles, la légende de Tristan et Iseut a transformé ces personnages en **archétypes** littéraires. Ainsi, on a créé dans la littérature et dans d'autres formes d'expression artistique des doubles de Tristan et Iseut, ou bien même des contraires. Puisque Tristan et Iseut représentent l'amour impossible, pensez à d'autres personnages littéraires qui seraient soit leurs correspondants, soit leurs contraires. Discutez de vos choix, en traçant des parallèles entre les personnages choisis.

Connexions

En relisant les extraits, pensez aux relations entre le texte oral et le narrateur. Dans un contexte où le narrateur est aussi interprète, acteur et chanteur, sa fonction est beaucoup plus complexe et sa tâche difficile.

- Faites une recherche sur le web pour trouver le texte en ancien français. Essayez de trouver des indices sur l'oralité du texte : comment le jongleur aurait-il fait pour mémoriser de si longs passages ? Quels moyens (des outils ou procédés mnémotechniques) – comme par exemple la rime – aurait-il employés pour se souvenir des passages du texte ?

Avec un partenaire, essayez de donner la définition du « personnage archétypal ». Trouvez-en des exemples dans la littérature francophone, anglophone ou dans d'autres littératures.

1.8 PRODUCTION ORALE ET ÉCRITE AUTOUR DU *ROMAN DE TRISTAN ET ISEUT*

Exposé oral

Continuez à explorer le rôle de *l'aventure* dans le texte médiéval. Faites des recherches sur Internet et préparez un exposé oral sur un des sujets proposés :

Sujet 1 : Le chevalier part de son château ou de la cour de son seigneur en « quête de l'aventure ». Pourquoi doit-il ce faire ? En préparant vos exposés, pensez aux conditions de vie pendant le Moyen Âge, ainsi qu'au statut du chevalier.

Sujet 2 : Parfois, le parcours aventureux du chevalier le mène à des endroits magiques, qui n'appartiennent pas à ce monde, mais à ce qu'on appelle « l'Autre Monde ». En faisant des recherches sur Internet et à l'appui d'autres textes médiévaux, présentez le passage du chevalier dans l'Autre Monde. Appuyez-vous sur des textes tels que ceux de Chrétien de Troyes, Marie de France, les Lais féeriques, etc.

Débats

En groupe de deux ou trois, discutez du rôle de la magie dans l'amour en général, et dans *Le Roman de Tristan et Iseut* en particulier, et présentez vos idées à la classe. Préparez-vous à un débat.

L'amour et la magie

Même si les sentiments amoureux existent dès le début entre Tristan et Iseut, c'est au moment où ils boivent le « philtre d'amour » que les deux personnages se lient d'un amour qui transcende la vie et la mort. Le philtre est un élément magique introduit dans le texte, mais il n'est pas le seul. Quels autres objets dans les fragments ci-dessus pourraient jouer un rôle magique dans le texte ? Justifiez votre choix en vous basant sur d'autres textes médiévaux et sur des recherches supplémentaires.

Travail d'écriture

A. *Écriture créative* – réécriture : Imaginez une fin alternative pour le *Roman de Tristan et Iseut*. Écrivez cette fin en respectant l'atmosphère du récit original. Ne dépassez pas 20 lignes.

B. *Écriture créative* – réécriture : Pensez à une réécriture complète du *Roman de Tristan et Iseut* pour les lecteurs du XXIe siècle. Vous pouvez changer le nom des personnages et leurs aventures, mais vous devez garder l'essence de l'histoire (un amour impossible). Écrivez le début de votre histoire, en établissant les personnages et le cadre.

1.9 PERSPECTIVES CULTURELLES : LA LÉGENDE DE TRISTAN ET ISEUT DANS LES ARTS

Musique : Richard Wagner (1813–1883) a composé *Tristan und Isolde*, un opéra de grande influence sur les musiciens classiques dont la première eut lieu le 10 juin 1865. Wagner s'inspire de la légende celtique transmise dans la littérature allemande dans le texte homonyme de Gottfried von Straßbourg.

Peinture : Salvador Domingo Felipe Jacinto Dalí i Domènech, marquis de Dalí de Púbol (1904–1989), connu sous le nom de Salvador Dali fut un peintre, sculpteur, graveur et écrivain catalan, un des plus importants représentants du mouvement surréaliste au XXe siècle. Inspiré par son amour inébranlable pour sa femme et muse Gala, Dalí crée « l'alphabet amoureux », des caractères abstraits développés des initiales du couple, « S », « D » et « G ». En pleine période surréaliste et pendant son séjour aux États-Unis, sa composition *Tristan et Iseult* voit la lumière du jour. Cette œuvre n'est pas un tableau traditionnel : toile surdimensionnée (neuf mètres sur quinze), elle a servi en tant que rideau sur la scène du ballet « Tristan Fou » présenté à New York en 1944.

Pour en savoir plus, consultez ce lien http://www.wikiart.org/en/salvador-dali/tristan-and-isolde

Cinéma : Les aventures de Tristan ont capturé l'attention des créateurs cinématographiques depuis les débuts du septième art. La beauté de l'histoire de cet amour interdit, couplée à l'éventail de plans visuels que l'on peut en développer, présente un avantage dont des cinéastes tels que Jean Delannoy, Yvan Lagrange ou encore Kevin Reynolds ont su profiter.

Culture

La culture contemporaine puise souvent son inspiration dans le passé et l'héritage littéraire.

Recherche web

Cherchez sur Internet d'autres tableaux, morceaux de musique et films qui s'inspirent de la légende de Tristan et Iseut. Discutez les différences d'interprétation, ainsi que les images qui accompagnent ces représentations artistiques de la légende.

- Étudiez de plus près le tableau de Dalí, *Tristan et Iseult*. Pouvez-vous identifier les personnages ? Pourquoi ou pourquoi pas ?

1.10 ALBERT COHEN, *BELLE DU SEIGNEUR*

> **Extrait 1**[22] : *Ici, Solal, déguisé en vieux Juif, dit des mots d'amour à Ariane (pp. 37–41).*

Assise sur le bord du lit, elle grelottait[23] dans sa robe du soir. Un fou, avec un fou dans une chambre fermée à clef, et le fou s'était emparé de la clef. Appeler au secours ? À quoi bon, personne dans la maison. Maintenant il ne parlait plus. Le dos tourné, debout devant la psyché[24], il s'y considérait dans son long manteau et sa toque enfoncée jusqu'aux oreilles. [...]

— Au Ritz, un soir de destin, à la réception brésilienne, pour la première fois vue et aussitôt aimée, dit-il, et de nouveau ce fut le sourire noir où luisaient deux canines. Moi, pauvre vieux, à cette brillante réception ? Comme domestique seulement, domestique au Ritz, servant des boissons aux ministres et aux ambassadeurs, la racaille[25] de mes pareils d'autrefois, du temps où j'étais jeune et riche et puissant, le temps d'avant ma déchéance et misère. En ce soir du Ritz, soir de destin, elle m'est apparue, noble parmi les ignobles apparue, redoutable de beauté, elle et moi et nul autre en la cohue[26] des réussisseurs et des avides d'importances, mes pareils d'autrefois, nous deux seuls exilés, elle seule comme moi, et comme moi triste et méprisante et ne parlant à personne, seule amie d'elle-même, et au premier battement de ses paupières[27] je l'ai connue. C'était elle, l'inattendue et l'attendue, aussitôt élue en ce soir de destin, élue au premier battement de ses longs cils[28] recourbés. Elle, Boukhara divine, heureuse Samarcande, broderie aux dessins délicats. Elle, c'est vous.

Il s'arrêta, la regarda, et ce fut encore le sourire vide, abjection de vieillesse. Elle maîtrisa le tremblement de sa jambe, baissa les yeux pour ne pas voir l'horrible sourire adorant. Supporter, ne rien dire, feindre la bienveillance.

— Les autres mettent des semaines et des mois pour arriver à aimer, et à aimer peu, et il leur faut des entretiens et des goûts communs et des cristallisations. Moi, ce fut le temps d'un battement de paupières. Dites-moi fou, mais croyez-moi. Un battement de ses paupières, et elle me regarda sans me voir, et ce fut la gloire et le printemps et le soleil et la mer tiède et sa transparence près du rivage et ma jeunesse revenue, et le monde était né, et je sus que personne avant elle, ni Adrienne, ni Aude, ni Isolde, ni les autres de ma splendeur et jeunesse, toutes d'elle annonciatrices[29] et servantes. [...]

« Hantise[30] d'elle, jour après jour, depuis le soir de destin, ô elle, tous les charmes, ô l'élancée et merveilleuse de visage, ô ses yeux de brume piqués d'or, ses yeux trop écartés, ô ses commissures pensantes et sa lèvre lourde de pitié et d'intelligence, ô elle que j'aime, ô son sourire d'arriérée lorsque, dissimulé derrière les rideaux de sa chambre, je la regardais et la connaissais en ses folies, alpiniste de l'Himalaya en béret écossais à plume de coq, reine des bêtes d'un carton sorties, comme moi de ses ridicules jouissant, ô ma géniale et ma sœur, à moi seul destinée et pour moi conçue, et bénie soit ta mère, ô ta beauté me confond, ô tendre folie et effrayante joie lorsque tu me regardes, ivre quand tu me regardes, ô nuit, ô amour de moi en moi sans cesse enclose et sans cesse de moi sortie et contemplée et de nouveau pliée et en mon cœur enfermée et gardée, ô elle dans mes sommeils, aimante dans mes sommeils, tendre complice dans mes sommeils, ô elle dont j'écris le nom avec mon doigt sur de l'air ou, dans mes solitudes, sur une feuille, et alors je retourne le nom mais j'en garde les lettres et je les mêle, et j'en fais des noms tahitiens, nom de tous ses charmes, Rianea, Eniraa, Raneia, Aneira, Neiraa, Niaera, Ireana, Enaira, tous les noms de mon amour.

> **Extrait 2** : *Solal séduit Ariane par des moyens misérables. Il propose un pari et elle l'accepte : « Si dans trois heures vous n'êtes pas tombée en amour, je nomme votre mari directeur de section » (pp. 386–388)*

Sonnerie du téléphone. Il décrocha l'appareil, le mit contre sa tempe à la manière d'un revolver, puis contre son oreille.

—Bonsoir, Elizabeth. Danser avec vous ? Pourquoi pas, Elizabeth ? Attendez-moi au Donon. Non, je ne suis pas seul. La jeune femme dont je vous ai parlé, celle que vous avez connue à Oxford. Mais non, vous savez bien qu'il n'y a que toi. À tout à l'heure. Il raccrocha, se tourna vers elle.

—Sache, ô cousin chéri, que le dixième manège est justement la mise en concurrence. Panurgise[31]-la donc sans tarder, dès le premier soir. Arrange-toi pour lui faire savoir, primo que tu es aimé par une autre, terrifiante de beauté, et secundo que tu as été sur le point d'aimer cette autre, mais que tu l'as rencontrée elle, l'unique, l'idiote de grande merveille, ce qui est peut-être vrai, d'ailleurs. Alors, ton affaire sera en bonne voie avec l'idiote, kleptomane[32] comme toutes ses pareilles.

« Et maintenant elle est mûre pour le dernier manège, la déclaration. Tous les clichés que tu voudras, mais veille à ta voix et à sa chaleur. Un timbre grave est utile. Naturellement lui faire sentir qu'elle gâche sa vie avec son araignon[33] officiel, que cette existence est indigne d'elle, et tu la verras alors faire le soupir du genre martyre. [...] C'est fini. Voici la nomination de votre mari. Aimez-le, donnez-lui de beaux enfants. Adieu, madame.

> **Extrait 3** : *Ariane ouvre deux cachets de la pharmacie, en vide le contenu dans un verre d'eau, puis verse la moitié du liquide dans un autre verre. Un verre pour lui, un verre pour elle (pp. 997–999).*

« Gentil coquelicot, mesdames », chanta une voix ancienne lorsqu'elle entra chez lui, l'autre verre à la main. Il l'attendait, debout, archange dans sa longue robe de chambre, beau comme au premier soir. Elle posa le verre sur la table de chevet. Il le prit, regarda les paillettes[34] au fond de l'eau. Là était son immobilité. Là, la fin des arbres, la fin de la mer qu'il avait tant aimée, sa mer natale, transparente et tiède, le fond si visible, jamais plus. Là, la fin de sa voix, la fin de son rire qu'elles avaient aimé. Ton cher rire cruel, disaient-elles. La grosse mouche de nouveau zigzaguait[35], active, pressée, sombrement bourdonnant, se préparant, se réjouissant.

Il but d'un trait, s'arrêta. Le meilleur restait au fond, il fallait tout boire. Il agita le verre, le porta à ses lèvres, but les paillettes du fond, son immobilité. Il posa le verre, se coucha, et elle s'étendit près de lui. Ensemble, dit-elle. Prends-moi dans tes bras, serre-moi fort, dit-elle. Baise les cils, c'est le plus grand amour, dit-elle, glacée, étrangement tremblante. [...]

Oh, maintenant un chant le long des cyprès, chant de ceux qui s'éloignent et ne regardent plus. Qui lui tenait les jambes ? Le raidissement montait, s'étendait avec un froid, et elle avait de la peine à respirer, et des gouttes étaient sur ses joues, et un goût dans sa bouche. N'oublie pas de venir, murmura-t-elle. Ce soir, neuf heures, murmura-t-elle, et elle saliva, eut un sourire stupide, voulut reculer la tête pour le regarder mais elle ne pouvait plus, et là-bas une faux[36] était martelée. Alors, de la main, elle voulut le saluer, mais elle ne pouvait plus, sa main était partie. Attends-moi, lui disait-il de si loin. Voici venir mon divin roi, sourit-elle, et elle entra dans l'église montagneuse.

1.11 LECTURE DE COHEN

1.11.1 Lecture initiale

Lisez le texte et puis répondez aux questions suivantes :

* *Qui* : Qui parle dans ces extraits et à qui ? Pourquoi est-ce important ?
* *Quoi* : De quoi s'agit-il dans chaque fragment ?
* *Où et quand* : Relevez les références historiques et géographiques dans chaque fragment.
* Expliquez le **TITRE** du roman.

Genre et discours

* Quel est le genre du texte (pièce de théâtre, poème, roman, etc.) ? *Belle du Seigneur* est un objet littéraire non identifié où les genres sont souvent mêlés

et les modes de narration sont nombreux. Identifiez les différents registres et modes de narration utilisés.

- Quel est le type de discours (argumentatif, descriptif, explicatif, narratif, injonctif) ?
- Quelle est la tonalité du texte (comique, épique, lyrique, tragique, polémique, etc.) ?

Prise de notes

Prenez des notes en lisant le texte. Notez des détails importants et vos propres questions.

Comparaisons

En lisant le deuxième texte, comparez-le au premier. Notez quelques analogies et différences aux niveaux suivants :

- Le narrateur
- Le paysage décrit
- Les émotions ressenties par les personnages
- Le portrait des personnages et l'emploi des adjectifs descriptifs
- Leur style de vie et leur conduite
- L'effet produit chez le lecteur
- Le but du texte
- La structure de la phrase
- Le destin tragique des deux couples
- Le message principal

Culture

À quelles références culturelles renvoient les deux textes :

- figures littéraires
- figures mythiques
- figures religieuses
- lieux déterminés
- nations
- idées reçues

Recherche web

Cherchez sur Internet, les informations ci-dessous. Imprimez des images et apportez-les en classe :

- Les hôtels Ritz
- Boukhara

- Samarcande
- Le poignard de Michaël
- Donon

Connexions

Philippe Sollers affirme que : « Tout texte se situe à la jonction de plusieurs textes dont il est à la fois la relecture, l'accentuation, la condensation, le déplacement et la profondeur ». Avec votre partenaire, étudiez les relations intertextuelles que *Belle du Seigneur* entretient avec les textes suivants (citations, allusions, références). Cherchez sur Internet des informations sur les textes ou les noms propres ci-dessous. Examinez comment ces renvois peuvent améliorer votre compréhension du texte et l'ouvrir à de nouvelles interprétations :

- Vénus
- *L'Art d'aimer*
- *Les Amours de Cassandre*
- *Dom Juan ou le festin de pierre*
- Giacomo Casanova
- *Les Liaisons dangereuses*
- *Carmen*

1.11.2 Lecture approfondie

Compréhension

Résumé en images et interview des personnages

Pour assurer la compréhension du texte étudié, faites son résumé en images séquentielles et posez des questions aux personnages. Lisez le texte une deuxième fois. Faites d'abord attention aux procédés littéraires et dégagez ensuite la signification de chaque extrait.

Analyse

Procédés littéraires

Comparez vos réponses aux questions suivantes avec celles de votre partenaire ou de la classe :

1) Faites le portrait du fou dans le premier extrait. Pourquoi le narrateur a-t-il recours à ce type de discours ?
2) Faites le portrait d'Ariane. Elle est seule, exilée, triste, méprisante, élue, solennelle, bannie. À quoi ces adjectifs vous font-ils penser ? À quelles villes le narrateur compare-t-il Ariane ? Pourquoi ?
3) La métaphore *in praesentia* comporte le comparé et le comparant dans la même phrase. Exemple : « Elle, Boukhara divine, heureuse Samarcande, broderie aux dessins délicats ». Identifiez d'autres métaphores *in praesentia* ou *in absentia* et trouvez leur sens figuré.

4) Cherchez d'autres figures de style dans *Belle du Seigneur* : des allitérations, des aphorismes, des burlesques, des clichés, des énumérations, des mythes, des oxymores, des rimes, etc. Donnez leur sens figuré.

5) À la fin des années 1960, il est surtout question du Nouveau Roman, de la crise de la fiction, et de la déconstruction du récit. Michel Butor, Alain Robbe-Grillet, Marguerite Duras, Claude Simon et Robert Pinget sont les écrivains de cette période. Un roman classique, tel que *Belle du Seigneur,* paraît alors anachronique et inclassable. Expliquez pourquoi. Cohen est-il un romancier dans son siècle ou un auteur hors catégorie ?

Interprétation

Signification

6) Pourquoi Ariane feint-elle la bienveillance au pauvre vieux ? De quoi a-t-elle peur ?

7) Le vieil homme imagine des noms d'amour dans sa solitude : Rianea, Eniraa, etc. Quand prononce-t-il ces noms ? Pourquoi ?

8) Quelle est l'importance de la lettre « ô » dans cette histoire ?

Discussion

Seul avec Ariane, Solal livre onze manèges misogynes du parfait séducteur. Il utilise la première personne dans un texte argumentatif et essaie de persuader son interlocutrice. Il est cynique, pathétique, et soucieux de vérité en même temps. Mais malgré son donjuanisme, il finit par s'abandonner aux douceurs de l'amour lui-même :

« Premier manège, avertir la bonne femme qu'on va la séduire. »
« Deuxième manège, démolir le mari. »
« Troisième manège, la farce de poésie. »
« Quatrième manège, la farce de l'homme fort. »
« Cinquième manège, la cruauté. »
« Sixième manège, la vulnérabilité. »
« Septième manège, le mépris d'avance. »
« Huitième manège, les égards et les compliments. »
« Neuvième manège, la sexualité indirecte. »
« Dixième manège, la mise en concurrence. »
« Onzième manège, la déclaration. »

1) Considérez les onze manèges de la séduction au chapitre XXXV dans *Belle du Seigneur*.
2) Inventez le vocabulaire dont Solal se sert pour les décrire.
3) Ariane, est-elle naïve, aveugle et sourde, démunie de lucidité, proie facile pour le séducteur ?
4) Comment est-ce qu'Ariane réagit à cette séduction libertine ?
5) Cherchez sur Internet des informations supplémentaires pour chacun des mirages de l'amour cités là-dessus.
6) Ajoutez deux ou trois autres recettes de séduction et apportez-les en classe pour faciliter la discussion.

Connexions

Fiction versus réalité : Comme Tristan, le personnage de Solal occupe une place primordiale dans l'œuvre romanesque de Cohen. Myriam Champigny-Cohen, la fille de l'écrivain, dit qu'il y a mille parentés entre Solal et son père. Dans ce jeu d'entrelacement du vécu et du fictionnel, subtil jeu de mise en abyme, la réalité est placée sur le même plan que la fiction. Cohen est-il Solal ? Les deux sont-ils ces Juifs séducteurs, drôles et tragiques ? Et Ariane ? Qui est la Belle du Seigneur ? Jane Fillion, la maîtresse d'Albert Cohen, est-elle Ariane Deume ? On sait bien depuis Arthur Rimbaud que « Je est un autre » et André Gide dit que le romancier médiocre fait ses romans d'après sa vie réelle et le bon romancier d'après ses vies possibles. Mais Gustave Flaubert affirme que « Madame Bovary, c'est moi ». Discutez de ces visions littéraires opposées.

1.12 PRODUCTION ORALE ET ÉCRITE AUTOUR DE *BELLE DU SEIGNEUR*

Exposé oral

Droits des femmes : Pensez-vous que l'histoire d'Ariane contient un message important sur les droits des femmes. Lequel ?

Débats

Discutez des sujets suivants et présentez vos idées à la classe. Travaillez en binôme.
Sujet 1 – L'amour : *Belle du Seigneur* est le livre de la quête de l'absolu de l'amour. Selon Solal, « il faut aimer pour vivre ». Expliquez comment sa propre histoire amoureuse confirme ou contredit cette affirmation. L'amour devient protocole et politesse rituelle. Expliquez comment l'amour devient ennui chez ces personnages.
Sujet 2 – La séduction : Se faire aimer dans ces romans est-il facile et déshonorant ? Quelles stratégies les personnages utilisent-ils pour s'aimer ?
Sujet 3 – Le mariage : Marc et Adrien, sont-ils des victimes dans ces romans ? Avec un partenaire, élaborez des arguments pour ou contre le mariage en présentant des exemples concrets. Acceptez ou rejetez les arguments de votre partenaire. Soyez ferme, mais gardez le sens de l'humour !
Sujet 4 – La mort : Seul l'amour offre l'espoir avant la mort. L'extrait, où les personnages principaux se donnent la mort, a une haute teneur symbolique. Quelle est la charge affective de ce passage ? Quelles autres images ou idées sont utilisées pour représenter la mort dans ces romans ?

Travail d'écriture

Écriture créative – reconstitution : Prenez le rôle d'Ariane et répondez à chacun des onze manèges de Solal. Que diriez-vous à sa place ? Vous pouvez suivre le plan suivant en ajoutant ou en éliminant des détails : *avertir, démolir, poésie, fort, cruauté, vulnérabilité, mépris, compliment, sexualité, concurrence, déclaration.*

1.13 PERSPECTIVES LINGUISTIQUES : ÉTUDE DES NOMS PROPRES

Les personnages principaux dans la légende de Tristan et dans *Belle du Seigneur* portent des prénoms curieux et multiples.
   Ariane Cassandre Corisande d'Auble fait partie de l'aristocratie genevoise, mais son mariage avec Adrien Deume la coupe de son milieu originel. Le premier prénom d'Ariane est ambivalent. Il s'attache à la mythologie grecque et à la tragédie. Ariane était une nymphe,

l'amoureuse du héros grec Thésée. Elle mourut de chagrin, abandonnée par son amoureux. Le deuxième prénom appartient lui aussi à la mythologie grecque. Selon Homère, Cassandre, la prophétesse tragique et méconnue de la guerre de Troie, ressemble à l'Aphrodite d'or par sa beauté et tous les hommes qui s'approchent d'elle auront un destin funeste.

Isolde connaît plusieurs avatars : Iseut, Iseult, Yseut, Yseult ou Ysolde. Dans la légende de Tristan, nous remarquerons qu'Iseut la Blonde sera remplacée par Iseut aux Blanches Mains – pourtant, même en portant le même nom, la femme de Tristan sera un faible substitut de l'amante de Tristan. Elle sera aussi celle qui provoque la mort de Tristan, en lui cachant la vérité. Dans *Belle du Seigneur,* Isolde est la comtesse Kanyo qui appartient au passé de Solal. La mort d'Isolde annonce la mort d'Ariane. Dans un hôtel à Marseille, elle croit voir Solal dans la rue et tombe par la fenêtre ouverte. Toute femme aimée par Solal semble ainsi condamnée à un sort tragique.

Tristan porte un nom qui semble prédestiné à la douleur. Le père de Tristan est décédé déjà au début de l'histoire et sa mère meurt après avoir donné naissance au garçon. À cause de la tristesse qu'elle éprouve de laisser son fils tout seul au monde, sa mère le nomme « Tristan ». Né dans la tristesse, Tristan vivra sa vie dans la tristesse et mourra dans la solitude et dans la douleur de ne pas être avec l'amour de sa vie.

Solal des Solal, prince des Valeureux, sur l'acte rabbinique de naissance est inscrit comme Solal XIV Solal, fils du révéré grand rabbin de Céphalonie et descendant du prêtre Aaron, frère de Moïse. Solal est le « solitaire soleil » orphelin de ses parents et de sa religion. Tous les premiers-nés de la branche des Solal ont comme prénom Solal. C'est une tradition qui joue de la répétition. Son nom laisse croire à une unité ronde comme le soleil, qui n'existe dans le roman que sous la forme d'une quête personnelle.

Connexions

Les noms propres de certains personnages littéraires sont devenus tellement connus qu'ils sont rentrés dans la langue courante en tant qu'épithètes pour montrer un trait de caractère particulier. Ainsi parle-t-on de « travail herculéen », ou bien de « repas gargantuesque ».

- Faites une recherche web pour trouver d'autres expressions qui utilisent les noms de divers personnages littéraires, tels que Tartuffe, Don Quichotte ou Don Juan. Partagez vos résultats avec la classe.
- Solal et Ariane aiment se regarder dans un miroir. Ils n'arrivent à percevoir dans le miroir qu'une image caricaturale de leur identité. Ils acceptent ou rejettent ce reflet en constatant leur beauté. Le prénom fait-il partie de l'identité de la personne ? Le désir de changer de prénom correspond-il à une recherche identitaire ? Pour quelles autres raisons décide-t-on de changer de prénom ?

1.14 MISE EN PARALLÈLE

Afin de mieux comprendre les deux textes – la légende de Tristan et le roman de Cohen – et ce qui les relie, considérez les pistes suivantes :

L'ennui et le mépris

Les personnages vivent ensemble des moments heureux, mais très vite la lassitude s'installe. Ils sont seuls, isolés, bannis par la société. Qu'est-ce qui a changé dans le comportement des amoureux ? Essaient-ils d'imposer la survie artificielle de l'amour charnel au lieu de consentir à l'amour spirituel ? Ont-ils perdu leur humanité ? Une telle humanité est-elle accessible en aimant ? Aimer et mourir ensemble – voilà ce que les textes étudiés questionnent. Réfléchissez à la façon dont l'ennui et le mépris peuvent s'infiltrer dans une relation amoureuse. Que font les personnages pour lutter contre l'ennui ? Quels en sont les résultats ?

La famille

Réfléchissez à la famille d'Iseut et d'Ariane et répondez aux questions suivantes : La femme, quel est son rôle dans la famille ? Est-ce qu'elle respecte ses responsabilités en tant qu'épouse ? Le mari, quel est son rôle en tant qu'époux ? Est-ce qu'il respecte ses responsabilités familiales ? Est-ce que sa famille le respecte ? Est-ce que la femme aime son mari ? Et le mari, l'aime-t-il ? Expliquez. Dans le cas de Tristan et de son oncle Marc, quels sont les rapports entre les deux personnages membres de la même famille ? Les liens familiaux sont-ils plus forts que l'amour ? Pourquoi ou pourquoi pas ?

L'écriture

Dans son roman *Belle du Seigneur*, Albert Cohen privilégie le journal intime d'Ariane et les longs soliloques de Solal, d'Adrien et de Mariette. C'est une forme de discours rapporté qui permet au narrateur de s'effacer : soit derrière le discours direct libre, soit derrière le discours indirect libre. Privilégier ainsi la parole ou les écrits de ses personnages, Cohen croit-il à la communication directe entre les êtres ? Pourquoi ces locuteurs écrivent-ils ? Y a-t-il un interlocuteur fictif pour écouter ou les personnages ne s'adressent-ils ouvertement qu'à eux-mêmes ? Pourquoi écrit-on un journal intime ?

1.15 SYNTHÈSE

Travail d'écriture

A. *Écriture de soi* – le journal intime : Écrivez votre propre journal intime dans lequel vous présentez vos actions, vos idées, vos sentiments. N'oubliez pas de dater vos entrées. Pour vous assurer que personne ne lit votre journal, vous pouvez utiliser une graphie cryptée. L'objet d'observation, d'analyse et de jugement est le diariste lui-même.
B. *Écriture analytique* – dissertation : L'amour charnel n'est pas l'amour spirituel. Partagez-vous cet avis ? Votre dissertation qui répondra à cette question pourra s'appuyer à la fois sur les textes du module et sur votre expérience personnelle.
C. *Écriture créative* – monologue délibératif : Le monologue délibératif est un procédé littéraire où l'un des personnages s'adresse à lui-même rapportant ses idées au style direct. Le personnage pèse le pour et le contre d'un problème avant de prendre une décision.

Relancez-vous dans un monologue délibératif sur la question du mariage. Mettez tout votre talent au service du rire ou du sérieux et de l'ouverture d'esprit.

Portfolio de recherche

Séducteurs et séductrices ! Trouvez les informations suivantes sur chaque séducteur ou séductrice étudiés dans ce module ou dans l'anthologie, en général :

- Vénus, Cléopâtre, Tristan, Iseut, Don Juan, Casanova, Valmont, Mme de Merteuil, Carmen, Solal, Ariane ou autres
- Les concepts/les détails pertinents à la compréhension approfondie du thème de la séduction

Votre portfolio peut prendre des formes différentes et créatives : un simple dossier ou une sorte de *scrapbook*, un journal de bord ou un blogue, une PPP ou une Prézi, présentant vos idées personnelles sur la séduction et l'amour. N'oubliez pas d'inclure la bibliographie des ouvrages cités et consultés (sites web, images, dictionnaires et encyclopédies, textes primaires et secondaires, etc.). Faites la présentation orale ou écrite de votre portfolio de recherche.

Notes

1 L'orthographe de ce nom propre varie, d'une source à l'autre, entre Iseut et Iseult. Nous avons choisi d'employer la première forme qui apparaît dans *Le Roman de Tristan et Iseut*.
2 *Le Roman de Tristan et Iseut*, éd. **Joseph Bédier, Paris** : L'édition d'art, 1924.
3 **Rameau** (m.) : une branche
4 **Grêle** : maigre, mince
5 **Gaine** (f.) : un étui de protection pour l'épée
6 **Hutte** (f.) : une petite cabane
7 **Deuil** (m.) : le chagrin, la peine, la tristesse
8 **Asséner** : frapper, donner (ici)
9 **Hermine** (f.) : un type de mammifère dont la fourrure était très renommée à l'époque
10 **Naguère** : récemment, jadis, autrefois
11 **Ebrécher** : s'abîmer, s'endommager
12 **Selle** (f.) : un siège fixé sur le dos des chevaux pour la commodité de la personne qui y prend place
13 **Nef** (f.) : une embarcation, une barque
14 **Dolent** : souffrant, gémissant
15 **Rendre l'âme** : décéder, mourir
16 **S'étendre** : s'allonger
17 **Chalcédoine** (f.) : épelé « calcédoine » en français moderne, il s'agit d'un minéral composé de quartz et moganite. Elle était considérée comme une pierre semi-précieuse et sa couleur peut varier entre le gris et le mauve.
18 **Béryl** (m.) : C'est un minéral du groupe des silicates dont les cristaux hexagonaux peuvent atteindre des dimensions étonnantes. Le nom provient du grec « *beryllos* » qui signifie « cristal de la couleur de la mer ».
19 **Abside** (f.) : la partie en demi-cercle d'une église chrétienne qui, orientée vers l'est d'habitude, termine le chœur de l'église
20 **Jaillir** : émerger, surgir, ressortir
21 **Ronce** (f.) : une plante épineuse, un mûrier sauvage
22 Albert Cohen, *Belle du Seigneur*, Paris, Gallimard, 1986. © Gallimard www.gallimard.fr
23 **Grelotter** : frémir, vibrer
24 **Psyché** (f.) : un miroir
25 **Racaille** (f.) : un groupe de population jugée méprisable, vermine

26 **Cohue** (f.) : la foule, la multitude
27 **Paupière** (f.) : la membrane qui couvre et protège l'œil
28 **Cil** (m.) : le poil situé au bord des paupières
29 **Annonciateur** (m.) : un avant-coureur, un héraut, un prophète
30 **Hantise** (f.) : une obsession, une manie
31 **Panurgiser** : à partir de Panurge, verbe inventé, qui veut dire une action de normaliser le comportement d'une personne ; rendre soumis
32 **Kleptomane** : une personne atteinte de kleptomanie, une impulsion pathologique qui pousse certaines personnes à commettre des vols
33 **Araignon** (m.) : le petit de l'araignée
34 **Paillette** (f.) : le petit morceau de matière brillante qui sert à décorer les étoffes
35 **Zigzaguer** : bouger de manière aléatoire, va-et-vient, osciller
36 **Faux** (f.) : un instrument tranchant utilisé surtout en agriculture, formé d'une lame d'acier arqué, fixé à un long manche

Module 2   Une robinsonnade canadienne chez Marguerite de Navarre et Anne Hébert

AMarie Petitjean

2.1 ENTRÉE EN MATIÈRE

« Le mari et la femme furent laissés en une petite île, sur la mer, où il n'habitait que [des] bêtes sauvages ; et [il] leur fut permis de porter avec eux ce dont ils avaient nécessité. Les pauvres gens se trouvant tout seuls en la compagnie des bêtes sauvages et cruelles, n'eurent recours qu'à Dieu seul, qui avait été toujours le ferme espoir de cette pauvre femme. »

(Marguerite de Navarre, *L'Heptaméron*)

« Marguerite :

Je me pendrai à toutes les cloches du monde. Je leur ferai sonner la douleur et la fureur du monde, ici même, sur cette île déserte où je fus exilée, en pleine mer, comme une criminelle, parmi des oiseaux sauvages aux cris rauques. *(Cris d'oiseaux.)* »

(Anne Hébert, *L'Île de la Demoiselle*)

Interprétation

1) Dans les citations précédentes, identifiez cinq termes avec lesquels vous n'êtes pas entièrement familiers, ou que vous trouvez révélateurs. Cherchez leurs définitions dans un dictionnaire.
2) Quelle est la fonction de ces mots dans les citations ?
3) Quelles images évoquent-ils ?
4) En quoi peut-on dire que les deux citations se font écho ?
5) Quels thèmes unifient les deux citations ?

Vocabulaire utile : réécriture (f.), robinsonnade (f.), fait divers (m.) historique, vertu (f.) féminine, religion (f.), amour (m.), transposition (f.) théâtrale.

Présentation

Présentez à vos partenaires les cinq termes que vous avez préparés et comparez-les. Quels sont les termes communs ?

2.2 MARGUERITE DE NAVARRE ET ANNE HÉBERT

Marguerite de Navarre, écrivaine française (1492–1549)

Marguerite de Navarre est la sœur très aimée de François 1er et la grand-mère du futur Henri IV. « L'une des figures les plus attachantes » de la Renaissance française[1] ; « elle aimait à dire des histoires et à en entendre raconter », témoigne le chroniqueur Brantôme. Au fil de sa vie itinérante de château en château, pleine d'anecdotes vécues et entendues, elle entreprend de rassembler des nouvelles à la manière de l'Italien Boccace dans le *Décaméron*. Influencée par les idées de la Réforme, sans pour autant renoncer à l'Église catholique, elle doit s'éloigner de la cour, dans le climat des guerres de religion. Elle défend les protestants et apprécie leur compagnie cultivée. En 1547 paraissent certains de ses écrits sous le titre de « marguerite de la Marguerite des princesses ». Après la mort de François 1er, elle tente de soigner sa santé chancelante aux eaux de Cauterets et meurt à 57 ans.

Anne Hébert, écrivaine canadienne (1916–2000)

Anne Hébert développe très tôt un intérêt pour les jeux théâtraux, dans les propriétés familiales des environs de Québec. Mais c'est à la poésie qu'elle consacre ses premiers écrits à partir de 1942. Elle garde un style poétique dans ses romans qui lui valent assez tardivement une notoriété internationale. Elle se fait éditer en France et se fixe à Paris à partir de 1965, ne revenant s'installer à Montréal qu'à la fin de sa vie. Elle obtient le prix Fémina, pour *Les Fous de Bassan,* son cinquième roman, et le prix Athanase-David pour l'ensemble de son œuvre. Sa maîtrise des images, de la construction des personnages par alternance de voix réelles et oniriques, est mise au service d'une composition narrative très étudiée. Elle y met en scène transgressions et quêtes identitaires, sur fond des lectures de la Bible qui ont fondé son éducation québécoise. Elle est devenue l'auteure québécoise la plus étudiée dans le monde.

Vocabulaire

Cherchez la définition des mots suivants dans un dictionnaire : attachant, anecdote (f.), influencé, cour (f.), protestant (m.), compagnie (f.), notoriété (f.), alterner, onirique, transgression (f.), quête (f.), patrimoine (m.)

Contexte

Pour bien vous situer dans le contexte historique et géographique, faites une recherche pour répondre aux questions suivantes :

- Quelles sont les idées développées par la Réforme pendant la Renaissance française ?
- Quel est le statut de la langue française au Québec depuis les années 1960 ?

2.3 RÉSUMÉ DES TEXTES

L'Heptaméron *(1558)*

L'Heptaméron regroupe 72 nouvelles, sur les 100 prévues sur le modèle du *Décaméron*. Un récit-cadre les relie ensemble : une petite compagnie d'hommes et de femmes est retenue dans un monastère par la crue d'une rivière ; ils se mettent à se conter des histoires, distraction bien connue depuis le Moyen Âge entre gens de bonne société. Les « devisants », c'est-à-dire les conteurs, discutent le sens; moral de chaque histoire qui a été racontée. Ces histoires édifiantes sont écrites sur le modèle de l'*exemplum* et privilégient les questions d'amour et de fidélité féminine, dans une atmosphère religieuse caractéristique de la Renaissance. La 67e nouvelle est racontée par Simontault, qui n'est pas habitué à dire du bien des femmes, mais qui veut, cette fois, montrer leur vertu. Un sous-titre résume l'argument : « Une pauvre femme, pour sauver la vie de son mari, hasarda la sienne, et ne l'abandonna jusqu'à la mort ». Il s'agit d'une anecdote contemporaine de l'époque, qu'il dit tenir du capitaine de Roberval lui-même, missionné par François 1er pour bâtir une colonie au Canada, et qui abandonne un couple sur une île déserte.

L'Île de la Demoiselle *(1990)*

Dans sa pièce *L'Île de la Demoiselle*, Anne Hébert reprend ce fait divers des premiers temps de la colonisation, plusieurs fois réécrit. Elle en fait une pièce radiophonique entendue en 1974 sur France Culture, puis publiée à partir de 1990 avec une autre pièce historique : *La Cage*. L'histoire de Marguerite, abandonnée sur une île au large de la Nouvelle-France, est développée en deux lieux distincts : le navire, puis l'île. L'héroïne n'est plus la pieuse épouse, comme chez Marguerite de Navarre, mais une jeune fille amoureuse, qui se retrouve désignée coupable de libertinage par tout l'équipage. Anne Hébert en fait la figure de la première héroïne québécoise qui se libère des contraintes imposées aux femmes de son époque par la société du roi de France. Son destin tragique lui fait affronter la mort de son amant et de son nouveau-né, puis celle de sa fidèle gouvernante. Les saisons passent avant que des marins, effrayés par son aspect de déterrée vivante, la découvrent enfin, sur « l'île des démons » qu'ils rebaptisent dès lors « île de la Demoiselle ».

Vocabulaire

Cherchez la définition des mots suivants : modèle (m.), édifiant/-e, fidélité (f.), vertu (f.), pieux/-se, libertinage (m.), contrainte (f.)

Comparaisons

En paire ou en groupe, identifiez, d'après leurs résumés, ce qui peut relier ces textes. Cherchez sur Internet et étudiez les couvertures de *L'Heptaméron* et de *L'Île de la Demoiselle*.

- Quelles informations, verbales et visuelles, se trouvent sur chacune de ces couvertures ?
- À quoi servent-elles ?
- Quelles réactions suscitent-elles chez vous ?
- Quelle version achèteriez-vous et pourquoi ?

Communautés

Consultez les sites consacrés à Anne Hébert, dont celui de l'Université de Sherbrooke. Créez vous-même une discussion sur *L'Île de la Demoiselle*, sur un forum de lecteurs.

2.4 THÈMES COMMUNS : NOUVEAU MONDE ET NOUVEAUX HORIZONS

Discussion

Faites des recherches sur les cartes de la Nouvelle France comportant l'île des démons, telles qu'elles étaient représentées au XVIe siècle, et utilisez ces images pour parler des sujets suivants :

- Pourquoi Anne Hébert, figure de la littérature québécoise, s'intéresse-t-elle à une nouvelle du XVIe siècle ?
- « L'île de la Demoiselle » Des cartes contemporaines était autrefois « l'île des démons ». Trouvez des justifications possibles.

Le traitement de l'anecdote historique

Le seigneur de Roberval est un personnage historique, missionné par le roi François 1er pour aller fonder une colonie au Canada, sur les traces de l'explorateur Jacques Cartier.

L'Heptaméron en fait un personnage de commandant dans son bon droit, qui applique la sanction habituelle contre un marin coupable de mutinerie. Il fait même acte de pitié en acceptant que sa femme soit abandonnée avec lui sur une île sauvage. Chez Anne Hébert, Roberval est un tyran effroyable qui se double d'un jaloux sans humanité. Il abandonne Marguerite sur l'île parce qu'elle repousse ses avances, alors qu'elle s'est éprise d'un simple menuisier et que tout l'équipage la désigne responsable de la colère divine qui déchaîne la tempête.

L'héroïne, dans les deux récits, se bat en femme forte pour sa survie. Marguerite de Navarre la dépeint également en « médecin et confesseur » de son mari, soutenue par sa lecture du Nouveau Testament. Anne Hébert, quant à elle, emprunte l'imagerie biblique pour décrire la parenthèse d'une vie amoureuse édénique. Quand le destin tragique la rattrape, elle doit enterrer ses morts : son mari, dans *L'Heptaméron* ; son amant, sa gouvernante et son nouveau-né, dans *L'Île de la Demoiselle*.

Les marins qui retrouvent finalement la survivante sont, selon Marguerite de Navarre, ceux du premier équipage sur leur voyage de retour ; ce sont des pêcheurs venus de Bretagne, pour Anne Hébert. Dans *L'Heptaméron*, l'héroïne leur montre la « pauvre maisonnette » qu'elle a aménagée ; dans *L'Île de la Demoiselle,* c'est une grotte, décorée du visage de son ennemi, M. de Roberval, qu'elle a envoûté pour causer sa mort à distance. L'épilogue de la 67ᵉ nouvelle de *L'Heptaméron* montre une femme « reçue de toutes les dames » de France et qui apprend à lire à leurs enfants. En clôture de la pièce d'Anne Hébert, l'enterrée vivante qui est tirée au grand soleil, a d'abord affirmé : « Pierre je suis devenue et je ne veux pas partir ».

La réécriture en pièce de théâtre

En transposant la nouvelle en pièce de théâtre, Anne Hébert donne à la parole des personnages un rôle central pour faire avancer l'intrigue. C'est également une amplification, avec quantité de personnages secondaires. Les voix des « devisants » de l'histoire-cadre de *L'Heptaméron*, qui discutent fermement chaque opinion, sont ici intégrées à l'intrigue et incarnées sur scène. Les lieux sont également importants pour la composition : le décor du bateau, pour la première partie, puis le décor de l'île. Enfin Anne Hébert insère un narrateur qui va décrire le visuel non accessible à la radio.

Elle utilise la symbolique poétique qui lui est habituelle, ainsi la figure du grand oiseau qui ramène à ces vers du *Tombeau des rois* :

> « J'ai mon cœur au poing
> Comme un faucon aveugle ».

Sa réécriture fait donc bien entendre son style propre tout en rendant hommage à l'aïeule des conteuses, grande figure de la culture française. Elle invite à entendre la modernité de ton de Marguerite de Navarre et à faire dialoguer la culture québécoise du XXᵉ siècle et ses sources littéraires françaises les plus profondes. Reste bien sûr que le contexte historique et social est bien différent et que la représentation d'une héroïne féminine ne peut se faire pareillement sur fond de guerres de religion ou de Révolution tranquille.

Vocabulaire

Cherchez la définition des mots suivants : fonder, mutinerie (f.), tyran (m.), survie (f.), envoûter, épilogue (m.), intrigue (f.), incarner, faucon (m.), aïeul/-e (m./f.).

Recherche web

Faites des recherches supplémentaires pour répondre aux questions suivantes :

- Quels sont les liens historiques entre la France et le Québec ?
- Qui fut Jacques Cartier ? À quelle époque vécut-il ? Comment était la société française pendant cette période ?
- Qu'est-ce que la « Révolution tranquille » ?

Citez des exemples contemporains de liens culturels.

- Pourquoi le fait d'être débarqué sur une île déserte est-il la pire des sanctions ?

Trouvez des exemples historiques et comparez-les aux représentations contemporaines (télé-réalité...).

2.5 MARGUERITE DE NAVARRE, *L'HEPTAMÉRON*

> *Extrait*[2]*: En revenant d'une cure thermale, cinq dames et cinq gentilshommes sont piégés par de grosses pluies. Ils doivent attendre ensemble, à l'abri dans un monastère, de pouvoir traverser une rivière en crue. Pour se distraire, chacun raconte une histoire, à tour de rôle. Les histoires précédentes ont fait rire de l'infidélité des femmes.*

Prologue

– Il semble, à vous ouïr parler, dit Simontault, que les hommes prennent plaisir à ouïr dire du mal des femmes, et [je] suis sûr que vous me tenez de ce nombre-là ? [C'est pourquoi] j'ai grande envie d'en dire [du] bien d'une [d'entre elles], afin de n'être pas tenu, par tous les autres, pour médisant.

– Je vous donne ma place, dit Ennasuitte, vous priant de contraindre votre naturel, pour faire votre devoir à notre honneur.

[Aussitôt], Simontault commença : « C'est chose si nouvelle, mesdames, d'ouïr dire de vous quelque acte vertueux, qu'il me semble qu'il ne doit pas être [caché], mais plutôt écrit en lettres d'or, afin de servir d'exemple aux femmes et aux hommes d'admiration. [...] C'est l'occasion qui me fera raconter ce que j'ai ouï dire au capitaine de Roberval et à plusieurs de sa compagnie. »

Soixante-septième nouvelle

Une pauvre femme, pour sauver la vie de son mari, hasarda la sienne, et ne l'abandonna jusqu'à la mort.

[... Roberval], pour habiter[3] le pays de chrétiens, mena avec lui toutes sortes d'artisans, entre lesquels il y avait un homme qui fut si malheureux[4], qu'il trahit son maître et le mit en danger d'être pris des gens du pays. Mais Dieu voulut que [la démarche entreprise] fût si tôt connue que [cela] ne put nuire au capitaine Roberval, lequel fit prendre ce méchant traître, le voulant punir comme il l'avait mérité ; ce qui eut été fait, sans sa femme qui avait suivi son mari [malgré] les périls de la mer, et ne le voulut abandonner à la mort, mais, avec force larmes, fit tant, [envers] le capitaine et toute la compagnie, que, tant pour la pitié de celle-ci que pour le service qu'elle leur avait fait, [il] lui accorda sa requête[5], qui fut telle que le mari et la femme furent laissés en une petite île, sur la mer, où il n'habitait que [des] bêtes sauvages ; et [il] leur fut permis de porter avec eux ce dont ils avaient nécessité. Les pauvres gens, se trouvant tout seuls en la compagnie des bêtes sauvages et cruelles, n'eurent recours qu'à Dieu seul, qui avait été toujours le ferme espoir de cette pauvre femme. Et, comme [celle-ci] avait toute consolation en Dieu, [elle apporta], pour sa sauvegarde, nourriture et consolation, le Nouveau Testament, lequel elle lisait incessamment. Et, au demeurant[6], avec son mari, mettait peine d'accoutrer[7] un petit logis le mieux qu'il leur était possible ; et, quand les lions et autres bêtes en approchaient pour les dévorer, le mari avec son arquebuse[8], et elle, avec des pierres, se défendaient si bien, que, non seulement les bêtes ne les osaient approcher, mais bien souvent [ils] en tuèrent de très bonnes à manger ; ainsi, avec [de] telles chairs et les herbes du pays, [ils] vécurent quelque temps. Et quand le pain leur fut failli[9], à la longue, le mari ne put [plus supporter une] telle nourriture ; et, à cause des eaux qu'ils buvaient, devint si enflé, qu'en peu de temps il mourut, n'ayant service ni consolation que de sa femme, laquelle [lui] servait de médecin et de confesseur ; en sorte qu'il passa joyeuse-ment de ce désert en la céleste patrie. Et la pauvre femme, demeurée seule, l'enterra le plus profond en terre qu'il fut possible ; si est-ce que[10] les bêtes en eurent incontinent[11] le senti-ment[12] [et] vinrent pour manger la charogne. Mais la pauvre femme, en sa petite maisonnette, [à] coups d'arquebuse, défendait que la chair de son mari n'eût tel sépulcre. Ainsi vivant, quant au corps, de vie bestiale, et quant à l'esprit, de vie angélique, [elle] passait son temps en lectures, contemplations, prières et oraisons, ayant un esprit joyeux et content, dedans un corps amaigri et demi mort. Mais Celui qui n'abandonne jamais les siens, et qui, au désespoir des autres, montre sa puissance, ne permit que la vertu qu'il avait mise en cette femme fût ignorée des hommes, mais voulut qu'elle fût connue à sa gloire, et fit que, au bout de quelque temps, un des navires de cette armée passant devant cette île, les gens qui étaient dedans avisèrent[13] quelque fumée qui leur fit souvenir de ceux qui y avaient été laissés, et délibé-rèrent d'aller voir ce que Dieu en avait fait. La pauvre femme, voyant approcher le navire, se tira au bord de la mer, auquel lieu [ils] la trouvèrent à leur arrivée. Et, après en avoir rendu louange à Dieu, les mena en sa pauvre maisonnette, et leur montra de quoi elle vivait durant sa demeure[14] ; ce [qui] leur eût été incroyable, sans la connaissance qu'ils avaient que Dieu est puissant[15] de nourrir en un désert ses serviteurs, comme aux plus grands festins du monde. Et, ne pouvant demeurer en tel lieu, [ils] emmenèrent la pauvre femme avec eux, droit à la

Rochelle, où, après un [trajet en bateau], ils arrivèrent. Et quand ils eurent fait entendre aux habitants la fidélité et persévérance de cette femme, elle fut reçue à grand honneur de toutes les dames, qui volontiers lui baillèrent leurs filles pour apprendre à lire et à écrire. Et, à cet honnête métier-là, gagna le surplus[16] de sa vie, n'ayant autre désir que d'exhorter[17] [tout] un chacun à l'amour et confiance de Notre Seigneur, se proposant [comme] exemple [de] la grande miséricorde dont il avait usé envers elle.

2.6 LECTURE DE MARGUERITE DE NAVARRE

2.6.1 Lecture initiale

Ayant lu le texte une première fois, répondez aux questions suivantes.

Considérations préliminaires

- *Qui* : Qui parle dans le texte ? Qui sont les personnages ?
- *Quoi* : Quel est le sujet du texte ?
- *Où et quand* : Relevez les mots dans le texte qui indiquent un lieu et le temps.

Genre et discours

- Quel est le genre du texte (pièce de théâtre, poème, roman, etc.) ?
- Quel est le type de discours (argumentatif, descriptif, explicatif, narratif, injonctif) ?
- Quelle est la tonalité du texte (comique, épique, lyrique, tragique, polémique, etc.) ?

Prise de notes

Prenez des notes en lisant le texte. Notez des détails importants et vos propres questions.

2.6.2 Lecture approfondie

Compréhension

Résumé en images et interview des personnages

Pour assurer la compréhension du texte étudié, faites son résumé en images séquentielles et posez des questions aux personnages (voir Annexe A). Lisez le texte une deuxième fois. Faites d'abord attention aux procédés littéraires et dégagez ensuite la signification de chaque extrait.

Analyse

Procédés littéraires

Comparez vos réponses aux questions suivantes avec celles de votre partenaire ou de la classe :

1) Cherchez comment ces mots ont évolué dans la langue française moderne : précisez leur sens dans le texte, puis trouvez des mots construits sur la même racine et des mots de sens équivalent en français moderne.

Mots du texte	Mots de la même famille	Synonymes
Ouïr		
Sépulcre		
Demeurer		
Bailler		

2) Étudiez les marques de première et deuxième personnes dans le prologue : qui est désigné par l'emploi de « vous », « je », « me », « notre » ? Distinguez le genre et le nombre de chaque référent.
3) La ponctuation, introduite avec les débuts de l'imprimerie, n'est pas encore stable au XVIᵉ siècle. Choisissez une phrase particulièrement longue et lisez-la à haute voix. Cherchez d'autres façons de la ponctuer, sans en perturber le sens.

Interprétation

Signification

4) En quoi Simontault dit-il du bien des femmes dans cette histoire ?
5) Roberval est-il, d'après vous, un odieux personnage ? Faites-le raconter au roi de France sa version de la mésaventure.
6) Que sait-on de la vie du mari et de la femme, abandonnés sur l'île ? Y a-t-il des incohérences ou des informations qui manquent ? Ajoutez les indications que vous aimeriez voir apparaître au fil du texte.
7) Pourquoi l'héroïne est-elle bien reçue de toutes les dames, à son retour en France ?

2.7 PERSPECTIVES LINGUISTIQUES : LA LANGUE FRANÇAISE DU XVIᴱ SIÈCLE

La langue utilisée par Marguerite de Navarre fait encore partie de ce que l'on appelle le moyen français. Georges Gougenheim, qui a étudié toute sa vie la langue française du seizième siècle, explique ce moment de bascule : « Une mentalité nouvelle s'affirme dans la langue, en même temps que s'éliminent les moyens d'expression hérités du Moyen Âge[18]. » L'orthographe présente des particularités, en lien avec une prononciation différente et le maintien de lettres étymologiques : « un » s'écrit « ung » ; le « y » est préféré au « i » en fin de mots, ex : « son mary » ; « z », au lieu de « s », est souvent la marque du pluriel. Les conjugaisons présentent des particularités : « -oit » est la désinence de l'imparfait. La construction de la phrase diffère parfois (inversion dans l'ordre des mots ; omission du pronom sujet). Enfin le sens de certains mots a évolué et certains sont devenus rares (comme « ouïr » orthographié « oyr » pour « entendre »). Mais l'on constatera, à cet extrait, que la lecture du texte d'origine est rapidement possible : « Le mary et la femme furent laissez en une petite isle, sur la mer, où il n'abitoit que bestes sauvaiges » (orthographe modernisée : « Le mari et la femme furent laissés dans une petite île, sur la mer, où il n'habitait que des bêtes sauvages »).

Rééditions de L'Heptaméron *et respect du texte d'origine*

Michel François, qui a établi l'édition de *L'Heptaméron* pour les Classiques Garnier, précise : « Qu'une œuvre aussi nouvelle et aussi attrayante, en dehors même de la célébrité de son auteur, ait connu tout de suite le plus grand succès, il ne faut pas nous en étonner[19]. » Le recueil ne paraît pour la première fois que neuf ans après la mort de la reine, sans nom d'auteur et sans que les nouvelles soient placées dans un ordre déterminé. Il est réédité l'année suivante, dédié à Jeanne d'Albret qui tient à rendre cette œuvre à sa mère, et « remis en son vrai ordre ». Certains développements jugés audacieux sont cependant enlevés, et l'on soupçonne aujourd'hui que certaines nouvelles ont été supprimées. Les rééditions se succèdent durant tout le XVIe siècle, et encore aux siècles suivants, mais ce n'est qu'à partir de 1853 que le retour aux manuscrits conservés à la Bibliothèque nationale de France permet de « restituer à l'œuvre de Marguerite sa physionomie véritable », comme l'indique l'édition de Le Roux de Lincy. Certaines éditions proposent alors une modernisation orthographique, mais la plupart cherchent davantage à respecter la langue de Marguerite de Navarre en aidant le lecteur par quelques notes explicatives.

Connexions

En relisant le texte, pensez aux relations entre votre langue natale et son histoire. Pourriez-vous lire un texte du XVIe siècle dans son original ? Quelles difficultés pourriez-vous rencontrer ? Expliquez votre réponse et cherchez des exemples.

2.8 PRODUCTION ORALE ET ÉCRITE AUTOUR DE *L'HEPTAMÉRON*

Exposé oral

Franck Lestringant écrit à propos de la 67e nouvelle de *L'Heptaméron* : « Le récit est un *exemplum*, qui se déroule dans le lieu expérimental qu'est l'île. L'île permet de cerner l'épreuve à laquelle est soumise la bonne chrétienne. Elle constitue donc un laboratoire, mais dans un sens tout spirituel[20]. » Votre propre lecture de la nouvelle de Marguerite de Navarre peut-elle correspondre à une telle analyse ? Préparez un exposé oral qui réponde à cette question.

Débats

En groupe de deux ou trois, discutez des sujets suivants et présentez vos idées à la classe. Préparez-vous à un débat.
Sujet 1 : Marguerite est-elle une héroïne ou une pauvre victime ?

Sujet 2 : La décision d'abandonner le couple sur cette île peut-elle se comprendre ?
Sujet 3 : Simontault fait-il bien, comme il le dit, un récit à la gloire des femmes ?

Travail d'écriture

A. Écriture analytique – explication de texte : Expliquez ce qui justifie cette description finale de la femme : « ayant un esprit joyeux et content, dedans un corps amaigri et demi mort ».
B. Écriture analytique – explication de texte : Trouvez une formulation plus courte pour cette phrase : « Il passa joyeusement de ce désert en la céleste patrie ». Expliquez dans votre analyse pourquoi Marguerite de Navarre choisit ces termes.
B. Écriture créative – nouvelle : Dans une nouvelle de 3 pages, écrivez à votre tour votre version de l'histoire de Marguerite, en montrant que le récit fait dans *L'Heptaméron* déforme la vérité. Vous pouvez ajouter tous les détails et les épisodes que vous souhaitez, à condition de respecter le script suivant : « Vers 1544, une femme est retrouvée sur une île déserte, au large du Canada, après plusieurs années d'abandon. Elle explique pourquoi M. de Roberval l'a ainsi punie et comment elle a pu survivre malgré le climat et la mort de son compagnon. »

2.9 PERSPECTIVES CULTURELLES : LE QUÉBEC ET LA CULTURE ORALE MODERNE

Les Nuits de la poésie

Le Québec connaît une tradition d'écriture poétique qui montre sa vitalité sous la forme de performances lors de manifestations publiques. La revendication d'une identité québécoise, liée à la défense de la francophonie, a favorisé l'éclosion de poètes, depuis les années 1970. Cette façon d'inscrire la création littéraire dans la cité, comme un acte de revendication collective, utilise les ressources de la voix et du corps. Elle se démarque d'une poésie strictement écrite, faite pour la lecture solitaire et silencieuse, et écarte l'idée de Mallarmé d'une modernité poétique liée à sa « disparition élocutoire »[21]. Un film documentaire de Jean-Claude Labrecque et Jean-Pierre Masse, *La nuit de la poésie du 27 mars 1970*, fait date dans l'histoire de ces performances poétiques. En phase avec l'actualité de la Révolution tranquille, cette nuit de la poésie sera suivie de plusieurs éditions, à dix années d'intervalle, témoignant des évolutions politiques et culturelles du pays à travers son engagement dans la création francophone.

La chanson populaire et le spectacle vivant

D'abord les concours de chanson sur Radio-Canada, les festivals d'été et bientôt les tournées internationales de récitals et d'opéras rock permettent un développement spectaculaire de la chanson québécoise et du spectacle vivant à partir des années 1960. Le 13 août 1974, la *Superfrancofête* réunit une foule compacte sur les Plaines d'Abraham de la ville de Québec. Félix Leclerc, Gilles Vigneault et Robert Charlebois interprètent en clôture du festival *Quand les hommes vivront d'amour* de Raymond Lévesque.

Cette tradition chansonnière se double d'une tradition satirique populaire également fidèle à ses sources orales. Elle a donné naissance à une nouvelle génération d'humoristes qui mêle à la maîtrise d'une langue française matinée d'expressions québécoises le savoir-faire américain du stand-up et du spectacle télévisé. En témoigne en particulier le festival *Juste pour rire* qui se tient à Montréal depuis 1983.

Discussion

Discutez des questions suivantes, en paire ou en groupes :

* Peut-on dire que la chanson populaire québécoise est une des formes de la tradition poétique ?
* Les humoristes sont-ils de nouveaux poètes, d'après les exemples que vous connaissez ?

Présentation

Travaillez en paire ou en groupe. Cherchez sur le web les vidéos suivantes, en accès libre : le film documentaire *La nuit de la poésie du 27 mars 1970*, la bande-annonce du film de Nicolas Orhon *Les nuits de la poésie*, la performance de Michèle Lalonde *Speak white*, la lecture publique d'Anne Hébert lors de *La Nuit de la poésie 1980*.

À partir de ces documents et de vos propres recherches, préparez une présentation des *Nuits de la poésie* au Québec, en expliquant ce qui caractérise ces événements.

Connexions

La faculté des lettres de l'Université Laval organise régulièrement avec ses étudiants en création littéraire des *Nuits de la création* au Musée national des beaux-arts du Québec (MNBAQ). Faites-en une présentation après avoir consulté la page Facebook qui leur est consacrée et le dossier « Tentative d'épuisement d'une œuvre de Riopelle » dans la revue en ligne *Le Crachoir de Flaubert.*

Culture

La culture contemporaine puise souvent son inspiration dans le passé et l'héritage littéraire. L'oralité très présente dans *L'Heptaméron* a ses échos dans la culture québécoise qui a su développer des formes de littérature performée très en phase avec une revendication identitaire.

Recherche web

Cherchez et écoutez ces trois chansons célèbres d'auteurs-compositeurs québécois :

* *Moi, mes souliers*, de Félix Leclerc
* *Mon pays*, de Gilles Vigneault
* *Ordinaire*, de Robert Charlebois

Faites des recherches supplémentaires sur le festival international de poésie de Trois-Rivières.

* Trouvez des noms d'humoristes québécois. Repérez la faveur qu'ils rencontrent dans les médias parisiens.

2.10 ANNE HÉBERT, *L'ÎLE DE LA DEMOISELLE*

Extrait 1[22] : *En 1540, trois bateaux partent de France, sous la conduite du commandant de Roberval, pour aller fonder, sur ordre du roi, une colonie catholique au Canada. Parmi les passagers se trouve la jeune Marguerite. Elle se confie à une dame.*

Première partie – séquence 5

Marguerite :   Je suis orpheline, j'ai été élevée chez les religieuses Augustines. Mais c'est surtout Charlotte qui s'est occupée de moi, depuis ma toute petite enfance. Une seule fois, avant ce jour, je suis sortie de mon couvent, pour aller présenter au Roi foi et hommage, pour mes terres de Périgord.

La Dame :   Vous avez des terres en Périgord ?

Marguerite :   M. de Roberval s'occupe de mes terres et de tout ce qui regarde ma fortune. C'est lui qui m'a persuadée d'aller en Canada convertir les sauvages et fonder un foyer très chrétien.

La Dame :   Vous vous marierez en Canada ?

Marguerite :   Le mari que me choisira M. de Roberval sera mon mari et je l'aimerai de tout mon cœur. Nous aurons beaucoup d'enfants et beaucoup de terres à défricher en Canada.

La Dame :   Dieu vous entende. [...] Puissiez-vous ne jamais oublier les sages paroles que vous venez de prononcer.

Voiles qui claquent dans le vent. Bruit des vagues.

Extrait 2 : *Lors d'une promenade sur le pont du bateau, la belle Marguerite se fait bousculer par les hommes de l'équipage. Nicolas, un jeune menuisier, lui vient en aide. Furieux et jaloux, M. de Roberval enferme Marguerite dans sa cabine, loin du jeune homme.*

Première partie – séquence 7

Marguerite :   Combien de jours depuis ma promenade sur le pont ?

Charlotte :   Quinze jours exactement.

Marguerite :   Et lui ? Lui ? Qu'est-ce qu'il fait pendant tout ce temps ?

Charlotte :   Je n'en sais rien. Chaque fois que je monte sur le pont quérir notre ration d'eau et de biscuits, j'écarquille les yeux pour l'apercevoir, mais il n'est jamais dans les parages quand j'y suis. Nous savons déjà qu'il se nomme Nicolas Guillou et qu'il est menuisier de son état. Vous faites grand cas de ce jeune homme-là et pourtant vous n'avez pas eu beaucoup de temps pour le voir ?

Marguerite :   À peine le temps, Charlotte. Un éclair. Une apparition. Mais je n'ai jamais rencontré personne de mieux fait que lui. Son sourire, ses yeux, ses cheveux pleins d'épis, sa taille, ses gestes, tout, tout... Et si M. de Roberval l'avait fait mourir ? Parfois il me semble que j'aperçois son visage noyé qui flotte dans le hublot, tout vert et plein d'algues pourries.

Charlotte : Calmez-vous, Mademoiselle. Je vous promets de vous rapporter des nouvelles avant peu. Mais d'abord, il faut manger si vous voulez survivre.

Extrait 3 : *Marguerite doit repousser les avances de M. de Roberval, alors qu'elle ne pense plus qu'à Nicolas. Ils se retrouvent sur le pont pour une nuit d'amour. Une effroyable tempête se déchaîne. L'équipage cherche un coupable à la colère divine. Un marin qui a surpris les amours de Marguerite et Nicolas vient de les dénoncer publiquement.*

Première partie – séquence 15

Craquement prolongé. Cris de terreur. Bousculade.

Un Matelot : M. le Commandant, la tempête est pire que jamais. Les autres bâtiments sont loin derrière nous. Notre vaisseau file tout seul un train d'enfer, poussé par un vent qui... Encore un peu et nous serons tous péris[23] en mer. Faites quelque chose. C'est vous le Commandant.

La Dame : Punissez la coupable ou nous coulons comme des rats.

Clameurs : *« Punissez la coupable ! Punissez la coupable ! »*

Un Autre Matelot : Le vent est si terrible que nous voici déjà dans les parages de l'île des Démons.

Roberval : Quel vent maudit est-ce là !

Le Matelot : Mon Commandant, nous allons tout dret[24] nous briser sur cette île-là !

Des Voix : - Faites quelque chose !

- Sauvez-nous !
- Punissez la coupable !
- C'est Marguerite de Nontron !

Roberval : Vous entendez, Marguerite ? Ils réclament votre mort.

Marguerite : Quel crime ai-je commis ? Je n'ai fait que suivre l'élan de mon cœur.

Roberval :

(Bas à Marguerite) L'élan de votre cœur, dites-vous ? Non, je ne puis supporter cela.

Extrait 4 : *M. de Roberval abandonne Marguerite et sa servante sur une île déserte, au large du Canada : l'île des démons. Nicolas plonge pour les rejoindre. L'île est hostile, mais l'amour est le plus fort et la vie s'organise peu à peu. Au bout de deux mois, Marguerite annonce qu'elle attend un enfant.*

Deuxième partie – séquence 19

Marguerite :	Bientôt nous serons quatre sur cette île et c'est une colonie que l'on fonde, toi et moi et Charlotte et l'autre innocent qui se cherche un visage, des ongles et des cheveux dans mon ventre. Une vraie boîte à surprise. On ne peut savoir s'il sera brun ou blond, garçon ou fille. Chère toute petite créature cachée, mon fils ou ma fille, tu naîtras libre et jamais M. de Roberval ou quelque autre puissance de ce monde n'aura de pouvoir sur toi.
Nicolas :	Seigneur, doux Jésus, un enfant ! Est-ce possible ici, dans ce désert de pierres et sans le moindre petit berceau de bois, chef d'œuvre de son père menuisier.
Marguerite :	Nous le coucherons dans cette grotte, entre les rochers, comme l'Enfant Jésus et nous soufflerons dessus, comme le bœuf et l'âne, tous les trois, pour le réchauffer.

Extrait 5 : *La vie, d'abord paradisiaque, se transforme en enfer à l'arrivée de l'automne. Nicolas se fait attaquer par un oiseau et est saisi par la fièvre. Il meurt avant la naissance de son enfant qui connaît rapidement le même sort.*

Deuxième partie – séquence 28

Les cloches sonnent comme pour l'enterrement d'un enfant.

Le Narrateur :	Marguerite et Charlotte enveloppent le corps du bébé dans un morceau de toile à voile. Elles le portent solennellement pour l'enterrer dans une anfractuosité[25] de rocher et poussent une grosse pierre pour boucher l'entrée.

Les cloches sonnent toujours.

Marguerite :	S'il plaît à Dieu de changer mon fils vivant en ange du ciel, j'accuse Dieu d'être complice de M. de Roberval. C'est le même meurtre et c'est le même meurtrier.
Charlotte :	Malheureuse ne crains-tu pas d'attirer de nouveau la colère de Dieu sur nous ? Ne sommes-nous pas assez frappées comme ça ?
Marguerite :	Je fais face à la colère de Dieu avec tout le feu et le fer dont je suis faite. Et je crie, non miséricorde, mais justice ! Justice !
Charlotte :	Il y a des pattes d'oiseau gravées sur la neige, partout autour de nous. Et ce point noir qui bouge au ciel. C'est la mort qui revient. Sauvons-nous vite. Ne blasphème plus, je t'en prie, Marguerite. Vite, sauvons-nous.
Marguerite :	Cet oiseau-là, je l'abattrai et je me parerai de ses plumes, comme une sauvage que je suis devenue. Cela je le jure, ici, devant la tombe de mon mari et celle de mon enfant. [...] Je me pendrai à toutes les cloches du monde. Je leur ferai sonner la douleur et la fureur du monde, ici même, sur cette île déserte où je fus exilée, en pleine mer, comme une criminelle, parmi des oiseaux sauvages aux cris rauques. *(Cris d'oiseaux.)* J'ameute[26] tous

les cris du monde pour clamer mon tourment, moi, moi, Marguerite de Nontron, et je n'ai que seize ans... Mon pauvre Nicolas, ta belle et tendre amoureuse bascule parmi les harpies[27], perd toute face humaine et s'arme jusqu'aux dents, pour réclamer justice et réparation ! Qu'on m'emmène M. de Roberval et je lui percerai le cœur et je lui crèverai les yeux.

Extrait 6 : *Charlotte meurt à son tour et Marguerite, désormais seule, se réfugie dans une grotte. Elle délire et envoûte M. de Roberval en torturant son portrait qu'elle dessine au charbon. Deux ans et cinq mois après son abandon, elle voit enfin arriver des pêcheurs.*

Deuxième partie – séquence 32

Le Narrateur :   Les pêcheurs abordent dans l'île. En les voyant arriver, Marguerite fuit dans les rochers.

Cri de Marguerite.

Premier Pêcheur :   Qu'est-ce que c'est que ça ?
Deuxième Pêcheur :   Une bête sauvage ou quoi ou qui ?
Troisième Pêcheur :   C'est une espèce de créature qui marche à quatre pattes. Une toute petite créature, comme qui dirait un moussaillon[28].

Cri de Marguerite dans le lointain.

Deuxième Pêcheur :   M'est avis que[29] c'est un sauvage.
Premier Pêcheur :   Ses cheveux sont blonds à ce qu'il m'a semblé, mais plein de plumes...
Troisième Pêcheur :   Peut-être que c'est un scalp de cheveux blonds posé sur une tête huileuse de Sauvage avec les plumes par-dessus.

Cri de Marguerite se rapprochant.

Deuxième Pêcheur :   *(À mi-voix)* La créature vient par ici. Méfions-nous.

[...]

Marguerite :   Vivante ! Je suis vivante ! Je suis Marguerite de Nontron. Et vous, messieurs, vous êtes vivants, tous les trois ! Ah Seigneur doux Jésus, je ne peux y croire. Tant de créatures vivantes à la fois sur mon île déserte.

[...]

Premier Pêcheur :   Venez, nous vous ramènerons en France, avec nous, sur la Marie-Christine.
Marguerite :   Ceux que j'aime reposent ici dans la pierre. Pierre je suis devenue et je ne veux pas partir.

Premier Pêcheur :	Venez. Il le faut. L'île ne contient aucun démon. Elle est pierre dure et morts secs. C'est vous, Marguerite de Nontron, la reine et patronne de ces lieux. En votre honneur nous appellerons désormais ce rocher : l'île de la Demoiselle. Venez.
Marguerite :	Me voici, je viens, encombrante comme une ombre que l'on tire de la nuit, au grand soleil.

Fin

2.11 LECTURE DE HÉBERT

2.11.1 Lecture initiale

Ayant lu le texte une première fois, répondez aux questions suivantes.

Considérations préliminaires

- *Qui* : Qui parle dans le texte ? Qui sont les personnages ?
- *Quoi* : Quel est le sujet du texte ?
- *Où et quand* : Relevez les mots dans le texte qui indiquent un lieu et le temps.

Genre et discours

- Quel est le genre du texte (pièce de théâtre, poème, roman, etc.) ?
- Quel est le type de discours (argumentatif, descriptif, explicatif, narratif, injonctif) ?
- Quelle est la tonalité du texte (comique, épique, lyrique, tragique, polémique, etc.) ?

Prise de notes

Prenez des notes en lisant le texte. Notez des détails importants et vos propres questions.

Comparaisons

En lisant le deuxième texte, comparez-le au premier. Notez quelques analogies et différences aux niveaux suivants :

- La narration
- Le paysage décrit
- La transformation de l'épouse dévouée en jeune fille amoureuse
- Les émotions ressenties par les personnages
- L'effet produit chez le lecteur et le but du texte

Culture

À quelles références culturelles renvoient les extraits 1 et 3 :

* Le couvent de religieuses ?
* La volonté de « convertir les sauvages » ?
* La désignation d'un coupable, au moment de la tempête ?

Recherche web

Cherchez sur Google Maps l'île de la Demoiselle (Québec, CA).

2.11.2 Lecture approfondie

Compréhension

Résumé en images et interview des personnages

Pour assurer la compréhension du texte étudié, faites son résumé en images séquentielles et posez des questions aux personnages (voir Annexe A). Lisez le texte une deuxième fois. Faites attention aux procédés littéraires et dégagez ensuite la signification de chaque extrait.

Analyse

Procédés littéraires

Comparez vos réponses aux questions suivantes avec celles de votre partenaire ou de la classe :

1) Attribuez les répliques suivantes au bon personnage, sans revenir d'abord au texte :

Répliques	*Qui prononce ces paroles ?*	*Justification*
Puissiez-vous ne jamais oublier les sages paroles que vous venez de prononcer.		
Quel crime ai-je commis ? Je n'ai fait que suivre l'élan de mon cœur.		
Malheureuse ne crains-tu pas d'attirer de nouveau la colère de Dieu sur nous ?		
M'est avis que c'est un sauvage.		

2)   À quoi voit-on, dans ces extraits, qu'il s'agit d'une pièce radiophonique ?

3)   Que représente la figure de l'oiseau ? Peut-on lui associer différentes symboliques ?

Interprétation

Signification

4)   Pourquoi les passagers veulent-ils punir Marguerite ? Et M. de Roberval ?

5)   La vie sur l'île est-elle immédiatement difficile ? Énumérez ce qui la rend insupportable.

2.12 PRODUCTION ORALE ET ÉCRITE AUTOUR DE *L'ÎLE DE LA DEMOISELLE*

Tableau vivant

Pour chacun des six extraits de la pièce d'Anne Hébert, incarnez une image fixe de Marguerite en montrant son changement physique, puis animez l'image fixe par un commentaire en voix off de votre invention. Comparez les propositions en revenant au texte pour justifier vos avis.

Théâtralisation

Par groupe, choisissez l'un des extraits à interpréter. Après vous être entraîné, enregistrez-vous à la manière d'une pièce radiophonique. Vous veillerez à mettre en voix les émotions des personnages. Pensez à assurer le bruitage qui vous paraît le plus évocateur.

Exposé oral

Faites un exposé oral sur un des sujets ci-dessous :

Sujet 1 : L'Intertextualité : Gérard Genette arrive à ce constat, à la fin de son ouvrage *Palimpsestes* : « il n'existe pas de transposition *innocente* »[30]. Cherchez à vérifier ce constat dans le travail de réécriture d'Anne Hébert : en quoi sa transposition du texte de Marguerite de Navarre n'est-elle pas « *innocente* » ?

Sujet 2 : Les Références bibliques : « De toutes les sources auxquelles se réfère Anne Hébert dans ses récits, la Bible paraît être la principale »[31], affirme Antoine Sirois. Quels passages de *L'Île de la Demoiselle* évoquent, d'après vous, des thèmes ou des images bibliques ? Anne Hébert fait-elle le même usage que Marguerite de Navarre de la référence à la Bible ?

Travail d'écriture

Écriture créative – suite : Écrivez une suite possible de l'histoire sous forme de pièce de théâtre et jouez-la en classe.

2.13 MISE EN PARALLÈLE

Afin de mieux comprendre les deux textes – *L'Heptaméron* et *L'Île de la Demoiselle* – et ce qui les relie, considérez les pistes suivantes :

Le féminisme

Les deux textes se rejoignent en ce qu'ils cherchent à mettre en valeur une héroïne féminine. Le féminisme des années 1970 n'est évidemment pas celui de la Renaissance, mais les deux conteuses font entendre, chacune bien dans son époque, la représentation audacieuse d'une femme qui prend en charge son destin et fait preuve d'une détermination sans faille. Les deux textes comportent en particulier une scène de lutte contre les bêtes sauvages qui montre son courage. Cette scène permet aux « devisantes » de *L'Heptaméron* de filer malicieusement la comparaison entre les maris et les animaux sauvages. Dans *L'Île de la Demoiselle*, la contestation de l'ordre patriarcal va jusqu'à la remise en question des codes qui régissent les comportements des femmes dans la société monarchique de droit divin dont le Québec va hériter. Pourtant la pièce ne se réduit pas à un message contestataire et propose un portrait sensible de jeune fille, d'amante, puis de mère que les épreuves du sort tourmentent dramatiquement, et qui réempruntent et interrogent les figures mythiques traditionnellement attribuées à la femme en littérature.

La robinsonnade

L'Attrait et la hantise de se trouver abandonné(e) sur une île déserte se retrouvent dans de nombreux récits et forment ainsi un *topos*, ou lieu commun, littéraire. Il s'agit principalement de héros masculins, dans la lignée de *Robinson Crusoé* de Daniel Defoe. Les réécritures de l'histoire de Robinson, inspirée d'un autre fait divers, cette fois de 1709, ont donné naissance à un sous-genre du roman d'aventures que l'on nomme robinsonnade (Jules Verne, *L'Île mystérieuse*, William Golding, *Sa Majesté des mouches*, Michel Tournier, *Vendredi ou les limbes du Pacifique*...). La robinsonnade se prête particulièrement à l'écriture pour les enfants et aux adaptations cinématographiques. Elle est le lieu d'excellence des transpositions et des expérimentations littéraires. Avec l'histoire de Marguerite, la robinsonnade devient féminine, change d'époque et de lieu. Elle se présente comme une autre chaîne, encore mal connue, de réécritures intertextuelles.

2.14 SYNTHÈSE

Travail d'écriture

A. Écriture analytique – essai : Étudiez comment le personnage féminin est traité dans les deux textes. Est-il représenté comme une sainte, un esprit libre, une rebelle, une sorcière ?

B. Écriture analytique – essai : Dans quelle mesure le choix du genre théâtral, pour cette réécriture d'Anne Hébert, tire-t-il parti de la polyphonie à l'œuvre dans la nouvelle de *L'Heptaméron* ?

C. Écriture créative – discussion : À la manière du récit-cadre de *L'Heptaméron*, où les « devisants » discutent de l'intérêt de chaque nouvelle, bâtissez un cadre fictionnel pour la pièce d'Anne Hébert : des spectateurs se disputent au sujet de la pièce qu'ils sont en train de voir ensemble. Vous pouvez intercaler leur discussion entre les extraits reproduits plus haut et rédiger une introduction et une conclusion.

Portfolio de recherche

Effectuez vos propres recherches pour trouver plus d'informations sur la vie et l'œuvre des deux auteures étudiées : Marguerite de Navarre et Anne Hébert. Votre portfolio peut prendre des formes différentes et créatives (blogue, PowerPoint, etc.) reflétant votre réflexion personnelle. N'oubliez pas d'inclure la bibliographie des ouvrages cités et consultés (sites web, images, dictionnaires et encyclopédies, textes primaires et secondaires, etc.).

Notes

1 Introduction à l'édition des Classiques Garnier par Michel François, p. VIII.
2 Marguerite de Navarre, *L'Heptaméron*, éd. Michel François, Paris, Bordas, coll. « Classiques Garnier », 1991, pp. 392–394.
3 **Habiter** : ici, peupler
4 **Malheureux** : ici, criminel, méprisable
5 **Requête** (f.) : une demande
6 **Demeurant** : ici, durant son séjour
7 **Mettre peine d'accoutrer** : travailler à installer
8 **Arquebuse** (f.) : une ancienne arme à feu
9 **Leur fut failli** : (archaïsme) leur manqua
10 **Si est-ce que** : néanmoins
11 **incontinent** : (archaïsme) aussitôt
12 **Sentiment** (m.) : ici, le fait de sentir par l'odorat
13 **Aviser** : remarquer
14 **Sa demeure** : ici, son séjour
15 **Être puissant** : ici, être capable ou avoir le pouvoir de faire quelque chose
16 **Surplus** (m.) : le reste
17 **Exhorter** : appeler, inciter par un discours persuasif
18 Georges Gougenheim, Grammaire de la langue française du seizième siècle, Paris, Picard, 1984.
19 Introduction, p. XV., *op.cit.*
20 Franck Lestringant, « La demoiselle dans l'île, prolégomènes à une lecture de la nouvelle 67 », in *Lire L'Heptaméron de Marguerite de Navarre,* Dominique Bertrand (dir.), CERHAC, Presses Universitaires Blaise Pascal, Clermont-Ferrand, 2005, pp. 184–196.
21 **L'élocution** (f.) est le fait de s'exprimer oralement
22 Anne Hébert, *L'Île de la Demoiselle*, Montréal, Boréal, 1990. Les extraits sont tirés des pages 135 à 246.
23 **Péris** : morts
24 **Dret** (m.) : le droit (parler québécois, identique à un régionalisme français)
25 **Anfractuosité** (f.) : un creux, une cavité
26 **Ameuter** : rassembler dans une intention hostile
27 **Harpie** (f.): un monstre mythologique à corps d'oiseau et femme méchante
28 **Moussaillon** (m.) : un petit mousse, un jeune marin
29 **M'est avis** : à mon avis
30 Gérard Genette, *Palimpsestes*, Paris, Éditions du Seuil, 1982, p. 340.
31 Antoine Sirois, « Anne Hébert et la Bible. La suite... », *Cahiers Anne Hébert n°11*, Centre Anne Hébert, Université de Sherbrooke, 2011, p. 459.

Module 3 Langage et identité nationale dans Joachim Du Bellay et Ngũgĩ wa Thiong'o

Eric MacPhail et Eileen Julien

3.1 ENTRÉE EN MATIÈRE

« A writer who tries to communicate the message of revolutionary unity and hope in the languages of the people becomes a subversive character. It is then that writing in African languages becomes a subversive or treasonable offence with such a writer facing possibilities of prison, exile or even death. »

(Ngũgĩ wa Thiong'o, *Decolonising the Mind : The Politics of Language in African Literature*)

« Là donc, Français, marchez courageusement vers cette superbe cité romaine : et des serves dépouilles d'elle (comme vous avez fait plus d'une fois) ornez vos temples et autels. »

(Joachim Du Bellay, *La Défense et illustration de la langue française*)

Interprétation

1) Dans les citations précédentes, identifiez cinq termes avec lesquels vous n'êtes pas entièrement familiers, ou que vous trouvez révélateurs. Cherchez leurs définitions dans un dictionnaire.
2) Quelle est la valeur de ces mots dans les citations ?
3) À qui ces citations s'adressent-elles ?
4) En quoi peut-on dire qu'elles se font écho ?
5) Contre qui ou quoi serait-il subversif ou traître d'écrire dans les langues « locales » ou « nationales » ?

Vocabulaire utile : littérature (f.) africaine, langages (m.) africains, colonisation (f.), subjugation (f.), nationalisme (m.), humanisme (m.), conscience (f.) linguistique, décolonisation (f.), émancipation (f.), Pléiade (f.)

Présentation

Présentez à vos partenaires les cinq termes que vous avez préparés et comparez-les. Quels sont les termes communs ?

3.2 JOACHIM DU BELLAY ET NGŨGĨ WA THIONG'O

Joachim Du Bellay, poète français (1522–1560)

Né en Anjou sous le règne de François Iᵉʳ, Du Bellay est reconnu comme un des principaux poètes lyriques de la Renaissance européenne. En 1549, il publie son seul ouvrage en prose, *La Défense et illustration de la langue française*, qui sert de manifeste au mouvement poétique appelé la Pléiade, qu'il a fondé avec Pierre de Ronsard. De 1553 à 1557, Du Bellay séjourne à Rome dans la maison de son cousin, le cardinal Jean Du Bellay. De retour en France, il publie son chef d'œuvre, le recueil de sonnets intitulé *Les Regrets*, connu pour son ton élégiaque et sa thématique de l'exil. Mort très jeune, Du Bellay a néanmoins laissé derrière lui une œuvre considérable de poésie française et latine, caractérisée par l'ambition et l'ambivalence de l'humanisme.

Ngũgĩ wa Thiong'o, écrivain et professeur kenyan (1938–)

James Ngũgĩ naquit au Kenya, dans une grande famille paysanne. Travaillant le jour aux champs ou réunies le soir auprès du feu, la famille et la communauté parlaient gikũyũ, l'une des maintes langues parlées au Kenya. Ces séances aussi bien que l'univers imaginaire des contes oraux devaient marquer le futur écrivain et professeur Ngũgĩ wa Thiong'o.

Ngũgĩ était élève dans une école chrétienne et ensuite dans une école nationaliste, qui en 1952, est passée sous l'égide de la puissance coloniale. Du gikũyũ comme langue d'instruction, les écoles sont passées à l'anglais, ce qui, selon Ngũgĩ, a profondément désorienté les élèves.

Étudiant à Makerere University College et ensuite à Leeds University (Royaume-Uni), Ngũgĩ, inspiré par Joseph Conrad et d'autres romanciers anglais, avait commencé à écrire des fictions « réalistes » sur la colonisation, notamment *The River Between* (1961), *Weep Not, Child* (1962) et *A Grain of Wheat* (1967). Avec *Petals of Blood* (1977), Ngũgĩ se tourne vers une écriture plus marxisante, en dialogue aussi avec Frantz Fanon[1]. Arrêté pour son « militantisme » dans le monde ouvrier et paysan, il a été emprisonné. C'est à partir de sa cellule de prison qu'il écrit *Caitanni Mũtharabainĩ*, son premier roman en gĩkũyũ, traduit et publié en anglais comme *Devil on the Cross* (1982).

En 1986, il publie *Decolonising the Mind : The Politics of Language in African Literature*, un manifeste déclarant son intention de ne plus écrire en anglais.

Ngũgĩ a longtemps enseigné, d'abord à l'Université de Nairobi en 1967 et, depuis les années 1980, en Europe et aux États-Unis. Il continue d'écrire – essais et fictions – et de militer pour la reconnaissance et le développement des littératures en langues africaines liées pour lui aux luttes anticoloniales des peuples africains.

Vocabulaire

Cherchez la définition des mots suivants dans un dictionnaire : sonnet (m.), humanisme (m.), élégiaque, égide (f.), marxisant, militantisme (m.), manifeste (m.)

Contexte

Pour bien vous situer dans le contexte historique et géographique, faites une recherche pour répondre aux questions suivantes :

- Quelle période de l'histoire française s'appelle « la Renaissance » et quelles sont ses caractéristiques ?
- Identifiez le Kenya sur la carte d'Afrique. Où se situe ce pays ? Quels sont ses pays voisins ?
- Par quel pays le Kenya fut-il colonisé ?
- Qui est Joseph Conrad ?
- Qu'est-ce que le « réalisme littéraire » ?
- Pourquoi Ngũgĩ aurait-il changé de nom ?

3.3 RÉSUMÉ DES TEXTES

La Défense et illustration de la langue française *(1549)*

Dans ce texte, Du Bellay prétend défendre la langue française contre les partisans du latin et de l'italien, tout en critiquant la tradition littéraire nationale et prônant un renouveau de la poésie française par le moyen de l'imitation des écrivains anciens et étrangers. Il propose notamment de substituer aux genres lyriques traditionnels en France les formes importées de l'ode et du sonnet, qui allaient s'imposer par la suite grâce, en partie, aux dons de propagandiste de Du Bellay. Le chapitre final de *La Défense*, le douzième du second livre, se veut une « exhortation aux Français d'écrire en leur langue » tout en résumant les contradictions et les controverses du livre entier. Ce chapitre nous offre le spectacle d'un nationalisme linguistique admiratif surtout du passé et de l'Italie.

Decolonising the Mind *(1986)*

Recueil d'essais sur la problématique des langues européennes et africaines en Afrique, il part du constat que la littérature « africaine » en langues européennes, connue à l'extérieur et lue par une certaine classe d'Africains, est l'arme culturelle de l'impérialisme, toute créatrice qu'elle puisse être. Il dénonce cette situation et annonce son intention de ne plus écrire en anglais. Le premier chapitre, dont nous tirons l'extrait ci-dessous, s'intitule *The Language of African Literature*. Ngũgĩ raconte ce que sont pour lui les contradictions d'un congrès tenu en 1962 à Makerere College (en Ouganda), dont le thème était *African Writers of English Expression*. Il retrace ensuite son itinéraire d'écrivain, tout en développant un argument sur l'importance des langues africaines pour la désaliénation des ethnies africaines, l'épanouissement des langues elles-mêmes, et enfin le rôle de ces langues dans la libération de l'Afrique des nouvelles formes de colonisation. Ce chapitre est suivi de *The Language of African Theatre*, où Ngũgĩ décrit son expérience dans l'équipe de Kamĩrĩĩthũ Community Education and Cultural Centre en 1977 qui lui a valu une détention de trois mois. Vient ensuite *The Language of African Fiction*, qui expose ce séjour en prison avec sa prise de conscience et l'écriture de *Caitanni Mũtharabainĩ*, son premier roman en gĩkũyũ. Ngũgĩ conclut par un chapitre intitulé *The Quest for Relevance*.

Vocabulaire

Cherchez la définition ou le sens des mots suivants : ode (f.), prôner, problématique (f.), impérialisme (m.), (dés)aliénation (f.), épanouissement (m.), prise de conscience (f.)

Comparaisons

En paire ou en groupe, identifiez, d'après leur résumé, ce qui peut relier ces textes et les formes de colonisation qu'ils décrivent.

Communautés

Allez sur les forums de Du Bellay et Ngũgĩ. Lisez les discussions ou créez vous-même une nouvelle discussion.

3.4 THÈMES COMMUNS : DÉCOLONISATION CULTURELLE

Les deux textes mis en regard ici proposent une décolonisation culturelle vis-à-vis d'une tradition linguistique et littéraire prestigieuse à un moment important de transition politique et linguistique dans leurs pays. C'est par le biais de la langue vulgaire que cette décolonisation se fera. Ce sont cette coïncidence historique et cette prise de conscience du pouvoir émancipateur de sa propre langue qui peuvent rendre féconde la mise en parallèle de deux écrivains très éloignés dans le temps et dans l'espace.

   Joachim Du Bellay, poète de langue française du XVIe siècle (la Renaissance) et Ngũgĩ wa Thiong'o, romancier surtout, de langues anglaise et gĩkũyũ, de la deuxième moitié du XXe siècle (la période de la post-indépendance africaine, notamment de tendance postcoloniale) ont tous les deux insisté sur l'importance des langues locales ou « vernaculaires » – mot quelque peu péjoratif actuellement dans le contexte africain. Nous pouvons voir dans cette conviction de l'un et de l'autre une volonté *nationaliste* partagée.

À la Renaissance, la tradition qui pèse sur l'ambition littéraire française c'est la littéra-ture néo-latine rédigée par des humanistes européens dédaigneux des langues vulgaires et désireux d'atteindre un public international instruit en latin. Du Bellay, jusqu'alors inconnu, prend parti pour le français, en français, et s'engage dans la querelle du mérite relatif des langues. Comme on voit dans l'épigraphe, et encore dans l'extrait du chapitre final de *La Défense*, il envisage cette querelle comme un combat militaire et une lutte de résistance contre un adversaire dangereux. Mais ses loyautés sont divisées et restent divisées, entre le nationalisme et l'humanisme, jusqu'à la fin de sa carrière, distinguée par ses propres contri-butions à la poésie néo-latine.

En Afrique coloniale aussi bien qu'après les indépendances, l'anglais, le français et le portu-gais ont longtemps été perçus comme des langues « modernes » et « universelles » donnant aux écrivains l'accès à un public mondial. À l'intérieur des pays, l'anglais et le français ont sou-vent été vus aussi comme des *lingua franca* permettant aux différentes ethnies d'un seul pays de communiquer entre elles. Ngũgĩ wa Thiong'o remettra en question de telles perspectives.

Vocabulaire

Cherchez la définition des mots suivants : décolonisation (f.), vulgaire, postcolonial, épigraphe (f.), vernaculaire

Discussion

Quelles réactions les mots « colonialisme » et « nationalisme » suscitent-ils chez vous ?

Recherche web

Faites des recherches supplémentaires sur les concepts et phénomènes suivants :

- *lingua franca* (f.)
- Le nationalisme au XVIe siècle et aujourd'hui
- L'humanisme au XVIe siècle et aujourd'hui
- La Pléiade
- La post-indépendance
- Le post-colonialisme. En quoi le terme « postcolonial » peut-il être trompeur ?

3.5 PERSPECTIVES HISTORIQUES : XVIᴱ SIÈCLE EN FRANCE

Dans sa monumentale *Histoire de la langue française*, Ferdinand Brunot choisit pour thème du tome consacré au XVIe siècle « l'émancipation de la langue française » et il documente le processus par lequel le français a conquis au fur et à mesure du siècle le statut de langue littéraire et scientifique. Si Du Bellay a contribué à cette émancipation du français par rapport au latin, son livre s'inscrit dans le contexte d'un plus grand effort des grammairiens et lexicographes pour régulariser et codifier la langue française.

Voici une brève chronologie de ces efforts à l'époque de Du Bellay :

1531 Jacques Dubois, *In linguam gallicam isagoge* [*Introduction à la langue française*]
1533 *Briefve Doctrine pour deuement escripre selon la proprieté du langaige francoys*
1539 Ordonnances de Villers-Cotterêts
1540 Robert Estienne, *Dictionaire francoislatin*
1540 Étienne Dolet, *La Maniere de bien traduire d'une langue en aultre*
1542 Louis Meigret, *Traité touchant le commun usage de l'escriture françoise*
1550 Louis Meigret, *Le Trętté de la grammęre françoęze*
1557 Robert Estienne, *Traicte de la grammaire francoise*
1562 Pierre de la Ramée, *Gramere*

L'instabilité de la langue française d'alors se voit dans l'orthographe des titres, qui n'est pas du tout l'orthographe moderne. Par la suite, vous aurez comme exercice de mettre en français moderne un des articles des Ordonnances de Villers-Cotterêts, la loi promulguée en 1539 sous le roi François Ier, qui exigeait l'usage du français pour tous les actes de justice.

Un autre contexte tout aussi crucial pour la lecture de *La Défense et illustration de la langue française* est le travail effectué par des écrivains italiens pour « illustrer » ou rendre illustre leur langage « vulgaire ». Tout le long de son texte, Du Bellay n'hésite pas à plagier (une pratique courante à cette époque qui mettait l'accent davantage sur l'imitation des modèles classiques que sur l'originalité des auteurs modernes) le traité *Dialogue des langues* ou *Dialogo delle lingue* de Sperone Speroni, publié à Venise en 1542. Par conséquent, quand Du Bellay vante la dignité et l'indépendance du français, il fait écho aux mêmes arguments employés au début de la décennie pour vanter l'italien. Son nationalisme linguistique est donc en même temps un projet imitatif, tributaire d'autres langues et d'autres pays.

Contexte

Afin de bien comprendre l'extrait de *La Défense* de Du Bellay, il faut tenir compte du statut du français au milieu du XVIe siècle.

Recherche web

Faites des recherches supplémentaires sur la Pléiade.

Discussion

- Comment votre langue maternelle évolue-t-elle aujourd'hui ?
- Quelle est la différence entre la langue que vous parlez et celle que vous écrivez ? Apportez en classe des exemples de changement linguistique et présentez-les !

3.6 JOACHIM DU BELLAY, *LA DÉFENSE ET ILLUSTRATION DE LA LANGUE FRANÇAISE*

Extrait[2] : « *Exhortation aux Français d'écrire en leur langue ; avec les louanges de la France* » *(Livre 2, chapitre 12).*

Donc, s'il est ainsi que de notre temps les astres[3], comme d'un commun accord, ont par heureuse influence conspiré en l'honneur et accroissement de notre langue, qui sera celui des savants qui n'y voudra mettre la main, y répandant de tous côtés les fleurs et fruits de ces riches cornes d'abondance grecque et latine ? ou, à tout le moins, qui ne louera et approuvera l'industrie des autres ? Mais qui sera celui qui la voudra blâmer ? Nul, s'il n'est vraiment ennemi du nom français. Ce prudent et vertueux Thémistocle[4], Athénien, montra bien que la même loi naturelle, qui commande à chacun défendre le lieu de sa naissance, nous oblige aussi de garder la dignité de notre langue, quand il condamna à mort un héraut[5] du roi de Perse, seulement pour avoir employé la langue attique[6] aux commandements du barbare. La gloire du peuple romain n'est moindre (comme a dit quelqu'un[7]) en l'amplification de son langage que de ses limites. Car la plus haute excellence de leur république, voire du temps d'Auguste[8], n'était assez forte pour se défendre contre l'injure du temps, par le moyen de son Capitole, de ses thermes et magnifiques palais, sans le bénéfice de leur langue, pour laquelle seulement nous les louons, nous les admirons, nous les adorons. Sommes-nous donc moindres que les Grecs ou Romains, qui faisons si peu de cas de la nôtre ? Je n'ai entrepris de faire comparaison de nous à ceux-là, pour ne faire tort à la vertu française, la conférant à la vanité grecque : et moins à ceux-ci, pour la trop ennuyeuse longueur que ce serait de répéter l'origine des deux nations, leurs faits, leurs lois, mœurs et manières de vivre, les consuls, dictateurs et empereurs de l'une, les rois, ducs et princes de l'autre. Je confesse que la fortune leur ait quelquefois été plus favorable qu'à nous : mais aussi dirai-je bien (sans renouveler les vieilles plaies de Rome, et de quelle excellence en quel mépris de tout le monde, par ses forces même, elle a été précipitée[9]) que la France, soit en repos ou en guerre, est de long intervalle à préférer à l'Italie, serve maintenant et mercenaire de ceux auxquels elle soulait commander. Je ne parlerai ici de la tempérie de l'air, fertilité de la terre, abondance de tous genres de fruits nécessaires pour l'aise et entretien de la vie humaine, et autres innumérables commodités, que le Ciel, plus prodigalement que libéralement, a élargies à la France. Je ne conterai tant de grosses rivières, tant de belles forêts, tant de villes, non moins opulentes que fortes, et pourvues de toutes munitions de guerre. Finalement je ne parlerai de tant de métiers, arts et sciences, qui florissent entre nous, comme la musique, peinture, statuaire, architecture et autres, non guère moins que jadis entre les Grecs et Romains. Et si pour trouver l'or et l'argent, le fer n'y viole point les sacrées entrailles de notre antique mère[10], si les gemmes, les odeurs et autres corruptions de la première générosité des hommes n'y sont point cherchées du marchand avare : aussi le tigre enragé, la cruelle semence des lions, les herbes empoisonneresses, et tant d'autres pestes de la vie humaine, en sont bien éloignées. Je suis content que ces félicités nous soient communes avec autres nations, principalement l'Italie : mais quant à la piété, religion, intégrité de mœurs, magnanimité de courages, et toutes ces vertus rares et antiques (qui est la vraie et solide louange), la France a toujours obtenu sans controverse le premier lieu. Pourquoi donc sommes-nous si grands admirateurs d'autrui ? Pourquoi sommes-nous tant iniques[11] à nous-mêmes ?

Pourquoi mendions-nous les langues étrangères, comme si nous avions honte d'user de la nôtre ? Caton l'Aîné[12] (je dis ce Caton dont la grave sentence a été tant de fois approuvée du sénat et peuple romain) dit à Posthumius Albinus, s'excusant de ce que lui, homme romain, avait écrit une histoire en grec : Il est vrai qu'il t'eût fallu pardonner, si par le décret des Amphyctioniens tu eusses été[13] contraint d'écrire en grec ; se moquant de l'ambitieuse curiosité de celui qui aimait mieux écrire en une langue étrangère qu'en la sienne[14]. Horace[15] dit que Romulus[16] en songe l'admonesta[17], lorsqu'il faisait des vers grecs, de ne porter du bois en la forêt[18]. Ce que font ordinairement ceux qui écrivent en grec et en latin. Et quand la gloire seule, non l'amour de la vertu, nous devrait induire aux actes vertueux, si ne vois-je pourtant qu'elle soit moindre à celui qui est excellent en son vulgaire qu'à celui qui n'écrit qu'en grec ou en latin. Vrai est que le nom de celui-ci (pour autant que ces deux langues sont plus fameuses) s'entend en plus de lieux : mais bien souvent, comme la fumée, qui sort grosse au commencement, peu à peu s'évanouit parmi le grand espace de l'air, il se perd, ou pour être opprimé de l'infinie multitude des autres plus renommés, il demeure quasi en silence et obscurité. Mais la gloire de celui-là, d'autant qu'elle se contient en ses limites, et n'est divisée en tant de lieux que l'autre, est de plus longue durée, comme ayant son siège et demeure certaine. Quand Cicéron[19] et Virgile[20] se mirent à écrire en latin, l'éloquence et la poésie étaient encore en enfance entre les Romains, et au plus haut de leur excellence entre les Grecs. Si donc ceux que j'ai nommés, dédaignant leur langue, eussent écrit en grec, est-il croyable qu'ils eussent égalé Homère[21] et Démosthène[22] ? Pour le moins n'eussent-ils été entre les Grecs ce qu'ils sont entre les Latins. Pétrarque[23] semblablement et Boccace[24], combien qu'ils aient beaucoup écrit en latin, si est-ce que cela n'eût été suffisant pour leur donner ce grand honneur qu'ils ont acquis, s'ils n'eussent écrit en leur langue. Ce que bien connaissant maints bons esprits de notre temps, combien qu'ils eussent jà[25] acquis un bruit[26] non vulgaire entre les Latins, se sont néanmoins convertis à leur langue maternelle, même Italiens, qui ont beaucoup plus grande raison d'adorer la langue latine que nous n'avons. Je me contenterai de nommer ce docte cardinal Pierre Bembo[27], duquel je doute si onques[28] homme imita plus curieusement Cicéron, si ce n'est par aventure un Christophe Longueil[29]. Toutefois parce qu'il a écrit en italien, tant en vers comme en prose, il a illustré et sa langue, et son nom trop plus qu'ils n'étaient auparavant.

Quelqu'un (peut-être), déjà persuadé par les raisons que j'ai alléguées, se convertirait volontiers à son vulgaire, s'il avait quelques exemples domestiques[30]. Et je dis que d'autant s'y doit-il plus tôt mettre, pour occuper le premier ce à quoi les autres ont failli. Les larges campagnes grecques et latines sont déjà si pleines, que bien peu reste d'espace vide. Jà beaucoup d'une course légère ont atteint le but tant désiré. Longtemps y a que le prix est gagné. Mais, ô bon Dieu, combien de mer nous reste encore, avant que soyons parvenus au port ! Combien le terme de notre course est encore loin ! Toutefois je te veux bien avertir que tous les savants hommes de France n'ont point méprisé leur vulgaire. Celui qui fait renaître Aristophane, et feint si bien le nez de Lucien[31], en porte bon témoignage. À ma volonté que beaucoup en divers genres d'écrire voulussent faire le semblable, non point s'amuser à dérober l'écorce de celui dont je parle, pour en couvrir le bois tout vermoulu de je ne sais quelles lourderies si mal plaisantes, qu'il ne faudrait autre recette pour faire passer l'envie de rire à Démocrite[32]. Je ne craindrai point d'alléguer encore pour tous les autres ces deux lumières françaises, Guillaume Budé[33] et Lazare de Baïf[34]. Dont le premier a écrit, non moins amplement que doctement, l'*Institution du Prince*, œuvre certes assez recommandé par le seul nom de l'ouvrier. L'autre n'a pas seulement traduit l'*Électre* de Sophocle[35] quasi vers pour vers, chose laborieuse, comme entendent ceux qui ont essayé le semblable, mais davantage a donné à notre langue le nom d'épigramme et d'élégies, avec ce beau mot composé *aigredoux* : afin qu'on n'attribue l'honneur de ces choses à quelque autre[36]. Et de ce que je dis, m'a assuré un gentilhomme mien ami, homme certes non moins digne de foi que de singulière érudition et jugement non vulgaire. Il me semble (lecteur ami des Muses françaises) qu'après ceux que j'ai nommés, tu ne dois avoir honte d'écrire en ta langue : mais encore dois-tu, si tu es ami de la France, voir de toi-même, t'y donner du tout, avec cette généreuse opinion qu'il vaut mieux être un Achille entre les siens qu'un Diomède, voire bien souvent un Thersite[37], entre les autres.

3.7 LECTURE DE DU BELLAY

3.7.1 Lecture initiale

Ayant lu le texte une première fois, répondez aux questions suivantes.

Considérations préliminaires

- *Qui* : Qui parle dans le texte ? Qui sont les personnages évoqués ?
- *Quoi* : Quel est le sujet du texte ?
- *Où et quand* : Relevez les mots dans le texte qui indiquent un lieu et le temps.

Genre et discours

- Quel est le genre du texte (pièce de théâtre, poème, roman, etc.) ?
- Quel est le type de discours (argumentatif, descriptif, explicatif, narratif, injonctif) ?
- Quelle est la tonalité du texte (comique, épique, lyrique, tragique, polémique, etc.) ?

Prise de notes

Prenez des notes en lisant le texte. Notez des détails importants et vos propres questions.

3.7.2 Lecture approfondie

Compréhension

Résumé en images et interview des personnages

Pour assurer la compréhension du texte étudié, faites son résumé en images séquentielles et posez des questions aux personnages (voir Annexe A). Lisez le texte une deuxième fois. Faites d'abord attention aux procédés littéraires et dégagez ensuite la signification de chaque extrait.

Analyse

Procédés littéraires

Comparez vos réponses aux questions suivantes avec celles de votre partenaire ou de la classe :

1) À qui s'adresse cette exhortation ?
2) Par quels arguments Du Bellay cherche-t-il à « convertir » les Français à leur langue maternelle et à l'exemple de qui ? Qui faut-il suivre pour écrire en français ?
3) Commentez le langage figuré du texte. Que signifie la métaphore du voyage en mer chez Du Bellay ?
4) Que veut dire « porter du bois en la forêt » ? Cherchez un proverbe analogue en anglais.

Interprétation

Signification

5) Relevez dans le texte les passages dans lesquels l'auteur fait l'éloge de la France. Pouvez-vous résumer ses arguments ?
6) Quel est le rôle de la Grèce antique et de Rome dans sa démonstration ?
7) Qui sont les « grands admirateurs d'autrui » ?
8) Que signifie l'expression « l'injure du temps » pour Du Bellay ?

3.8 PRODUCTION ORALE ET ÉCRITE AUTOUR DE *LA DÉFENSE*

Exposé oral

Continuez à explorer le français du XVIᵉ siècle. D'abord, en groupe de deux ou trois, mettez en français moderne le texte suivant :

Les Ordonnances de Villers-Cotterêts, Article 111

De prononcer et expedier tous actes en langage francoys Et pource que telles choses sont souventesfois advenus sur lintelligence des motz latins contenus esdictz arrestz. Nous voulons que doresnavant tous arrestz ensemble toutes aultres procedures soient de noz cours souveraines ou aultres subalternes et inferieures, soient de registres, enquestes, contractz, commissions, sentences, testamens et aultres quelzconques actes et exploict de iustice ou qui en dependent soient prononcez, enregistrez et delivrez aux parties en langage maternel francois et non aultrement.

Sujet 1 : Préparez un exposé oral sur le « langage maternel francois » ? Qu'est-ce qui est inclus, qu'est-ce qui est exclu ?

Sujet 2 : « Pourquoi donc sommes-nous si grands admirateurs d'autrui ? » demande Du Bellay dans *La Défense et illustration de la langue française*. Travaillez en paire ou en groupe pour répondre à cette question, en pensant à votre propre vie.

- Qui admirez-vous et pourquoi ?
- Voulez-vous imiter cette personne (ou ce groupe) ?
- Si oui, comment et pourquoi ?

Travail d'écriture

Écriture créative – *pastiche* : Employez le style et la structure argumentative de Joachim Du Bellay pour écrire votre propre défense et illustration d'un principe ou d'un objet important selon vous (300 mots).

3.9 NGŨGĨ WA THIONG'O, *DECOLONISING THE MIND: THE POLITICS OF LANGUAGE IN AFRICAN LITERATURE*

Extrait[38] : « The Language of African Literature », Section II.

In 1962 I was invited to that historic meeting of African writers at Makerere University College, Kampala, Uganda. The list of participants contained most of the names which have now become the subject of scholarly dissertations in universities all over the world. The title? "A Conference of African Writers of English Expression[39]".

I was then a student of *English* at Makerere, an overseas college of the University of London. The main attraction for me was the certain possibility of meeting Chinua Achebe[40]. I had with me a rough typescript of a novel in progress, *Weep Not, Child*, and I wanted him to read it. In the previous year, 1961, I had completed *The River Between*, my first-ever attempt at a novel, and entered it for a writing competition organised by the East African Literature Bureau. I was keeping in step with the tradition of Peter Abrahams[41] with his output of novels and autobiographies from *Path of Thunder* to *Tell Freedom* and followed by Chinua Achebe with his publication of *Things Fall Apart* in 1957. Or there were their counterparts in French colonies, the generation of Sédar Senghor[42] and David Diop[43] included in the 1948 Paris edition of *Anthologie de la nouvelle poésie nègre et malgache de langue française*. They all wrote in European languages as was the case with all the participants in that momentous encounter on Makerere hill in Kampala in 1962.

The title, "A Conference of African Writers of English Expression," automatically excluded those who wrote in African languages. Now on looking back from the self-questioning heights of 1986, I can see this contained absurd anomalies. I, a student, could qualify for the meeting on the basis of only two published short stories, "The Fig Tree" (Mũgumo) in a student journal, *Penpoint*, and "The Return" in a new journal, *Transition*. But neither Shabaan Robert, then the greatest living East African poet with several works of poetry and prose to his credit in Kiswahili, nor Chief Fagunwa, the great Nigerian writer with several published titles in Yoruba, could possibly qualify.

The discussions on the novel, the short story, poetry, and drama were based on extracts from works in English and hence they excluded the main body of work in Swahili, Zulu, Yoruba, Arabic, Amharic and other African languages. Yet despite this exclusion of writers and literature in African languages, no sooner were the introductory preliminaries over than this Conference of "African Writers of English Expression" sat down to the first item on the agenda: "What is African Literature?"

The debate which followed was animated: Was it literature about Africa or about the African experience? Was it literature written by Africans? What about a non-African who wrote about Africa: did his work qualify as African literature ? What if an African set his work in Greeenland: did that qualify as African literature? Or were African languages the criteria? OK: what about Arabic, was it not foreign to Africa? What about French and English, which had become African languages? What if an European wrote about Europe in an African language? If ... if ... if ... this or that, except the issue: the domination of our languages and cultures by those of imperialist Europe: in any case there was no Fagunwa or Shabaan Robert or any writer in African languages to bring the conference down from the realms of evasive abstractions. The question was never seriously asked: did what we wrote qualify as African literature? The whole area of literature and audience, and hence of language as a determinant of both the national and class audience did not really figure: the debate was more about the subject matter and the racial origins and geographical habitation of the writer.

English, like French and Portuguese, was assumed to be the natural language of literary and even political mediation between African people in the same nation and between nations in Africa and other continents. In some instances these European languages were seen as having a capacity to unite African peoples against divisive tendencies inherent in the multiplicity of African languages within the same geographic state. Thus Ezekiel Mphahlele[44] later could write, in a letter to *Transition* number 11, that English and French have become the common language with which to present a nationalist front against white oppressors, and even "where the whiteman has already retreated, as in the independent states, these two languages are still a unifying force[45]." In the literary sphere they were often seen as coming to save African languages against themselves. Writing a foreword to Birago Diop's book *Contes d'Amadou Koumba*, Léopold Sédar Senghor commends him for using French to rescue the spirit and style of old African fables and tales. "However while rendering them into French he renews them with art which, while it respects the genius of the French language, that language of gentleness and honesty, preserves at the same time all the virtues of the negro-African languages[46]." English, French and Portuguese had come to our rescue and we accepted the unsolicited gift with gratitude. Thus in 1964, Chinua Achebe, in a speech entitled "The African Writer and the English Language," said:

> Is it right that a man should abandon his mother tongue for someone else's? It looks like a dreadful betrayal and produces a guilty feeling. But for me there is no other choice. I have been given the language and I intend to use it[47].

See the paradox: the possibility of using mother-tongues provokes a tone of levity in phrases like "a dreadful betrayal" and "a guilty feeling"; but that of foreign languages produces a categorical positive embrace, what Achebe himself, ten years later was to describe as this "fatalistic logic of the unassailable position of English in our literature[48]."

The fact is that all of us who opted for European languages – the conference participants and the generation that followed them – accepted that fatalistic logic to a greater or lesser degree. We were guided by it and the only question which preoccupied us was how best to make the borrowed tongues carry the weight of our African experience by, for instance, making them: "prey" on African proverbs and other pecul[i]arities of African speech and folklore. [...]

Why, we may ask, should an African writer, or any writer, become so obsessed by taking from his mother-tongue to enrich other tongues? Why should he see it as his particular mission? We never asked ourselves: how can we enrich our languages? How can we "prey" on the rich humanist and democratic heritage in the struggles of other peoples in other times and other places to enrich our own? Why not have Balzac, Tolstoy, Sholokov, Brecht, Lu Hsun, Pablo Neruda, H.C. Anderson, Kim Chi Ha, Marx, Lenin, Albert Einstein, Galileo, Aeschylus, Aristotle and Plato in African languages? And why not create literary monuments in our own languages? Why in other words should [Gabriel] Okara[49] not sweat it out to create in Ijaw, which he acknowledges to have depths of philosophy and a wide range of ideas and experiences? What was our responsibility to the struggles of African peoples? No, these questions were not asked. What seemed to worry us more was this: after all the literary gymnastics of preying on our languages to add life and vigour to English and other foreign languages, would the result be accepted as good English or good French? [...] Here we were more assertive of our rights! Chinua Achebe wrote:

> I feel that the English language will be able to carry the weight of my African experience. But it will have to be a new English, still in full communion with its ancestral home but altered to suit new African surroundings[50].

[...]

How did we arrive at this acceptance of "the fatalistic logic of the unassailable position of English in our literature," in our culture and in our politics? What was the route from the Berlin of 1884 via the Makerere of 1962 to what is still the prevailing and dominant logic a hundred years later? [...]

Berlin of 1884 was effected through the sword and the bullet. But the night of the sword and the bullet was followed by the morning of the chalk and the blackboard. The physical violence of the battlefield was followed by the psychological violence of the classroom. But where the former was visibly brutal, the latter was visibly gentle, a process best described in Cheikh Hamidou Kane's novel *Ambiguous Adventure* [*L'Aventure ambiguë*] where he talks of the method of the colonial phase of imperialism as consisting of knowing how to kill with efficiency and to heal with the same art.

> On the Black Continent, one began to understand that their real power resided not at all in the cannons of the first morning but in what followed the cannons. Therefore behind the cannons was the new school. The new school had the nature of both the cannon and the magnet. From the cannon it took the efficiency of a fighting weapon. But better than the cannon it made the conquest permanent. The cannon forces the body and the school fascinates the soul[51].

In my view language was the most important vehicle through which that power fascinated and held the soul prisoner. The bullet was the means of the physical subjugation. Language was the means of the spiritual subjugation. [...]

3.10 LECTURE DE NGŨGĨ

3.10.1 Lecture initiale

Ayant lu le texte une première fois, répondez aux questions suivantes.

Considérations préliminaires

- *Qui* : Qui parle dans le texte ? Décrivez ce narrateur.
- *Quoi* : Quelle est l'occasion de sa réflexion ?
- *Où* : Où se trouve l'auteur ?
- *Quand* : Situez l'occasion dans le temps et son contexte historique.

Genre et discours

- Quel est le genre du texte ?
- Quels types de discours (argumentatif, descriptif, explicatif, narratif, injonctif) sont représentés dans ce texte ?
- Quelle est la tonalité du texte (comique, épique, lyrique, ironique, tragique, polémique, etc.) ?
- Identifiez les figures de rhétorique dans le texte et évaluez leur impact.

Comparaisons

En lisant le deuxième texte, comparez-le au premier. Notez quelques analogies et différences aux niveaux suivants :

- Le narrateur
- Le contexte décrit
- Les émotions ressenties par le narrateur
- Les objectifs du texte
- En quoi cette phrase de Ngũgĩ fait-elle écho à Du Bellay : « How can we 'prey' on the rich humanist and democratic heritage ? »

Culture

À quelles références culturelles les textes de Du Bellay et de Ngũgĩ renvoient-ils ? Faites des recherches sur ces termes et sur d'autres qui vous paraissent importants pour mieux comprendre les deux textes :

- Homère
- Thémistocle

- Cicéron
- Virgile
- François Ier et les guerres d'Italie
- La colonisation de l'Afrique
- La Négritude
- La littérature francophone

Recherche web

Cherchez sur Internet des explications sur les évènements ou les phénomènes suivants :

- La réunion de Berlin de 1884
- Le nombre de langues parlées au Kenya et en Afrique
- La décolonisation de l'Afrique aux années 1960

3.10.2 Lecture approfondie

Compréhension

Résumé en images et interview des personnages

Pour assurer la compréhension du texte étudié, faites un résumé séquentiel de ses arguments. Lisez le texte une deuxième fois. Faites d'abord attention aux procédés littéraires et dégagez ensuite la signification de chaque extrait.

Analyse

Procédés littéraires

Comparez vos réponses aux questions suivantes avec celles de votre partenaire ou de la classe :

1) Étudiez l'emploi de l'ironie dans le texte. Pour quelles raisons, selon Ngũgĩ, la Conférence 1962 de Makerere est-elle ironique ?
2) Quelle est la connotation du terme « la logique fataliste » dans le texte de Ngũgĩ ?

Interprétation

Signification

3) Quel « faux » débat a eu lieu à la Conférence 1962 de Makerere ? Pour Ngũgĩ, quelles questions auraient dû être débattues ?
4) Pourquoi certains écrivains africains considèrent-ils les langues européennes utiles ?

5) Pourquoi le choix de la langue est-il fondamental selon Ngũgĩ ? Le travail de l'écrivain dépend-il de la langue ?

6) Quelles critiques Ngũgĩ adresse-t-il à la plupart de ses confrères africains ? Que veut-il qu'ils fassent ?

7) Quelle est l'importance du passage extrait du roman de Cheikh Hamidou Kane, *L'Aventure ambiguë* dans ce contexte ?

3.11 PRODUCTION ORALE ET ÉCRITE AUTOUR DE *DECOLONISING THE MIND*

Exposé oral

Préparez un exposé oral sur un des sujets proposés. D'abord, étudiez les citations de Ngũgĩ wa Thiong'o et ensuite, expliquez-les à la classe.

Sujet 1 – Un cadeau linguistique :

« English, French and Portuguese had come to our rescue and we accepted the unsolicited gift with gratitude. »

« L'Anglais, le français et le portugais étaient venus à notre secours et nous avons accepté ce cadeau non-sollicité avec gratitude. »

Sujet 2 – La violence physique et linguistique :

« Berlin of 1884 was effected through the sword and the bullet. But the night of the sword and the bullet was followed by the morning of the chalk and the blackboard. The physical violence of the battlefield was followed by the psychological violence of the classroom. »

« Le (traité de) Berlin de 1884 a été réalisé par l'épée et par les balles. Mais la nuit de l'épée et des balles a été suivie par le matin de la craie et du tableau noir. La violence physique du champ de bataille a été suivie par la violence psychologique de la salle de classe. »

Visionnement

Regardez sur Internet, *Ngugi Wa Thiong'o: English is not an African language* – l'extrait de l'interview pour HARDTalk à la BBC. D'après ce que dit Ngũgĩ wa Thiong'o dans l'interview et ce que vous avez lu dans ce module, considérez les sujets suivants :

• La relation entre la langue et le pouvoir politique
• La hiérarchie des langues du monde
• L'oppression politique, linguistique et culturelle
• Les rapports entre la langue et l'identité nationale

Travail d'écriture

Écriture créative – traduction : Sélectionnez un court passage de 250 mots et traduisez-le en français. Effectuez d'abord une traduction littérale, proposez ensuite une seconde version, fidèle à l'esprit du texte original.

3.12 MISE EN PARALLÈLE

Afin de mieux comprendre les textes de Du Bellay et Ngũgĩ wa Thiong'o et ce qui les relie, considérez les pistes interprétatives suivantes :

Du Bellay, poète de la Cour, et Ngũgĩ wa Thiong'o, issu de la bourgeoisie indigène, maîtrisent « la langue dominante ». Écrivains reconnus donc dans les circuits internationaux et prestigieux chacun à son époque, ils partagent cependant une sensibilité nationaliste qui se manifeste par l'ambition de faire valoir leur langue locale.

Néanmoins, étant donné le contexte historique de chacun, les sources de cette conviction et de cette volonté de promouvoir la langue « locale » chez Du Bellay et Ngũgĩ sont profondément différentes.

Du Bellay prend parti contre le latin, langue « universelle » et « humaniste » de la Renaissance, et se déclare pour le français, langue populaire, moyen de transmission des contes, des ballades, des lais et d'autres formes poétiques héritées du Moyen Âge, période considérée alors « humble », « primitive » et « arriérée ». C'est pourquoi il fallait élaborer le français, l'élever, en faire une langue de prestige, qui puisse rivaliser le latin comme langue savante.

Trois siècles plus tard, l'anglais et le français seront pour Ngũgĩ et d'autres écrivains de l'Afrique du XXᵉ siècle l'équivalent du latin – des langues qui, sous la colonisation, suppriment les langues des colonisés. Pour Ngũgĩ ce n'est ni une quête de gloire ni une rivalité avec les langues européennes qui le motivent. Son objectif est double : d'abord, atteindre le public que, pour lui, la littérature africaine *devrait* viser ; ensuite, mettre en valeur les langues africaines comme moyens modernes des débats politiques, de l'information, de la science, de la technologie et de la culture. Il faudrait noter que certaines langues africaines – par exemple, le yoruba (au Nigéria), le swahili (au Kenya, en Tanzanie) – sont depuis tout temps « modernes » dans ce sens, et que d'autres le deviennent de plus en plus. Pour Ngũgĩ ceci est la condition *sine qua non* de la libération des peuples africains.

Discussion

- Connaissez-vous des écrivains d'Afrique ou d'ailleurs qui, au contraire, cultivent le français ou l'anglais, trouvant que ces langues arrivent à « porter le poids de [leur] expérience », comme l'affirme le romancier nigérian Chinua Achebe ?
- Dans quelle mesure les origines, la biographie et le milieu social d'un(e) écrivain(e) sont-ils importants pour la compréhension de son travail ?
- Quels sont les avantages et les limites de l'appellation « la littérature africaine » ? Y a-t-il une seule littérature africaine ou plusieurs ? Pour qu'un texte soit africain, doit-il être écrit dans une langue indigène et par des écrivains noirs ? Y a-t-il des écrivains blancs originaires d'Afrique ? Est-il important que le public cible ou le public principal de la littérature africaine soit africain ? Faites des recherches pour préparer vos réponses.

3.13 SYNTHÈSE

Travail d'écriture

A. Écriture analytique – essai. Écrivez un essai sur le thème « Langage et identité chez Du Bellay et Ngũgĩ wa Thiong'o ». Faites attention à l'organisation de votre essai (introduction, thèse, développement et conclusion). Appuyez-vous sur des citations du texte de Ngũgĩ pour soutenir vos idées.

B. Écriture analytique – commentaire composé. Dans *Decolonising the Mind*, Ngũgĩ a aussi écrit :

> « The present predicaments of Africa are often not a matter of personal choice : they arise from an historical situation. Their solutions are not so much a matter of personal decision as that of a fundamental social transformation of the structure of our societies starting with a real break with imperialism and its internal ruling allies. »
>
> « Les situations difficiles de l'Afrique actuelle ne relèvent souvent pas d'un choix personnel : ils résultent d'une situation historique. Les solutions ne viennent pas tant d'une décision personnelle que d'une transformation fondamentale dans la structure de nos sociétés à partir d'une véritable rupture avec l'impérialisme et ses alliés au pouvoir. »

Quel éclairage cette remarque apporte-t-elle au débat sur la langue dans l'Afrique postcoloniale ? Quels nouveaux aspects de la réalité africaine Ngũgĩ évoque-t-il permettant de mieux comprendre la complexité de cette question ?

C. Écriture analytique – autoréflexion. Quel est le rapport entre votre langue et votre identité ?

Portfolio de recherche

Trouvez sur Internet les informations nécessaires pour dresser la carte linguistique et politique de l'Europe de l'Ouest au XVIᵉ siècle et de l'Afrique de l'Est au XXᵉ. Commentez les résultats de vos recherches.

Notes

1 Un intellectuel et psychiatre martiniquais (1925–1961), auteur de *Peau noire, masques blancs*, Paris, Éditions du Seuil, 1952, *Les Damnés de la terre*, Paris, François Maspero, 1961 et *L'An V de la révolution algérienne*, Paris, François Maspero, 1959. Voir surtout « Les mésaventures de la conscience nationale », dans *Les Damnés de la terre*.

2 Joachim Du Bellay, *La Défense et illustration de la langue française*, éd. S. de Sacy, Paris, Gallimard, 1967, pp. 258–263. © Gallimard www.gallimard.fr

3 **Astre** (m.) : une étoile

4 **Thémistocle** : un homme d'état athénien du Vᵉ siècle avant J.-C. L'anecdote vient de Plutarque, *Vie de Thémistocle* 6.

5 **Héraut** (m.) : un messager

6 **Attique** : relatif à Athènes

7 Lorenzo Valla dans la préface du premier livre des *Six livres des élégances de la langue latine* publié d'abord en 1440 et réédité tout le long de la Renaissance.

8 **Auguste** : le premier empereur romain

9 Allusion aux guerres civiles romaines

10 **Antique mère** : ici, la terre

11 **Inique** : injuste

12 **Caton l'Aîné** dit aussi Caton l'Ancien : homme politique, écrivain et militaire romain

13 **Eusses été** : le plus-que-parfait du subjonctif du verbe « être »

14 Du Bellay a pu trouver cet apophtegme de Caton l'Ancien dans *Les Apophthegmes...Translatez de Latin en Francoys*, qui est la version française, par Antoine Macault, des *Apophtegmes* d'Érasme. C'est l'apophtegme 361 du livre V. Les Amphyctioniens désignent une fédération grecque qui administrait le temple d'Apollon à Delphes et qui promulguait des lois ou décrets. Caton, censeur romain, se moque de son compatriote qui s'obstine à écrire en grec.

15 **Horace** : un poète satyrique latin
16 **Romulus** : le fondateur de Rome
17 **Admonester** : avertir
18 Horace, *Satires* 1.10.34.
19 **Cicéron** : le plus grand orateur romain
20 **Virgile** : un poète épique latin, auteur de l'*Énéide*
21 **Homère** : un poète épique grec, auteur de l'*Iliade* et de l'*Odyssée*
22 **Démosthène** : le plus grand orateur grec
23 **Pétrarque** : un poète et humaniste italien
24 **Boccace** : un écrivain italien, auteur du *Decaméron*
25 **Jà** : déjà
26 **Bruit** : *ici* la renommée
27 **Pierre Bembo** : un poète italien, auteur d'un traité de la langue italienne, *Prose della volgar lingua*
28 **Onques** : jamais
29 **Christophe Longueil** : un humaniste français connu pour son culte du cicéronianisme
30 **Domestiques** : *ici* français
31 Il s'agit de François Rabelais, auteur comique français, qui suit le modèle des auteurs comiques anciens, Aristophane et Lucien.
32 **Démocrite** : un philosophe grec
33 **Guillaume Budé** : un humaniste français du règne de François Ier
34 **Lazare de Baïf** : voir note 36
35 **Sophocle** : un poète tragique grec
36 Du Bellay a tort parce que c'était Clément Marot qui avait lancé la mode des élégies et épigrammes en français et non Lazare de Baïf, père de Jean-Antoine de Baïf, son camarade dans la Pléiade.
37 **Achille, Diomède, Thersite** : trois personnages de l'*Iliade* d'Homère, en ordre d'héroïsme décroissant
38 Ngũgĩ wa Thiong'o, *Decolonising the Mind: The Politics of Language in African Literature,* London, James Currey Ltd., 1981, pp. 285–286.
39 « This conference was organized by the anti-Communist Paris-based but American-inspired and financed Society for Cultural Freedom which was later discovered actually to have been financed by the CIA. It shows how certain directions in our cultural, political, and economic choices can be masterminded from the metropolitan centres of imperialism. » (Note de l'auteur).
40 **Chinua Achebe** (1930–2013), un écrivain de fiction et essayiste nigérian, dont les romans, notamment *Things Fall Apart*, publié en 1957, a lancé l'énorme intérêt porté mondialement à « la littérature africaine ».
41 **Peter Abrahams** (1919 –), un journaliste et écrivain sud-africain, connu pour ses romans, dont *Mine Boy* (1946), *The Path of Thunder* (1948), *A Wreath for Udomo* (1956) et pour ses mémoires *Tell Freedom* (1954).
42 **Léopold Sédar Senghor** (1906–2001), un grand poète sénégalais, membre de l'Académie française et président de la République du Sénégal de 1960 à 1980, est une figure majeure de la littérature francophone. Fondateur, avec Aimé Césaire, du courant littéraire et politique de la Négritude.
43 **David Diop** (1927–1960), un poète camerouno-sénégalais, auteur d'un seul recueil de poèmes, *Coups de pilon*, livre mémorable qui exprime à la fois une condamnation féroce de l'impérialisme et l'espoir d'une Afrique libre, digne, « debout ».
44 **Ezekiel Mphahlele** : or Es'kia Mphalele (1919–2008), écrivain sud-africain, auteur de nombreux livres, dont une autobiographie, *Down Second Avenue* (1959), un roman d'exil, *The Wanderers* (1971) et des essais critiques, *Voices in the Whirlwind* (1971).
45 « This is an argument often espoused by colonial spokesmen. Compare Mphahlele's comment with that of Geoffrey Moorhouse in the *Manchester Guardian Weekly*, 15 July 1964, as quoted by Ali A. Mazrui and Michael Tidy in their work *Nationalism and New States in Africa*, London, 1984:
    'On both sides of Africa, moreover, in Ghana and Nigeria, in Uganda and in Kenya, the spread of education has led to an increased demand for English at primary level. *The remarkable thing is that English has not been rejected as a symbol of Colonialism ; it has rather been adopted as a politically neutral language beyond the reproaches of tribalism.* It is also a more attractive proposition in Africa than in either India or Malaysia because comparatively few Africans are completely literate in the vernacular tongues and even in the languages of regional communication, Hausa and Swahili, which are spoken by millions, and only read and written by thousands.' (My italics).

Is Moorehouse [sic] telling us that the English language is politically neutral vis-à-vis Africa's confrontation with neo-colonialism ? Is he telling us that by 1964 there were more Africans literate in European languages than in African languages ? That Africans could not, even if that was the case, be literate in their own national languages or in the regional languages? Really is Mr. Moorehouse tongue-tying the African ? » (Note de l'auteur).

46   « The English title is *Tales of Amadou Koumba*, published by Oxford University Press. The translation of this particular passage from the *Présence Africaine,* Paris edition of the book, was done for me by Dr Bachir Diagne in Bayreuth. » (Note de l'auteur).

47   « The paper is now in Achebe's collection of essays *Morning Yet on Creation Day*, London: 1975. » (Note de l'auteur).

48   « In the introduction to *Morning Yet on Creation Day* Achebe obviously takes a slightly more critical stance from his 1964 position. The phrase is apt for a whole generation of us African writers. » (Note de l'auteur).

49   **Okara** : un écrivain nigérian, auteur du livre *The Voice* (1960) et d'une série de poèmes mélancoliques et fascinants dans sa langue natale, Ijaw.

50   « Chinua Achebe 'The African Writer and the English Language', in *Morning Yet on Creation Day*. » (Note de l'auteur).

51   « Cheikh Hamidou Kane *L'aventure Ambiguë* [sic]. (English translation: *Ambiguous Adventure*). This passage was translated for me by Bachir Diagne. » (Note de l'auteur).

Module 4 Littérature comme témoignage chez Agrippa d'Aubigné et Wajdi Mouawad

Rebecca C. Harmon et Marilyn Matar

4.1 ENTRÉE EN MATIÈRE

« Cette horreur, que tout œil en lisant a douté,
Dont nos sens démentaient la vraie antiquité
Cette rage s'est vue, et les mères non-mères
Nous ont de leurs forfaits pour témoins oculaires. »

(Agrippa d'Aubigné, *Les Tragiques*)

« Nawal, écoute-moi. Je ne te raconte pas une histoire. Je te raconte une douleur qui est tombée à mes pieds. »

(Wajdi Mouawad, *Incendies*)

Interprétation

1) Dans les citations précédentes, identifiez cinq termes avec lesquels vous n'êtes pas entièrement familiers, ou que vous trouvez révélateurs. Cherchez leurs définitions dans un dictionnaire.
2) Quelle est la fonction de ces mots dans les citations ?
3) Quelles images évoquent-ils ?
4) En quoi peut-on dire que les deux citations se font écho ?
5) Quel thème unifie les deux citations ?

Vocabulaire utile : démentir, douleur (f.), forfait (m.), histoire (f.), horreur (f.), raconter, rage (f.), témoigner, témoin (m.) oculaire, tragédie (f.), victime (f.)

Présentation

Commentez le rôle de l'œil et des pieds dans les citations ci-dessus. Qu'est-ce que cela suggère sur l'importance du corps dans le témoignage ?

4.2 AGRIPPA D'AUBIGNÉ ET WAJDI MOUAWAD

Agrippa d'Aubigné, poète et écrivain français (1552–1630)

Théodore Agrippa d'Aubigné est né en 1552 près de Pons, en Saintonge, dans une famille protestante à l'époque des guerres de religion. Sa mère meurt en lui donnant naissance. Son père, montrant à son fils de huit ans les cadavres de ses coreligionnaires exécutés à Amboise en 1560, lui fait jurer de défendre la cause huguenote. Devenu écuyer d'Henri de Navarre, il met sa plume et son épée au service de la cause protestante. Son intransigeance politique et religieuse l'oblige à s'exiler à Genève en 1620 où il meurt dix ans plus tard. L'écrivain le plus polyvalent de son temps, de formation humaniste, Agrippa d'Aubigné écrit de la poésie lyrique et épique, de l'histoire, de la fiction satirique, des pamphlets, des lettres, des mémoires, et des commentaires bibliques. *Les Tragiques,* poème épique publié sous l'anonymat en 1616, lamente les violences et les injustices des guerres civiles qui ravagèrent la France pendant plus de trente ans. Ce ne sera qu'au XIXe siècle que les écrits d'Agrippa d'Aubigné commenceront à être appréciés.

Wajdi Mouawad, auteur, metteur en scène et comédien francophone (1968–)

Né au Liban en 1968, Wajdi Mouawad est très tôt obligé de fuir son pays d'origine, ravagé par la guerre. Il s'installe d'abord en France, puis émigre, huit ans plus tard, au Québec. Artiste associé de la 63e édition du Festival d'Avignon, il y propose le quatuor *Le Sang des Promesses*, composé de ses pièces *Littoral* (1999), *Incendies* (2003), *Forêts* (2006) et *Ciels* (2009). Comédien de formation, il interprète des rôles dans ses propres spectacles. Son parcours lui donne aussi à explorer les univers d'écrivains comme Sophocle, Pirandello ou Céline. Son œuvre a été couronnée de nombreux prix, tels le prix du Gouverneur général du Canada en 2000 et le grand prix Thyde Monnier de la Société des Gens de Lettres.

Vocabulaire

Cherchez la définition des mots suivants : coreligionnaire (m.), huguenot (m.), plume (f.), épée (f.), écuyer (m.), intransigeance (f.), ravager, quatuor (m.), couronner

Contexte

Pour bien vous situer dans le contexte historique et géographique, pensez aux questions suivantes :

1) Dans les guerres de religion au XVIᵉ siècle en France, sur quelles croyances Catholiques et Protestants divergeaient-ils ? Quels droits civils les huguenots réclamaient-ils ?
2) Qu'est-ce que l'humanisme ? À quelle époque historique et culturelle éclot-il et qui sont ses plus grands représentants ?
3) Quelle est la situation géographique du Liban et quel est son passé historique ?
4) Qui sont Sophocle, Pirandello et Céline ? Pouvez-vous nommer une œuvre de chacun ?
5) Qu'est-ce que le Festival d'Avignon ?

4.3 RÉSUMÉ DES TEXTES

Les Tragiques *(1616)*

Les Tragiques est un poème épique de plus de 9 000 alexandrins, divisés en sept « chants » ou « livres » (*Misères*, *Princes*, *La Chambre dorée*, *Feux*, *Fers*, *Vengeances*, *Jugement*). Le poète y raconte, à la première personne, les malheurs de la France pendant les guerres de religion, et en appelle au jugement de Dieu pour trancher entre les Justes et les Méchants. La première édition paraît en 1616 (lieu de publication : « au désert »), mais Aubigné remanie ce poème tout au long de la période 1577 à 1623, date de l'édition augmentée publiée à Genève. Le poème est à la fois un témoignage historique et une vision prophétique nourrie de la Bible. La publication tardive des *Tragiques* (plus de quarante ans après les premiers événements racontés) l'empêche de connaître un succès immédiat. En 1598 les guerres de religion prennent fin avec la déclaration de l'Édit de Nantes qui tolère le protestantisme en France. Par conséquent, en 1616 on cherche plutôt à oublier les histoires guerrières qu'à s'en émouvoir.

Incendies *(2003)*

Incendies est la deuxième pièce du quatuor *Le Sang des promesses* qui explore la recherche d'identité et la quête des origines. *Incendies* s'ouvre sur la lecture du testament de Nawal devant ses enfants jumeaux, Jeanne et Simon. Ils doivent aller à la recherche de leur père et de leur frère dont ils ne connaissaient pas l'existence auparavant. La parole léguée par la mère s'avère être une plongée dans un passé terrible et tragique, marqué par la guerre. La construction de la pièce est singulière : on y retrouve deux quêtes qui se font en parallèle, la quête du présent – les jumeaux lancés à la recherche de leur père et de leur frère – et la quête du passé – à quinze ans, Nawal, leur mère est obligée de cacher sa grossesse et de donner l'enfant qu'elle a eu avec Wahab dès sa naissance. Elle promet alors à son fils de l'aimer toujours. À la fin de la pièce, Nawal retrouve son fils, et en parallèle, Jeanne et Simon comprennent qui est leur frère et qui est leur père. Les vérités inattendues qui surgissent au bout des quêtes respectives créent de terribles bouleversements dans la vie des personnages, des embrasements de tout leur être, ce qui explique également les « incendies » du titre.

Vocabulaire

Cherchez la définition des mots suivants : alexandrin (m.), trancher, tardif, édit (m.), s'émouvoir, auparavant, léguer, plongée (f.), fond (m.), lancer, grossesse (f.), dès, inattendu, surgir, bouleversement (m.), embrasement (m.)

Comparaisons

En paire ou en groupe, identifiez, d'après leurs résumés, ce qui peut relier ces textes. Cherchez sur Internet et étudiez les couvertures des *Tragiques* et d'*Incendies*.

* Quelles informations, verbales et visuelles, se trouvent sur chacune de ces couvertures ?
* À quoi servent-elles ?
* Quelles réactions suscitent-elles chez vous ?

Communautés

Allez sur un forum de discussion consacré à Agrippa d'Aubigné ou à Wajdi Mouawad et lisez les discussions ou créez vous-même une nouvelle discussion.

4.4 THÈMES COMMUNS : SOUFFRIR ET TÉMOIGNER

La guerre, où et quand elle éclate, menace d'embrouiller dans son désordre violent victimes, bourreaux et témoins : ces trois types de personnages risquent alors de se confondre, car les conflits armés peuvent transformer les observateurs en participants et les innocents en coupables. Comment réagir à chaque nouvelle horreur vue ou vécue : accepter ? résister ? se venger ? se souvenir ? oublier ?

En paire ou en groupe, considérez ces questions préliminaires :

* En quoi la guerre est-elle tragique ?
* Quelles autres situations, peut-être moins dramatiques que la guerre, soulèvent ces mêmes questions de complicité, d'innocence et de culpabilité ?

Si l'on s'interroge sur le thème de la « **littérature comme témoignage** », il est logique de prendre comme point de départ ce qu'en disent les écrivains eux-mêmes. Pour Wajdi

Mouawad « le théâtre est venu d'un besoin de parler, d'une certaine urgence de témoigner ». Quant à Agrippa d'Aubigné, il veut sauver le passé de l'oubli : « Et où sont aujourd'hui ceux à qui les actions, les factions et les choses monstrueuses de ce temps-là sont connues sinon à fort peu, et dans peu de jours à nul ? » Plus particulièrement, d'Aubigné cherche à préserver la voix des vaincus, « les rares histoires de notre siècle » qui risquent d'être « opprimées, éteintes et étouffées par celles des charlatans gagés ».

- Suite à un événement traumatique, est-ce qu'il vaut mieux essayer d'oublier ? ou faut-il raconter ? analyser ? Quels sont les avantages et désavantages de chaque alternative ?
- Quelle responsabilité tombe sur le témoin d'un événement tragique ? d'une injustice ? d'un crime ?
- Si vous deviez communiquer un grand malheur, de quel format vous serviriez-vous (ex. : une lettre, une chanson, une image, une pièce de théâtre, etc.) ? Expliquez votre choix.

Vocabulaire

Cherchez la définition des mots suivants : éclater, embrouiller, bourreau (m.), soulever

Recherche web

Faites des recherches supplémentaires sur les concepts et phénomènes suivants :

- Le témoignage et/ou le témoin oculaire
- La tragédie
- Le traumatisme, l'oubli, le souvenir
- Comment se remettre d'un traumatisme
- Les crimes de guerre et la justice

4.5 AGRIPPA D'AUBIGNÉ, *LES TRAGIQUES*

Dans ce premier livre du poème tragique, le poète offre une description générale de la France déchirée par les guerres civiles du XVIᵉ siècle. Il la compare à une mère dont les enfants font de son corps un champ de bataille, et à un bateau qui risque de couler puisque les deux ennemis à bord, en cherchant à se détruire, ravagent le vaisseau. Dans l'extrait ci-dessous le poète interrompt son portrait général pour peindre en détail une scène spécifique dont il fut témoin.

Livre I, *Misères* ; vers 367–562[1]

    Ici je veux sortir du général discours
    De mon tableau public ; je fléchirai le cours

De mon fil entrepris, vaincu de la mémoire
370   Qui effraie mes sens d'une tragique histoire :
Car mes yeux sont témoins du sujet de mes vers.
      J'ai vu le reître noir[2] foudroyer au travers
Les masures[3] de France, et comme une tempête,
Emportant ce qu'il peut, ravager tout le reste.
375   Cet amas[4] affamé nous fit à Montmoreau[5]
Voir la nouvelle horreur d'un spectacle nouveau.
Nous vîmes sur leurs pas, une troupe lassée
Que la terre portait, de nos pas harassée.
Là de mille maisons on ne trouva que feux,
380   Que charognes[6], que morts ou visages affreux.
La faim va devant moi, force est[7] que je la suive.
J'ois[8] d'un gosier mourant une voix demi-vive :
Le cri me sert de guide, et fait voir à l'instant
D'un homme demi-mort le chef[9] se débattant,
385   Qui sur le seuil d'un huis[10] dissipait sa cervelle.
Ce demi-vif la mort à son secours appelle [...]
      « Si vous estes Français, Français, je vous adjure,
390   Donnez secours de mort, c'est l'aide la plus sûre
Que j'espère de vous, le moyen de guérir ;
Faites-moi d'un bon coup et promptement mourir.
Les reîtres m'ont tué par faute de[11] viande,
Ne pouvant ni fournir ne ouïr[12] leur demande ;
395   D'un coup de coutelas[13] l'un d'eux m'a emporté
Ce bras que vous voyez près du lit à côté ;
J'ai au travers du corps deux balles de pistole. »
Il suivit, en coupant d'un grand vent sa parole :
      « C'est peu de cas encor et de pitié de nous ;
400   Ma femme en quelque lieu, grosse[14], est morte de coups.
Il y a quatre jours qu'ayant été en fuite
Chassés à la minuit, sans qu'il nous fût licite
De sauver nos enfants liés en leurs berceaux,
Leurs cris nous appelaient, et entre ces bourreaux,
405   Pensant les secourir, nous perdîmes la vie.
Hélas ! si vous avez encore quelque envie
De voir plus de malheur, vous verrez là-dedans
Le massacre piteux de nos petits enfants. »
J'entre, et n'en trouve qu'un, qui lié dans sa couche
410   Avait les yeux flétris, qui de sa pâle bouche
Poussait et retirait cet esprit languissant
Qui, à regret son corps par la faim délaissant,
Avait lassé sa voix bramant[15] après sa vie.
Voici après entrer l'horrible anatomie[16]
415   De la mère asséchée : elle avait de dehors
Sur ses reins dissipés traîné, roulé son corps,
Jambes et bras rompus, une amour maternelle
L'émouvant pour autrui beaucoup plus que pour elle.
À tant elle approcha sa tête du berceau,

420   La releva dessus ; il ne sortait plus d'eau
      De ses yeux consumés ; de ses plaies mortelles
      Le sang mouillait l'enfant ; point de lait aux mamelles,
      Mais des peaux sans humeur : ce corps séché, retrait,
      De la France qui meurt fut un autre portrait.
425   Elle cherchait des yeux deux de ses fils encore,
      Nos fronts l'épouvantaient[17] ; enfin la mort dévore
      En même temps ces trois. [...]
          Mes cheveux étonnés hérissent[18] en ma tête ;
430   J'appelle Dieu pour juge, et tout haut je déteste
      Les violeurs de paix, les perfides parfaits,
      Qui d'une sale cause amènent tels effets : [...]
435   Quel œil sec eût pu voir les membres mi-mangés
      De ceux qui par la faim étaient morts enragés ?
        Et encore aujourd'hui, sous la loi de la guerre,
      Les tigres vont brûlants les trésors de la terre,
      Notre commune mère ; et le dégât du pain
440   Au secours des lions ligue[19] la pâle faim.
      En ce point, lorsque Dieu nous épanche une pluie,
      Une manne de blés pour soutenir la vie[20],
      L'homme, crevant de rage et de noire fureur,
      Devant les yeux émus de ce grand bienfaiteur
445   Foule aux pieds ses bienfaits en villénant sa grâce,
      Crache contre le ciel, ce qui tourne en sa face.
      La terre ouvre aux humains et son lait et son sein,
      Mille et mille douceurs que de sa blanche main
      Elle apprête aux ingrats, qui les donnent aux flammes.
450   Les dégâts font languir les innocentes âmes.
      En vain le pauvre en l'air éclate pour du pain :
      On embrase la paille, on fait pourrir le grain
      Au temps que l'affamé à nos portes séjourne.
      Le malade se plaint : cette voix nous ajourne
455   Au trône du grand Dieu, ce que l'affligé dit
      En l'amer de son cœur, quand son cœur nous maudit,
      Dieu l'entend, Dieu l'exauce, et ce cri d'amertume
      Dans l'air ni dans le feu volant ne se consume ;
      Dieu scelle de son sceau ce piteux testament,
460   Notre mort en la mort qui le va consumant. [...]
463   Ah ! que dirai-je plus ?
      De ces événements n'ont pas été exclus
465   Les animaux privés, et hors de leurs villages,
      Les mâtins[21] allouvis[22] sont devenus sauvages,
      Faits loups de naturel, et non pas de la peau :
      Imitant les plus grands, les pasteurs du troupeau,
      Eux-mêmes ont égorgé ce qu'ils avaient en garde. [...]
483   Pourquoi, chiens, auriez-vous, en cette âpre saison
      (Nés sans raison) gardé aux hommes la raison,
485   Quand Nature sans loi, folle, se dénature,
      Quand Nature mourant, dépouille[23] sa figure,

Quand les humains, privés de tous autres moyens,
Assiégés, ont mangé leurs plus fidèles chiens,
Quand sur les chevaux morts on donne des batailles
490   À partir[24] le butin[25] de puantes entrailles ? [...]

495   Cette horreur[26] que tout œil en lisant a douté,
Dont nos sens démentaient la vraie antiquité,
Cette rage s'est vue, et les mères non-mères
Nous ont de leurs forfaits[27] pour témoins oculaires.
C'est en ces sièges lents, ces sièges sans pitié,
500   Que des seins plus aimants s'envole l'amitié.
La mère du berceau son cher enfant délie ;
L'enfant qu'on débandait autrefois pour sa vie
Se développe ici par les barbares doigts
Qui s'en vont détacher de nature les lois.
505   La mère défaisant, pitoyable et farouche,
Les liens de pitié avec ceux de sa couche.
Les entrailles d'amour, les filets de son flanc,
Les intestins brûlant par les tressauts[28] du sang,
Le sens, l'humanité, le cœur ému qui tremble,
510   Tout cela se détord et se démêle ensemble.
L'enfant, qui pense encore aller tirer en vain
Les peaux de la mamelle, a les yeux sur la main
Qui défait les cimois[29] ; cette bouche affamée,
Triste, sourit aux tours de la main bien aimée.
515   Cette main s'employait pour la vie autrefois ;
Maintenant à la mort elle emploie ses doigts,
La mort qui d'un côté se présente, effroyable,
La faim de l'autre bout bourrelle[30] impitoyable.
La mère, ayant longtemps combattu dans son cœur
520   Le feu de la pitié, de la faim la fureur,
Convoite dans son sein la créature aimée,
Et dit à son enfant (moins mère qu'affamée) :
« Rends, misérable, rends le corps que je t'ai fait ;
Ton sang retournera où tu as pris le lait,
525   Au sein qui t'allaitait rentre contre nature ;
Ce sein qui t'a nourri sera ta sépulture[31]. »
La main tremble en tirant le funeste couteau,
Quand, pour sacrifier de son ventre l'agneau,
Des pouces elle étreint la gorge qui gazouille[32]
530   Quelques mots sans accents, croyant qu'on la chatouille :
Sur l'effroyable coup le cœur se refroidit,
Deux fois le fer échappe à la main qui roidit[33] :
Tout est troublé, confus, en l'âme qui se trouve
N'avoir plus rien de mère, et avoir tout de louve[34].
535   De sa lèvre ternie[35] il sort des feux ardents,
Elle n'apprête plus les lèvres, mais les dents.
Et des baisers changés en avides morsures[36] !
La faim achève tout de trois rudes blessures,

Elle ouvre le passage au sang et aux esprits ;
540   L'enfant change visage et ses ris en ces cris ;
Il pousse trois fumeaux[37], et n'ayant plus de mère,
Mourant cherche des yeux les yeux de sa meurtrière.
    On dit que le manger de Thyeste[38] pareil
Fit noircir et fuir et cacher le soleil.
545   Suivrons-nous plus avant ? voulons-nous voir le reste
De ce banquet d'horreur, pire que de Thyeste ?
Les membres de ce fils sont connus au repas,
Et l'autre étant déçu ne les connaissait pas.
Qui pourra voir le plat où la bête farouche
550   Prend les petits doigts cuits, les jouets de sa bouche ?
Les yeux éteints, auxquels il y a peu de jours
Que de regards mignons embrasaient ses amours !
Le sein douillet[39], les bras qui son col plus n'accolent[40],
Morceaux qui soûlent[41] peu et qui beaucoup désolent ?
555   Le visage pareil encore se fait voir,
Un portrait reprochant, miroir de son miroir,
Dont la réflexion de coupable semblance[42]
Perce à travers les yeux l'ardente conscience.
Les ongles brisent tout, la faim et la raison
560   Donne pâture au corps et à l'âme poison.
Le soleil ne put voir l'autre table fumante :
Tirons sur cette-ci le rideau de Thimante[43].

4.6 LECTURE D'AGRIPPA D'AUBIGNÉ

4.6.1 Lecture initiale

Ayant lu le texte une première fois, répondez aux questions suivantes.

Considérations préliminaires

- *Qui* : Qui parle dans le texte ? Qui sont les personnages ?
- *Quoi* : Quel est le sujet du texte ?
- *Où et quand* : Relevez les mots dans le texte qui indiquent un lieu et le temps.

Genre et discours

- Quel est le genre du texte (pièce de théâtre, poème, roman, etc.) ?
- Quel est le type de discours (argumentatif, descriptif, explicatif, narratif, injonctif) ?
- Quelle est la tonalité du texte (comique, épique, lyrique, tragique, polémique, etc.) ?

> *Prise de notes*
>
> Prenez des notes en lisant le texte. Notez des détails importants et vos propres questions.

4.6.2 Lecture approfondie

Compréhension

Résumé en images et interview des personnages

Pour assurer la compréhension du texte étudié, faites son résumé en images séquentielles et posez des questions aux personnages (voir Annexe A). Lisez le texte une deuxième fois. Faites d'abord attention aux procédés littéraires et dégagez ensuite la signification de chaque extrait.

Analyse

Procédés littéraires

Comparez vos réponses aux questions suivantes avec celles de votre partenaire ou de la classe :

La rhétorique du témoignage

1) Relevez tous les mots et expressions par lesquels le poète s'établit témoin.
2) Comment et à quels moments le poète réagit-il explicitement à ce qu'il raconte ?
3) Quels choix lexicaux et sémantiques révèlent un jugement implicite de la part du poète ?
4) Quelle réaction à son témoignage le poète semble-t-il attendre de la part du lecteur ?

Interprétation

Signification

5) Quelles sont les blessures de l'homme demi-mort (v. 382–397) ? Pourquoi et par qui lui ont-elles été infligées (v. 393–397) ?
6) Qu'est-ce qui tue l'enfant des vers 406–413 et 422 ?
7) Pourquoi le poète dit-il que le portrait de la « mère asséchée » (v. 414–427) est une métaphore de la France ?
8) Selon le poète, quel est le rôle de Dieu dans la tragédie qu'il décrit (v. 430–460) ?
9) Que fait la « mère non-mère » et pourquoi (v. 495–542) ?
10) En quoi « ce banquet d'horreur » est-il pire que celui de Thyeste (v. 545–562) ?

4.7 PERSPECTIVES HISTORIQUES : FAIRE VOIR LA GUERRE

Dans la nuit du 23 au 24 août 1572, jour de la Saint-Barthélemy, les portes de la ville de Paris sont fermées et, après l'assassinat de plusieurs chefs protestants, la foule catholique commence à tuer sans distinction tous les huguenots qui s'y trouvent. Un grand nombre de Français s'étaient réunis dans la capitale pour fêter le mariage entre le futur Henri IV et Marguerite de Valois. Cette alliance devait concrétiser la paix entre les deux groupes religieux. Une fois déclenchée, la violence continue pendant plusieurs jours à Paris et s'étend à la province dans les deux mois qui suivent.

Discussion

Étudiez attentivement le tableau *Massacre de la Saint-Barthélemy*, réalisé par le peintre François Dubois quelques années après cet événement (après 1576) afin de répondre à ces questions :

- Quelles actions spécifiques voyez-vous ?
- Qui sont les victimes ? En quelles couleurs et postures sont-elles représentées ?
- Qui sont les assaillants ? En quelles couleurs et postures sont-ils représentés ?
- Expliquez et commentez l'habillement des personnages. N'oubliez pas que le massacre commence pendant la nuit.
- Quel effet produit ce tableau ?
- Comment la composition du tableau sert-elle à évoquer le désordre et l'omniprésence de la violence ?
- Dans quelle position se trouve le spectateur ?

Connexions

- Pour représenter la guerre, quelles formes artistiques sont privilégiées de nos jours (tableaux, photographies, romans, films, musique, arts numériques, etc.) ? En quoi le choix de la forme est-il important ?

Figure 3 François Dubois, *Massacre de la Saint-Barthélemy*. 1572–84, Musée cantonal des Beaux-Arts, Lausanne.

- Pourquoi le mariage entre Henri de Navarre et Marguerite de Valois (fille de Catherine de Médicis) fut-il si symbolique ? Faites vos propres recherches sur les fonctions sociales et politiques du mariage depuis l'Antiquité jusqu'à la Renaissance.

Recherche web

Comparez le tableau de Dubois à d'autres représentations des épisodes des guerres de religion, notamment les gravures 6, 9, 10, 11, 13, et 26 dans la série dite « Les Quarante Tableaux » de Perrissin et Tortorell.
   Trouvez des informations sur les sources historiques de la Réforme en Europe en général et en France en particulier.

4.8 PRODUCTION ORALE ET ÉCRITE AUTOUR DES *TRAGIQUES*

Exposé oral

Remarquez l'absence de débat théologique dans cet extrait. Montrez comment Agrippa d'Aubigné fait appel à l'humanité des combattants sans compromettre ses convictions. Préparez la narration d'un événement invraisemblable. Que faut-il dire ou faire pour établir la véracité de votre histoire ? Comment communiquer non seulement les faits, mais aussi les sentiments que vous avez éprouvés ?

Débats

En groupe de deux ou trois, discutez des sujets suivants et présentez vos idées à la classe. Préparez-vous à un débat :

- Le *Dictionnaire des termes littéraires* définit la **prétérition** ainsi : « Figure de rhétorique qui consiste à signaler explicitement une chose en annonçant qu'on n'en parlera pas. » Quand le narrateur du poème dit qu'il tire sur la scène de la mère meurtrière le rideau de Thimante (vers 562), peut-on dire qu'il parle par prétérition ? Y a-t-il des scènes, des événements qui ne devraient pas être racontés ?
- Qui est le plus coupable, les reîtres d'avoir tué l'homme et sa famille (vers 372–436) ou la femme d'avoir mangé son enfant (495–562) ? Quelles différences y a-t-il dans la narration de ces crimes qui pourraient influencer l'horreur que l'on ressent à leur lecture ?

Travail d'écriture

A. *Écriture créative – réécriture* : Racontez (en prose) avec vos propres mots un des épisodes suivants :

1) Montmoreau (vers 372–427)
2) La destruction des récoltes (vers 437–460)
3) L'infanticide (vers 495–542)

B. Écriture analytique – essai : En relevant les mots et les métaphores qui suscitent l'émotion du lecteur, faites l'analyse de la représentation de l'ennemi dans cet extrait des *Tragiques*. En quoi l'adversaire est-il dénaturé, inhumain ? Qu'est-ce qui a provoqué cette perte d'humanité ?

4.9 WAJDI MOUAWAD, *INCENDIES*

> **Extrait 1**[44] : *Dans cette scène, on retrouve Nawal avec son amie Sawda qui l'accompagne dans sa quête pour retrouver son fils. Cette quête est d'autant plus difficile que le pays est ravagé par la guerre et que le chaos règne. Les deux femmes sont confrontées à la violence de la guerre civile qui déchire le pays où elles se trouvent et s'interrogent sur ce qu'il faut faire. Sawda vient d'un camp de réfugiés qui a été attaqué par des miliciens. Elle raconte ce qu'elle y a vu.*

25 Amitiés

Nawal (40 ans) et Sawda.

Sawda :   Ils sont rentrés dans le camp[45]. Couteaux, grenades, machettes, haches, fusils, acide. Leur main ne tremblait pas. Dans le sommeil, ils ont planté leur arme dans le sommeil et ils ont tué le sommeil des enfants, des femmes, des hommes qui dormaient dans la grande nuit du monde !

Nawal :   Tu vas faire quoi ?

Sawda :   Laisse-moi !

Nawal :   Tu vas faire quoi ? Tu vas aller où ?

Sawda :   Je vais aller dans chaque maison !

Nawal :   Et tu feras quoi ?

Sawda :   Je ne sais pas !

Nawal :   Tu vas tirer une balle dans la tête de chacun ?

Sawda :   Œil pour œil, dent pour dent, ils n'arrêtent pas de le crier !

Nawal :   Oui, mais pas comme ça !

Sawda :   Pas autrement !

Nawal :   Si !

Sawda :   Non ! Non ! Puisque la mort peut être contemplée avec indifférence, alors non !

Nawal :   Alors toi aussi, tu veux aller dans les maisons et tuer enfants, femmes, hommes !!

Sawda :   Ils ont tué mes cousins, tué mes voisins, tué les amis lointains de mes parents, tué mes parents si mes parents étaient restés dans le camp ! Alors c'est pareil !

Nawal :   Oui, c'est pareil, tu as raison Sawda, tu as raison, mais réfléchis !

Sawda :   À quoi ça sert de réfléchir ! Personne ne revient à la vie parce qu'on réfléchit !

Nawal :   Réfléchis, Sawda ! Tu es la victime et tu vas aller tuer tous ceux qui seront sur ton chemin, alors tu seras le bourreau, puis après, à ton tour tu seras la victime ! Toi, tu sais chanter, Sawda, tu sais chanter !

Sawda :   Je ne veux pas ! Je ne veux pas me consoler, Nawal. Je ne veux pas que tes idées, tes images, tes paroles, tes yeux, ton amitié, toute notre vie côte à côte, je ne veux pas qu'ils me consolent de ce que j'ai vu et entendu ! Ils sont entrés dans les camps comme des fous furieux. Les premiers cris ont réveillé les autres et rapidement on a entendu la fureur des miliciens ! Ils ont commencé par lancer les enfants contre le mur, puis ils ont tué tous les hommes qu'ils ont pu trouver. Les garçons égorgés, les jeunes filles brûlées. Tout brûlait autour, Nawal, tout brûlait, tout cramait[46] ! Il y avait des vagues de sang qui coulaient des ruelles. Les cris montaient des gorges et s'éteignaient[47] et c'était une vie en moins. Un milicien préparait l'exécution de trois frères. Il les a plaqués contre le mur. J'étais à leurs pieds, cachée dans le caniveau. Je voyais le tremblement de leurs jambes. Trois frères. Les miliciens ont tiré leur mère par les cheveux, l'ont plantée devant ses fils et l'un d'eux lui a hurlé : « Choisis ! Choisis lequel tu veux sauver. Choisis ! Choisis ou je les tue tous ! Tous les trois ! Je compte jusqu'à trois, à trois je les tire tous les trois ! Choisis ! Choisis ! » Et elle, incapable de parole, incapable de rien, tournait la tête à droite et à gauche et regardait chacun de ses trois fils ! Nawal, écoute-moi, je ne te raconte pas une histoire. Je te raconte une douleur qui est tombée à mes pieds. Je la voyais, entre le tremblement des jambes de ses fils. Avec ses seins trop lourds et son corps vieilli pour les avoir portés, ses trois fils. Et tout son corps hurlait : « Alors à quoi bon les avoir portés si c'est pour les voir ensanglantés[48] contre un mur ! » Et le milicien criait toujours : « Choisis ! Choisis ! » Alors elle l'a regardé et elle lui a dit, comme un dernier espoir : « Comment peux-tu, regarde-moi, je pourrais être ta mère ! » Alors il l'a frappée[49] : « N'insulte pas ma mère ! Choisis ! » et elle a dit un nom, elle a dit « Nidal. Nidal ! » Et elle est tombée et le milicien a abattu[50] les deux plus jeunes. Il a laissé l'aîné en vie, tremblant ! Il l'a laissé et il est parti. Les deux corps sont tombés. La mère s'est relevée et au cœur de la ville qui brûlait, qui pleurait de toute sa vapeur, elle s'est mise à hurler que c'était elle qui avait tué ses fils. Avec son corps trop lourd, elle disait qu'elle était l'assassin de ses enfants !

Extrait 2 : Cet extrait provient de l'avant-dernière scène de la pièce : les jumeaux ayant accompli les dernières volontés de leur mère et compris, au prix d'une quête bouleversante et tragique, qui est leur frère et qui est leur père, peuvent enfin lire la lettre que leur mère leur a laissée.

---

38 Lettre aux jumeaux

Simon ouvre l'enveloppe.

Nawal :   Simon,
            Est-ce que tu pleures ?
            Si tu pleures ne sèche pas tes larmes.
            Car je ne sèche pas les miennes.
            L'enfance est un couteau planté dans la gorge
            Et tu as su le retirer.
            À présent, il faut réapprendre à avaler sa salive.
            C'est un geste parfois très courageux.
            Avaler sa salive.

À présent, il faut reconstruire l'histoire.
L'histoire est en miettes.
Doucement
Consoler chaque morceau
Doucement
Guérir chaque souvenir
Doucement
Bercer chaque image.
Jeanne,
Est-ce que tu souris ?
Si tu souris ne retiens pas ton rire
Car je ne retiens pas le mien.
C'est le rire de la colère
Celui des femmes marchant côte à côte
Je t'aurais appelée Sawda
Mais ce prénom encore dans son épellation[51]
Dans chacune de ses lettres
Est une blessure béante[52] au fond de mon cœur.
Souris, Jeanne, souris.
Ne laisse personne dire après ton passage
Voici qu'elle s'en va
La fille au regard grave
Elle ne fut pas généreuse
Son cœur est resté fermé
Souris,
Nous,
Notre famille,
Les femmes de notre famille, nous sommes engluées[53] dans la colère.
J'ai été en colère contre ma mère
Tout comme tu es en colère contre moi
Et tout comme ma mère fut en colère contre sa mère.
Il faut casser le fil.
Jeanne, Simon,
Où commence votre histoire ?
À votre naissance ?
Alors elle commence dans l'horreur.
À la naissance de votre père ?
Alors c'est une grande histoire d'amour.
Mais en remontant plus loin
Peut-être que l'on découvrira que cette histoire d'amour
Prend sa source dans le sang, le viol,
Et qu'à son tour,
Le sanguinaire et le violeur
Tient son origine dans l'amour.
Alors,
Lorsque l'on vous demandera votre histoire,
Dites que votre histoire, son origine,
Remonte au jour où une jeune fille

Revint à son village natal pour y graver le nom de sa grand-mère
Nazira sur sa tombe.
Là commence l'histoire.
Jeanne, Simon,
Pourquoi ne pas vous avoir parlé ?
Il y a des vérités qui ne peuvent être révélées qu'à condition d'être découvertes.
Vous avez ouvert l'enveloppe, vous avez brisé le silence
Gravez mon nom sur la pierre
Et posez la pierre sur ma tombe.
Votre mère.

Jeanne :   Simon, il reste une cassette de son silence. Écoute-la avec moi.

Jeanne et Simon écoutent le silence de leur mère.

4.10 LECTURE DE MOUAWAD

4.10.1 Lecture initiale

Ayant lu le texte une première fois, répondez aux questions suivantes.

Considérations préliminaires

- *Qui* : Qui parle dans le texte ? Qui sont les personnages ?
- *Quoi* : Quel est le sujet du texte ?
- *Où et quand* : Relevez les mots dans le texte qui indiquent un lieu et le temps.

Genre et discours

- Quel est le genre du texte (pièce de théâtre, poème, roman, etc.) ?
- Quel est le type de discours (argumentatif, descriptif, explicatif, narratif, injonctif) ?
- Quelle est la tonalité du texte (comique, épique, lyrique, tragique, polémique, etc.) ?

Comparaisons

Comparez le texte de Mouawad et celui d'Aubigné en vous fondant surtout sur les aspects suivants :

Le genre : Le poème épique présente le point de vue d'un narrateur alors que la pièce de théâtre présente les perspectives de plusieurs personnages : en quoi cela change l'effet de chaque texte sur le lecteur ?

Le registre : Les deux textes appartiennent au registre pathétique qui cherche à susciter l'émotion du lecteur. Ce registre se caractérise par l'emploi du vocabulaire de la souffrance et de la pitié, l'appel direct au lecteur ou à un interlocuteur (l'apostrophe), et par des descriptions riches et l'emploi de l'hyperbole. Analysez et comparez les caractéristiques du registre pathétique dans les deux textes.

Culture

* Y a-t-il des indices dans le texte et dans le paratexte qui permettent d'ancrer ces extraits dans un contexte particulier ?
* Si c'est le cas, relevez-les et expliquez-les.
* De quelle expérience contemporaine s'agit-il ici ?

4.10.2 Lecture approfondie

Compréhension

Résumé en images et interview des personnages

Pour assurer la compréhension du texte étudié, faites son résumé en images séquentielles et posez des questions aux personnages (voir Annexe A). Lisez le texte une deuxième fois. Faites d'abord attention aux procédés littéraires et dégagez ensuite la signification de chaque extrait.

Analyse

Procédés littéraires

Comparez vos réponses aux questions suivantes avec celles de votre partenaire ou de la classe :

La représentation de la violence

1) Interrogez-vous sur le pouvoir d'un texte à représenter la violence d'une guerre. Pour cela, vous analyserez la représentation de la violence dans la scène 25 : en quoi est-elle singulière ? Comment se transmet-elle aux lecteurs/spectateurs ? Pour répondre, intéressez-vous aux figures de style, au rythme du texte, au lexique employé et à la tonalité de l'extrait.
2) En lisant, vous avez tenté de repérer des indices qui permettent d'ancrer *Incendies* dans un contexte particulier. Peut-on également dire que ces extraits sont universels ? Expliquez votre réponse.

Interprétation

Signification

Scène 25 :

3) Que rapporte le récit de Sawda ?
4) En quoi l'attitude et le discours de Sawda s'opposent-ils à ceux de Nawal ?
5) Pourquoi peut-on dire que Sawda cherche à convaincre Nawal dans sa tirade ? De quoi veut-elle la convaincre ? Comment s'y prend-elle ? Pensez-vous qu'elle puisse réussir ?

6) Cherchez la définition du mot « une hypotypose ». En quoi le récit de Sawda est-il lié à cette figure de style ? Pourquoi est-ce intéressant ?

7) Comment la tirade de Sawda met-elle en relief des références qui s'attachent particulièrement à une guerre civile ?

8) En quoi le titre de la pièce prend-il son sens dans cette scène ?

Scène 25 et Scène 38 :

9) En quoi l'appel à la vengeance de Sawda contraste-t-il avec la lettre que Nawal adresse aux jumeaux à la fin de la pièce ?

4.11 PERSPECTIVES HISTORIQUES : REPRÉSENTER LA GUERRE DU LIBAN (1975–1990)

Dans *Incendies*, les quêtes – celle de Nawal qui va à la recherche de son fils, et celle des jumeaux, qui eux doivent trouver leur père et leur frère au pays d'origine de leur mère – ont lieu sur fond de guerre. Le pays représenté rappelle le Liban et les guerres qui l'ont ravagé. Si le texte de Mouawad ne dit pas explicitement de quelle guerre ou de quel pays il s'agit, de nombreux indices permettent d'identifier des événements de la guerre du Liban : ainsi, la pièce *Incendies* fait-elle référence – sans nommer précisément ces événements – aux massacres des camps de réfugiés palestiniens, Sabra et Chatila, au Liban en 1982, ou encore à l'incendie d'un bus palestinien, connu sous le nom du bus de Aïn-El Remmaneh, incident qui sert traditionnellement à marquer le début de la guerre du Liban, le 13 avril 1975.

S'il est encore difficile de parler aujourd'hui d'événements si récents dont les répercussions n'ont pas fini de se faire ressentir dans une région et dans un pays qui sont loin de vivre en paix, les écrivains, les réalisateurs et les artistes rappellent l'importance qu'il faut accorder à la représentation du passé.

Discussion

Faites des recherches pour retrouver des images de l'incendie du bus palestinien d'Aïn-El Remmaneh. Regardez ensuite l'adaptation cinématographique de la pièce réalisée par Denis Villeneuve et comparez les photos avec la scène du film qui décrit ce même événement. Répondez aux questions suivantes et discutez-en avec vos camarades :

•   Décrivez les images.

•   Quelles différences observez-vous ?

•   Quel impact produisent ces images sur vous ?

•   Quelles images vous semblent plus violentes ? celles tirées de la réalité ou celles tirées de la fiction ? Pourquoi ?

Connexions

Quels aspects historiques communs pouvez-vous relever entre les guerres de religion en France au XVIe siècle et la guerre du Liban au XXe siècle ?

Recherche web

Que s'est-il passé au Liban entre 1975 et 1990 ? Doit-on parler de « guerre » au singulier ou au pluriel ? Faites des recherches sur Internet pour obtenir plus d'informations sur la guerre du Liban. Intéressez-vous en particulier aux massacres de Sabra et Chatila qui apparaissent dans les extraits que vous avez lus.

Visionnement

La guerre du Liban a été représentée dans de nombreux films : voici quelques films majeurs : *West Beirut* (1998), *Waltz with Bashir* (2008), *Incendies* (2010). Regardez les bandes-annonces de ces films ou un film en entier pour en parler en classe.

4.12 PRODUCTION ORALE ET ÉCRITE AUTOUR D' *INCENDIES*

Exposé oral

Repérez sur Internet l'affiche de la pièce (et non celle du film !) *Incendies*. En groupe de deux ou trois, analysez-la ! Vous ferez un exposé oral que vous préparerez en répondant aux questions suivantes :

- Pensez-vous que cette affiche présente bien la pièce *Incendies* ? Pourquoi ? Intéressez-vous aux éléments de la mise en page, aux personnages représentés, à la représentation du corps, aux couleurs, etc.
- Cette affiche renvoie à la légende de Rémus et de Romulus. Faites une recherche pour voir de quoi il s'agit. Quels sont les points communs et les différences entre cette affiche et la légende ?
- Pensez-vous que cette affiche puisse aussi servir de présentation à l'œuvre d'Agrippa d'Aubigné, *Les Tragiques* ? Comment ? Expliquez votre réponse.

Débats

En groupe de deux ou trois, discutez des sujets ci-dessous et présentez vos idées à la classe. Préparez-vous à un débat.
Sujet 1 : La vengeance est-elle inévitable, ou parfois même nécessaire, dans le contexte d'une guerre ?
Sujet 2 : La poésie, le théâtre et le cinéma peuvent-ils rendre justice aux souffrances des victimes d'un événement traumatique comme la guerre ? Pourquoi ? Pourquoi pas ? À votre avis, lequel de ces genres peut-il représenter le mieux cette sorte d'événement et pour quelles raisons ?

Travail d'écriture

A. Écriture créative – suite : Imaginez comment la mère a retrouvé son fils et comment les jumeaux ont retrouvé leur frère et leur père. N'oubliez pas que l'aboutissement de la quête des personnages doit créer un effet bouleversant et tragique !

B. Écriture argumentative – convaincre et persuader : Imaginez que vous êtes Nawal et que vous devez tenter de convaincre Sawda de renoncer à la violence et à la vengeance.

4.13 PERSPECTIVES CULTURELLES : GUERRES FRATRICIDES AUJOURD'HUI

Se déroulant entre 1991 et 1999, **la guerre en ex-Yougoslavie** éclate après la chute du communisme en Europe de l'Est, dans le contexte des tensions qui opposent les groupes ethniques et religieux des différentes régions du pays telles que la Bosnie, la Slovénie, la Croatie et le Kosovo. Alimentée par une politique nationaliste et démagogique, cette conflagration a été la plus meurtrière que l'Europe ait vue depuis la Seconde Guerre mondiale, aboutissant à la séparation de l'ancienne Yougoslavie en plusieurs pays indépendants. La ville de **Sarajevo** en Bosnie en fut particulièrement touchée, faisant l'objet d'un long siège qui a entraîné la mort de 10 000 personnes, la séparation de nombreuses familles et la destruction d'une bonne partie de ses bâtiments.

Le **Rwanda**, pays africain où coexistent depuis des siècles plusieurs populations aux traditions et langages différents, a été en 1994 le théâtre d'un **génocide** perpétré par les Hutu contre les Tutsi. Orchestré par une politique de discrimination et soutenu par une idéologie de purification ethnique, cet affrontement a déchiré le pays en opposant souvent les membres de la même famille ou de la même communauté rurale ou urbaine en bourreaux et victimes. Des centaines de milliers de personnes ont été atrocement torturées, violées et tuées en l'espace de quelques mois. Après la fin de cette période qui a secoué l'opinion publique internationale, plusieurs procès ont été intentés contre certains responsables du génocide accusés de crimes contre l'humanité. Pour surmonter le traumatisme de ce conflit tout en rendant justice aux victimes, le nouveau régime politique au Rwanda a également mis en place une procédure de réconciliation communautaire traditionnelle, appelée **Gacaca**.

Recherche web

Faites une recherche pour en apprendre plus sur l'histoire et la culture de la ville de Sarajevo. Vous pouvez également consulter le site du mouvement d'enfants du Secours populaire français, « Les Copains du Monde », sur la guerre à Travnik, en Bosnie (région de l'ex-Yougoslavie) (http://www.copaindumonde.org/). Préparez-vous à présenter vos résultats en classe.

Visionnement

Le génocide des Tutsi au Rwanda a fait l'objet de nombreux films anglophones, comme *100 Days* (2001) et *Hôtel Rwanda* (2005), et francophones, comme *Quelques jours en avril* (2004), *Un dimanche à Kigali* (2006) ou *J'ai serré la main du diable* (2007). Regardez les bandes-annonces de ces films ou un film en entier pour en parler en classe.

Culture

Pouvez-vous donner d'autres exemples de guerres civiles qui ont inspiré et inspirent les écrivains et les artistes modernes ? Choisissez un événement et faites vos propres recherches pour montrer comment il a été représenté en littérature, dans les arts visuels, et au cinéma.

4.14 MISE EN PARALLÈLE

Afin de mieux comprendre les textes d'Agrippa d'Aubigné et de Wajdi Mouawad, considérez les pistes suivantes :

La Grande Histoire vs. une histoire

Comment comprenez-vous le rapport entre ce qui s'est passé (Histoire) et la narration de ce qui s'est passé (histoire) ? Est-ce que la poésie d'*Incendies* et des *Tragiques* rapproche ou éloigne le lecteur de la guerre du Liban et des guerres de religion ? Est-il possible de dissocier les faits historiques de la manière dont ils sont racontés ? Quelle est la valeur d'une Histoire « objective » ? et celle d'un récit personnel ? et celle d'une « dramatisation » des faits historiques (ex. : des textes tels qu'*Incendies* et *Les Tragiques*) ?

La souffrance

Quelles sortes de souffrance voyons-nous dans les œuvres d'Agrippa d'Aubigné et de Wajdi Mouawad ? Quels causes et remèdes sont suggérés dans chaque texte ? À votre avis, les témoignages de Sawda et du poète des *Tragiques* sont-ils plutôt particuliers ou universels ? Quelles questions ces témoignages provoquent-ils, notamment sur le mal, la violence, l'innocence, la vengeance, la dignité humaine, et la responsabilité individuelle et collective ? Enfin, expliquez comment, dans chaque texte, la victime devient (ou risque de devenir) bourreau.

La théâtralité

Quels moments des textes lus plus haut évoquent-ils le théâtre ? Pourrait-on mettre en scène ces extraits ? Pourquoi faut-il *voir* pour comprendre la tragédie ? Comment Sawda et le narrateur des *Tragiques* parlent-ils de ce qu'ils ont vu ? Que choisissent-ils de souligner ? Avec quel vocabulaire, quelles figures de style, quelles tournures de phrase ? Quelle place est accordée au spectateur dans chaque texte ? Quels effets sur le spectateur/lecteur chaque texte cherche-t-il à produire ?

Le témoignage littéraire

Interrogé sur la mission qu'il donne au théâtre, Wajdi Mouawad répond : « Je ne cherche pas à sauver le monde mais à rien d'autre que de faire une pièce limpide et transparente *afin que le spectateur soit entièrement submergé*. C'est ainsi que la beauté de la pièce révèle ses messages, même les plus violents. » Agrippa d'Aubigné se dit inspiré d'un public qui le priait : « Nous sommes ennuyés de livres qui enseignent, donnez-nous en pour émouvoir ». Quel est, à votre avis, le but d'un témoignage littéraire ?

4.15 SYNTHÈSE

Travail d'écriture

A. *Écriture analytique* – essai : Essayez d'élaborer une « théorie » de la littérature du témoignage. En quoi est-ce qu'elle se distingue des autres modes littéraires ?
B. *Écriture argumentative* – affaire judiciaire : Sans vous soucier d'anachronismes, imaginez que vous faites partie de la Cour internationale de justice (CIJ) et que vous êtes chargé(e) de juger la mère des vers 495–562 des *Tragiques* et la mère de Nidal que Sawda décrit dans *Incendies*. Écrivez l'arrêt (la sentence) de la Cour sur ces deux cas et justifiez-le.

Théâtralisation

1)   Mettez en scène et jouez la scène 25 de la pièce *Incendies* en mettant l'accent sur la colère et la violence des répliques de Sawda.
2)   Mettez en scène et jouez les vers 372–427 du poème *Les Tragiques* en réfléchissant à la séquence que vous donnerez aux événements.

Portfolio de recherche

Effectuez vos propres recherches pour préparer un dossier de recherches sur les guerres de religion en France et/ou sur les guerres du Liban (1975–1990). Votre portfolio peut prendre des formes différentes et créatives (blogue, PowerPoint, bande dessinée, film documentaire, etc.) pour refléter votre réflexion personnelle. N'oubliez pas d'inclure la bibliographie des ouvrages cités et consultés (sites web, images, dictionnaires et encyclopédies, textes primaires et secondaires, etc.)

Notes

1   Agrippa d'Aubigné, *Les Tragiques,* éd. Frank Lestringant, Paris, Gallimard, 1995, pp. 56–59. © Gallimard www.gallimard.fr
2   **Reître** (m.) **noir :** un soldat allemand, réputé pour sa férocité, qui a participé aux guerres de religion en France et qui portait un long manteau noir
3   **Masure** (f.) **:** une maison rurale
4   **Amas** (m.) : une accumulation, un empilement
5   **Montmoreau :** ville assiégée pendant les guerres de religion
6   **Charogne** (f.) : le cadavre d'un animal
7   **Force est :** il est nécessaire, obligatoire
8   **Ois :** du verbe ouïr, synonyme d'entendre
9   **Chef** (m.) : la tête
10   **Huis** (m.) : la porte extérieure d'une maison
11   **Par faute de** : par manque de
12   **Ouïr :** entendre
13   **Coutelas** (m.) : un couteau
14   **Grosse :** enceinte
15   **Bramant :** criant fort

16 **Anatomie** (f.) : ici, le squelette
17 **Épouvanter :** effrayer, causer une peur extrême
18 **Hérisser** : se lever
19 **Liguer :** unir dans une ligue
20 **Une pluie de manne :** référence à la nourriture que Dieu donne aux Israélites pour les nourrir dans le désert. Voir Exode XVI.
21 **Mâtin** (m.) **:** un grand et gros chien
22 **Allouvis :** affamés comme des loups
23 **Dépouiller :** enlever ce qui couvre ; dénuder
24 **À partir :** pour partager
25 **Butin** (m.) : ce qu'on prend à l'ennemi après la victoire
26 **Horreur** (f.) : l'épisode de l'enfant dévoré par sa mère s'est réalisé au moins deux fois dans l'histoire. D'abord, en 70 après J.-C. au siège de Jérusalem par Titus. Puis, en 1573 vers la fin du siège de Sancerre qui dura près d'un an.
27 **Forfait** (m.) : une faute
28 **Tressaut** (m.) : un mouvement soudain
29 **Cimois** (m. pl.) **:** un cordon utilisé pour attacher les enfants dans leur berceau
30 **Bourrelle** (f.) : la version féminine du bourreau
31 **Sépulture** (f.) : la tombe, le tombeau
32 **Gazouiller :** émettre des sons peu articulés, en parlant d'un petit enfant
33 **Roidir :** raidir, contracter tous ses muscles
34 **Louve** (f.) **:** la femelle du loup
35 **Ternir :** rendre terne, sans éclat
36 **Morsure** (f.) : le fait de mordre
37 **Fumeau** (m.) : le souffle, la respiration
38 **Thyeste** : Dans la mythologie grecque, Thyeste séduit la femme de son frère jumeau, Atrée. Pour se venger, Atrée tue les fils de Thyeste et les lui fait manger à son insu.
39 **Douillet :** doux, délicatement moelleux
40 **Accoler :** embrasser en jetant les bras autour du cou
41 **Soûler :** rassasier
42 **Semblance** (f.) : la ressemblance
43 **Thimante** : Peintre grec du IVᵉ siècle av. J.C. Se désespérant d'exprimer la douleur d'Agamemnon dans son *Sacrifice d'Iphigénie*, il représenta la tête couverte d'un voile, le « Rideau de Thimante ».
44 Wajdi Mouawad, *Incendies*, Montréal / Paris, Leméac / Actes Sud, 2003, pp. 56–58 et 88–90.
45 **Camp** (m.) : Il s'agit ici d'un camp de réfugiés. C'est une zone d'habitations sommaires édifiées pour une population qui fait l'objet d'une ségrégation. Un réfugié est une personne qui a dû fuir son pays d'origine afin d'échapper à un danger (guerre, persécutions politiques ou religieuses, etc.). La pièce fait référence – sans nommer précisément ces événements – aux massacres des camps de réfugiés palestiniens, Sabra et Chatila, au Liban en 1982.
46 **Cramer :** brûler
47 **S'éteindre :** disparaître (se dit pour un feu ou pour un bruit)
48 **Ensanglanter :** couvrir de sang
49 **Frapper :** battre, donner des coups
50 **Abattre** : tuer
51 **Épellation** (f.) : l'action d'épeler, de prononcer un mot
52 **Béant :** grand ouvert
53 **Engluer :** couvrir d'une matière gluante, de glu ; quelque chose dont on ne peut se débarrasser

Module 5 La Condition humaine chez Blaise Pascal et Marie NDiaye

Hall Bjørnstad et Oana Panaïté

5.1 ENTRÉE EN MATIÈRE

« L'homme n'est qu'un roseau, le plus faible de la nature, mais c'est un roseau pensant. »

(Blaise Pascal, *Pensées*)

« Oh, certes, elle avait froid et mal dans chaque parcelle de son corps, mais elle réfléchissait avec une telle intensité qu'elle pouvait oublier le froid et la douleur [...] ce n'était là que pensées et non regrets car aussi bien elle ne déplorait pas son état présent, ne désirait à celui-ci substituer nul autre et se trouvait même d'une certaine façon ravie, non de souffrir mais de sa seule condition d'être humain traversant aussi bravement que possible des périls de toute nature. »

(Marie NDiaye, *Trois femmes puissantes*)

Interprétation

1) Dans les citations précédentes, identifiez cinq termes avec lesquels vous n'êtes pas entièrement familiers, ou que vous trouvez révélateurs. Cherchez leurs définitions dans un dictionnaire.
2) Quelle est la fonction de ces mots dans les citations ?
3) Quelles images évoquent-ils ?
4) En quoi peut-on dire que les deux citations se font écho ?
5) Quel thème unifie les deux citations ?

Vocabulaire utile : roseau (m.), parcelle (f.), péril (m.), réfléchir avec intensité, déplorer, souffrir, penser

Présentation

Présentez à vos partenaires les cinq termes que vous avez préparés et comparez-les. Quels sont les termes communs ?

5.2 BLAISE PASCAL ET MARIE NDIAYE

Blaise Pascal, mathématicien, homme de science, inventeur, technologue, entrepreneur, polémiste chrétien et philosophe français (1623–1662)

À son époque, il se distingue comme jeune prodige en mathématiques, par ses contributions innovatrices à la géométrie et aux sciences, par des expériences physiques spectaculaires et par la « pascaline », l'une des premières machines à calculer. Son nom arrive jusqu'à nous dans le « Triangle de Pascal » (présentation des coefficients binominaux en triangle), comme l'unité de mesure de pression et comme le nom d'un langage de programmation. Il est l'auteur anonyme des *Lettres provinciales*, intervention décisive dans une polémique entre le christianisme austère et rigoureux lié au monastère de Port-Royal (appelé « janséniste » par ses adversaires), dont Pascal faisait partie, et les jésuites. Aujourd'hui, nous lisons avant tout ses *Pensées*, œuvre inachevée publiée pour la première fois en 1670 et qui frappe toujours par son honnête regard sur la misère de l'homme et par son style clinique et captivant, la force de ses aphorismes et la violence de ses images.

Marie NDiaye, écrivaine francophone, romancière et dramaturge (1967–)

Née à Pithiviers, elle est élevée par sa mère française, car son père retourne vivre dans son pays d'origine, le Sénégal. Talent précoce, elle publie son premier livre, *Quant au riche avenir*, à l'âge de 17 ans. Son œuvre est composée principalement de romans et de pièces de théâtre, mais comprend aussi des livres pour la jeunesse et des scénarios de film. Marie NDiaye reçoit le prix Femina en 2001 pour *Rosie Carpe*, suivi du prix Goncourt en 2009 pour *Trois femmes puissantes*. Sa pièce de théâtre, *Papa doit manger* (2003), figure au répertoire de la Comédie-Française. Elle est aussi la coscénariste du film *White material* (2010) de Claire Denis. L'écriture de Marie NDiaye se caractérise par un style riche et complexe et une atmosphère singulière dans laquelle l'étrangeté du rêve rencontre une observation morale et sociale des plus pénétrantes.

Vocabulaire

Cherchez la définition des mots suivants dans un dictionnaire : coefficient (m.), binominal, polémique (f.), janséniste (m.), jésuite (m.), répertoire (m.), coscénariste (m.)

Contexte

Pour bien vous situer dans le contexte historique et géographique, pensez aux questions suivantes :

1)   Quelle est la raison de la polémique entre les jésuites et les jansénistes ?
2)   Où se trouve Pithiviers ? Faites des recherches sur l'histoire de cette ville.

Culture

Faites des recherches supplémentaires sur les prix littéraires français tels que le prix Femina et le prix Goncourt. Quels prix littéraires y a-t-il aux États-Unis ?

5.3 RÉSUMÉ DES TEXTES

Pensées *(1670)*

Les dernières années de sa vie, Pascal a travaillé sur une grande œuvre qui allait persuader les libres penseurs (les « libertins ») de l'époque de la vérité du christianisme. Au lieu d'une apologie traditionnelle qui défend la foi, la stratégie de Pascal était celle de l'attaque : une analyse pénétrante de ce qu'il appelle « la misère de l'homme sans Dieu » pour porter son lecteur à *souhaiter* l'existence de Dieu. Le résultat était des fragments d'une rare beauté, et dont la sagesse sombre annonce celle dite « existentielle » du XXᵉ siècle, sur le « divertissement », sur l'« ennui », sur le « roseau pensant » et sur le « pari ». À la mort de Pascal, ses amis et sa famille avaient espéré découvrir l'œuvre achevée, mais tout ce qu'ils ont trouvé était « un amas de pensées détachées ». D'où le titre de l'œuvre – *Pensées* – que nous lisons aujourd'hui.

Trois femmes puissantes *(2009)*

Trois femmes puissantes met en scène Norah, Fanta et Khady et leurs efforts à la fois vains et héroïques de renouer avec un difficile passé familial, de donner un sens au présent et de bâtir un avenir. La première histoire est celle de Norah. Abandonnée en France avec sa mère par un père nord-africain qui choisit de rentrer au pays pour y élever son fils, Sony, Norah devient avocate et se rend au Maroc pour aider son frère accusé d'avoir tué sa belle-mère. La deuxième histoire est consacrée à Fanta, enseignante sénégalaise, qui s'installe en France avec son mari, Rudy Descas. Leur relation se détériore en même temps que la situation sociale de Rudy qui traverse une profonde crise identitaire. Le troisième récit, dont sont tirés les extraits ci-dessous, accompagne le voyage de l'Africaine Khady Demba vers l'Europe.

Venant de perdre son mari, Khady est renvoyée par les membres de sa belle-famille qui lui en veulent de ne pas leur avoir donné d'héritier. Elle est confiée à un passeur, Lamine, pour effectuer la traversée clandestine vers l'Europe. Cependant, suite à une série de mésaventures, ils sont obligés d'attendre dans une ville frontalière où Khady doit se prostituer afin de subvenir à leurs besoins, jusqu'au jour où ils se lancent dans l'attaque du mur des barbelés qui les sépare de leur destination.

Vocabulaire

Cherchez la définition des mots suivants : apologie (f.), sagesse (f.), existentiel, divertissement (m.), ennui (m.), pari (m.), amas (m.), renouer, se détériorer, traverser, en vouloir à quelqu'un, confier, passeur (m.), subvenir à ses besoins, traversée (f.), frontalier, barbelé (m.)

Comparaisons

En paire ou en groupe, identifiez, d'après leurs résumés, ce qui peut relier ces textes. Cherchez sur Internet et étudiez les couvertures des *Pensées* et de *Trois femmes puissantes*.

- Quelles informations, verbales et visuelles, se trouvent sur chacune de ces couvertures ?
- À quoi servent-elles ?
- Quelles réactions suscitent-elles chez vous ?

Communautés

Allez sur un forum dédié à Blaise Pascal ou Marie NDiaye et lisez les discussions ou créez vous-même une nouvelle discussion.

5.4 THÈMES COMMUNS : LA CONDITION HUMAINE ENTRE BONHEUR ET SOUFFRANCE

À l'âge prémoderne, le destin de l'homme est intimement lié à la hiérarchie établie par les institutions traditionnelles de la religion, de la société et de la famille. Sa place dans l'univers étant déterminée par cette triple autorité, ce n'est qu'avec des écrivains comme Montaigne et Pascal que la question de la condition humaine et de l'identité individuelle commence à s'imposer à l'extérieur d'un contexte social prédonné. À l'époque contemporaine, c'est l'identité qui se situe au centre des préoccupations sur la condition humaine. La volonté, le désir, mais aussi la responsabilité sont des traits fondamentaux et parfois contradictoires de cette identité moderne. Dès lors, l'homme et la femme modernes se trouvent constamment tiraillés entre la quête du bonheur individuel et les contraintes imposées par le monde extérieur.

Discussion

En paire ou en groupe, répondez aux questions suivantes :

L'être humain

- Peut-on être humain sans éprouver de la souffrance ou du bonheur ? Pourquoi ?
- Qu'est-ce qui le distingue des animaux ?

La condition humaine

- Comment comprenez-vous cette expression ?
- Peut-on distinguer la condition féminine de la condition masculine ? Pourquoi ? Pourquoi pas ?

Le bonheur

- Le bonheur est-il un trait exclusivement humain ?
- Peut-on éprouver du bonheur dans la souffrance ?

La souffrance

- Voyez-vous une différence entre la souffrance physique et la souffrance psychologique ?
- Selon vous, l'humanité serait-elle meilleure ou pire si elle ne connaissait pas la souffrance ?

Vocabulaire

Cherchez la définition des mots suivants : tiraillé, quête (f.), dès lors

Recherche web

Faites des recherches supplémentaires sur les concepts et phénomènes suivants :

- L'âge prémoderne
- Michel de Montaigne (1533–1592)

Présentation

- Choisissez un des thèmes communs et faites une présentation orale sur une ou plusieurs questions discutées.
- Imaginez trois tableaux représentant ces concepts. Ces tableaux, seront-ils abstraits ou figuratifs ? En couleurs ou en noir et blanc ? Expliquez vos choix et dessinez ces tableaux afin de les présenter à la classe.

5.5 BLAISE PASCAL, *PENSÉES*

> *Les pensées ici choisies sont liées au « Roseau Pensant ». Les trois premiers fragments en parlent explicitement, tandis que les autres font partie de la même réflexion sans s'y référer explicitement*[1].

L'homme n'est qu'un roseau[2], le plus faible de la nature, mais c'est un roseau pensant. Il ne faut pas que l'univers entier s'arme pour l'écraser[3], une vapeur, une goutte d'eau suffit pour le tuer. Mais quand l'univers l'écraserait, l'homme serait encore plus noble que ce qui le tue, puisqu'il sait qu'il meurt et l'avantage que l'univers a sur lui. L'univers n'en sait rien. (fr. 231)

***

Toute notre dignité consiste donc en la pensée. C'est de là qu'il faut nous relever, et non de l'espace[4] et de la durée, que nous ne saurions remplir.
Travaillons donc à bien penser. Voilà le principe de la morale. (fr. 232)

***

Roseau pensant. Ce n'est point de l'espace que je dois chercher ma dignité, mais c'est du règlement de ma pensée. Je n'aurai point d'avantage en possédant des terres. Par l'espace l'univers me comprend et m'engloutit[5] comme un point, par la pensée je le comprends. (fr. 145)

***

Si un animal faisait par esprit ce qu'il fait par instinct, et s'il parlait par esprit ce qu'il parle par instinct pour la chasse et pour avertir ses camarades que la proie est trouvée ou perdue, il parlerait bien aussi pour des choses où il a plus d'affection, comme pour dire : « Rongez[6] cette corde qui me blesse et où je ne puis atteindre. » (fr. 137)

***

Le bec du perroquet[7], qu'il essuie quoiqu'il soit net. (fr. 139)

***

Qu'est-ce qui sent du plaisir en nous ? Est-ce la main, est-ce le bras, est-ce la chair[8], est-ce le sang ? On verra qu'il faut que ce soit quelque chose d'immatériel. (fr. 140)

***

Je puis bien concevoir un homme sans mains, pieds, tête, car ce n'est que l'expérience qui nous apprend que la tête est plus nécessaire que les pieds. Mais je ne puis concevoir l'homme sans pensée. Ce serait une pierre ou une brute[9]. (fr. 143)

***

Instinct et raison, marques de deux natures. (fr. 144)

***

La grandeur de l'homme est grande en ce qu'il se connaît misérable.
Un arbre ne se connaît pas misérable.
C'est donc être misérable que de [se] connaître misérable, mais c'est être grand que de connaître qu'on est misérable. (fr. 146)

***

Toutes ces misères-là mêmes prouvent sa grandeur.
Ce sont misères de grand seigneur, misères d'un roi dépossédé[10]. (fr. 148)

***

La grandeur de l'homme.
La grandeur de l'homme est si visible qu'elle se tire même de sa misère. Car ce qui est nature aux animaux, nous l'appelons misère en l'homme. Par où nous reconnaissons que, sa nature étant aujourd'hui pareille à celle des animaux, il est déchu[11] d'une meilleure nature qui lui était propre autrefois.
Car qui se trouve malheureux de n'être pas roi, sinon un roi dépossédé ? Trouvait-on Paul Émile malheureux de n'être pas consul[12] ? Au contraire, tout le monde trouvait qu'il était heureux de l'avoir été, parce que sa condition n'était pas de l'être toujours. Mais on trouvait Persée si malheureux de n'être plus roi, parce que sa condition était de l'être toujours, qu'on trouvait étrange de ce qu'il supportait la vie. Qui se trouve malheureux de n'avoir qu'une bouche ? Et qui ne se trouverait malheureux de n'avoir qu'un œil ? On ne s'est peut-être jamais avisé de s'affliger de n'avoir pas trois yeux, mais on est inconsolable de n'en point avoir. (fr. 149)

***

Malgré la vue de toutes nos misères qui nous touchent, qui nous tiennent à la gorge, nous avons un instinct que nous ne pouvons réprimer qui nous élève. (fr. 526)

***

On n'est pas misérable sans sentiment : une maison ruinée ne l'est pas. Il n'y a que l'homme de misérable. *Ego vir videns*[13]. (fr. 689)

5.6 LECTURE DE PASCAL

5.6.1 Lecture initiale

Ayant lu ces extraits des *Pensées* de Pascal la première fois, répondez aux questions suivantes.

Considérations préliminaires

- *Qui* : Est-ce évident qui parle dans ces extraits ? Est-ce important ? À qui parle-t-on ? Avec quelle autorité ?
- *Quoi* : De quoi s'agit-il dans chaque fragment ?
- *Où et quand* : Y a-t-il des références à des lieux géographiques ou des moments historiques spécifiques ? Pourquoi ? Pourquoi pas ? Quel effet est produit par cette (absence de) spécificité ?

Genre et discours

- Quel est le genre du texte (pièce de théâtre, poème, roman, etc.) ?
- Quel est le type de discours (argumentatif, descriptif, explicatif, narratif, injonctif) ?
- Quelle est la tonalité du texte (comique, épique, lyrique, tragique, polémique, etc.) ?

Prise de notes

Prenez des notes en lisant le texte. Notez des détails importants et vos propres questions.

5.6.2 Lecture approfondie

Compréhension

Résumé en images et interview des personnages

Pour assurer la compréhension du texte étudié, faites son résumé en images séquentielles et posez des questions aux personnages (voir Annexe A). Lisez le texte une deuxième fois. Faites d'abord attention aux procédés littéraires et dégagez ensuite la signification de chaque extrait.

Analyse

Procédés littéraires

Comparez vos réponses aux questions suivantes avec celles de votre partenaire ou de la classe :

1)   Comment le roseau est-il décrit dans le fragment 231 ? Repérez tous les verbes et tous les adjectifs du fragment 231 dans le tableau suivant :

Verbes	*Adjectifs*

Voyez-vous des oppositions (antithèses) qui organisent le texte ? Comment le texte présente-t-il le lien entre ces oppositions ? (continuité ou discontinuité ? paradoxe irrésolu ou possibilité de transition et de synthèse ?)

2)   Y a-t-il un vocabulaire philosophique dans ces extraits ? Où exactement ? De quelles autres terminologies est-ce que vous y voyez des traces ? Quelles sont, selon vous, les images les plus frappantes ? Y a-t-il des termes ou des thèmes qui reviennent ?

Interprétation

Signification

3)   Selon le philosophe grec Aristote, un texte peut convaincre par son *logos* (le raisonne-ment), son *pathos* (l'appel à l'émotion du destinataire) et son *ethos* (la crédibilité de celui qui parle). Par quels moyens ces fragments de Pascal cherchent-ils à nous convain-cre ? Quel est dans chaque cas leur argument ? S'agit-il dans chaque pensée du même argument, d'arguments voisins, ou d'arguments détachés et sans lien ?

4)   Comment les fragments 146, 148 et 149 décrivent-ils le lien entre grandeur et misère ? Quel est le rôle de l'arbre (fr. 146), du roi (fr. 148 et 149), de la maison (fr. 689) dans cet argument ?

5.7 PERSPECTIVES HISTORIQUES : LE GRAND SIÈCLE

Le monde de Pascal : une société de privilèges en transition

Blaise Pascal écrit au milieu du XVIIe siècle et il fait partie d'une société de privilèges dont la hiérarchie est beaucoup plus figée qu'aujourd'hui. C'est un siècle profondément marqué par la guerre, la peste et la famine, mais en tant que membre de la petite noblesse Pascal est à l'abri relatif des urgences immédiates de l'époque. Or, si sa condition est aisée, sa vie l'est beaucoup moins ; de faible santé, sa vie est dès sa jeunesse profondément marquée par la maladie et la souffrance. Il participe directement à plusieurs des phénomènes culturels les plus importants de son temps. Tout d'abord, c'est une époque de découvertes scientifiques, auxquelles Pascal lui-même contribue de façon importante. Mais c'est aussi une société qui est de plus en plus centrée sur la vie de la cour royale, avec le début du règne exubérant de Louis XIV, et à laquelle Pascal s'est consacré pendant ce qu'on appelle sa période « mon-daine ». C'est le moment où la France gagne l'hégémonie culturelle de l'Europe ; ce que l'on va appeler par la suite « le Grand Siècle ». Enfin, c'est une époque marquée par une transition profonde à l'égard de la place de la religion dans la société.

Figure 4 Portrait de Louis XIV (1638–1715) par Hyacinthe Rigaud, 1701, Musée du Louvre, collection Louis XIV.

La France du XVIIᵉ siècle reste profondément chrétienne, plus précisément catholique, « la fille aînée de l'Église », comme l'on disait, et le roi garde son épithète de « roi très-chrétien », mais l'existence des gens (la vie, la culture, les sciences, la pensée) se libèrent graduellement de l'emprise totale de la religion. Ce processus de sécularisation annonce et prépare le siècle des Lumières qui va suivre. Pascal y joue un rôle complexe : en tant qu'homme de science et dans son style littéraire, il annonce le nouveau, mais son message est une défense véhémente de la foi chrétienne dans une version traditionnelle et intransigeante.

Vocabulaire

Cherchez la définition des mots suivants : « la petite noblesse », mondain, sécularisation (f.)

Connexions

- Comment était la vie de Pascal ?
- Comment était le règne de Louis XIV ?

- Quel rôle jouait la religion pendant le Grand Siècle ?
- Comment Pascal a-t-il annoncé le siècle des Lumières ?

Recherche web

Cherchez des informations supplémentaires sur le Grand Siècle et Louis XIV, les conflits religieux du XVIIe siècle, le catholicisme et le jansénisme.

5.8 PRODUCTION ORALE ET ÉCRITE AUTOUR DES *PENSÉES*

Exposé oral

Le Trésor de la langue française informatisé donne la définition suivante de **l'aphorisme** : 1) Proposition résumant à l'aide de mots peu nombreux, mais significatifs et faciles à mémoriser, l'essentiel d'une théorie, d'une doctrine, d'une question scientifique (en particulier médicale, politique, etc.) ; 2) Proposition concise formulant une vérité pratique couramment reçue.

Le Dictionnaire français Larousse, définit **l'aphorisme** ainsi : 1) Phrase, sentence qui résume en quelques mots une vérité fondamentale. (Exemple : *Rien n'est beau que le vrai.*) 2) Énoncé succinct d'une vérité banale. (Exemple : *Pas de nouvelles, bonnes nouvelles.*)

Préparez un exposé oral sur quelques aphorismes des gens célèbres. Par exemple, l'écrivain français, Jean de La Bruyère (contemporain de Pascal), ou l'écrivain irlandais, Oscar Wilde, et le réalisateur américain, Woody Allen, sont connus pour leurs aphorismes.

Débats

En groupe de deux ou trois, discutez des sujets suivants et présentez vos idées à la classe. Préparez-vous à un débat.

Sujet 1 : À l'époque de Pascal, le symbole du roseau était normalement employé par des écrivains chrétiens pour évoquer la faiblesse et la fragilité de l'homme. Quelle est la transformation de ce symbole chez Pascal ?

Sujet 2 : De quoi exactement Pascal parle-t-il quand il évoque la noblesse (fr. 231), la dignité (fr. 232, 233) et la grandeur (fr. 146, 148, 149) de l'homme ? Quelle en est la source ? À quoi cette grandeur sert-elle ?

Sujet 3 : Comment comprenez-vous le « roi dépossédé » du fragments 148 et 149 ? Le roseau pensant est-il aussi un roi dépossédé ? Si oui, quel est son royaume ?

Travail d'écriture

Écriture créative – réécriture : Choisissez un aphorisme de Blaise Pascal et développez-le dans une courte histoire (10 lignes).

5.9 PERSPECTIVES CULTURELLES : ROSEAU PENSANT AUJOURD'HUI

La culture et la création artistique puisent souvent leur inspiration dans le passé et l'héritage littéraire. Voilà quelques renvois textuels au roseau pensant de Pascal dans diverses œuvres artistiques.

Jean de la Fontaine, *Le chêne et le roseau* (1668) : Dans la fable de La Fontaine, le chêne incarne la force et le roseau, la faiblesse : « L'Arbre tient bon ; le Roseau plie. » Cependant, la souplesse du roseau lui permet de rester intacte face aux coups de la vie alors que l'arbre en est brisé.

Charlie Chaplin, *Les Temps modernes* (1936) : Le protagoniste de ce film est un petit homme drôle et fragile qui travaille dans une usine moderne. Il est constamment confronté au pouvoir des machines et absorbé par le rythme frénétique de la vie moderne. « Charlot » trouve pourtant les moyens, souvent comiques et parfois touchants, de résister à la mécanisation et à la déshumanisation apportées par le progrès.

André Téchiné, *Les Roseaux sauvages* (1994) : Ce film, situé en Algérie, représente la vie de quatre adolescents « pieds-noirs » pendant la guerre anticoloniale avec la France (1954–1962). Les jeunes, une fille et trois garçons, découvrent leur propre identité sexuelle et sociale, alors que la communauté des colons français en Algérie est bouleversée par le conflit politique et la violence de la guerre. Dans ce film, la fable du roseau « qui plie mais ne rompt pas » renvoie à la faiblesse de l'homme face à l'histoire, mais aussi à sa capacité de s'adapter et d'évoluer à travers le temps.

Axel Kahn, *L'homme, ce roseau pensant* (2007) : Dans cet essai sur « les racines de la nature humaine », Axel Kahn, homme de science français et grand spécialiste de la génétique, explore à la suite de Pascal les deux infinis de l'homme, ce qui fait sa misère et sa grandeur. L'homme est un animal, et en cela il est infiniment petit ; mais il est le seul animal à avoir conscience de lui-même et accès à la transcendance, et en cela il est infiniment grand. « Nous sommes, en tant qu'Homo sapiens, d'une affligeante banalité biologique. Sur le plan génétique, notre proximité avec les grands singes est considérable ; elle atteint 98,7% avec le chimpanzé et est encore de 80% avec la souris et de 50% avec la levure. »

Connexions

- Cherchez le texte intégral de la fable de La Fontaine et comparez sa description du roseau à celle de Pascal.
- Regardez la scène des engrenages du film de Charlie Chaplin et analysez-la à la lumière de la distinction fragilité/dignité de Pascal.
- Faites des recherches sur l'expression « pied-noir », puis regardez le film *Les Roseaux sauvages*. Quelle est la dignité de ces « roseaux » ?
- Consultez le livre d'Axel Kahn. Êtes-vous d'accord avec sa manière de lier les sciences modernes et la réflexion de Pascal sur la condition humaine ?
- Écoutez la chanson d'Ekaz, intitulée *Roseau Pensant* de 2006. Comment l'allusion à Pascal dans le titre change-t-elle votre interprétation du reste du texte de la chanson ?

5.10 MARIE NDIAYE, *TROIS FEMMES PUISSANTES*

Les passages suivants présentent le voyage de Khady Demba vers l'Europe[14].

Elle avait été satisfaite d'être Khady, il n'y avait eu nul interstice dubitatif[15] entre elle et l'implacable[16] réalité du personnage de Khady Demba.

Il lui était même arrivé de se sentir fière d'être Khady car, avait-elle songé souvent avec éblouissement[17], les enfants dont la vie semblait joyeuse, qui mangeaient chaque jour leur bonne part de poulet ou de poisson et qui portaient à l'école des vêtements sans taches ni déchirures, ces enfants-là n'étaient pas plus humains que Khady Demba qui n'avait pourtant, elle, qu'une infime portion de bonne vie.

À présent encore c'était quelque chose dont elle ne doutait pas – qu'elle était indivisible et précieuse, et qu'elle ne pouvait être qu'elle-même. (266)

Khady savait qu'elle n'existait pas pour eux.

Parce que leur fils unique l'avait épousée en dépit de leurs objections, parce qu'elle n'avait pas enfanté[18] et qu'elle ne jouissait d'aucune protection, ils l'avaient tacitement, naturellement, sans haine ni arrière-pensée, écartée de la communauté humaine, et leurs yeux durs, étrécis, leurs yeux de vieilles gens qui se posaient sur elle ne distinguaient pas entre cette forme nommée Khady et celles, innombrables[19], des bêtes et des choses qui se trouvent aussi habiter le monde.

Khady savait qu'ils avaient tort mais qu'elle n'avait aucun moyen de le leur montrer, autre que d'être là dans l'évidence de leur ressemblance avec eux, et sachant que cela n'était pas suffisant elle avait cessé de se soucier de leur prouver son humanité. (268–269)

Et elle ressentit alors si pleinement le fait indiscutable que la maigre fillette farouche et valeureuse qui discutait âprement le prix du mulet, et la femme qu'elle était maintenant, qui suivait un étranger vers un rivage semblable, constituaient une seule et même personne au destin cohérent et unique, qu'elle en fut émue, satisfaite, comblée, et que ses yeux la picotèrent[20], et qu'elle en oublia l'incertitude de sa situation ou plutôt que cette précarité cessa de lui paraître aussi grave rapportée à l'éclat exaltant d'une telle vérité. (277)

Chaque pas relançait la douleur.

Et comme, de surcroît[21], elle éprouvait une grande faim, elle souhaita ardemment d'acquérir bientôt un corps insensible, minéral, sans désir ni besoins, qui ne fût qu'un outil au service d'une intention dont elle ignorait encore tout mais comprenait qu'elle serait bien forcée d'en trouver la nature. (300)

Elle se sentit fugacement[22] redevenir faible, tributaire de la détermination et des connaissances d'autrui comme des intentions indécelables[23] qu'on nourrissait à son propos, et la tentation l'effleura, par fatigue de vivre, de se résoudre à cette subordination, de ne plus réfléchir à rien, de laisser de nouveau sa conscience voguer[24] dans le flux laiteux des songes. (306)

Elle n'avait pas perdu grand-chose, penserait-elle – et pensant également, avec cette impondérable fierté, cette assurance discrète et inébranlable : Je suis moi, Khady Demba, alors que, les muscles des cuisses endoloris, la vulve gonflée et douloureuse et le vagin brûlant, irrité, elle se relèverait maintes fois par jour de l'espèce de matelas, morceau de mousse grisâtre et puant qui serait pour de si longs mois son lieu de travail.

Elle n'avait pas perdu grand-chose, penserait-elle.

Car jamais, au plus fort de l'affliction et de l'épuisement[25], elle ne regretterait la période de sa vie où son esprit divaguait[26] dans l'espace restreint, brumeux, protecteur et annihilant des songes immobiles, au temps où elle vivait dans sa belle-famille. [...]

Au vrai, elle ne regretterait rien, immergée toute entière dans la réalité d'un présent atroce mais qu'elle pouvait se représenter avec clarté, auquel elle appliquait une réflexion pleine à la fois de pragmatisme et d'orgueil (elle n'éprouverait jamais de vaine honte, elle n'oublierait jamais la valeur de l'être humain qu'elle était, Khady Demba, honnête et vaillante[27]) et que, surtout, elle imaginait transitoire, persuadée que ce temps de souffrance aurait une fin et qu'elle n'en serait certainement pas récompensée (elle ne pouvait penser qu'on lui devait quoi que ce fût pour avoir souffert) mais qu'elle passerait simplement à autre chose qu'elle ignorait encore mais qu'elle avait la curiosité de connaître. (312–313)

Elle n'était plus surprise de l'écho âpre[28], combatif de sa propre voix dure et asexuée qui questionnait avec les quelques mots d'anglais qu'elle avait appris dans la gargote[29], non plus que ne la surprit le reflet, dans le rétroviseur d'un camion, du visage hâve[30], gris, surmonté d'une étoupe de cheveux roussâtres, du visage aux lèvres étrécies et à la peau desséchée qui se trouvait donc être le sien et qu'on n'aurait pu dire avec certitude, songea-t-elle, être celui d'une femme, et de son corps squelettique on n'aurait pu l'affirmer non plus et néanmoins elle restait Khady Demba, unique et nécessaire au bon ordonnancement[31] des choses dans le monde bien qu'elle ressemblât maintenant de plus en plus à ces êtres égarés, faméliques[32], aux gestes lents qui vaguaient dans la ville, qu'elle leur ressemblât au point de songer : Entre eux et moi, quelle différence essentielle ? après quoi elle riait intérieurement, ravie de s'être fait à elle-même une bonne plaisanterie, et se disait : C'est que je suis, moi, Khady Demba !

Non, plus rien ne la surprenait, plus rien ne l'effrayait, pas même cette immense fatigue qui l'assommait[33] à toute heure, lui rendait d'un coup si lourds ses membres grêles[34] qu'elle peinait[35] à mettre un pied devant l'autre, à porter la nourriture à sa bouche.

À cela aussi elle s'était accoutumée.

Elle considérait maintenant cet épuisement comme la condition naturelle de son organisme. (326)

Oh, certes, elle avait froid et mal dans chaque parcelle de son corps, mais elle réfléchissait avec une telle intensité qu'elle pouvait oublier le froid et la douleur, de sorte que lorsqu'elle revoyait les visages de sa grand-mère et de son mari, deux êtres qui s'étaient montrés bons pour elle et l'avaient confortée dans l'idée que sa vie, sa personne n'avaient pas moins de sens ni de prix que les leurs, et qu'elle se demandait si l'enfant qu'elle avait tant souhaité d'avoir aurait pu l'empêcher de tomber dans une telle misère de situation, ce n'était là que pensées et non regrets car aussi bien elle ne déplorait pas son état présent, ne désirait à celui-ci substituer nul autre et se trouvait même d'une certaine façon ravie, non de souffrir mais de sa seule condition d'être humain traversant aussi bravement que possible des périls de toute nature. (328)

Et elle pouvait entendre autour d'elle les balles claquer et des cris de douleur et d'effroi, ne sachant pas si elle criait également ou si c'était les martèlements[36] du sang dans son crâne qui l'enveloppaient de cette plainte continue, et elle voulait monter encore et se rappelait qu'un garçon lui avait dit qu'il ne fallait jamais, jamais s'arrêter de monter avant d'avoir gagné le haut du grillage, mais les barbelés[37] arrachaient la peau de ses mains et de ses pieds et elle pouvait maintenant s'entendre hurler et sentir le sang couler sur ses bras, ses épaules, se disant jamais s'arrêter de monter, jamais, répétant les mots sans plus les comprendre et puis abandonner, lâchant prise, tombant en arrière avec douceur et pensant alors que le propre de Khady Demba, moins qu'un souffle, à peine un mouvement de l'air, était certainement de ne pas toucher terre, de flotter éternelle, inestimable[38], trop volatile pour s'écraser jamais, dans la clarté aveuglante et glaciale des projecteurs.

C'était moi, Khady Demba, songeait-elle encore à l'instant où son crâne heurta le sol et où, les yeux grands ouverts, elle voyait planer lentement par-dessus le grillage un oiseau aux longues ailes grises – c'est moi, Khady Demba, songea-t-elle dans l'éblouissement de cette révélation, sachant qu'elle était cet oiseau et que l'oiseau le savait. (332–333)

5.11 LECTURE DE NDIAYE

5.11.1 Lecture initiale

Ayant lu le texte une première fois, répondez aux questions suivantes.

Considérations préliminaires

- *Qui* : Qui parle dans le texte ? Qui sont les personnages ?
- *Quoi* : Quel est le sujet du texte ?
- *Où et quand* : Relevez les mots dans le texte qui indiquent un lieu et le temps.

Genre et discours

- Quel est le genre du texte (pièce de théâtre, poème, roman, etc.) ?
- Quel est le type de discours (argumentatif, descriptif, explicatif, narratif, injonctif) ?
- Quelle est la tonalité du texte (comique, épique, lyrique, tragique, polémique, etc.) ?

Comparaisons

En lisant les extraits de NDiaye, comparez-les à ceux de Pascal. Notez quelques analogies et différences aux niveaux suivants :

- La voix : Dans les aphorismes de Pascal, nous pouvons deviner la voix du philosophe lui-même. Quelle(s) voix entendons-nous dans le récit de NDiaye ?
- Le rythme : Les phrases ont-elles la même longueur ? Offrez votre interprétation du rapport entre la longueur des phrases et la signification de chaque texte.
- Le vocabulaire : Comparez les descriptions du corps humain dans les deux textes.

Contexte

Comparez le contexte historique et social des *Pensées* avec celui de *Trois femmes puissantes*.

- Pensez-vous que la vie de Pascal et celle de NDiaye (leurs origines, leur sexe, leur position sociale, leurs convictions religieuses) influencent leur vision de la condition humaine ? Comment ?

5.11.2 Lecture approfondie

Compréhension

Résumé en images et interview des personnages

Pour assurer la compréhension du texte étudié, faites son résumé en images séquentielles et posez des questions aux personnages (voir Annexe A). Lisez le texte une deuxième fois. Faites d'abord attention aux procédés littéraires et dégagez ensuite la signification de chaque extrait.

Analyse

Procédés littéraires

Comparez vos réponses aux questions suivantes à celles de votre partenaire ou de la classe :

1) Relevez d'abord dans chaque extrait le vocabulaire (noms, adjectifs, verbes et adverbes) des émotions et des sentiments. Repérez ensuite les termes faisant référence au processus de pensée. Quels rapports pouvez-vous établir entre ces deux groupes lexicaux et sémantiques : similarité, contraste, opposition, gradation (ascendante ou descendante) etc. ?

	Noms	*Adjectifs*	*Verbes*	*Adverbes*
Émotions/sentiments				
Processus de pensée				

2) *Les images* : Identifiez et commentez l'expression « l'instable attelage de son existence » (p. 300). Trouvez d'autres figures de style dans le texte et discutez leur signification.
3) *Le style indirect libre* : Relevez d'abord quelques passages où l'histoire est racontée par le narrateur, à la troisième personne (le style indirect). Trouvez ensuite les phrases qui citent directement les paroles de Khady Demba (le style direct). Relevez enfin les passages où la narration à la troisième personne se mélange avec les paroles du personnage (le style indirect libre). Pourquoi l'auteure a-t-elle fait ces choix stylistiques ?
4) *Le fantastique* : Le texte contient-il des éléments surnaturels ? Lesquels ?
5) *Le lyrisme* : En plus de raconter l'histoire de Khady Demba, le texte présente-t-il aussi des caractéristiques lyriques comme : a) le vocabulaire des émotions et des sentiments ; b) la ponctuation abondante et expressive ; et c) la présence des figures de style ?

Interprétation

Signification

6) Khady est un être à la fois très fort et très faible. Par exemple, la dernière phrase de la page 266 est en antithèse avec le passage de la page 306 ainsi qu'avec le premier paragraphe de la page 312. Trouvez d'autres exemples d'antithèses et expliquez leur rôle dans le texte.

5.12 PERSPECTIVES HISTORIQUES : LE MONDE CONTEMPORAIN

La mondialisation : Phénomène qui remonte à l'Antiquité, grâce surtout à l'avènement de l'Empire romain, la mondialisation a été consolidée par l'exploration du « Nouveau Monde » dès le XVe siècle et par la colonisation européenne des Amériques, de l'Afrique et de l'Asie qui s'achève avec la décolonisation pendant la seconde moitié du XXe siècle. La mondialisation et la globalisation sont des termes employés pour décrire cette nouvelle réalité. Cependant, la globalisation se réfère surtout au système économique international alors que la mondialisation renvoie aux multiples liens formés par la circulation des individus à travers les frontières, les langues et les cultures. Malgré cette dynamique mondiale, des inégalités se creusent de plus en plus entre les régions du monde et contribuent à l'immigration clandestine de certains pays d'Afrique, par exemple, vers l'Europe.

   Le discours postcolonial : Les œuvres de Marie NDiaye proposent une réflexion originale, parfois inquiétante, sur les contradictions du monde contemporain. Les traces du colonialisme y sont partout présentes. Celui-ci décrit la politique de conquête territoriale, de domination culturelle et d'exploitation humaine et matérielle pratiquée par certains pays d'Europe comme l'Espagne, la France ou la Grande-Bretagne envers les peuples et les civilisations des autres continents tels que l'Afrique. Après la Seconde Guerre mondiale, les empires coloniaux s'écroulent et de nouveaux pays indépendants émergent. Cependant,

Figure 5 Theodor de Bry, *Columbus, as he first arrives in India, is received by the inhabitants and honored with the bestowing of many gifts.* 1594. Special Collections, University of Houston Libraries. University of Houston Digital Library.

les effets du colonialisme se font encore sentir à travers le sentiment d'aliénation individuelle et collective, les conflits interethniques et la pauvreté qui touchent souvent les habitants de ces pays. Le discours postcolonial représente l'ensemble des textes politiques, philosophiques et littéraires qui traitent de ces problèmes tout en essayant d'y apporter des solutions concrètes.

Connexions

- De quelle époque date le phénomène de mondialisation ?
- Quelle est la différence entre la mondialisation et la globalisation ?
- Qu'est-ce qui s'est passé après la Seconde Guerre mondiale ?
- Que représente le discours postcolonial ?

5.13 PRODUCTION ORALE ET ÉCRITE AUTOUR DE *TROIS FEMMES PUISSANTES*

Exposé oral

Préparez un exposé oral sur un des sujets proposés :

- Les pauvres, les prostituées et les immigrants sont-ils moins « humains » que nous ? Pourquoi ou pourquoi pas ?
- Pensez-vous que l'histoire de Khady Demba contienne un message politique (sur les femmes africaines ou les immigrés) ou une réflexion philosophique (sur l'humanité en général) ? L'un exclut-il l'autre ?

Débats

En groupe de deux ou trois, discutez des sujets ci-dessous et présentez vos idées à la classe. Préparez-vous à un débat.

Sujet 1 : La transformation de l'héroïne en oiseau à la fin du récit symbolise-t-elle son échec ou sa réussite ? Pourquoi ?

Sujet 2 : Khady est-elle responsable de son état ? Arrive-t-elle à conserver sa dignité à travers ses mésaventures ? Comment ? Sinon, pourquoi pas ?

Sujet 3 : Le texte s'achève sur le verbe « savoir ». Qui est le sujet grammatical de ce verbe ? Et son sujet symbolique ? Ce verbe a-t-il une importance particulière pour l'histoire de Khady ? Pourquoi ? Pourquoi pas ?

Visionnement

Regardez sur YouTube la bande-annonce du film *La Pirogue* (2013) réalisé par le Sénégalais Moussa Touré. Ce film, présenté au Festival de Cannes en 2012, montre le parcours difficile de plusieurs hommes et d'une femme africaine dans leur tentative de rejoindre l'*eldorado* européen. Comparez la représentation filmique de l'expérience migrante avec sa description littéraire.

Travail d'écriture

A. Écriture créative – réécriture : Choisissez un passage (5–10 lignes) dans le texte de Marie NDiaye et réécrivez-le sous forme d'aphorismes.
B. Écriture créative – suite : Imaginez le monologue de Khady Demba transformée en oiseau.

5.14 MISE EN PARALLÈLE

Afin de mieux comprendre les deux textes – les pensées de Pascal et les extraits du roman de NDiaye – et ce qui les relie, considérez les pistes suivantes :

Les ressemblances et les différences

Pascal écrit : « La grandeur de l'homme est grande en ce qu'il se connaît misérable. »
    Et NDiaye : « Au vrai, elle ne regretterait rien, immergée toute entière dans la réalité d'un présent atroce mais qu'elle pouvait se représenter avec clarté [...] (elle n'éprouverait jamais de vaine honte, elle n'oublierait jamais la valeur de l'être humain qu'elle était, Khady Demba, honnête et vaillante) et que, surtout, elle imaginait transitoire, persuadée que ce temps de souffrance aurait une fin [...] »
    1) Peut-on réduire le sens de l'histoire de Khady à la phrase de Pascal ? Pourquoi ? Pourquoi pas ? 2) Les deux écrivains ont-ils le même style ? Argumentez votre réponse. 3) Y a-t-il une différence affective, par exemple dans la « température » des deux textes ou dans leur atmosphère ? Expliquez, en citant des exemples précis.

Les dichotomies significatives dans les deux textes

Les deux œuvres sont construites à partir d'une série d'antonymes. Relevez d'abord les mots et les idées qui s'opposent dans chaque texte. Mettez ensuite en parallèle les antithèses principales des deux textes et commentez-les.

Une dignité humaine paradoxale, surprenante ?

D'où vient la dignité de l'homme, selon Pascal ? Et celle de Khady, chez NDiaye ? En quoi ces deux définitions de la dignité sont-elles compatibles ? Comment se distinguent-elles ? S'agit-il d'une dignité paradoxale ? Peut-on parler d'un message des deux auteurs sur la dignité humaine ? Si oui, quel est ce message et qu'en pensez-vous ?

Penser les deux ensemble

Khady Demba est-elle un roseau pensant ? Une reine dépossédée ? Pourquoi ? Pourquoi pas ? Est-ce que le sexe de Khady change la situation, selon vous ? Si oui, comment ? Est-ce que cela change la valeur et la portée de la réflexion de Pascal ? Voyez-vous un parallèle entre l'oiseau sur l'image duquel se termine le texte de NDiaye et le roseau chez Pascal ? Expliquez, en soulignant les points communs et les différences.

Un renversement de perspective

Plusieurs siècles séparent les deux textes. Il est évident que Marie NDiaye connaît l'œuvre de son précurseur. Et si Pascal écrivait *après* NDiaye ? Supposons pour un moment que ce soit *Trois femmes puissantes* qui ait influencé les *Pensées*. Dans ce cas, diriez-vous que Pascal soit resté fidèle à l'œuvre de NDiaye ? Ou l'a-t-il trahie ? Argumentez votre réponse avec des références spécifiques aux deux œuvres.

5.15 SYNTHÈSE

Exposé oral

Avec votre partenaire, considérez **les renvois intertextuels** entre les deux textes étudiés. L'intertextualité est la relation entre les textes qui se manifeste de manière directe (citations) ou indirecte (allusions).

* Trouvez chez Blaise Pascal des aphorismes qui se rapprochent de ce passage : « Oh, elle savait déjà une chose, elle la savait non pas comme elle en avait eu l'habitude, c'est-à-dire sans savoir qu'elle savait, mais de façon consciente et nette. » (p. 300) Quel est, selon vous, le sens de cette phrase? Quelle est la nature de ce qu'elle savait ?

Débats

En groupe de deux ou trois, discutez des sujets suivants et présentez vos idées à la classe. Préparez-vous à un débat.

* À votre avis, est-ce que Marie NDiaye propose une image aussi forte et concise que celle du « roseau pensant » ? Identifiez cette image et justifiez votre choix.

Travail d'écriture

A. Écriture analytique – essai : Dans *Pensées* et *Trois femmes puissantes*, l'humanité est définie en relation avec le règne végétal (l'arbre et le roseau chez Pascal) et animal (l'oiseau chez NDiaye). La relation est-elle la même dans les deux cas ? Cette manière d'expliquer la condition humaine vous semble-t-elle suffisante ? Apportez votre propre explication.

B. Écriture analytique – dissertation : « Toutes ces misères-là mêmes prouvent sa grandeur. » (fr. 148) L'histoire de Khady Demba est-elle une confirmation ou une contestation de la pensée de Pascal ? Argumentez votre réponse avec des exemples tirés des deux œuvres.

C. Écriture créative – suite : Si Blaise Pascal et Marie NDiaye pouvaient avoir un dialogue, que se diraient-ils ?

Notes

1 Blaise Pascal, *Pensées*, éd. Philippe Sellier, Paris, Classiques Garnier Multimédia, 1999, pp. 201–202, 204–205, 255, 395, 489.
2 **Roseau** (m.) : une plante à tige droite qui pousse au bord de l'eau
3 **Écraser** : aplatir, en exerçant une forte pression ; (fig.) accabler, faire succomber
4 **Espace** (m.) : Dans les fragments 232 et 145, Pascal oppose, suivant le philosophe René Descartes (1596–1650), espace et pensée. *Espace* renvoie donc ici au monde physique extérieur.
5 **Engloutir** : avaler avec avidité, absorber ; (fig.) consommer, faire disparaître
6 **Ronger** : détruire petit à petit avec les dents
7 **Perroquet** (m.) : un oiseau tropical caractérisé par un bec fort et crochu, un plumage souvent vivement coloré et la faculté, chez certaines espèces, d'imiter la voix humaine

8   **Chair** (f.) : ici, la partie rouge des muscles de l'homme et des animaux. Dans la langue de la religion, le terme s'emploie de manière générale pour le corps, les appétits physiques par opposition à l'esprit, à l'âme.

9   **Brute** (f.) : une bête

10 **Dépossédé** : qui a été privé de la possession d'un bien matériel ou d'une valeur sociale qui lui appartient de droit

11 **Déchu**, le participe passé du verbe **Déchoir** : tomber dans un état inférieur à celui où l'on était. Ce verbe s'emploie en théologie pour le fait de perdre l'état de grâce originelle. Pascal parle ici de l'homme et non pas de Dieu, mais son choix de mot suggère déjà un lien avec la doctrine chrétienne du péché originel.

12 **Paul Émile**, **Persée** : Persée (212–167 av. J.-Chr.) était roi de Macédoine avant d'être dépossédé de son royaume et humilié par le général romain Paul Émile (env. 229–160 av. J.-Chr., consul 182, 168). Dernier roi de sa lignée, Persée a terminé sa vie comme prisonnier à Rome.

13 **Ego vir videns** : « Je suis un homme qui vois quelle est ma misère ». Citation de la Bible, des Lamentations de Jérémie, 3, 1.

14 Marie NDiaye, *Trois femmes puissantes*, Paris, Gallimard, Poche, 2009, pp. 265–314. © Gallimard www.gallimard.fr

15 **Interstice dubitatif** : une pause qui indique le doute

16 **Implacable** : ce à quoi on ne peut échapper

17 **Éblouissement** (m.) : le trouble visuel brutal causé par une lumière vive et aveuglante mettant en impossibilité de voir ; trouble momentané, sensation de vertige ; (fig.) être ébloui, émerveillé

18 **Enfanter** : donner naissance ; avoir des enfants

19 **Innombrable** : sans nombre

20 **Picoter** : piquer de façon répétée avec le bec (d'oiseau) ou un instrument ; (fig.) froid qui picote la peau

21 **De surcroît** : ce qui s'ajoute à quelque chose en augmentant la quantité ou le nombre

22 **Fugacement** : d'une manière fugace, qui ne dure pas, qui disparaît rapidement

23 **Indécelables** : qui ne peut être décelé, dévoilé, distingué

24 **Voguer** : avancer sur l'eau (pour un bateau) ; (fig.) errer au hasard

25 **Épuisement** (m.) : une très grande fatigue

26 **Divaguer** : errer çà et là, sans but, à l'aventure ; prononcer des paroles incohérentes

27 **Vaillant** : brave, courageux

28 **Âpre** : qui produit une sensation désagréable ; qui présente un caractère de violence, de dureté ; (fig.) rude, difficile à supporter

29 **Gargote** (f.) : un mauvais restaurant à bas prix

30 **Hâve** : pâle et amaigri par la faim ou la maladie

31 **Ordonnancement** (m.) : une organisation des choses, un ordre

32 **Famélique** : qui souffre cruellement de faim

33 **Assommer** : tuer, frapper, éprouver physiquement ou accabler moralement

34 **Grêle** : d'une minceur excessive, très maigre

35 **Peiner** : éprouver de la difficulté dans un travail ; faire de grands efforts

36 **Martèlement** (m.) : l'action de marteler, donner des coups répétés

37 **Barbelé** : fil de fer muni de pointes utilisé pour les clôtures

38 **Inestimable** : dont on ne peut déterminer la valeur ; (fig.) d'une grande valeur, qui n'a pas de prix

Module 6   Amour et société chez Madame de Lafayette et Calixthe Beyala

Diane Kelley et Michel Rocchi

6.1 ENTRÉE EN MATIÈRE

« Il parut alors une beauté à la cour, qui attira les yeux de tout le monde, et l'on doit croire que c'était une beauté parfaite, puisqu'elle donna de l'admiration dans un lieu où l'on était si accoutumé à voir de belles personnes. »

(Madame de Lafayette, *La Princesse de Clèves*)

« Dès que je suis entré, tout le monde s'est tourné vers moi. C'est à croire qu'ils n'avaient jamais vu de Nègre là-dedans. Leurs yeux jouaient au billard dans tous les sens. Un des mômes m'a cherché tout de suite :
- Pourquoi t'es habillé comme ça ? T'es d'où, toi ? »

(Calixthe Beyala, *Maman a un amant*)

Interprétation

1) Dans les citations précédentes, identifiez cinq termes avec lesquels vous n'êtes pas entièrement familiers, ou que vous trouvez révélateurs. Cherchez leurs définitions dans un dictionnaire.
2) Quelle est la fonction de ces mots dans les citations ?
3) Quelles images évoquent-ils ?
4) En quoi peut-on dire que les deux citations se font écho ?
5) Quel thème unifie les deux citations ?

Vocabulaire utile : amour (m.), admiration (f.), beauté (f.), cour (f.), môme (f./m.), attirer, faire la cour, regarder.

Présentation

Présentez à vos partenaires les cinq termes que vous avez préparés et comparez-les. Quels sont les termes communs ?

6.2 MADAME DE LAFAYETTE ET CALIXTHE BEYALA

Madame de Lafayette, femme de lettres française (1634–1693)

Marie-Madeleine Pioche de la Vergne, comtesse de Lafayette, a vécu la majorité de sa vie sous le règne du Roi Soleil, Louis XIV. Accoutumée aux cercles intellectuels de Paris qui convenaient peu à son mari plus âgé qu'elle, elle vivait séparée de lui. Elle tenait son propre salon littéraire et, en 1678, l'auteure des nouvelles *La Princesse de Montpensier* et *Zaïde* a sorti son œuvre principale, *La Princesse de Clèves*. Accepté aujourd'hui comme le premier roman moderne de la tradition française, *La Princesse de Clèves* a déclenché une violente querelle littéraire à son époque. Ce roman, comme les autres qu'elle a fait publier pendant sa vie, est sorti sous le nom d'un homme, ou sous l'anonymat. D'autres œuvres sont posthumes : *La Comtesse de Tende*, *Histoire d'Henriette d'Angleterre* et *Mémoires de la Cour de France*.

Calixthe Beyala, écrivaine camerounaise (1961–)

Née à Douala au Cameroun, Calixthe Beyala est sixième d'une famille de douze enfants. Marquée par l'extrême pauvreté de son milieu, elle a passé son enfance séparée de son père et de sa mère, originaires de la région de Yaoundé. Elle a quitté Douala à l'âge de 17 ans pour la France. Elle s'est installée à Paris où elle réside actuellement avec ses deux enfants. En plus du français, Beyala parle sa langue maternelle, l'éton, ainsi que le pidgin, l'espagnol et quelques langues africaines. Elle a reçu plusieurs distinctions, dont le Grand Prix du roman de l'Académie française 1996. (Source: le site officiel de Calixthe Beyala.)

Vocabulaire

Cherchez la définition des mots suivants dans un dictionnaire : règne (m.), nouvelle (f), déclencher, querelle (f), anonymat (m), pauvreté (f)

Pour bien vous situer dans le contexte historique et géographique, faites une recherche pour répondre aux questions suivantes :

- Pourquoi Louis XIV est-il connu comme le « Roi Soleil » ?
- Les gens de la cour de Louis XIV vivaient pour la plupart à Versailles. Cherchez des images de Versailles et pensez à cinq adjectifs qui décrivent ce que vous voyez.
- Qu'est-ce que c'est que l'Académie française ? Quand a-t-elle été fondée ? Quelles sont les qualités d'un gagnant du « Grand Prix du roman de l'Académie française ? »

6.3 RÉSUMÉ DES TEXTES

La Princesse de Clèves *(1678)*

Un prototype du roman psychologique moderne, l'intrigue choquante de *La Princesse de Clèves* continue à polariser les critiques aujourd'hui comme elle l'a fait en 1678.

Élevée à la campagne par sa mère attentive et soigneuse de sa formation morale, la jeune, belle et très noble Mademoiselle de Chartres arrive à la cour à l'âge de 16 ans. Sa mère a comme but de trouver un mari acceptable pour sa fille. Enfin, un mariage est convenu avec le Prince de Clèves, pour qui la jeune femme n'a qu'un sentiment respectueux. N'ayant jamais éprouvé l'amour ou la passion, elle est bouleversée par le retour à la cour du très bel homme-à-femmes, le duc de Nemours. Malgré la culture de l'adultère qui règne à la cour, elle reste fidèle à la moralité que lui a enseignée sa mère et aussi à son nouveau mari qui est éperdument amoureux d'elle. Le long du roman, Madame de Clèves lutte pour résister à la cour assidue que lui fait de Nemours aussi bien que contre la passion accablante qu'elle éprouve pour lui.

Maman a un amant *(1993)*

Maman a un amant (Grand Prix littéraire de l'Afrique noire) suit le récit d'un garçon, Loukoum, qui avait déjà été le protagoniste d'un autre roman de Beyala, *Le Petit Prince de Belleville* (1992).

À cause de la réussite financière modeste de la mère de Loukoum, la famille peut partir pour des vacances en famille. Durant leur séjour dans le Midi, la mère est courtisée par M. Tichit, un Français, et le père devient enragé de jalousie (premier extrait). De retour à Belleville, la petite bourgeoise Johanne invite Loukoum à sa fête d'anniversaire. Il accepte d'y aller pour rencontrer la fille qu'il aime, Lolita (second extrait).

Cherchez la définition des mots suivants : choquant, polariser, formation (f), convenir, bouleversé, éperdument, accablant, amorcé, séjour (m), courtiser

Comparaisons

En paire ou en groupe, identifiez, d'après leurs résumés, ce qui peut relier ces textes. Cherchez sur Internet et étudiez les couvertures de *La Princesse de Clèves* et de *Maman a un amant*.

- Quelles informations, verbales et visuelles, se trouvent sur chacune de ces couvertures ?
- Quelles réactions suscitent-elles chez vous ?
- Quelle version achèteriez-vous et pourquoi ?

Communautés

Allez sur un forum dédié à Lafayette ou à Beyala et lisez les discussions ou créez vous-même une nouvelle discussion.

6.4 THÈMES COMMUNS : AMOUR, ADOLESCENCE, APPARTENANCE SOCIALE

Dans ces deux textes, deux adolescents entrent dans une situation sociale qui leur est inconnue. Ils doivent interpréter les signes émis par les autres pour concilier leurs valeurs culturelles avec celles des autres. Considérez les thèmes ci-dessous en lisant les passages des deux romans :

Le thème de l'identité est très pertinent dans les romans au sujet des adolescents. Il est normal qu'un adolescent doive chercher à se définir. Souvent, les influences dans sa vie (la famille, les amis, les professeurs, les médias, le travail) exercent sur lui des forces contradictoires et confondantes.

Le thème de la fidélité peut être interprété de plusieurs manières. Qu'il s'agisse de la fidélité à un époux ou un(e) amant(e), à sa famille, ou à ses propres valeurs, l'individu doit choisir et son choix aura un effet important sur sa vie à l'avenir.

Le thème de la mobilité sociale aide à comprendre les deux textes. Au XVIᵉ siècle, la période pendant laquelle vit la Princesse de Clèves, la société française est divisée en trois ordres : la noblesse, le clergé et le peuple. Les nobles vivent dans un monde raffiné au niveau superficiel qui est caractérisé aussi par la corruption et l'abus de pouvoir. Ce monde est inaccessible pour tous ceux qui sont à l'extérieur. Dans les deux siècles qui suivent, une nouvelle classe sociale, la bourgeoisie, commence à déstabiliser l'ascendance de la noblesse. La bourgeoisie devient de plus en plus riche, et avec l'argent viennent aussi l'influence et le respect. Après la période des Lumières au XVIIIᵉ siècle, pendant laquelle les philosophes remettent en question la validité de la hiérarchie sociale, le peuple, autrement dit le tiers état, se révolte et la Révolution française met fin à l'impossibilité de sortir de son milieu social. Aujourd'hui, les enfants d'immigrés en France occupent plus souvent des positions sociales défavorisées, car leurs parents occupent une position sociale bien moins favorable que la population majoritaire. Les parents de Loukoum issus du Mali arrivent en France « sans passé » et essaient de s'insérer dans la société d'accueil à Paris, mais ils demeurent dans un quartier qui les écarte des Français de souche auxquels ils veulent adhérer. Quand Loukoum tombe amoureux d'une bourgeoise blanche hors de sa portée sociale, il bute contre tous les obstacles dressés contre les immigrés dans la France actuelle, ce que le deuxième extrait montre bien.

Vocabulaire

Cherchez la définition des mots suivants dans le *Dictionnaire de l'Académie française* de 1694 : prince (m.), princesse (f.), société (f.) d'accueil

Discussion

Comment est-ce que le mot « princesse » est utilisé différemment dans *La Princesse de Clèves* et dans les histoires enfantines connues par de jeunes enfants aujourd'hui ?

Recherche web

Loukoum habite le quartier de Paris qui s'appelle Belleville. Faites des recherches en ligne sur ce quartier. Qu'est-ce qui le caractérise ? Loukoum est appelé « Le Petit Prince de Belleville ». Expliquez la tension inhérente dans ce « titre de noblesse. »

6.5 MADAME DE LAFAYETTE, *LA PRINCESSE DE CLÈVES*

Extrait 1[1] *: Ici, la jeune et noble Mademoiselle de Chartres, qui a été élevée à la campagne par sa mère, est présentée formellement à la cour royale. Elle a 16 ans ; sa mère cherche activement à lui trouver un mari convenable (pp. 106–108).*

Il parut alors une beauté à la cour[2], qui attira les yeux de tout le monde, et l'on doit croire que c'était une beauté parfaite, puisqu'elle donna de l'admiration dans un lieu où l'on était si accoutumé à voir de belles personnes. Elle était de la même maison[3] que le vidame[4] de Chartres[5] et une des plus grandes héritières de France. Son père était mort jeune, et l'avait laissée sous la conduite de Madame de Chartres, sa femme, dont le bien[6], la vertu et le mérite étaient extraordinaires. Après avoir perdu son mari, elle avait passé plusieurs années sans revenir à la cour. Pendant cette absence, elle avait donné ses soins à l'éducation de sa fille ; mais elle ne travailla pas seulement à cultiver son esprit et sa beauté, elle songea aussi à lui donner de la vertu et à la lui rendre aimable. La plupart des mères s'imaginent qu'il suffit de ne parler jamais de galanterie[7] devant les jeunes personnes pour les en éloigner. Madame de Chartres avait une opinion opposée ; elle faisait souvent à sa fille des peintures de l'amour ; elle lui montrait ce qu'il a d'agréable pour la persuader plus aisément sur ce qu'elle lui en apprenait de dangereux ; elle lui contait le peu de sincérité des hommes, leurs tromperies et leur infidélité, les malheurs domestiques où plongent les engagements[8] ; et elle lui faisait voir, d'un autre côté, quelle tranquillité suivait la vie d'une honnête[9] femme, et combien la vertu donnait d'éclat et d'élévation à une personne qui avait de la beauté et de la naissance[10] ; mais elle lui faisait voir aussi combien il était difficile de conserver cette vertu, que par une extrême défiance de soi-même et par un grand soin de s'attacher à ce qui seul peut faire le bonheur d'une femme, qui est d'aimer son mari et d'en être aimée.

Cette héritière était alors un des grands partis[11] qu'il y eût en France ; et quoiqu'elle fût dans une extrême jeunesse, l'on avait déjà proposé plusieurs mariages. Madame de Chartres, qui était extrêmement glorieuse, ne trouvait presque rien digne de sa fille ; la voyant dans sa seizième année, elle voulut la mener à la cour. Lorsqu'elle arriva, le vidame alla au-devant d'elle ; il fut surpris de la grande beauté de Mademoiselle de Chartres, et il en fut surpris avec raison. La blancheur de son teint et ses cheveux blonds lui donnaient un éclat que l'on n'a jamais vu qu'à elle ; tous ses traits étaient réguliers, et son visage et sa personne étaient pleins de grâce et de charmes.

Extrait 2 : *La jeune Mademoiselle de Chartres vient de se marier à un homme qu'elle estime, mais dont elle n'est pas amoureuse, le Prince de Clèves. Ici, à l'occasion d'un bal formel pour célébrer le futur mariage d'un autre couple, elle voit le duc de Nemours pour la première fois. C'est le coup de foudre (pp. 127–129).*

Elle passa tout le jour des fiançailles[12] chez elle à se parer[13], pour se trouver le soir au bal et au festin royal qui se faisaient au Louvre. Lorsqu'elle arriva, l'on admira sa beauté et sa parure ; le bal commença, et comme elle dansait avec monsieur de Guise, il se fit un assez grand bruit vers la porte de la salle, comme de quelqu'un qui entrait, et à qui on faisait place. Madame de Clèves acheva de danser et pendant qu'elle cherchait des yeux quelqu'un qu'elle avait dessein de prendre, le roi lui cria de prendre celui qui arrivait. Elle se tourna, et vit un homme qu'elle crut d'abord ne pouvoir être que monsieur de Nemours, qui passait par-dessus quelques sièges pour arriver où l'on dansait. Ce prince[14] était fait d'une sorte, qu'il était difficile de n'être pas surprise de le voir quand on ne l'avait jamais vu, surtout ce soir-là, où le soin qu'il avait pris de se parer augmentait encore l'air brillant qui était dans sa personne ; mais il était difficile aussi de voir Madame de Clèves pour la première fois, sans avoir un grand étonnement.

Monsieur de Nemours fut tellement surpris de sa beauté, que, lorsqu'il fut proche d'elle, et qu'elle lui fit la révérence, il ne put s'empêcher de donner des marques de son admiration. Quand ils commencèrent à danser, il s'éleva dans la salle un murmure de louanges[15]. Le roi et les reines[16] se souvinrent qu'ils ne s'étaient jamais vus, et trouvèrent quelque chose de singulier de les voir danser ensemble sans se connaître. Ils les appelèrent quand ils eurent fini, sans leur donner le loisir de parler à personne, et leur demandèrent s'ils n'avaient pas bien envie de savoir qui ils étaient, et s'ils ne s'en doutaient point[17].

– Pour moi, Madame, dit monsieur de Nemours, je n'ai pas d'incertitude ; mais comme Madame de Clèves n'a pas les mêmes raisons pour deviner qui je suis que celles que j'ai pour la reconnaître, je voudrais bien que Votre Majesté eût la bonté de lui apprendre mon nom.

– Je crois, dit madame la dauphine[18], qu'elle le sait aussi bien que vous savez le sien.

– Je vous assure, Madame, reprit Madame de Clèves, qui paraissait un peu embarrassée, que je ne devine pas si bien que vous pensez.

– Vous devinez fort bien, répondit madame la dauphine ; et il y a même quelque chose d'obligeant pour monsieur de Nemours, à ne vouloir pas avouer que vous le connaissez sans l'avoir jamais vu.

La reine les interrompit pour faire continuer le bal ; monsieur de Nemours prit la reine dauphine. Cette princesse était d'une parfaite beauté, et avait paru telle aux yeux de monsieur de Nemours, avant qu'il allât en Flandre ; mais de tout le soir, il ne put admirer que Madame de Clèves.

Extrait 3 : *Madame de Clèves quitte la cour et se retire à la campagne par crainte de rendre publics ses sentiments pour M. de Nemours. Poursuivie par celui-ci, elle finit par avouer à son mari qu'elle est amoureuse d'un autre, sans pourtant lui dévoiler le nom de cet homme (pp. 231–233).*

– Eh bien, Monsieur, lui répondit-elle en se jetant à ses genoux, je vais vous faire un aveu[19] que l'on n'a jamais fait à son mari, mais l'innocence de ma conduite et de mes intentions m'en donne la force. Il est vrai que j'ai des raisons de m'éloigner de la cour, et que je veux éviter les périls où se trouvent quelquefois les personnes de mon âge. Je n'ai jamais donné nulle[20] marque de faiblesse, et je ne craindrais pas d'en laisser paraître, si vous me laissiez la liberté de me retirer de la cour, ou si j'avais encore Madame de Chartres pour aider à me conduire. Quelque dangereux que soit le parti que je prends, je le prends avec joie pour me conserver digne d'être à vous. Je vous demande mille pardons, si j'ai des sentiments qui vous déplaisent, du moins je ne vous déplairai jamais par mes actions. Songez que pour faire ce que je fais, il faut avoir plus d'amitié et plus d'estime pour un mari que l'on en a jamais eu ; conduisez-moi, ayez pitié de moi, et aimez-moi encore, si vous pouvez.

Monsieur de Clèves était demeuré pendant tout ce discours, la tête appuyée sur ses mains, hors de lui-même, et il n'avait pas songé à faire relever sa femme. Quand elle eut cessé de parler, qu'il jeta les yeux sur elle qu'il la vit à ses genoux le visage couvert de larmes, et d'une beauté si admirable, il pensa mourir de douleur, et l'embrassant en la relevant :

– Ayez pitié de moi, vous-même, Madame, lui dit-il, j'en suis digne ; et pardonnez si dans les premiers moments d'une affliction aussi violente qu'est la mienne, je ne réponds pas, comme je dois, à un procédé[21] comme le vôtre. Vous me paraissez plus digne d'estime et d'admiration que tout ce qu'il y a jamais eu de femmes au monde ; mais aussi je me trouve le plus malheureux homme qui ait jamais été. Vous m'avez donné de la passion dès le premier moment que je vous ai vue, vos rigueurs[22] et votre possession n'ont pu l'éteindre : elle dure encore ; je n'ai jamais pu vous donner de l'amour, et je vois que vous craignez d'en avoir pour un autre. Et qui est-il, Madame, cet homme heureux qui vous donne cette crainte ? Depuis quand vous plaît-il ? Qu'a-t-il fait pour vous plaire ? Quel chemin a-t-il trouvé pour aller à votre cœur ? Je m'étais consolé en quelque sorte de ne l'avoir pas touché par la pensée qu'il était incapable de l'être. Cependant un autre fait ce que je n'ai pu faire. J'ai tout ensemble la jalousie d'un mari et celle d'un amant; mais il est impossible d'avoir celle d'un mari après un procédé comme le vôtre. Il est trop noble pour ne me pas donner une sûreté entière ; il me console même comme votre amant. La confiance et la sincérité que vous avez pour moi sont d'un prix infini : vous m'estimez assez pour croire que je n'abuserai pas de cet aveu. Vous avez raison, Madame, je n'en abuserai pas, et je ne vous en aimerai pas moins. Vous me rendez malheureux par la plus grande marque de fidélité que jamais une femme ait donnée à son mari.

6.6 LECTURE DE MADAME DE LAFAYETTE

6.6.1 Lecture initiale

Ayant lu le texte une première fois, répondez aux questions suivantes.

Considérations préliminaires

- *Qui* : Qui parle dans le texte ? Qui sont les personnages ?
- *Quoi* : Quel est le sujet du texte ?
- *Où et quand* : Relevez les mots dans le texte qui indiquent un lieu et le temps.

Genre et discours

- Quel est le genre du texte (pièce de théâtre, poème, roman, etc.) ?
- Quel est le type de discours (argumentatif, descriptif, explicatif, narratif, injonctif) ?
- Quelle est la tonalité du texte (comique, épique, lyrique, tragique, polémique, etc.) ?

Prise de notes

Prenez des notes en lisant le texte. Notez des détails importants et vos propres questions.

6.6.2 Lecture approfondie

Compréhension

Résumé en images et interview des personnages

Pour assurer la compréhension du texte étudié, faites son résumé en images séquentielles et posez des questions aux personnages (voir Annexe A). Lisez le texte une deuxième fois. Faites d'abord attention aux procédés littéraires et dégagez ensuite la signification de chaque extrait.

Analyse

Procédés littéraires

Comparez vos réponses aux questions suivantes avec celles de votre partenaire ou de la classe :

1) Faites une liste des adjectifs et des verbes (à part « être », « avoir » et « faire ») dans le premier passage.

Adjectifs	*Verbes*

2) Étant donné les adjectifs et les verbes que vous avez trouvés, comment est-ce que vous pouvez caractériser cette société ?
3) Comment la jeune Mlle de Chartres est-elle différente des autres dans cette société ? Quelles sont les caractéristiques de sa façon de s'exprimer ?
4) Étudiez de près la réponse de M. de Clèves à l'aveu de son épouse. Relevez les modes et les temps des verbes qu'il emploie ainsi que d'autres procédés tels que le parallélisme ou l'antithèse. Quelle impression se dégage de son langage ?

Interprétation

Signification

5) Où est-ce que Mlle de Chartres (la future Mme de Clèves) a grandi ? Comment est l'éducation que sa mère lui a donnée ? Quels sont les dangers de l'amour, selon Mme de Chartres ?
6) Selon Mme de Chartres, qu'est-ce qui fait « le bonheur d'une femme » ? Contrairement, alors, qu'est-ce qui fait son malheur ?
7) Décrivez l'entrée du duc de Nemours au bal. Quelle est la réaction des autres personnes à son arrivée ? Pourquoi ? Que fait-il physiquement ?
8) Quelle est la réaction de Nemours quand il voit Mme de Clèves pour la première fois ?
9) Pourquoi est-ce que le roi et les reines « trouvèrent quelque chose de singulier de les voir danser ensemble » ?
10) Quelle question le roi et les reines posent-ils à Mme de Clèves et M. de Nemours quand ils ont fini de danser ? Quelle est la réponse de M. de Nemours ?
11) Qu'est-ce que Mme de Clèves avoue à son mari ? Quelles émotions sont reflétées dans son langage et dans ses gestes ?
12) Comment celui-ci réagit-il ? Que pensez-vous de son attitude ?

6.7 PERSPECTIVES LINGUISTIQUES : REGISTRE DE LANGUE

Le registre de langue employé dans *La Princesse de Clèves* est soutenu et il est bien différent du langage courant ou notre manière de parler tous les jours. Imaginez une situation formelle dans laquelle vous devez vous exprimer. Donnez des exemples des expressions ou du langage que vous utiliseriez dans cette situation.

* Qu'est-ce que vous ne diriez pas dans une telle situation ?
* De quels gestes est-ce que vous vous serviriez que vous n'utiliseriez pas avec vos amis ?

Le registre de langue employé dans *Maman a un amant* reflète le niveau de français d'un jeune issu d'une famille immigrée du Mali et qui vit au quartier de Belleville à Paris ; un mélange d'argot français nuancé par la culture africaine.

- Parmi vos amis, qu'est-ce qui caractérise le langage des jeunes ?
- Quelles expressions est-ce que vos grands-parents, ou même vos parents, ne comprendraient pas ?

Faites des recherches sur les différences entre le langage soutenu, le langage courant et le langage familier. Utilisez ces connaissances pour commenter les extraits de Mme de Lafayette et, plus tard, de Calixthe Beyala.

Connexions

Faites des recherches sur l'usage de l'argot en France aujourd'hui. Donnez des exemples.

Comparaisons

L'argot dans votre pays est-il comparable à celui en France ? Expliquez votre réponse.

6.8 PRODUCTION ORALE ET ÉCRITE AUTOUR DE *LA PRINCESSE DE CLÈVES*

Exposé oral

Préparez un exposé oral sur un des sujets proposés :

Sujet 1 – Les occurrences du verbe « voir » : Quelles sont des significations de ce mot ? Dans les deux passages cités ici, qui regarde qui ? Pourquoi pensez-vous que Mme de Lafayette insiste sur l'importance du regard pour la jeune héroïne du texte ?

Sujet 2 – La question piège posée à la Princesse de Clèves : Pourquoi Mme de Clèves n'admet-elle pas qu'elle reconnaît M. de Nemours sans jamais l'avoir vu avant ? Qu'est-ce que cela révèle à propos de son opinion de lui ?

Sujet 3 – La scène de l'aveu : L'aveu de Mme de Clèves à son mari est-il une preuve de fidélité conjugale ou une forme de dissimulation ? Étudiez le langage qu'elle emploie ainsi que la réaction de son mari pour argumenter votre choix.

Débats

Regardez sur Internet les bandes-annonces pour les adaptations filmiques et le film documentaire inspirés par *La Princesse de Clèves* de Mme de Lafayette :

- *La Princesse de Clèves* (Jean Dellanoy, 1961)
- *La belle personne* (Christophe Honoré, 2008)
- *Nous, princesses de Clèves* (Régis Sauder, 2011)

Identifiez le cadre de chaque adaptation. Choisissez l'adaptation qui vous semble la plus intéressante et présentez vos idées à votre groupe. Préparez-vous à un débat dans lequel vous défendriez votre choix.

Travail d'écriture

A. *Écriture créative* – suite : Écrivez la fin que vous imaginez pour la Princesse de Clèves. Est-ce qu'elle peut résister à sa passion naissante pour Nemours, ou choisit-elle son mari ? Qu'en pense sa mère ?

B. *Écriture créative* – réécriture : Imaginez une situation de votre vie où une personne se présente pour la première fois dans un cadre familial, scolaire ou social. Quelles expériences a-t-elle ? Quelles sont les réactions des autres ? Pourquoi ?

6.9 PERSPECTIVES CULTURELLES : PREMIER BAL

Utilisez ce lien http://www.dailymotion.com/video/x38ve3l pour regarder un extrait de l'adaptation filmique du roman réalisée par Jean Delannoy en 1961. La mise en scène ne correspond pas directement à la description de l'entrée du personnage principal (le Duc de Nemours) au bal dans le texte. Quelles différences remarquez-vous ? Qu'est-ce qui manque à cette image ? Est-ce important dans le passage qu'on a lu ?

Avec un partenaire ou en groupe, discutez des questions suivantes :

* Décrivez une « high school dance ». Qui est là ? Comment sont arrangées les personnes ? Qui danse ? Si on ne danse pas, qu'est-ce qu'on fait ?
* Est-ce qu'il y avait des « cliques » dans votre lycée ou votre université ? Caractérisez ces « cliques » pour ceux qui ne font pas partie de ces groupes ?
* Quel rôle les parents jouent-ils dans la formation intellectuelle et personnelle de leurs enfants par rapport aux autres influences telles la société, les amis, les médias, etc. ?
* Quand on est amoureux, on donne une partie de soi-même à la personne aimée. Quels bénéfices et quels dangers peut-il y avoir à son bien-être quand on est amoureux ? Est-ce que les bénéfices emportent plus sur les dangers, ou vice-versa ?
* Dans les deux passages en question, un adolescent n'est pas confortable dans sa situation sociale. Évaluez une expérience où vous n'étiez pas à l'aise à cause de ceux qui vous entouraient. Ou, alternativement, décrivez une expérience où vous vous êtes senti en pleine forme et bien dans votre peau.

Culture

La culture contemporaine puise souvent son inspiration dans le passé et l'héritage littéraire. Quels autres histoires ou films connaissez-vous où il y a un bal ?

Recherche web

Faites des recherches supplémentaires sur les sujets suivants au XVIIe siècle en France :

- La danse
- Les vêtements
- Les chaussures
- Les coiffures
- Les manières

6.10 CALIXTHE BEYALA, *MAMAN A UN AMANT*

> **Extrait 1**[23] : *La famille de Loukoum passe des vacances dans le Midi. La mère de Loukoum est courtisée par M. Tichit, un Français, et le père devient enragé de jalousie (p. 86).*

Puis la musique a repris et Monsieur Tichit a invité M'am[24].

M'am était vraiment d'humeur ambianceuse[25]. La voir, on aurait dit qu'elle avait des chatouilles dans le corps.

- Ça fait des années que j'ai pas dansé, elle a fait en rigolant.
- Profitez-en, ma chère, il a répliqué.

Elle se trémoussait[26]. Elle était vraiment très belle dans sa petite robe bleue et ses souliers bien assortis[27]. On aurait cru une mangue bien mûre qui joue toute seule au ping-pong. Dans la salle, tout le monde avait les yeux braqués sur eux.

- Elle danse bien, vo'te épouse[28]. a dit Monsieur Bernard.
- Merci, il a répondu, l'air de s'en foutre[29].

Monsieur Tichit souriait avec plaisir. A un moment, la bretelle de la robe de M'am a glissé, on a presque vu les bouts de ses seins. Mais ça ne l'a pas gênée. Il lui a dit quelque chose dans l'oreille. Elle a souri en montrant toutes ses dents. À la voir, on ne pouvait pas imaginer qu'elle a des responsabilités familiales.

Soudain, papa a envoyé valser un jus de cola floc-flac[30] et il a quitté la pièce.

> **Extrait 2** : *Chaque partie du récit contient des passages intercalés, en italique, reflétant les pensées de la mère du jeune narrateur. Ces passages éclairent le passé de la relation entre les parents de Loukoum, avant l'arrivée en France et l'émancipation de sa mère (pp. 101–102).*

La fidélité, quelle blague !
   Longtemps, j'ai banni[31] *ce mot de mon langage.*
   Coupable de stérilité, je devais me taire.

Pourtant, j'aurais voulu inventer pour Abdou[32] mille et une histoires pour mille et une nuits. Être pour lui Schéhérazade et qu'il soit mon Sultan. Je l'aurais conduit dans ce monde contraire aux confins[33] des frontières qui séparent le vrai du faux, ou dans des pays mirifiques[34] où, plaqués[35] sous fond de lune des chevaux fantastiques s'ébrouent[36] jusqu'au ciel, pour peu qu'Abdou se détache des choses, comme happé[37] par un rêve.

Abdou disait : « Je suis un homme et Dieu m'a créé à son image. Et si le Tout-Puissant a procédé au partage des eaux, à la division de son peuple en douze tribus pour garantir sa pérennité, moi son fils, fidèle à sa volonté, il me faut assurer ma descendance en misant sur plusieurs femmes pour être sûr qu'à ma mort j'aurai un descendant. »

Je l'écoutais, je me taisais.

Que lui importait si je me brûlais les ailes ?

Que lui importait si quelque chose en moi se brisait et se déchirait ?

L'aurore enlaçait[38] mes larmes.

Désespérant de retenir la force mâle, je ne pouvais rien dire.

Handicapée de naissance, incapable de mener à bout ma mission de femme, je claudiquais[39] dans mon infirmité.

Le chagrin ceignait[40] mes reins.

L'homme fêtait son triomphe.

M'ammaryam

Extrait 3 : *De retour à Belleville, la petite bourgeoise Johanne invite Loukoum à sa fête d'anniversaire. Il accepte d'y aller pour rencontrer la fille qu'il aime, Lolita (pp. 196–200).*

Le samedi suivant, je suis allé à l'anniversaire de Johanne. Elle habite rue Bisson[41], un appartement de cinq pièces, au troisième étage sur cour. Le salon était illuminé pour la circonstance mais ça se voyait que ça sentait toujours la rose là-dedans vu que les mômes[42] brillaient comme des sous neufs. Je les imaginais couchant sur les Champs-Élysées. Dix filles et une douzaine de mecs se pressaient dans des fauteuils rembourrés que l'on avait repoussés contre le mur, pour aménager de la place au milieu.

Dès que je suis entré, tout le monde s'est tourné vers moi. C'est à croire qu'ils n'avaient jamais vu de Nègre là-dedans. Leurs yeux jouaient au billard[43] dans tous les sens. Un des mômes m'a cherché tout de suite :

- Pourquoi que t'es habillé comme ça ? T'es d'où, toi ?

Comme si ça ne se voyait pas rien qu'à mes fringues qui font balayeur de France[44]. Putain de merde[45] ! On est quelque chose ou on ne l'est pas. Tout de même, je n'ai pas inventé la Division internationale du travail !

J'ai fait l'imbécile au cas où il essayerait de me doubler et j'ai dit :

- Je suis du quartier.

Mais il n'a plus rien dit, vu que Johanne m'a sauté dessous pour me remonter le moral.

- Je vous présente mon ami Mamadou, elle a fait.

- Loukoum, j'ai rectifié.

Je n'ai pas honte d'être nègre. Mais Mamadou, ça fait tirailleur sénégalais[46] ! Je n'allais tout de même pas entretenir la colonisation ! [...]

Johanne a soufflé des bougies. Elle a craché sur le gâteau. Craché dessus parce que ses poumons sont compressés par la graisse. Le gâteau était un genre de machin un peu lourd et moue comme la pâte à modeler, mais j'ai adoré ça, j'en ai pas laissé une miette malgré qu'elle avait craché dessus. Johanne n'arrêtait pas de me regarder. Elle était fière vue que ce n'était pas tous les jours qu'on est reine de quelque chose surtout quand on a comme elle un gros cul plein de vitamines. Elle me souriait, je lui resouriais et on se faisait du cinéma tous les deux parce que ça n'engageait que des prunes[47] ! [....]

La maman de Johanne a mis de la musique et elle a dit :

- Je vous laisse, les enfants, amusez-vous bien !

Et elle est sortie.

Ensuite, tout le monde est devenu gentil avec moi, mais c'était des gentillesses arabes. Ils s'embrassent tous à La Mecque et se traitent d'enfoirés, alors ! Je m'en cirais les Adidas[48]. Moi, je voulais Lolita, elle me manquait, je suis un pantin dans ses mains, elle peut faire de moi ce qu'elle veut, comme rester des heures dans un coin-punition et attendre les yeux braqués sur la porte. Et je n'y peux rien. Mais rien du tout ! Johanne en a profité pour m'inviter à danser.

- Je ne sais pas danser, j'ai dit.

- Tu mens. Tous les Noirs savent danser, c'est ma maman qui me l'a dit.

- J'te jure que c'est vrai !

- Bon, elle a dit.

Elle est partie sur la piste, a claqué ses nichons l'un contre l'autre[49] et je me suis demandé si elle n'avait pas mal. Mais peut-être bien qu'elle essayait de danser, je ne peux pas vous le certifier.

Elle a fait ça pendant une dizaine de minutes puis elle est revenue s'asseoir. Elle était toute rouge, elle transpirait et moi j'étais frais et sec comme Candia[50], j'étais content.

- Oh, quelle merde ! Je me paye une de ces soifs ! Elle fait.

- Tu veux un Coca ? j'ai demandé.

- S'il te plaît, elle a dit.

Servir une nana ! Quelle idée ! D'abord, c'est aux femmes à servir les hommes, à les soigner jusqu'à ce que mort s'ensuive. Je n'étais pas au Mali, bon je l'ai fait.

Elle a vidé son verre. Elle l'a posé sur le guéridon[51]. Elle a souri, et elle m'a dit :

- J'adore danser. Paraît que ça fait maigrir.

- C'est déjà bien d'aimer quéque chose[52] dans la vie. C'est pas donné à tout le monde.

- Ouais, elle a fait.

Elle a bâillé, puis elle a dit :

- Tu veux visiter ma chambre ?

- Ce n'est pas permis, j'ai répondu.

- Je dois être affreuse. C'est pour ça que personne ne m'aime.

C'est la gonzesse[53] la plus chiante de France, je vous le jure ! Elle me regardait affolée. Elle faisait la grimace. On aurait dit qu'elle allait chialer[54]. Je ne voulais pas être un salaud[55]. À mon avis que je partage, il devrait y avoir des lois pour condamner les salauds. Jusqu'à présent, personne n'y a pensé. Alors, j'ai dit :

- Bon, bon, si ça peut te faire plaisir...

Elle prenait la responsabilité et je sentais que pouvais être tranquille. On a traversé un couloir, puis un autre, et on a débouché dans sa chambre.

6.11 LECTURE DE BEYALA

6.11.1 Lecture initiale

Ayant lu le texte une première fois, répondez aux questions suivantes.

Considérations préliminaires

- *Qui* : Qui parle dans le texte ? Qui sont les personnages ?
- *Quoi* : Quel est le sujet du texte ?
- *Où et quand* : Relevez les mots dans le texte qui indiquent un lieu et le temps.

Genre et discours

- Quel est le genre du texte (pièce de théâtre, poème, roman, etc.) ?
- Quel est le type de discours (argumentatif, descriptif, explicatif, narratif, injonctif) ?
- Quelle est la tonalité du texte (comique, épique, lyrique, tragique, polémique, etc.) ?

Comparaisons

En lisant le deuxième texte, comparez-le au premier. Notez quelques analogies et différences aux niveaux suivants :

- Le narrateur
- Le paysage décrit
- Les émotions ressenties par les personnages
- L'effet produit chez le lecteur et le but du texte

Culture

- La ville de Paris est divisée en quartiers qui s'appellent « arrondissements. » Regardez un plan de Paris. Où se trouve Belleville ? Et la rue Bisson ?

Recherche web

Sur Internet, cherchez des informations à propos des polémiques sur l'immigration en France aujourd'hui.

6.11.2 Lecture approfondie

Compréhension

Résumé en images et interview des personnages

Pour assurer la compréhension du texte étudié, faites son résumé en images séquentielles et posez des questions aux personnages (voir Annexe A). Lisez le texte une deuxième fois. Faites d'abord attention aux procédés littéraires et dégagez ensuite la signification de chaque extrait.

Analyse

Procédés littéraires

Comparez vos réponses aux questions suivantes avec celles de votre partenaire ou de la classe :

1) Étudiez les traits grammaticaux et stylistiques associés au point de vue ou à la perspective du premier et du troisième extrait où la voix narrative d'un enfant raconte tous les détails et les nuances du récit.
2) Cette narration semble-t-elle vraisemblable ou fiable ? Sommes-nous entraînés par l'élan du texte ? Quel est le rôle de l'auteur dissimulé derrière le narrateur ?
3) Examinez ensuite le deuxième extrait. Le trouvez-vous touchant, persuasif ou invraisemblable ? À quel registre de discours appartient-il ? Pourquoi l'auteure a-t-elle choisi de mettre le monologue de la mère de Loukoum en italique ?
4) Quelles différences stylistiques voyez-vous entre la narration de Loukoum et celle de sa mère ? Voyez-vous des rapports entre ces différences stylistiques et les thèmes traités dans chaque passage ?

Interprétation

Signification

5) Différenciez les réactions de Monsieur Tichit et du père de Loukoum lors de la soirée dans le premier passage. Que révèlent ces différences d'attitudes ?
6) Examinez le personnage de la mère dans les deux premiers extraits. Prenez en considération le fait que dans le premier, elle est appelée « M'am », représentée à la troisième personne et décrite du point de vue de Loukoum alors que, dans le deuxième, on entend sa voix dans un monologue à la première personne, ressemblant à une lettre signée « M'ammaryam ». Comment le portrait du personnage change-t-il d'un extrait à l'autre ?
7) Quels indices montrent l'écart social qui existe entre le monde de Loukoum et celui de la rue Bisson ?
8) Que pensez-vous du personnage de Loukoum ? Est-il naïf, innocent, astucieux, gentil, ambitieux, opportuniste, etc. ? Soutenez votre opinion avec des exemples textuels.
9) Juxtaposez le fait que Loukoum ne sait pas danser tandis que M'am s'y plaît.
10) Examinez les nuances féministes sous-entendues ou explicites dans les trois extraits. Choisissez trois exemples à élaborer.

6.12 PRODUCTION ORALE ET ÉCRITE AUTOUR DE *MAMAN A UN AMANT*

Exposé oral

Préparez un exposé oral dans lequel vous analyserez les citations suivantes et discuterez de la valeur thématique de chacune d'elles :

*   « À la voir, on ne pouvait pas imaginer qu'elle a des responsabilités familiales. » (Avant dernière phrase du premier passage de Beyala)
*   « *Abdou disait : 'Je suis un homme et Dieu m'a créé à son image. Et si le Tout-Puissant a procédé au partage des eaux, à la division de son peuple en douze tribus pour garantir sa pérennité, moi son fils, fidèle à sa volonté, il me faut assurer ma descendance en misant sur plusieurs femmes pour être sûr qu'à ma mort j'aurai un descendant.'* » (Au milieu du deuxième passage de Beyala)
*   « Je ne voulais pas être un salaud. À mon avis que je partage, il devrait y avoir des lois pour condamner les salauds. Jusqu'à présent, personne n'y a pensé. » (Vers la fin du troisième passage de Beyala)

Débats

En groupe de deux ou trois, discutez des sujets suivants et présentez vos idées à la classe. Préparez-vous à un débat.

Sujet 1 : Est-ce que le papa de Loukoum aurait dû interrompre la danse de sa femme et M. Tichit ? Pensez à des raisons pour et contre sa décision.

Sujet 2 : Comment le mariage des parents de Loukoum est-il décrit par sa mère dans le deuxième extrait ? Qui est infidèle ? Quelle est sa justification ?

Sujet 3 : Est-ce que Loukoum agit correctement en allant chez Johanne seulement pour y rencontrer Lolita ? Pensez à des raisons qui soutiennent les deux côtés de cet argument.

Travail d'écriture

A. Écriture créative – lettre : Écrivez une lettre de Ma'am à M. Tichit. Accepte-t-elle ses avances ou non ?

B. Écriture créative – dialogue : Imaginez le dialogue entre les parents de Loukoum avant leur arrivée en France, à l'époque où leur mariage était encore traditionnel.

C. Écriture créative – suite : Imaginez la réaction de Lolita si elle voit ce que font Loukoum et Johanne.

6.13 PERSPECTIVES CULTURELLES : QU'ON EN PARLE !

L'affaire « Princesse de Clèves »

En 2006 et encore en 2009, Président Sarkozy a critiqué l'importance culturelle du roman de Mme de Lafayette, en suscitant une réaction publique passionnée en faveur de l'œuvre devenue un symbole de la culture française elle-même. Effectuez vos propres recherches pour en savoir plus sur l'affaire (blogues, articles, témoignages vidéo sur YouTube, etc.)

• Comment les gens ont-ils réagi aux paroles de Nicolas Sarkozy ? Quelle est votre réaction à l'affaire « Princesse de Clèves » ?

Ce n'est pas la première fois que ce petit roman inspire une réaction collective publique. En 1678, quand le roman est sorti, la nouveauté et l'invraisemblance de quelques éléments de l'intrigue ont causé « la querelle de la Princesse de Clèves ».

• Faites des recherches pour en savoir plus là-dessus.

Regardez le film documentaire *Nous, Princesses de Clèves*, qui est sorti en 2011. La question de race et de l'immigration en France est soulignée dans ce documentaire ce qui rend *la Princesse de Clèves* pertinente même aujourd'hui. Faites au moins trois observations à propos de ce documentaire.

• Comment vos observations répondent-elles au Petit Prince de Belleville (Loukoum) ?

L'affaire « Calixthe Beyala et Michel Drucker »

Lisez un article, intitulé *Calixthe Beyala et Michel Drucker, une histoire d'amour au tribunal ??*, qui contient également le lien avec un entretien en vidéo sur la liaison qui se termine mal en 2009. Cherchez d'autres articles sur l'affaire.

• Que pensez-vous de la position de l'écrivaine dans cette situation ?

Connexions

Le titre « princesse » ou « prince » désigne une position sociale élevée. Ce statut implique des attentes en ce qui concerne le comportement public. Quels « princesses » ou « princes », réels ou fictifs, connaissez-vous ? Ont-ils pu satisfaire les attentes publiques ou sont-ils tombés ?

6.14 MISE EN PARALLÈLE

Afin de mieux comprendre les textes de Mme de Lafayette et Beyala, considérez les pistes suivantes :

Le milieu social

Dans ces deux romans, la Princesse et Loukoum sont des « étrangers » qui entrent dans des sphères sociales les rendant mal à l'aise. Trouvez des preuves dans le texte qu'ils ne se sentent pas à leur place dans leurs milieux. Voyez-vous, dans chacun des cas, une relation entre l'éducation reçue pendant l'enfance et ce sentiment d'aliénation ? Entre la Princesse de Clèves et Loukoum, lequel des deux vous semble plus piégé dans/par son milieu ? Qu'est-ce qui vous conduit à cette conclusion ?

La fidélité

La fidélité conjugale est un thème important dans les deux textes. Comparez la définition et la fonction de la fidélité pour les deux couples adultes : M. et Mme de Clèves, d'une part, et les parents de Loukoum, de l'autre.

Le lieu de rencontre

Une danse ou un bal est un lieu de rencontre. Examinez la présentation de l'espace dans les textes sélectionnés. Quel est le rôle des objets dans la définition de cet espace ?

Le langage

Examinez les paroles échangées dans chaque passage. Comment le langage contribue-t-il à l'aliénation des personnages ?

Les noms propres

Quelle est l'importance des noms pour la Princesse et Loukoum ? Qu'est-ce que le nom signifie pour chacun ?

L'appartenance sociale

Mlle de Chartres devient une « princesse » et Loukoum est surnommé « Le Petit Prince de Belleville. » Quelle est la signification de ce titre pour chacun ? Titrer chaque personnage complique-t-il leur relation avec la société ?

6.15 SYNTHÈSE

Travail d'écriture

A. *Écriture créative* – lettre : Rédigez une lettre (un message, un blogue, un site de conseils, etc.) pour aider quelqu'un à se préparer pour aller à une fête extravagante et très chic. Choisissez le lieu et la nature de la fête.

B. *Écriture créative* – pastiche : Dans l'ambiance du bal de la Princesse de Clèves et de la soirée dansante de Loukoum on trouve un comportement artificiel et aristocratique marqué de politesse et de conversations galantes ou raffinées qui dérive vers l'affectation. Évoquez un milieu où une personne aristocratique est invitée dans un milieu pauvre, miséreux et pitoyable. Imaginez les conversations et la réception que l'aristocrate aurait dans cet endroit.

C. *Écriture créative* – suite : Reprenez le texte de la soirée dansante de Loukoum du point de vue de la petite bourgeoise Johanne qui a invité Loukoum à son anniversaire où elle est « reine de quelque chose. » Quels détails y mettriez-vous ? Quel élément créatif ajouteriez-vous à ce texte pour attirer l'attention de vos lecteurs ?

D. *Écriture analytique* – essai : On compare ici un texte du XVIIe siècle à un texte du XXe siècle. Malgré les 300 ans qui les séparent, il y a des thèmes et des similarités qui les rapprochent. On dit que « plus ça change, plus c'est la même chose. » Pourquoi ce dicton semble-t-il vrai pour ces deux textes ?

Théâtralisation

Choisissez l'un des personnages suivants : La Princesse de Clèves, le duc de Guise, le duc de Nemours, le Roi, la Reine dauphine et la Reine. Tous les autres membres de la classe sont les autres personnes au bal. Jouez la scène de l'entrée de Nemours au bal. Rappelez-vous que tout le monde regarde avec étonnement cette scène.

- Évaluez les sentiments des personnages, surtout de la Princesse et de Nemours.
- Refaites la même scène, mais avec Johanne qui entre chez Loukoum. Comment est-ce que le statut social et la race changent l'interaction des personnages ?

Notes

1 Les passages sont tirés de l'édition suivante : Madame de Lafayette, *La Princesse de Clèves*, Paris, À la Cité des Livres, 1925, tome I.
2 **Cour** (f.) : Le roman se situe à la cour du roi Henri II, qui a régné de 1547–1559. Pourtant il était compris que Mme de Lafayette décrivait sa société au moment où elle écrivait, pendant le règne de Louis XIV.
3 **Maison** (f.) : La jeune Mlle de Chartres (la future Princesse de Clèves) est de la même famille que le vidame de Chartres ; il est son oncle.
4 **Vidame** (m.) : un titre de noblesse féodal. Un vidame sert l'évêque pendant la période médiévale
5 **Chartres** : une ville en France au sud-ouest de Paris dont la cathédrale est célèbre
6 **Bien (m.)** : la valeur monétaire ; la richesse
7 **Galanterie** (f.) : un terme euphémique pour le jeu de la séduction à la cour
8 **Engagements** (m. pl.) : les liaisons romantiques
9 **Honnête** : qui se comporte bien en public
10 **Avoir de la naissance** : être né dans une famille noble
11 **Un des grands partis** : Dans un monde où les mariages sont arrangés pour l'argent et le statut social, Mlle de Chartres est désirable.
12 **Fiançailles** (f. pl.) : une fête pour célébrer qu'un couple se fiance
13 **Se parer** : s'habiller pour une grande occasion
14 **Prince** (m.) / **princesse** (f.) : très noble (pas le fils ou la fille du roi)
15 **Louange** (f.) : un éloge ; un mot qui flatte
16 **Les reines** (f. pl.) : ici, la reine dauphine (celle qui a épousé le futur roi) et la reine
17 **Se douter de** : soupçonner
18 **Dauphine** (f.) : celle qui a épousé le futur roi
19 **Aveu** (m.) : la reconnaissance d'un acte ; une confession
20 **Nulle** : aucune
21 **Procédé** (m.) : une manière d'agir, de se comporter
22 **Rigueurs** (f. pl.) : un effet ou une manifestation pénible de quelque chose de sévère, de dur
23 Calixthe Beyala, *Maman a un amant*, Paris, Albin Michel, 1993.
24 **M'am** (f.) : maman
25 **Humeur** (f.) **ambianceuse** : de bonne humeur
26 **Elle se trémoussait** : elle se tortillait
27 **Assortis** : qui vont bien ensemble
28 **Vo'te épouse** (f.) : votre femme
29 **L'air de s'en foutre** : ne pas s'inquiéter
30 **Un jus de cola floc-flac** : le bruit qu'on fait en crachant le tabac
31 **Bannir** : éliminer, condamner
32 **Abdou** : le prénom du père de Loukoum
33 **Confins** (f. pl.) : limites
34 **Mirifique** : étonnant, fabuleux
35 **Plaqué** : appliqué, aplati
36 **S'ébrouer** : souffler bruyamment en secouant la tête, en parlant d'un animal

37 **Happé** : absorbé, saisi
38 **Enlacer** : serrer dans ses bras ; étreindre
39 **Claudiquer** : boiter ; ici, au sens figuré, progresser de façon maladroite
40 **Ceindre** : entourer une partie du corps telle que la tête
41 **Rue** (f.) **Bisson** : une rue chic au 20ᵉ arrondissement
42 **Môme** (m./f.) : un/une enfant
43 **Leurs yeux jouaient au billard** : ils étaient bien surpris
44 **Mes fringues qui font balayeur de France** : mes vêtements me donnent l'air d'un vagabond
45 **Putain de merde !** : une expression vulgaire
46 **Mamadou, ça fait tirailleur sénégalais !** : ce nom est une insulte raciste
47 **Ça n'engageait que des prunes !** : cela ne coûterait pas trop
48 **Je m'en cirais les Adidas** : je m'en fichais
49 **A claqué ses nichons l'un contre l'autre** : elle étalait ou montrait ses seins
50 **Frais et sec comme Candia** : comme du lait frais
51 **Guéridon** (m.) : une table
52 **Quéque chose** : quelque chose
53 **Gonzesse** (f.) : un mot vulgaire pour « femme »
54 **Chialer** : pleurer
55 **Salaud** (m.) : une insulte vulgaire

Module 7   Le Mariage et la tradition du conte chez Charles Perrault et Patrick Chamoiseau

Julia V. Douthwaite et Vincent Jauneau

7.1 ENTRÉE EN MATIÈRE

« Il était une fois un homme qui avait de belles maisons à la ville et à la campagne, de la vaisselle d'or et d'argent, des meubles en broderies, et des carrosses tout dorés. Mais, par malheur, cet homme avait la barbe bleue ; cela le rendait si laid et si terrible qu'il n'était ni femme ni fille qui ne s'enfuit de devant lui. Une de ses voisines, dame de qualité, avait deux filles parfaitement belles. Il lui en demanda une en mariage. »

(Charles Perrault, *Barbe bleue*)

« J'ai vu passer ce conte aux abords de ma case à la quatrième heure d'une nuit ensoleillée où un grand rêve m'avait offert de petites insomnies, et où finalement ma case avait quitté *ce* temps pour un autre temps où l'on perdait son temps au milieu des tempêtes. Je l'ai quittée à temps en vue de prendre le temps de vous dire cette parole sur une affaire de mariage qui s'est mal passée mais qui, ce soir, nous fera très bien passer le temps. Il y avait, messieurs et dames, une fille à marier. »

(Patrick Chamoiseau, *Une affaire de mariage*)

Interprétation

1) Dans les citations précédentes, identifiez cinq termes avec lesquels vous n'êtes pas entièrement familiers, ou que vous trouvez révélateurs. Cherchez leurs définitions dans un dictionnaire.
2) Quelle est la fonction de ces mots dans les citations ?
3) Quelles images évoquent-ils ?
4) En quoi peut-on dire que les deux citations se font écho ?
5) Quel thème unifie les deux citations ?

Vocabulaire utile : mariage (m.), case (f.), fortune (f.), dot (f.) épouser, s'enfuir

Présentation

Présentez à vos partenaires les cinq termes que vous avez préparés et comparez-les. Quels sont les termes communs ?

7.2 CHARLES PERRAULT ET PATRICK CHAMOISEAU

Charles Perrault, écrivain français (1628–1703)

Il est né le 12 janvier 1628 à Paris où il est mort le 16 mai 1703. Homme de lettres français et courtisan à la cour de Louis XIV, Perrault est célèbre pour ses *Contes de ma mère l'Oye* (1697). Auteur de textes religieux, chef de file des Modernes dans la Querelle des Anciens et des Modernes, Charles Perrault est l'un des grands auteurs du XVIIe siècle. Bras droit de Colbert, ministre des Finances, il est chargé de la politique artistique et littéraire de Louis XIV en 1663 en tant que contrôleur général de la Surintendance des bâtiments du roi.

Ayant mis par écrit les versions des histoires populaires qu'il avait entendues, en raison de la forte légitimité accordée à l'écrit, les contes dits « de Perrault » ont souvent pris le pas sur la multitude des autres versions du patrimoine oral français et mondial. Les spécialistes de son œuvre pensent que Perrault a considérablement modifié la perception de la fée en faisant des « belles de mai » mentionnées dans les anciennes croyances des femmes raffinées, délicates et élégantes fréquentant la cour.

Patrick Chamoiseau, écrivain français d'origine martiniquaise (1953–)

Originaire de l'île de la Martinique, il est né à Fort-de-France le 3 décembre 1953. Il est l'auteur de plusieurs romans, dont *Texaco* pour lequel il obtient le prestigieux prix Goncourt en 1992. Après des études en France métropolitaine, Chamoiseau revient en Martinique et s'intéresse de près à la culture créole. Il participe à la rédaction du fameux manifeste *Éloge de la créolité* (1989) avec Jean Bernabé et Raphaël Confiant. Il publie par la suite plusieurs essais, dont celui intitulé *Écrire en pays dominé* (1997). Il est aussi l'auteur de contes et il a écrit pour le théâtre et pour le cinéma. Dans son écriture Chamoiseau valorise un travail sur les formes d'expression créole – essentiellement orales – qu'il tente d'intégrer dans une sorte de littérature orale appelée ***oraliture***.

Vocabulaire

Cherchez la définition des mots suivants dans un dictionnaire : oie (f.), courtisan (m.), contrôleur général (m.), prendre le pas sur, patrimoine (m.), fée (f.), raffiné, manifeste (m.), conte (m.), créolité (f.), oraliture (f.)

Contexte

Pour bien vous situer dans le contexte historique et géographique, faites une recherche pour répondre aux questions suivantes :

- Qu'appelle-t-on la Querelle des Anciens et des Modernes ?
- Qui fut le « Roi Soleil », et pourquoi l'appela-t-on ainsi ?
- Faites une recherche sur la géographie et l'histoire de la Martinique. Quelles langues parle-t-on sur cette île ? Quelles furent les relations entre cette île et la France au cours de l'histoire ?

7.3 RÉSUMÉ DES TEXTES

Barbe bleue *(1697)*

Dans *Barbe bleue*, il s'agit d'un homme très riche qui a une barbe de couleur bleue. Il dégoûte les femmes et leur fait peur, parce qu'il a déjà eu plusieurs épouses qui sont disparues. Il propose cependant à ses voisines de l'épouser et l'une d'elles accepte, séduite par ses richesses. Avant de partir en voyage, Barbe bleue confie à sa femme un trousseau de clefs ouvrant toutes les portes du château, mais lui interdit d'entrer dans une petite pièce. Elle pénètre cependant dans cette pièce et y découvre tous les corps des précédentes épouses, accrochés au mur. La clef tombe dans le sang et s'en tache. Malgré les efforts de la jeune femme pour la nettoyer, la clef demeure ensanglantée. Barbe bleue revient et découvre sa trahison. Furieux, il s'apprête à l'égorger, or celle-ci attend la visite de ses deux frères et le supplie de lui permettre de prier. Pendant ce temps, sa sœur Anne, dans une tour du château, cherche à voir si leurs frères arrivent. Le suspense monte. Les frères surgissent enfin et tuent le méchant à coups d'épée. Elle hérite de toute sa fortune et fait plaisir à ses frères et sœur par des dons très riches.

Une affaire de mariage *(1988)*

Dans *Une affaire de mariage*, un conteur martiniquais nous raconte la mésaventure de Tétiyette, une belle jeune fille de son village qui est en âge de se marier. Exigeante, Tétiyette refuse bon nombre de prétendants jusqu'à l'arrivée d'un homme inconnu et mystérieux. Séduite, elle accepte sa demande en mariage malgré les mises en garde de son petit frère très laid qui semble avoir perçu du danger. Un mariage somptueux a lieu. Sans savoir pourquoi, elle ressent de l'inquiétude. Chez lui, l'homme tend à Tétiyette un trousseau de clefs, lui montre sa sucrerie, son moulin et d'autres merveilles de son domaine, mais il lui interdit cependant d'ouvrir certaines portes. En son absence, Tétiyette se met à ouvrir frénétiquement toutes les portes. Chaque pièce renferme des objets étonnants et effrayants. L'une d'elles contient des chevelures de femmes se balançant à des ficelles. Tétiyette comprend avec horreur qu'elle est dans la maison du diable. Le diable alerté revient et dévore Tétiyette vivante car elle a désobéi. Le petit frère laid court à son secours et réussit à tuer le diable. Il libère Tétiyette et ils s'en vont heureux. Elle passe le reste de ses jours, seule et vieille fille, à l'arrière d'un couvent.

Vocabulaire

Cherchez la définition des mots suivants : trousseau (m.), clé ou clef (f.), pièce (f.), se tacher, tache (f.), tâche (f.), égorger, antan (m.), mésaventure (f.), exigeante, prétendants (m.), mise en garde (f.), frénétiquement, diable (m.)

Comparaisons

En paire ou en groupe, identifiez, d'après leurs résumés, ce qui peut relier ces textes.

Cherchez sur Internet et étudiez la gravure *Barbe bleue et sa femme* de Gustave Doré et la couverture du recueil *Au temps de l'antan* :

- Quelles informations, verbales et visuelles, se trouvent sur chacune de ces couvertures ?
- À quoi servent-elles ?
- Quelles réactions suscitent-elles chez vous ?
- Quelle version achèteriez-vous et pourquoi ?

Communautés

Allez sur le forum dédié aux contes de Perrault ou aux écrits de Chamoiseau, lisez les discussions ou créez vous-même une nouvelle discussion.

7.4 THÈMES COMMUNS : MARIAGE COMME INSPIRATION, ASPIRATION OU INSTITUTION ?

Les archétypes que l'on trouve dans les contes de fées et le folklore du monde entier :

- Les personnages archétypaux : la jeune fille à marier et le soupirant riche et mystérieux
- Les fonctions archétypales : une famille cherche un mari pour une fille à marier ; un soupirant étrange, venu d'ailleurs, se présente ; il fait la cour à la jeune fille ; il épouse la jeune fille ; il l'amène ailleurs, loin de sa famille ; l'interdiction ; la faute ; la découverte de la faute ; la menace de punition ; la délivrance. Facultatif : la résolution.

La moralité ambiguë : L'interdiction incite l'héroïne à désobéir au vilain. L'intrigue tourne autour de la curiosité : est-ce un péché ? ou un trait naturel lié à la survie ?

Les grands thèmes sociopolitiques et littéraires :

- Le danger de l'exogamie : mariage avec quelqu'un venu d'ailleurs, d'un clan différent
- Le désir de mobilité sociale
- La tentation de la femme, qui y cède malgré une interdiction
- L'intervention des forces du mal et le combat contre celui-ci

Discussion

La comparaison des personnages : Relevez les personnages archétypaux que vous retrouverez dans les deux contes. Qu'ont-ils en commun ? Comment sont-ils différents ? Qu'est-ce qui les relie avec leur contexte historique ?

Vocabulaire

Cherchez la définition des mots suivants : archétype (m.), soupirant (m.), menace (f.), délivrance (f.), facultatif

Discussion

- Quelles réactions les mots « mariage » et « curiosité » suscitent-ils chez vous ?
- Pensez-vous que la curiosité soit un « vilain défaut », comme disent souvent les Français ?

Recherche web

Faites des recherches supplémentaires sur les concepts et phénomènes suivants :

- Les droits des femmes au XVIIe siècle
- La tradition du conte de fées français
- La tradition orale et le folklore

7.5 CHARLES PERRAULT, *BARBE BLEUE*

Ici[1] est une version légèrement abrégée du conte de Perrault.

Il était une fois un homme qui avait de belles maisons à la Ville et à la Campagne, de la vaisselle d'or et d'argent, des meubles en broderie, et des carrosses tout dorés ; mais par malheur cet homme avait la Barbe bleue : cela le rendait si laid et si terrible, qu'il n'était ni femme ni fille qui ne s'enfuît de devant lui.

Une de ses Voisines, Dame de qualité, avait deux filles parfaitement belles. Il lui en demanda une en Mariage [...] La Barbe-Bleue, pour faire connaissance, les mena, avec leur Mère, et trois ou quatre de leurs meilleures amies, et quelques jeunes gens du voisinage, à une de ses maisons de Campagne, où on demeura huit jours entiers. Ce n'était que promenades, que parties de chasse et de pêche, que danses et festins, que collations : on ne dormait point, et on passait toute la nuit à se faire des malices les uns aux autres ; enfin tout alla si bien que la Cadette commença à trouver que le Maître du logis n'avait plus la barbe si bleue, et que c'était un fort honnête homme[2]. Dès qu'on fut de retour à la Ville, le Mariage se conclut.

Au bout d'un mois la Barbe bleue dit à sa femme qu'il était obligé de faire un voyage. [...] « Voilà, lui dit-il, les clefs des deux grands garde-meubles, voilà celles de la vaisselle d'or et d'argent [...] et voilà le passe-partout de tous les appartements. Pour cette petite clef-ci, c'est la clef du cabinet au bout de la grande galerie de l'appartement bas : ouvrez tout, allez partout, mais, pour ce petit cabinet, je vous défends d'y entrer, et je vous le défends de telle sorte, que s'il vous arrive de l'ouvrir, il n'y a rien que vous ne deviez attendre de ma colère. »

Elle promit d'observer exactement tout ce qui lui venait d'être ordonné ; et lui, après l'avoir embrassée, il monte dans son carrosse, et part pour son voyage.

Les voisines et les bonnes amies n'attendirent pas qu'on les envoyât querir[3] pour aller chez la jeune Mariée, tant elles avaient d'impatience de voir toutes les richesses de sa Maison, n'ayant osé y venir pendant que le Mari y était, à cause de sa Barbe bleue qui leur faisait peur. Les voilà aussitôt à parcourir les chambres, les cabinets, les garde-robes, toutes plus belles et plus riches les unes que les autres. Elles montèrent ensuite aux garde-meubles, où elles ne pouvaient assez admirer le nombre et la beauté des tapisseries, des lits, des sofas, des cabinets, des guéridons, des tables et des miroirs, où l'on se voyait depuis les pieds jusqu'à la tête, et dont les bordures, les unes de glace, les autres d'argent et de vermeil doré, étaient les plus belles et les plus magnifiques qu'on eût jamais vues. [...] elle s'y arrêta [...] mais la tentation était si forte qu'elle ne put la surmonter : elle prit donc la petite clef, et ouvrit en tremblant la porte du cabinet. D'abord elle ne vit rien [...] le plancher était tout couvert de sang caillé, et que dans ce sang se miraient[4] les corps de plusieurs femmes mortes et attachées le long des murs (c'était toutes les femmes que la Barbe-Bleue avait épousées et qu'il avait égorgées l'une après l'autre). Elle pensa mourir de peur, et la clef du cabinet qu'elle venait de retirer de la serrure lui tomba de la main. [...]

Ayant remarqué que la clef du cabinet était tachée de sang, elle l'essuya deux ou trois fois, mais le sang ne s'en allait point ; elle eut beau la laver, et même la frotter avec du sablon[5] et avec du grès[6], il y demeura toujours du sang, car la clef était Fée[7], et il n'y avait pas moyen de la nettoyer tout à fait : quand on ôtait le sang d'un côté, il revenait de l'autre.

La Barbe-Bleue revint de son voyage [...] lui redemanda les clefs, et elle les lui donna, mais d'une main si tremblante, qu'il devina sans peine tout ce qui s'était passé.

« D'où vient, lui dit-il, que la clef du cabinet n'est point avec les autres ?

— Il faut, dit-elle, que je l'aie laissée là-haut sur ma table.
— Ne manquez pas, dit la Barbe-Bleue, de me la donner tantôt. »

Après plusieurs remises, il fallut apporter la clef. La Barbe-Bleue, l'ayant considérée, dit à sa femme :
« Pourquoi y a-t-il du sang sur cette clef ?

— Je n'en sais rien, répondit la pauvre femme, plus pâle que la mort.
— Vous n'en savez rien, reprit la Barbe-Bleue, je le sais bien, moi ; vous avez voulu entrer dans le cabinet ! Hé bien, Madame, vous y entrerez, et irez prendre votre place auprès des Dames que vous y avez vues. »

Elle se jeta aux pieds de son Mari en pleurant et en lui demandant pardon, avec toutes les marques d'un vrai repentir de n'avoir pas été obéissante. Elle aurait attendri un rocher, belle et affligée comme elle était ; mais la Barbe bleue avait le cœur plus dur qu'un rocher.

« Il faut mourir, Madame, lui dit-il, et tout à l'heure.

— Puis qu'il faut mourir, répondit-elle, en le regardant les yeux baignés de larmes, donnez- moi un peu de temps pour prier Dieu.

— Je vous donne un demi-quart d'heure, reprit la Barbe bleue, mais pas un moment davantage. »

Lorsqu'elle fut seule, elle appela sa sœur, et lui dit :

« Ma sœur Anne (car elle s'appelait ainsi), monte, je te prie, sur le haut de la Tour, pour voir si mes frères ne viennent point ; ils m'ont promis qu'ils me viendraient voir aujourd'hui, et si tu les vois, fais-leur signe de se hâter. »

La sœur Anne monta sur le haut de la Tour, et la pauvre affligée lui criait de temps en temps :

« *Anne, ma sœur Anne, ne vois-tu rien venir ?* »

Et la sœur Anne lui répondait :

« *Je ne vois rien que le Soleil qui poudroie*[8], *et l'herbe qui verdoie.* »

Cependant la Barbe bleue, tenant un grand coutelas à sa main, criait de toute sa force à sa femme :

« Descends vite, ou je monterai là-haut.

— Encore un moment, s'il vous plaît, lui répondait sa femme ; et aussitôt elle criait tout bas :

« *Anne, ma sœur Anne, ne vois-tu rien venir ?* »

Et la sœur Anne répondait :

« *Je ne vois rien que le Soleil qui poudroie, et l'herbe qui verdoie.* »

« Descends donc vite, criait la Barbe bleue, ou je monterai là-haut.

— Je m'en vais, » répondait sa femme, et puis elle criait :

« *Anne, ma sœur Anne, ne vois-tu rien venir ?*»

— Je vois, répondit la sœur Anne, une grosse poussière qui vient de ce côté-ci.

— Sont-ce mes frères ?

— Hélas ! non, ma sœur, c'est un Troupeau de Moutons.

— Ne veux-tu pas descendre ? criait la Barbe bleue.

— Encore un moment, » répondait sa femme ; et puis elle criait :

« *Anne, ma sœur Anne, ne vois-tu rien venir ?*

— Je vois, répondit-elle, deux Cavaliers qui viennent de ce côté-ci, mais ils sont bien loin encore... Dieu soit loué, s'écria-t-elle un moment après, ce sont mes frères ; je leur fais signe tant que je puis de se hâter. »

La Barbe bleue se mit à crier si fort que toute la maison en trembla. La pauvre femme descendit, et alla se jeter à ses pieds toute éplorée et toute échevelée.

« Cela ne sert de rien, dit la Barbe bleue, il faut mourir. »

Puis, la prenant d'une main par les cheveux, et de l'autre levant le coutelas en l'air, il allait lui abattre la tête. La pauvre femme se tournant vers lui, et le regardant avec des yeux mourants, le pria de lui donner un petit moment pour se recueillir.

« Non, non, dit-il, recommande-toi bien à Dieu » ; et levant son bras...

Dans ce moment on heurta si fort à la porte, que la Barbe bleue s'arrêta tout court : on ouvrit, et aussitôt on vit entrer deux Cavaliers, qui, mettant l'épée à la main, coururent droit à la Barbe bleue. [...] Ils lui passèrent leur épée au travers, du corps, et le laissèrent mort. La pauvre femme était presque aussi morte que son Mari, et n'avait pas la force de se lever pour embrasser ses Frères.

Il se trouva que la Barbe bleue n'avait point d'héritiers, et qu'ainsi sa femme demeura maîtresse de tous ses biens. Elle en employa une partie à marier sa sœur Anne avec un jeune Gentilhomme, dont elle était aimée depuis longtemps ; une autre partie à acheter des Charges de Capitaine à ses deux frères ; et le reste à se marier elle-même à un fort honnête homme, qui lui fit oublier le mauvais temps qu'elle avait passé avec la Barbe bleue.

7.6 LECTURE DE PERRAULT

7.6.1 Lecture initiale

Ayant lu le texte une première fois, répondez aux questions suivantes.

Considérations préliminaires

- *Qui* : Qui parle dans le texte ? Qui sont les personnages ?
- *Quoi* : Quel est le sujet du texte ?
- *Où et quand* : Relevez les mots dans le texte qui indiquent un lieu et le temps.

Genre et discours

- Quel est le genre du texte (pièce de théâtre, poème, roman, etc.) ?
- Quel est le type de discours (argumentatif, descriptif, explicatif, narratif, injonctif) ?
- Quelle est la tonalité du texte (comique, épique, lyrique, tragique, polémique, etc.) ?

Prise de notes

Prenez des notes en lisant le texte. Notez des détails importants et vos propres questions.

Connexions

Notez bien les particularités littéraires et historiques en lisant le conte de Perrault :

- Les objets de luxe à la mode du temps de Louis XIV (ex. tapisseries, lits, sofas, cabinets, guéridons, tables, miroirs, etc.), quand la France créa « l'essence du style », selon la spécialiste Joan DeJean.
- Les expressions métaphoriques (ex. « le cœur plus dur qu'un rocher »).
- La syntaxe ancienne. Aujourd'hui on dirait « qu'ils viendraient me voir » au lieu de « qu'ils me viendraient voir ».
- L'emploi de la répétition pour créer le suspens (ex. « Anne, ma sœur Anne, ne vois-tu rien venir ? »).

7.6.2 Lecture approfondie

Compréhension

Résumé en images et interview des personnages

Pour assurer la compréhension du texte étudié, faites un résumé en images séquentielles et posez des questions aux personnages (voir Annexe A). Lisez le texte une deuxième fois. Faites d'abord attention aux procédés littéraires et dégagez ensuite la signification de chaque extrait.

Analyse

Procédés littéraires

Comparez vos réponses aux questions suivantes avec celles de votre partenaire ou de la classe :

1) L'original comporte deux moralités dont nous avons publié un extrait ci-dessous. Étudiez l'humour qu'on y trouve et expliquez pourquoi c'est amusant.

    On voit bientôt que cette histoire
    Est un conte du temps passé.
    Il n'est plus d'époux si terrible,
    Ni qui demande l'impossible,
    Fût-il malcontent et jaloux.
    Près de sa femme on le voit filer doux
    Et, de quelque couleur que sa barbe puisse être,
    On a peine à juger qui des deux est le maître.

2) Comparez la représentation du « genre » [*gender*] dans ces deux moralités.

Interprétation

Signification

3) Dans quelle mesure le narrateur-conteur intervient-il dans le texte ?
4) Dégagez les moments où le narrateur-conteur juge les actes de ses personnages. Comment s'y prend-il ?
5) Quel est le degré de complicité entre le narrateur-conteur et le lecteur ?

7.7 PERSPECTIVES LITTÉRAIRES : CONTES DE FÉES ET ORALITÉ

Les contes de fées : Bien avant Walt Disney, les gens se racontaient des contes le soir pour passer le temps et se transmettre des sagesses traditionnelles. Dans la France rurale du XVIIᵉ siècle, ce passe-temps se faisait d'habitude le soir après le travail, quand les familles se retrouvaient autour de la cheminée dans ce qu'on appelle traditionnellement des « veillées ». Dans les classes les plus privilégiées, cette tradition orale se maintenait grâce aux nourrices qui s'occupaient des enfants. D'après la légende, Charles Perrault aurait aimé les contes que lui contait sa nourrice, et une fois adulte, il les confia par écrit pour ses propres enfants. Perrault est célèbre pour ses *Histoires ou contes du temps passé, avec des moralités* ou *Contes de ma mère l'Oye*. Son recueil comprenait les contes suivants : *La Belle au bois dormant*, *Le Petit Chaperon rouge*, *La Barbe bleue*, *Le Maître chat ou le Chat botté*, *Les Fées*, *Cendrillon ou la Petite Pantoufle de verre*, *Riquet à la houppe* et *Le Petit Poucet*. Plusieurs de ces contes sont devenus les best-sellers de Walt Disney que l'on connaît. Mais bien avant le XXᵉ siècle, d'autres auteurs ont reconnu leur intérêt et les ont réécrits selon le goût de leur public. Les frères Grimm (en Allemagne, au XIXᵉ siècle) vont donc en inclure dans leur collection de contes de fées comme la transcription du véritable folklore. Même si les contes sont écrits, on les imagine lus ou racontés à haute voix.

L'oralité : Parler d'oralité, c'est faire référence à la parole. Il faut considérer un émetteur (le conteur) et un récepteur (le public venu à la veillée). La parole est centrale pour le groupe des esclaves dans l'histoire des Antilles. Elle revêt quotidiennement une fonction ludique et éducative. Elle véhicule des histoires chargées d'une identité à laquelle peut se rattacher le groupe, et cela non seulement dans le présent de l'échange car passé et présent sont liés. En employant l'expression « marqueur de parole », Patrick Chamoiseau témoigne du désir qui l'anime de rapprocher l'oral et l'écrit, en quête d'un compromis le plus satisfaisant possible entre la figure du conteur martiniquais désormais disparu et celle de l'écrivain qui n'est pas appropriée parce que l'écriture ne semble pas parvenir à restituer la dynamique de la langue parlée. Chamoiseau ne refuse pas la difficulté et les contradictions que soulève un tel concept. En définitive, c'est bien un texte écrit, loin de toute performance de conteur véritable, que nous livre l'auteur.

Connexions

Pensez aux relations entre la tradition orale et la transmission moderne (le dessin animé ou le jeu vidéo). Sous quelle forme avez-vous découvert un conte ? Quelles histoires sont vos favorites ?

Recherche web

- Découvrez la magnifique exposition de la Bibliothèque Nationale de France, *Il était une fois ... les contes de fées* : http://expositions.bnf.fr/contes/
- Regardez le film *Barbe bleue* par Catherine Breillat et écoutez la chanson de Thomas Fersen. Comparez-les.

Figure 6 Gravure sur bois de *Barbe bleue*, publiée pour la
première fois dans *Les Contes de Perrault, dessins
par Gustave Doré*, Paris, Jules Hetzel, 1862.

7.8 PRODUCTION ORALE ET ÉCRITE AUTOUR DE *BARBE BLEUE*

Exposé oral

Préparez un exposé oral sur un des sujets proposés :
Sujet 1 : Le dictionnaire définit le mot conte comme un « récit d'aventures imaginaires destiné à distraire, à instruire en amusant ». Expliquez comment Perrault fait passer une leçon
amusante, exemples à l'appui.
Sujet 2 : Choisissez un personnage archétypique (le diable, la jeune fille à marier, le seigneur,
le frère) ou un événement de la vie (la mort, le mariage, le repas) et faites des recherches sur
les expressions proverbiales qui y sont liées dans la France d'autrefois. Employez un dictionnaire de proverbes. Présentez deux proverbes et commentez leur intérêt.

Débats

En groupe de deux ou trois, préparez-vous à un débat.

Sujet 1 – L'injustice : Quand on interdit quelque chose à quelqu'un, d'habitude on le fait pour
son bien. Par exemple, un médecin pourrait interdire le tabac à un malade souffrant d'un

cancer aux poumons. En revanche, l'interdiction dans ces deux contes vous semble-t-elle justifiée ?

Sujet 2 – La fin heureuse : est-elle vraisemblable ? : La vraisemblance (vrai + sembler) signifie la qualité de quelque chose qui semble plausible ou possible, selon les règles du réel. Dans ces deux contes, il y a des personnages qui tirent les héroïnes de leur embarras : la sœur Anne et le petit frère laid. Leur comportement vous semble-t-il vraisemblable ou plutôt magique ?

Travail d'écriture

Écriture créative – pastiche : Écrivez un conte moderne sur une fille ou un garçon à marier qui vit dans votre ville. Décrivez le protagoniste en détail. Quel partenaire ses parents et ses amis veulent-ils pour cette jeune personne ? Pour imiter Perrault, optez pour une narration à la troisième personne.

7.9 PATRICK CHAMOISEAU, *UNE AFFAIRE DE MARIAGE*

> *Le texte abrégé du conte de Patrick Chamoiseau*[9].

Il y avait, messieurs et dames, une fille à marier. Sa mère [...] vivait donc en case avec sa fille appelée Tétiyette, avec un grand garçon qui n'avait pas de nom, un deuxième garçon dont le nom s'est perdu, et un troisième petit garçon tellement infirme et laid que personne n'avait songé à lui bailler un nom (ce qui n'était pas plus mal, car les noms d'ici-là, messieurs et dames, sont parfois très méchants). [...]. (52)

Or donc, je vous le disais, Tétiyette fut déclarée bonne à marier quand sa mère lui vit sous les paupières la lueur d'une chair frissonnante. De toute jolie, elle s'était épanouie en beautés. La voir, c'était voir ces libellules de matins frais que fascine la rosée. Et les prétendants la voyaient belle plus belle qu'une rumeur de pluie inventée en sécheresse par la soif des feuillages, et plus belle qu'une nacre[10] intime dans les brisures[11] d'un coquillage, et (pour précision) ils la voyaient beauté des étincelles[12] du sel quand la mer reste docile au talon de lumière des chaleurs impossibles. Plus d'un gémissait, et moi-même le premier : « Ô lumière d'elle belle, ô ! » Par malheur, elle finit par le savoir, se prenant des manières et des façons, maniant sa colonne vertébrale comme se bougent les serpents, portant une arrogance et deux mépris au bout de ses longs cils : personne n'était à sa hauteur. [...]. (53)

Au jour d'une pluie respectueuse du soleil, une personne se présenta. [...] La créature était longiligne[13], de drill blanc vêtue, avec chapeau et petite canne, toute en élégance d'une nuit de rouge lune. Un silence l'environnait comme une moustiquaire[14]. De sa fenêtre, Tétiyette y vit un bel homme blanc, séduisant d'étrangetés puissantes. Ce dernier demanda un bol d'eau qu'il but d'une gorge immobile. Puis il s'enquit : « J'ai ouï dire, chère madame, que fille à marier vous aviez ... » [...]. « Fais-le entrer, manman », dit-elle en souriant.

L'homme introduit, ils s'assirent à la table et conversèrent de choses et d'autres, de la mer et du vent, de la paupière des oiseaux quand la pluie tombe de biais[15], de la courbure des ongles d'une femme de cent ans, de la chair du poisson-coffre nourrie d'épices sous une cendre, du goût de la mangue-julie légèrement citronnée, et des couleurs d'un arc-en-ciel[16] dans la tête d'un aveugle. Puis, sorties d'on ne sait où il lui offrit une immortelle, une rose de porcelaine, une liane de jade turquoise, quatre de ces fleurs éphémères de l'hibiscus. Il lui fit voir le mois de mai dans une branche de flamboyant, l'hivernage dans le frangipanier, le carême dans les cassias, et les douceurs de Noël dans la plante-six-mois-rouge. Enfin, juste avant de lui mander mariage, il lui offrit l'orchidée « oiseau de paradis », insolence de nos jardins. Tétiyette, c'est normal, accepta la demande, heureuse comme l'ortolan sur les terres desséchées. L'homme donna tout de suite la date du mariage. [...] Le petit laid surgit alors à la fenêtre. Dans l'indéchiffrable[17] catastrophe de ses yeux d'infirme, Tétiyette perçut confusément[18] amour, chagrin, pitié. Elle l'embrassa aussi, prise de compassion, laissant sa bave lui souiller la joue. [...] (54–56).

Le mariage se fit devant un abbé inconnu [...]. (56–57)

Malgré son amour, Tétiyette avait suivi son mari avec un peu d'inquiétude. Elle interrogeait ses élégances du coin de l'œil. Plakata plakata plakata, les chevaux du carrosse[19] galopèrent longtemps, un bon vent à l'arrière. Ils parvinrent bientôt à la pointe d'un piton qui perçait des nombrils aux nuages. [...] Tétiyette se sentit heureuse. Cela ne dura qu'une roquille de secondes. Son mari, parlant d'une soif, saisit deux poules errantes dessous la véranda, leur perça le gosier[20] d'un ongle très long que personne n'avait vu, et se désaltéra[21] du chaud sirop de leur agonie. Puis, il tendit à Tétiyette un trousseau de clés, et l'entraîna en grande visite de sucrerie, de moulin, de case à eau, de case à vent. Il lui fit monter huit escaliers, arpenter[22] vingt couloirs où il lui désignait les portes une à une : « Tu peux ouvrir celle-là mais n'ouvre pas celle-là, tu peux ouvrir celle-là mais n'ouvre pas celle-là, tu peux ouvrir et caetera, tu ne peux pas et caetera ... » Ces avertissements glaçaient[23] Tétiyette. Elle le vit enfin descendre dans la cour, appeler une sorte de coq à bec rouge, aux plumes frisées, avec des yeux de chien savant, auquel il envoya des miettes d'une corne de cabri qu'il râclait d'un couteau, chantant :

Agoulame coquame volame
Agoulame coquame volame
Agoulame coquame volame.

Chanson à ne pas entendre lors d'une nuit de promenade, et qui, chez Tétiyette, provoqua définitivement un feuillage de frissons. [...]

Mais revenons au malheur : le mari, bientôt, enfourcha un cheval sans oreilles, puis disparut dans le lointain. Tétiyette se retrouva seule dans les frémissements de la maison. Des silences sales traversaient les couloirs, grimpaient aux escaliers. Une angoisse s'accrochait aux rideaux et partout, partout, la tristesse s'étalait en fine poussière. Son lot de clés en main, elle ouvrit machinalement quelques portes, puis quelques autres, cela devint là-même une frénésie oublieuse de toute interdiction. Clak clak, clak clak, elle ouvrait, ouvrait toujours, découvrant des ténèbres glaciales, de vieux meubles d'où serpentaient les ravines de l'arbre originel, des entassements indistincts fleurant[24] la méduse morte, des miettes de villes brisées, des tapis de tibias transformés en flûtes, des murs de cimetière qui semblaient habités. Elle découvrit dans une pièce des chevelures de femme se balançant mollement au bout de leur ficelle. Dans l'ombre d'une autre, une profusion de regards sans pupilles ni paupières. Une porte s'ouvrit sur des bocaux de verre où bouillonnaient des larmes. L'autre, sur cette dent de sagesse que j'avais perdue avec mes dents de lait[25]. Horrible spectacle ! Tétiyette, se comprenant dans la maison du diable, hurla : « Manman ! »

À ce cri, le coq étrange se jeta dans des cocoricos d'alarme, ailes battant maléfices au travers de la cour. Le diable (car si ce n'était lui, c'en était une espèce) se mit à dévirer. Pour s'en revenir vite, il sortit dessous ses omoplates des ailes poussiéreuses, bruyantes d'un flap-flap interminable. Survolant mornes et ravines, il se posa bientôt devant Tétiyette qui commençait à trouver ce mariage embêtant. « Tu m'as désobéi ! ... » Et le diable l'emporta dans une chambre rouge, très chaude, la déshabilla sur un lit à baldaquin, plus large que long, et, sans même contempler sa beauté (obsession de mes rêves), il se déshabilla lui-même, exposant aux lueurs blêmes ses poils et ses écailles, et même ses turgescences de bête infernale. La suite fut horrible : se léchant la canine, il la saupoudra[26] de sel, de poivre, d'un peu d'huile et d'aromates, sortis d'un tiroir de la table de nuit. Puis il lui expliqua (mais il était fort possible qu'elle l'eût déjà compris) : « Je vais te manger ! »

Alors Tétiyette hurla « Ti frè, petit frère, ti frè ! ... ». [...] Le petit laid s'émut alors : « Sésé mwen ka débatt, Ma sœur souffre ! » Sa mère, n'y voyant qu'une de ses folies lui demanda la paix depuis ses draps. Il tenta de réveiller ses frères [...]. Mais ses frères n'abandonnèrent point leurs rêves. Ne comptant que sur lui-même, le petit laid chercha un élastique, rafla une poignée de sous[27] en cuivre qu'aucune boutique n'acceptait plus, et se mit en route, à petits pas de pied bot[28] et de jambes tordues. Il marcha-marcha jusqu'à voler le premier cheval rencontré puis à galoper aussi vite qu'une fumée. Les souffrances de sa sœur le guidèrent parmi les routes tourbillonnantes. Le piton apparut, puis la maison sur le piton, puis le coq maléfique devant la maison. Le coq s'envola vers lui en rage d'ailes et de bec. Mais le petit laid avait la peau si épaisse que la bestiole se vit voltigée[29] par la tape d'un dos de main. Cela brisa le charme qui l'envoûtait, et elle redevint le crapaud pustuleux de ses origines (et fier de l'être).

Le petit laid pénétra dans la maison [...] quand un cri d'agonie de sa grande sœur l'orienta. [...] Le diable se lovait[30] dans les draps, ventre gonflé comme il faut des chairs de Tétiyette. Le petit laid banda son élastique et lui perça le front d'un sou de cuivre. Du fil d'un sou usé il lui ouvrit le ventre, libérant Tétiyette soûle[31] de la dernière des peurs. Le diable mort exhalait des odeurs d'impuretés. Son corps s'enfonçait dans le lit qui s'enfonçait dans la maison qui s'enfonçait dans la terre. La sœur et le frère en sortirent au moment où une gueule de tuf engloutissait le tout. Un grand arbre à épines y germa flap ! ...

Tétiyette embrassa l'infirme qui fut désormais le plus aimé de tous les petits frères qui jouent aux abords de ma case à la quatrième heure des nuits ensoleillées. Je vous l'ai dit, oui ! (57–61)

7.10 LECTURE DE CHAMOISEAU

7.10.1 Lecture initiale

Ayant lu le texte une première fois, répondez aux questions suivantes.

Considérations préliminaires

- *Qui* : Qui parle dans le texte ? Qui sont les personnages ?
- *Quoi* : Quel est le sujet du texte ?
- *Où et quand* : Relevez les mots dans le texte qui indiquent un lieu et le temps.

Genre et discours

- Quel est le genre du texte (pièce de théâtre, poème, roman, etc.) ?
- Quel est le type de discours (argumentatif, descriptif, explicatif, narratif, injonctif) ?
- Quelle est la tonalité du texte (comique, épique, lyrique, tragique, polémique, etc.) ?

Comparaisons

En lisant le deuxième texte, comparez-le au premier. Notez quelques analogies et différences aux niveaux suivants :

- Lisez un paragraphe de chaque conte à haute voix, et comparez les différences de style.
- Notez bien que dans le texte de Chamoiseau « culture » signifie l'esprit et la terre.
- Étudiez les références naturelles (à la végétation et aux animaux) dans les deux textes. Leurs fonctions sont-elles similaires ? Expliquez votre réponse.

7.10.2 Lecture approfondie

Compréhension

Résumé en images et interview des personnages

Pour assurer la compréhension du texte étudié, faites un résumé en images séquentielles et posez des questions aux personnages (voir Annexe A). Lisez le texte une deuxième fois. Faites d'abord attention aux procédés littéraires et dégagez ensuite la signification de chaque extrait.

Analyse

Procédés littéraires

Comparez vos réponses aux questions suivantes avec celles de votre partenaire ou de la classe :

1) Qui parle dans le texte ? Est-ce une narration personnelle ou impersonnelle ? Peut-on faire confiance à ce narrateur-conteur ?
2) Dans quelle mesure le narrateur-conteur intervient-il dans le texte ?
3) Dégagez les moments où le narrateur-conteur juge les actes de ses personnages. Comment s'y prend-il ? Quelle(s) impression(s) cela crée-t-il chez le lecteur ?
4) Quels peuvent être les effets des comparaisons et des métaphores nombreuses dans le texte ?

Interprétation

Signification

5) Que pouvez-vous dire de Tétiyette ? Dressez son portrait physique et moral !
6) Pourquoi épouse-t-elle le diable et pas quelqu'un d'autre ?
7) Quels sentiments éprouvent les personnages ? Quelle relation Tétiyette entretient-elle avec son petit frère ?
8) Étudiez les images évoquées dans le texte. Que pouvez-vous dire de l'esthétique du texte ? Quel est le rôle de la beauté (si beauté il y a, selon vous) dans le texte ?
9) Quel est le degré de complicité entre le narrateur-conteur et le lecteur ? En tant que lecteur, comment êtes-vous invités à vous situer par rapport à l'intrigue ?

7.11 PRODUCTION ORALE ET ÉCRITE AUTOUR D'*UNE AFFAIRE DE MARIAGE*

Exposé oral

A. Avez-vous déjà eu, comme le petit laid, à mettre en garde ou à protéger une grande sœur ou un grand frère (dans une situation amoureuse, de mariage ou autre ...) ; ? Si vous n'avez pas de frère et sœur, vous pouvez imaginer la situation. Pensez-vous qu'on vous écouterait ? Que feriez-vous ?
B. Que pensez-vous des veillées au cours desquelles les esclaves martiniquais racontaient ces contes ? Vous pouvez relire les extraits de la préface donnés dans la rubrique « Perspectives littéraires ». Rappelez-vous que ces contes constituaient « globalement une dynamique éducative, un mode d'apprentissage de la vie, ou plus exactement de la survie en pays colonisé ». Pensez à la manière dont vous communiquez maintenant (entre ami(e)s par exemple), pourquoi et comment. Peut-on encore parler de « survie » de nos jours ? Que cherchez-vous à préserver et comment le faites-vous ?

Débats

En groupe de deux ou trois, discutez des sujets ci-dessous et présentez vos idées à la classe. Préparez-vous à un débat.

• Le mariage arrangé
• Le mariage d'amour
• Le PACS
• La mal-mariée

Travail d'écriture

Écriture créative – *pastiche* : Écrivez un conte moderne sur une fille ou un garçon à marier qui vit dans votre ville. Comment sera cette personne ? Quel partenaire ses parents et ses amis veulent-ils pour cette jeune personne ? Pourquoi ? Pour imiter le conte de Chamoiseau, optez pour une narration à la première personne et un style haut en couleur.

7.12 PERSPECTIVES CULTURELLES : CÉRÉMONIE DE MARIAGE

Le mariage se fait de manière très différente dans ces deux contes. Chez Perrault, on publie les bans, la cérémonie religieuse se fait, et c'est tout. Il n'est même pas question de fête, semble-t-il. Ceci souligne la fonction du mariage dans la société prémoderne, où il était peu question des préférences et des sentiments des jeunes gens à marier et où les alliances jouaient un rôle plutôt économique, ou politique. Par contre, chez Chamoiseau, il est question d'une fête somptueuse et d'un bal qui dure toute la nuit, et auquel sont conviés tous les habitants du village. On peut également remarquer que c'est Tétiyette qui choisit son futur mari parmi ses divers prétendants. La dimension des présents faits pour impressionner et conquérir le cœur de la jeune fille est importante mais, en définitive, c'est cette dernière qui fait son choix en fonction de son goût.

Recherche web

*   Faites des recherches sur quelques cérémonies de mariage en France et aux Antilles (ex. : mariage religieux, mariage civil, etc.).

Connexions

Étudiez les personnages symboliques et les objets qui reviennent dans ces contes dans un dictionnaire de philosophie ou de psychiatrie. Pensez-vous que les deux auteurs aient fait exprès de tisser ces liens ?

*   Trouvez sur Internet des représentations du diable à travers les siècles. Comment ces représentations changent-elles d'une époque à l'autre ? Quels facteurs pourraient expliquer ces changements ?
*   Intéressez-vous ensuite à la représentation des esprits maléfiques dans le monde colonial, notamment dans les Antilles francophones (en Martinique, en Guadeloupe et à Haïti avant l'indépendance). Présentez en classe les résultats de vos recherches.

7.13 MISE EN PARALLÈLE

Afin de mieux comprendre les deux textes – les contes de Perrault et de Chamoiseau – et ce qui les relie, considérez les pistes suivantes :

La fille à marier

Soulevez les traits de caractère de la fille à marier dans les deux textes et réfléchissez à la nécessité implicite de l'exogamie.

La femme, la mobilité sociale et le progrès

Qu'en est-il de la mobilité sociale de la femme ? Les contes font-ils état d'une vision progressiste ou ne font-ils que renforcer une situation de *statu quo* ?

Du tragique et du comique

Relevez les éléments de comique et de tragique propres aux deux contes et réfléchissez à leur nature hybride.

Aux racines de nos textes

En quoi ces textes renvoient-ils aux légendes antiques, par exemple la boîte de Pandore ? Ou la légende d'Adam et Ève dans la Bible ?

La curiosité

Explorer les connotations des mots curiosité et curieux dans un dictionnaire. La curiosité, est-elle pour autant une mauvaise qualité ? Connaissez-vous d'autres contes qui font l'éloge de la curiosité ?

On refait le conte

Imaginez une autre version du conte, selon vos termes. Qu'est-ce qui se serait passé si la jeune épouse avait obéi à son mari ? Ou si elle avait refusé d'aller vivre si loin de ses parents ? Ou si le mari atroce tombait réellement amoureux d'elle et il fallait qu'elle s'en débarrasse ?

7.14 SYNTHÈSE

Travail d'écriture

A. *Écriture analytique* – commentaire de texte : À la fin du conte de Perrault, il y a deux moralités. Étudiez-les et dégagez la relation entre les moralités et le conte. Est-elle la même dans les deux cas ? Quelle moralité vous semble plus utile aujourd'hui ? Laquelle vous semble la plus amusante ? Écrivez un commentaire de texte où vous démontrerez votre explication.

Jusqu'à la dernière phrase du conte de Chamoiseau, le narrateur-conteur témoigne de sa présence et s'adresse, indirectement et parfois directement, au lecteur. Écrivez un commentaire de texte dans lequel vous discuterez ce choix de narration. Quels sont ses effets (effets de style, effets sur le lecteur ...) ? Vous organiserez vos éléments de réflexion selon un plan cohérent.

B. *Écriture analytique* – dissertation : Un proverbe zaïrois dit : « Le mariage n'est pas fait pour corriger un caractère. » Un proverbe français dit : « Fille mariée, fille sauvée. » Lequel de ces deux proverbes semble se prêter le mieux aux contes ? Êtes-vous d'accord avec l'un ou l'autre ? Argumentez votre réponse avec des exemples tirés des deux œuvres et de vos connaissances et expériences personnelles.

Portfolio de recherche

Effectuez vos propres recherches sur le mariage aujourd'hui. Choisissez un pays franco-phone et cherchez des informations pertinentes : y a-t-il un rituel de fiançailles ? Quel est le taux de divorce ? Quels mets sert-on lors des fêtes de mariage ? Comment sont les robes de mariée ? Votre portfolio peut prendre des formes différentes et créatives (musique, images, collage, blogue, clip vidéo, PowerPoint, etc.) reflétant votre réflexion personnelle. N'oubliez pas d'inclure la bibliographie des ouvrages cités et consultés (sites web, images, diction-naires et encyclopédies, textes primaires et secondaires, etc.).

Notes

1 Charles Perrault, *Contes, Contes en vers*, éd. Gilbert Rouger, Paris, Garnier, 1967, pp. 113–129.
2 **Honnête homme** (m.) : au XVIIᵉ siècle, un homme de bien, comme il faut
3 **Querir** : chercher
4 **Mirer** : voir
5 **Sablon** (m.) : du sable à grains très fins
6 **Grès** (m.) : une roche sédimentaire composée surtout de quartz
7 **Être fée** : un être magique
8 **Saupoudrer** : couvrir de poudre
9 Patrick Chamoiseau, *Au temps de l'antan. Contes du pays Martinique*, Paris, Hatier, 1988, pp. 52–61.
10 **Nacre** (m.) : substance calcaire blanche, qui recouvre l'intérieur de certains coquillages
11 **Brisure** (f.) : une fissure
12 **Étincelle** (f.) : un fragment incandescent
13 **Longiligne** : qui a les membres longs et minces
14 **Moustiquaire** (f.) : un rideau de tissu très fin entourant un lit pour se protéger des moustiques
15 **De biais** : oblique
16 **Des couleurs d'un arc-en-ciel** : multicolore
17 **Indéchiffrable** : illisible, difficile à lire
18 **Confusément** : indistinctement, obscurément
19 **Carrosse** (m.) : une voiture luxueuse tirée par des chevaux
20 **Gosier** (m.) : (anatomie) une partie de la gorge
21 **Se désaltérer** : boire
22 **Arpenter** : se déplacer à grands pas
23 **Glacer** : (sens figuré) intimider, faire peur
24 **Fleurer** : répandre une mauvaise odeur
25 **Dent (f.) de sagesse** : la troisième molaire qui pousse d'habitude à l'âge de l'adolescence et de la jeunesse ; une dent de lait est une dent temporaire qui apparaît chez le jeune enfant et tombe avant l'adolescence
26 **Saupoudrer** : couvrir d'une matière réduite en poudre
27 **Sous** (m.) : une pièce de cinq centimes
28 **Pied** (m) **bot** : un pied affecté d'une malformation à la naissance
29 **Voltiger** : voler rapidement
30 **Se lover** : s'enrouler
31 **Soûl** : étourdi

Module 8 Pouvoir religieux et politique chez Voltaire et Ahmadou Kourouma

Laurent Loty et Véronique Taquin

8.1 ENTRÉE EN MATIÈRE

« L'homme en blanc fut un pieux et pratiquant musulman [...] ; Tiékoroni un catholique [...]. Cette opposition dans les croyances religieuses n'était que purement formelle. Ils étaient tous les deux foncièrement animistes. [...] L'homme en blanc fut socialiste [...] ; Tiékoroni, capitaliste [...]. Cette opposition dans la pensée n'eut aucun effet sur l'organisation politique des deux régimes. Les peuples des deux pays furent livrés à des dirigeants corrompus des partis uniques liberticides et mensongers. »

(Kourouma, *En attendant le vote des bêtes sauvages*)

« Quand nous travaillons aux sucreries, et que la meule nous attrape le doigt, on nous coupe la main ; quand nous voulons nous enfuir, on nous coupe la jambe : je me suis trouvé dans les deux cas. C'est à ce prix que vous mangez du sucre en Europe. Cependant, lorsque ma mère me vendit dix écus patagons sur la côte de Guinée, elle me disait : 'Mon cher enfant, bénis nos fétiches, adore-les toujours, ils te feront vivre heureux, tu as l'honneur d'être esclave de nos seigneurs les blancs, et tu fais par là la fortune de ton père et de ta mère.' Hélas ! je ne sais pas si j'ai fait leur fortune, mais ils n'ont pas fait la mienne. »

(Voltaire, *Candide ou l'Optimisme*)

Interprétation

1) Dans les citations précédentes, identifiez cinq termes avec lesquels vous n'êtes pas entièrement familiers, ou que vous trouvez révélateurs. Cherchez leurs définitions dans un dictionnaire.
2) Quelle est la fonction de ces mots dans les citations ?
3) Quelles images évoquent-ils ?
4) En quoi peut-on dire que les deux citations se font écho ?
5) Quel thème unifie les deux citations ?

Vocabulaire utile : animisme (m.), anticléricalisme (m.), capitalisme (m.), esclavage (m.), fétiche (m), ironie (f.), liberticide, mystification (f.), socialisme (m.)

Présentation

Présentez à vos partenaires les cinq termes que vous avez préparés et comparez-les. Quels sont les termes communs ?

8.2 AHMADOU KOUROUMA ET VOLTAIRE

Ahmadou Kourouma, écrivain ivoirien (1927–2003)

Kourouma est issu d'une famille aristocratique déclassée par la colonisation puis l'indépendance. Témoin du travail forcé, soldat de la coloniale, envoyé en Indochine pour avoir refusé de réprimer l'agitation politique, il est mis en prison par Houphouët-Boigny pour complot imaginaire en 1963. De culture malinké et francophone, il s'exile en France. Cadre dans les assurances, il a toujours été indépendant des gouvernements africains. Son premier roman est publié à Montréal, alors que le métissage français-malinké choque encore en France en 1968.

Voltaire, écrivain-philosophe français (1694–1778)

À partir de 1750, Voltaire est, avec Diderot qui dirige l'*Encyclopédie*, le chef de file des philosophes des Lumières. Incarnation des Lumières et modèle de l'intellectuel engagé, il nourrit les idées de liberté et de bonheur de la *Déclaration d'indépendance* de 1776 ou de la *Déclaration des droits de l'homme et du citoyen* de 1789. Dans des lettres fictives (*Lettres philosophiques*), des contes (*L'ingénu, Zadig*, etc.), des dictionnaires (*Dictionnaire philosophique*), sa puissante ironie suscite la complicité. Il s'oppose à l'intolérance religieuse et affirme une religion et une philosophie nouvelles. Marqué par le règne de Louis XIV (1661–1715), il condamne la révocation en 1685 de l'Édit de Nantes qui avait mis fin aux guerres de religion du XVIe siècle... mais il admire le Roi Soleil qui a soutenu savants et écrivains. Il s'oppose à la toute-puissance du catholicisme et ridiculise les fanatismes... mais il croit en un Être suprême garant d'un ordre naturel, économique et politique. Il prône une monarchie absolue, un despotisme éclairé non plus par l'Église, mais par les philosophes.

Vocabulaire

Cherchez la définition des mots suivants dans un dictionnaire : déclassée, travail forcé (m.), Indochine (f.), indépendant, métissage (m.), incarnation (f.), intellectuel (m.), engagé, intolérance (f.), fanatismes (m.), garant (m.), monarchie absolue (f.), despotisme éclairé (m.)

Contexte

Faites les recherches suivantes :

*   L'indépendance de la Côte d'Ivoire a-t-elle apporté la démocratie ?
*   Qu'appelle-t-on la philosophie des Lumières ?
*   Qu'est-ce que les Guerres de religion ? L'Édit de Nantes ? Et sa révocation en 1685 ?

8.3 RÉSUMÉ DES TEXTES

Les romans de Kourouma d'où sont tirés les extraits

À l'opposé de Voltaire qui a publié dans tous les domaines (dont les grands genres classiques : tragédie, poésie, épopée, histoire), et dont on ne connaît souvent que quelques contes, l'œuvre de Kourouma, quoique très importante dans l'histoire de la littérature et de la représentation de l'indépendance en Afrique, se limite presque à quelques romans. Pour découvrir Voltaire, il faut aborder plusieurs de ses textes, et nous avons fait de même pour Kourouma.

Les Soleils des indépendances raconte l'histoire d'un prince déchu, ruiné par la fin du système colonial et arbitrairement mis en prison par le dictateur régnant sur le pays décolonisé (Presses Universitaires de Montréal, 1968 ; réédition : Paris, Éditions du Seuil, 1970). *En attendant le vote des bêtes sauvages* parodie le conte traditionnel à la gloire du chasseur, pour satiriser les exploits d'un dictateur africain sanguinaire (Paris, Éditions du Seuil, 1998).

Les textes de Voltaire d'où sont tirés les extraits

Les *Lettres anglaises* (1733), devenues *Lettres philosophiques* (1734) après l'ajout de remarques sur les *Pensées* de Pascal, sont les lettres fictives d'un homme qui découvre la supériorité de l'Angleterre sur la France, quant à la liberté religieuse, économique ou politique, aux idées scientifiques et philosophiques, au rôle attribué à la culture. Pascal est l'anti-modèle de cet optimiste promettant liberté et bonheur.

Le conte philosophique *Candide ou l'Optimisme* (1759) raconte avec ironie les mésaventures d'un jeune homme candide, qui finit par cesser de croire en l'enseignement d'un philosophe selon qui notre monde serait le meilleur des mondes possibles, dans lequel guerres et crimes seraient nécessaires à l'harmonie générale créée par Dieu.

Voltaire a été, avec les *Lettres philosophiques*, le plus grand diffuseur de la *doctrine philosophique et religieuse de l'optimisme* (selon laquelle Dieu a créé le monde à l'*optimum*), ce que l'on a oublié avec le succès de *Candide*, dans lequel il a critiqué sa propre philosophie (avant d'y revenir). L'*optimisme* est pour lui le seul moyen d'associer foi et raison, de sauver Dieu de l'accusation d'avoir créé le mal. Ainsi, Voltaire, très riche et ami des princes, prône la soumission à un ordre économique et politique inégalitaire.

Vocabulaire

Cherchez la définition des mots suivants : déchu, dictateur (m.), parodier, optimiste, candide, *optimum* (m.)

Comparaisons

En paire ou en groupe, identifiez, d'après leurs résumés, ce qui peut relier ces textes. Cherchez sur Internet et étudiez les couvertures des textes de Kourouma et de Voltaire.

• Quelles informations se trouvent sur chacune de ces couvertures ?
• Quelles réactions suscitent-elles chez vous ?

Communautés

Cherchez un forum qui propose des discussions sur Voltaire ou Kourouma, lisez les discussions ou créez vous-même une discussion.

8.4 THÈMES COMMUNS : KOUROUMA, UN VOLTAIRE AFRICAIN ? VOLTAIRE, UN KOUROUMA EUROPÉEN ?

Avec Voltaire et Kourouma, nous avons deux cas exemplaires du rapport de la littérature aux pouvoirs religieux et politiques.

Kourouma a été célébré comme un « Voltaire africain ». En quoi Kourouma hérite-t-il de Voltaire ? Par son ironie à l'égard des mystifications religieuses, par sa critique anticléricale de l'usage politique des religions, par sa sensibilité à la souffrance, et sa dénonciation des pouvoirs néfastes. Il y a quelque chose de Candide, ballotté par les guerres, et de Cunégonde, violée, mariée de force, dans les antihéros des *Soleils des indépendances*, Fama et sa femme Salimata.

Cependant, malgré ses ambiguïtés, l'ironie du conte voltairien ne donne qu'un point de vue monologique et démonstratif, tandis que les romans de Kourouma jouent de la pluralité des points de vue, d'une polyphonie qui permet un regard critique plus général, à l'égard de tous les pouvoirs absolus.

En fait, la conception du rapport entre l'intellectuel et le pouvoir politique oppose les deux auteurs, car Kourouma ne croit pas au rôle positif de l'intellectuel face à un « despote éclairé » qu'il suffirait de convaincre pour qu'il fasse le bien.

Alors que Kourouma hérite de Voltaire, il peut être intéressant de commencer par l'étude de Kourouma, puis de revenir à Voltaire. Ainsi, nous verrons ce que Kourouma, héritier des Lumières comme de la colonisation et de la décolonisation, fait comprendre en retour de Voltaire. Car la sacralisation de Voltaire comme mythe littéraire et politique, et la focalisation sur le conte *Candide*, empêchent de saisir les bonnes ou les mauvaises raisons pour lesquelles Voltaire est valorisé. Le nom de Voltaire suffirait à consacrer un auteur comme Kourouma. Mais Kourouma peut aussi nous permettre de prendre de la distance à l'égard de certains aspects de l'œuvre de Voltaire.

Vocabulaire

Cherchez la définition des mots suivants : monologique, points de vue (m.), polyphonie (f.), sacralisation (f.), mythe littéraire et politique (m.), focalisation (f.)

Discussion

- Quelles associations les mots « pouvoirs religieux et politiques » suscitent-ils chez vous ?
- Quel est le pouvoir politique dans votre pays ?
- Quel rôle la religion joue-t-elle dans votre famille, et dans votre pays ?

Recherche web

Faites des recherches sur les sujets suivants :

- Le despotisme éclairé
- Les relations entre Kourouma et le président ivoirien Houphouët-Boigny
- Et entre Voltaire et le roi de Prusse Frédéric II

8.5 AHMADOU KOUROUMA, *LES SOLEILS DES INDÉPENDANCES (1968)* ET *EN ATTENDANT LE VOTE DES BÊTES SAUVAGES (1998)*

Extrait 1[1] : *Rites funéraires (début des* Soleils des indépendances*). Le pays ressemble à la Côte d'Ivoire des années 1960. Fama Doumbouya, prince ruiné par l'accès à l'indépendance, vit en vautour en recueillant des offrandes funéraires.*

Il y avait une semaine qu'avait fini dans la capitale Koné Ibrahima, de race malinké[2], ou disons-le en malinké : il n'avait pas soutenu un petit rhume[3] ...

Comme tout Malinké, quand la vie s'échappa de ses restes, son ombre se releva, graillonna[4], s'habilla et partit par le long chemin pour le lointain pays malinké natal pour y faire éclater la funeste nouvelle des obsèques. [...] L'ombre était retournée dans la capitale près des restes pour suivre les obsèques : aller et retour, plus de deux mille kilomètres. Dans le temps de ciller l'œil[5] !

Vous paraissez sceptique ! Eh bien, moi, je vous le jure, et j'ajoute : si le défunt était de caste forgeron, si l'on n'était pas dans l'ère des Indépendances (les soleils des Indépendances[6], disent les Malinkés), je vous le jure, on n'aurait jamais osé l'inhumer dans une terre lointaine et étrangère. Un ancien de la caste forgeron serait descendu du pays avec une petite canne, il aurait tapé le corps avec la canne, l'ombre aurait réintégré les restes[7], le défunt se serait levé. On aurait remis la canne au défunt qui aurait emboîté le pas à l'ancien, et ensemble ils auraient marché des jours et des nuits. [...] Le vieux forgeron aurait repris la canne et aurait tapé une deuxième fois. Restes et ombre se seraient à nouveau séparés et c'eût été au village natal même qu'auraient été entreprises les multiples obsèques trop compliquées d'un Malinké de caste forgeron.

Donc c'est possible, d'ailleurs sûr, que l'ombre a bien marché jusqu'au village natal ; elle est revenue aussi vite dans la capitale pour conduire les obsèques et un sorcier du cortège funèbre l'a vue, mélancolique, assise sur le cercueil. Des jours suivirent le jour des obsèques jusqu'au septième jour et les funérailles[8] du septième jour se déroulèrent devant l'ombre, puis se succédèrent des semaines et arriva le quarantième jour, et les funérailles du quarantième jour ont été fêtées au pied de l'ombre accroupie, toujours invisible pour le Malinké commun. Puis l'ombre est repartie définitivement. Elle a marché jusqu'au terroir malinké où elle ferait le bonheur d'une mère en se réincarnant dans un bébé malinké. [...]

Comme toute cérémonie funéraire rapporte, on comprend que les griots[9] malinké, les vieux Malinkés, ceux qui ne vendent plus parce que ruinés par les Indépendances (et Allah seul peut compter le nombre de vieux marchands ruinés par les Indépendances dans la capitale !) « travaillent » tous dans les obsèques et les funérailles. De véritables professionnels ! Matins et soirs ils marchent de quartier en quartier pour assister à toutes les cérémonies. On les dénomme entre Malinkés, et très méchamment, « les vautours » ou « bande d'hyènes ».

Extrait 2 : *la mort de Fama (dénouement des* Soleils des indépendances*). Libéré de prison par le dictateur de la République des Ébènes, Fama essaie de revenir à Togobala, son village natal. Arrêté à la frontière, qui passe à l'intérieur de son ancien fief, il s'indigne de devoir montrer des papiers d'identité qu'il n'a jamais possédés. Il plonge dans le fleuve en croyant qu'un prince est protégé des caïmans ou crocodiles. Mais il est blessé, et un garde tire sur l'animal pour arrêter le massacre* (pp. 192–195).

Et comme toujours dans le Horodougou[10] en pareille circonstance, ce furent les animaux sauvages qui les premiers comprirent la portée historique du cri de l'homme, du grognement de la bête et du coup de fusil qui venaient de troubler le matin. Ils le montrèrent en se comportant bizarrement. Les oiseaux : vautours, éperviers, tisserins[11], tourterelles, en poussant des cris sinistres s'échappèrent des feuillages, mais au lieu de s'élever, fondirent sur les animaux terrestres et les hommes. Surpris par cette attaque inhabituelle, les fauves en hurlant foncèrent sur les cases des villages, les crocodiles sortirent de l'eau et s'enfuirent dans la forêt, pendant que les hommes et les chiens, dans des cris et des aboiements infernaux, se débandèrent et s'enfuirent dans la brousse. Les forêts multiplièrent les échos, déclenchèrent des vents pour transporter aux villages les plus reculés et aux tombes les plus profondes le cri que venait de pousser le dernier Doumbouya[12]. Et dans tout le Horodougou les échos du cri, du grognement et du fusil déclenchèrent la même panique, les mêmes stupeurs.

Fama inconscient gisait dans le sang sous le pont. Le crocodile râlait et se débattait dans l'eau tumultueuse.

Tout n'avait duré que le temps d'un éclair, car aussitôt après, un deuxième coup de fusil résonna. [...]

Puis ce fut le troisième et le quatrième coup de feu, un autre va-et-vient dans le tumulte assourdissant des oiseaux, des animaux et des hommes.

Les gardes frontaliers[13], par-dessus le fleuve, se livraient un véritable duel. Ceux d'en face avaient cru que l'on avait tiré sur un fugitif se trouvant déjà sur leur sol[14].

Fama gisait toujours sous le pont. Le caïman se débattait dans un tourbillon de sang et d'eau. Les coups de feu s'arrêtèrent. Mais le matin était troublé. Tout le Horodougou était inconsolable, parce que la dynastie Doumbouya finissait. [...]

Les gardes frontaliers de la république de Nikinai, drapeaux blancs dans les mains, vinrent relever Fama qui avait été atteint sous la partie du pont relevant de leur juridiction. Ils le transportèrent dans leur poste ; leur brigadier l'examina : il était grièvement atteint à mort par le saurien.

On coucha Fama dans une ambulance, le brigadier et quatre gardes frontaliers constituèrent l'escorte. Ils allaient au chef-lieu : Horodougou, après Togobala. Donc, direction Togobala du Horodougou. [...]

Lui Fama délirait, rêvassait, mourait. Des cauchemars ! Quels cauchemars ! ...

[...] N'as-tu rien entendu, Fama ? Tu vas à Togobala, Togobala du Horodougou. Ah ! voilà les jours espérés ! La bâtardise balayée, la chefferie revenue, le Horodougou t'appartient, ton cortège de prince te suit, t'emporte, ne vois-tu pas ? Ton cortège est doré.

— Non, je ne le veux pas doré.

Donc argenté. Mais attention ! qu'est-ce ? Fama, ne vois-tu pas les guerriers te cerner ? Fama, avec la souplesse et la dignité, avec les pas comptés d'un prince du Horodougou, se porte devant. La cohue des guerriers hurle, se balance sur place et s'immobilise. Lâches ! Pleutres ! Enfants des Indépendances ! Bâtards ! vos mères ont fleuri mais n'ont pas accouché d'hommes ! Fama seul et cet unique doigt vous trouera, vous mitraillera. [...] Fama, l'Unique ! Le grand ! Le fort ! Le viril ! Le seul possédant du rigide entre les jambes[15] !

Extrait 3[16] : *Deux dictateurs d'Afrique* (En attendant le vote des bêtes sauvages)*. Le roman, consacré à un dictateur, Koyaga, prend la forme de son donsomana, conte à la gloire de ses exploits de chasseur, chanté par un griot (le sora Bingo) et agrémenté des insolences d'un répondeur bouffon (le cordoua Tiécoura), qui promet « toute la vérité sur vos saloperies ». La troisième veillée raconte comment l'intellectuel Maclédio cherche son « homme de destin » dans l'Afrique des indépendances. Il se consacre à la propagande de Koyaga, après avoir été déçu par Fondio, l'« ami » dictateur qui l'a fait torturer en lui répétant le vers de Senghor : « Savane noire comme moi — feu de la mort qui prépare la re-naissance ».*

Nkoutigui Fondio ne se connaissait sur tout le vaste continent africain qu'un seul adversaire de taille : Tiékoroni, le rusé petit vieillard au chapeau mou, appelé l'homme au chapeau mou. Il avait pour totem[17] le caïman et était le dictateur de la République des Ébènes et se faisait appeler dans son fief le Bélier de Fasso et le Sage de l'Afrique. En réalité, dans l'Afrique des mille dictatures, Nkoutigui et Tiékoroni, le rusé vieillard, étaient les deux potentats qui, tout en étant différents dans la forme, se ressemblaient le plus dans la façon d'agir.

L'homme en blanc avait la haute stature des Malinkés de la Savane, Tiékoroni l'homme au chapeau mou la naine mensuration des hommes de la forêt. Cette différence de taille ne se traduisait pas par des caractères opposés. Ils étaient tous les deux des dictateurs orgueilleux et impénitents, ajoute le cordoua.

L'homme en blanc portait en toute saison l'habillement traditionnel de l'Afrique de l'Ouest, le calot et le boubou blancs ; Tiékoroni, le chapeau mou, la cravate et le costume européen trois pièces. La manière différente de s'habiller ne signifiait rien, absolument rien. Ils cachaient toujours tous les deux sous leurs déguisements respectifs les grigris protecteurs des marabouts féticheurs[18]. Explique le répondeur.

L'homme en blanc fut un pieux et pratiquant musulman qui transforma son pays en république islamique ; Tiékoroni un catholique qui bâtit dans les terres ancestrales de son village natal le plus somptueux lieu de culte catholique hors de Rome. Cette opposition dans les croyances religieuses n'était que purement formelle.

Ils étaient tous les deux foncièrement animistes. Ajoute le répondeur.

L'homme en blanc fut socialiste et eut l'encensement, l'admiration et le soutien de l'Est ; Tiékoroni, capitaliste, disposa de ceux de l'Ouest. Cette opposition dans la pensée n'eut aucun effet sur l'organisation politique des deux régimes.

Les peuples des deux pays furent livrés à des dirigeants corrompus des partis uniques liberticides et mensongers. Ajoute Tiécoura.

Qu'est-ce qui, en définitive, distinguait les deux pères de la nation, présidents de partis uniques ? Ce qui différenciait et séparait les deux dictateurs était la foi. Pas la foi religieuse (nous avons dit qu'en dépit de l'apparence ils étaient tous les deux féticheurs[19]), mais la foi en la parole et en l'homme, au Nègre[20] en particulier. L'homme en blanc croyait aux paroles, aux hommes et au Nègre. Et gérer l'indépendance pour Nkoutigui signifiait remplacer, à tous les niveaux, tout Blanc (technicien ou pas) par n'importe quel Nègre.

Le rusé et aristocrate Tiékoroni ne croyait pas aux paroles, à l'homme et surtout pas au Nègre. Et gérer une république indépendante africaine pour lui consistait à confier les responsabilités aux Blancs, tenir le Nègre en laisse pour donner des coups de temps en temps aux compatriotes qui levaient la tête.

Ah ! Tiécoura. Sais-tu qui, en définitive, eut raison et gagna ? C'est Tiékoroni, le rusé petit vieux au chapeau mou. Dans la vie, quand tu as à choisir entre deux hommes, rallie toujours celui qui ne croit pas à l'homme, celui qui n'a pas de foi.

8.6 LECTURE DE KOUROUMA

8.6.1 Lecture initiale

Ayant lu le texte une première fois, répondez aux questions suivantes.

Considérations préliminaires

- *Qui* : Qui parle dans les morceaux choisis ? Qui sont les personnages ?
- *Quoi* : Quel est le sujet de chaque extrait ?

- *Où et quand* : Relevez les mots dans les morceaux choisis qui indiquent un lieu et le temps.

Genre et discours

- Quel est le genre du texte (pièce de théâtre, poème, roman, etc.) ?
- Quel est le type de discours (argumentatif, descriptif, explicatif, narratif, injonctif) ?
- Quelle est la tonalité du texte (comique, épique, lyrique, tragique, polémique, etc.) ?

Prise de notes

Prenez des notes en lisant le texte. Notez des détails importants et vos propres questions.

Culture

- Dans le premier extrait, comment la voix du conteur s'inscrit-elle dans la culture malinké tout en faisant entendre une certaine ironie ?
- Dans le second extrait, une double lecture est ouverte : la folie des grandeurs du prince agonisant, qui nie son déclassement ; et un incident de frontière entre les États que Fama ne reconnaît pas. Comment Kourouma fait-il sentir à la fois ces deux lectures ?

Recherche web

Trouvez les différentes éditions des deux romans de Kourouma et examinez les illustrations de couverture. Comment ces images influencent-elles votre compréhension des textes ?

Faites des recherches sur Sékou Touré (président de la Guinée de 1958 à 1984) et Houphouët-Boigny (président de la Côte d'Ivoire, de 1960 à 1993). Cherchez la photo de Félix Houphouët, qui a ajouté à son nom « Boigny », qui signifie « Bélier », symbole de son rôle de meneur.

8.6.2 Lecture approfondie

Compréhension

Résumé en images et interview des personnages

Pour assurer la compréhension du texte étudié, faites son résumé en images séquentielles et posez des questions aux personnages (voir Annexe A). Lisez le texte une deuxième fois. Faites attention aux procédés littéraires et dégagez ensuite la signification de chaque extrait.

Analyse

Procédés littéraires

Comparez vos réponses aux questions suivantes avec celles de votre partenaire ou de la classe :
L'extrait 1 : Rites funéraires (incipit des *Soleils des indépendances*)

1) Qui raconte ? Le texte est-il rédigé en « bon » français ? Le lecteur du roman connaît-il la tradition malinké et quelle langue parle-t-il ?
2) Le conteur est-il grave ou fait-il de l'humour ? Exprime-t-il des croyances religieuses ?

L'extrait 2 : la mort de Fama (dénouement des *Soleils des indépendances*).

3) Quelle différence y a-t-il entre le point de vue des animaux et celui des gardes frontaliers ? Que faut-il déduire de la multiplicité des points de vue ?
4) Pouvons-nous croire au discours de Fama ?

L'extrait 3 : Deux dictateurs d'Afrique (*En attendant le vote des bêtes sauvages*)

5) Relevez les marques d'énonciation permettant de comprendre l'origine des paroles selon les passages. Ces marques sont-elles identiques à celles que vous connaissez ?
6) Faites la liste des traits qui distinguent ou réunissent Fondio et Tiékoroni. Kourouma invite-t-il à suivre la leçon de cynisme de la fin de l'extrait ?

Différences	*Ressemblances*

Interprétation

Signification

7) Quel message politique peut-on tirer de ces extraits ?
8) Quel est le taux d'analphabétisme en Côte d'Ivoire, de 1968 à nos jours ?
9) Entre 1960 et 1990, comment s'exercent en Afrique l'influence des pays de « l'Est » et celle des pays de « l'Ouest » ?

8.7 PERSPECTIVES CULTURELLES : MÉTISSAGE LINGUISTIQUE ET GÉNÉRIQUE

En 1993, **Ahmadou Kourouma** parle du métissage linguistique français-malinké et de sa réception : « Puisque nous Africains, nous étions francophones, il nous faut faire notre demeure dans le français. [...] nous faisons des efforts pour africaniser le français ; nous faire une chambre où nous serons chez nous dans la grande maison qu'est la langue de Molière [21]. »

Makhily Gassama, intellectuel francophone habitué aux exigences d'un français académique, revient sur son rejet en 1968 des *Soleils des indépendances* : « À la première lecture du roman d'Ahmadou Kourouma, j'étais écœuré par les incorrections, les boursouflures grotesques et la sensualité débordante ou l'érotisme du style ; par le caractère volontairement scatologique du récit, le goût morbide pour le symbolisme animal, végétal et minéral et en conséquence, par l'incohérence des images et des éléments entrant dans l'architecture de l'œuvre[22]. »

Dans le même entretien de 1993, Kourouma fait un commentaire sur le roman comme genre littéraire critique, dialogique : « L'épopée glorifie, le roman doute [...] Le roman se moque toujours de son héros, il ne le prend pas au sérieux ; il n'est pas un demi-dieu comme dans l'épopée[23]. » Ses romans montrent sous un jour problématique la culture ancestrale (l'excision et la condition de la femme notamment). Ils présentent avec un regard critique l'accès à l'indépendance et le pouvoir dictatorial des hommes politiques africains.

À la mort de l'auteur, Dominique Mataillet écrit dans *Jeune Afrique* : « Ses livres regorgent de scènes hilarantes. L'exagération lui permet de décrire les pires horreurs. On pense à *Candide*. Ce n'est pas par hasard que plusieurs critiques l'ont comparé à Voltaire. [...] L'œuvre de Kourouma ne se distingue pas seulement par le style. Elle forme une vaste fresque des malheurs de l'Afrique contemporaine, de la spoliation coloniale aux guerres tribales en passant par les dictatures de la période post-indépendances[24]. »

Discussion

- Que pense Kourouma du métissage linguistique ? Et Makhaly Gassama ? Et vous-même ?
- La langue que vous parlez comporte-t-elle beaucoup d'emprunts ? Est-elle « métissée » ?
- Que pense Kourouma du roman ?
- Les romans que vous avez lus se moquent-ils de leurs propres héros ? Les considèrent-ils avec une certaine distance ?

Recherche web

Chercher l'article de Dominique Mataillet sur le site de *Jeune Afrique*.

8.8 PRODUCTION ORALE ET ÉCRITE AUTOUR DES MORCEAUX CHOISIS DE KOUROUMA

Exposé oral

Préparez un exposé sur un des sujets proposés :

Sujet 1 – Le métissage linguistique et culturel chez Kourouma : En quoi les extraits des romans de Kourouma témoignent-ils du métissage linguistique et culturel dû à la situation particulière de cet auteur ? Vous pouvez vous servir des textes présentés ici, ou chercher des informations supplémentaires sur Internet.

Sujet 2 – Les considérations génériques : En quoi la conception que Kourouma se fait du genre romanesque s'applique-t-elle au traitement du personnage de Fama dans les deux extraits des *Soleils des indépendances* ?

Communautés

Allez sur des sites d'information comme *Jeune Afrique* (www.jeuneafrique.com) ou *Connexion ivoirienne* (www.connectionivoirienne.net), pour lire des actualités autour de la Côte d'Ivoire. Lisez les commentaires des lecteurs pour avoir une idée de l'opinion publique. Qu'est-ce que les gens pensent de la situation actuelle en Côte d'Ivoire ?

Débats

En groupe de deux ou trois, discutez du sujet suivant et présentez vos idées à la classe. Préparez-vous à un débat.

• En quoi le combat pour la liberté et l'espérance en la démocratie peuvent-il être universels ? En quoi sont-ils toujours nécessaires à la fois en France et dans ses anciennes colonies, comme aux États-Unis et dans la sphère d'influence anglophone ?

Travail d'écriture

Écriture créative – scénario : Écrivez une scène à plusieurs personnages et points de vue, dans laquelle un prédicateur religieux tente d'obtenir du pouvoir sur un président (choisissez si cela se passe dans une république africaine, américaine, européenne, ou d'un autre continent).

8.9 PERSPECTIVES LITTÉRAIRES : RÉCEPTION DE L'ŒUVRE DE VOLTAIRE

Lettres philosophiques : le Parlement dénonce ce livre comme « scandaleux, contraire à la religion, aux bonnes mœurs et au respect dû aux Puissances ». En 1790, Condorcet (1743–1794) écrit : « Cet ouvrage fut parmi nous l'époque d'une révolution » (*Vie de Voltaire*).
Candide ou l'Optimisme : ce conte est aujourd'hui le principal best-seller de la philosophie des Lumières, et a suscité de nombreux commentaires. Sa signification varie selon les positions religieuses et philosophiques des uns et des autres.
   Madame de Staël (1766–1817), héritière de Lumières modérées, juge sévèrement le conte qu'elle accuse de nier la liberté, et dont elle ne supporte pas l'ironie : « il fit *Candide*, cet ouvrage d'une gaieté infernale ; car il semble écrit par un être d'une autre nature que nous, indifférent à notre sort, content de nos souffrances, et riant comme un démon, ou comme un singe, des misères de cette espèce humaine avec laquelle il n'a rien de commun. » (*De l'Allemagne*, 1810–1813).
   Aujourd'hui, presque tous les commentateurs en font, au contraire, le modèle de l'œuvre humaniste, qui déplore les malheurs des humains, et préfère l'action pour le bonheur aux débats religieux. Mais c'est en réalité un texte de croyant qui avoue que l'optimisme ne peut sauver Dieu de l'accusation d'avoir créé la souffrance, et qui, plutôt que de devenir athée, affirme comme les chrétiens traditionnels qu'il faut croire aveuglément, en prônant le repli sur son jardin privé.
   Après *Candide*, Voltaire s'est pourtant engagé, pour la tolérance. Mais il est aussi revenu à l'optimisme, comme à la meilleure doctrine pour associer foi et raison, justifier l'ordre naturel et social, et inciter à s'y soumettre. Cette doctrine religieuse est au service du despotisme éclairé : le monarque absolu n'est pas parfait mais, comme le Dieu de l'optimisme, il ferait tout *au mieux* pour son peuple.

La comparaison avec les textes de Kourouma fait mieux percevoir le sens de la conclusion de *Candide*. Pour résumer au risque de simplifier, le problème de Kourouma, c'est la souffrance de ses personnages ; le problème de Voltaire, c'est le risque que Dieu n'existe pas, ce Dieu qui fonde l'ordre inégalitaire que Voltaire défend, et dont il bénéficie comme l'une des grandes fortunes de France.

Recherche web

Enquêtez sur diverses réactions au conte *Candide*, de sa parution à aujourd'hui.

- Cherchez les tables des matières de la revue *Cahiers Voltaire*, et essayez de trouver en bibliothèque un exemplaire s'intéressant à la réception de *Candide*.
- Cherchez des adaptations de *Candide* à la scène ou à l'écran.

Discussion

Que trouvez-vous le pire dans la souffrance humaine : la possible inexistence de Dieu, ou cette souffrance même ?

8.10 VOLTAIRE, *LETTRES PHILOSOPHIQUES* (1734) ET *CANDIDE OU L'OPTIMISME* (1759)

Extrait 1[25] : *Tout est ce qu'il doit être dans l'ordre divin* (Lettres philosophiques, « *25ᵉ lettre. Sur les pensées de M. Pascal* », partie III). *Voltaire défend la liberté et le bonheur, et s'oppose à Pascal, dont il commente des passages des* Pensées *cités en italiques. Il refuse de croire que la souffrance vient du péché originel, et estime que l'homme peut vivre relativement heureux. À cette époque, il défend la doctrine philosophique et religieuse de l'« optimisme », selon laquelle Dieu a créé non pas le* maximum *(seul Dieu est parfait) mais l'*optimum, *le meilleur des mondes possibles. Voltaire affirme sa conception de la religion contre celle de Pascal, alors que Kourouma dénonce le fait que toutes les religions sont utilisées pour favoriser la soumission au pouvoir politique.*

III. « *Et cependant sans ce mystère, le plus incompréhensible de tous, nous sommes incompréhensibles à nous-mêmes. Le nœud de notre condition prend ses retours et ses plis dans l'abîme du péché originel, de sorte que l'homme est plus inconcevable sans ce mystère que ce mystère n'est inconcevable à l'homme*[26]. »

Est-ce raisonner que de dire : L'homme est inconcevable sans ce mystère inconcevable. Pourquoi vouloir aller plus loin que l'Écriture[27] ? N'y a-t-il pas de la témérité à croire qu'elle a besoin d'appui, et que ces idées philosophiques peuvent lui en donner ?

Qu'aurait répondu M. Pascal[28] à un homme qui lui aurait dit : « Je sais que le mystère du péché originel est l'objet de ma foi et non de ma raison. Je conçois fort bien sans mystère ce que c'est que l'homme ; je vois qu'il vient au monde comme les autres animaux ; que l'accouchement des mères est plus douloureux à mesure qu'elles sont plus délicates ; que quelquefois des femmes et des animaux femelles meurent dans l'enfantement ; qu'il y a quelquefois des enfants mal organisés qui vivent privés d'un ou deux sens et de la faculté du raisonnement ; que ceux qui sont le mieux organisés sont ceux qui ont les passions les plus vives ; que l'amour de soi-même est égal chez tous les hommes, et qu'il leur est aussi nécessaire que les cinq sens ; que cet amour-propre nous est donné de Dieu pour la conservation de notre être, et qu'il nous a donné la religion pour régler cet amour-propre [29] ; que nos idées sont justes ou inconséquentes, obscures ou lumineuses, selon que nos organes sont plus ou moins solides, plus ou moins déliés, et selon que nous sommes plus ou moins passionnés ; que nous dépendons en tout de l'air qui nous environne, des aliments que nous prenons, et que, dans tout cela, il n'y a rien de contradictoire. L'homme n'est point une énigme, comme vous vous le figurez, pour avoir le plaisir de la deviner. L'homme paraît être à sa place dans la nature, supérieur aux animaux, auxquels il est semblable par les organes, inférieur à d'autres êtres, auxquels il ressemble probablement par la pensée. Il est, comme tout ce que nous voyons, mêlé de mal et de bien, de plaisir et de peine. Il est pourvu de passions pour agir, et de raison pour gouverner ses actions. Si l'homme était parfait, il serait Dieu, et ces prétendues contrariétés, que vous appelez contradictions, sont les ingrédients nécessaires qui entrent dans le composé de l'homme, qui est ce qu'il doit être[30]. »

Extrait 2 : *L'honneur d'être esclave* (Candide ou l'Optimisme, *chapitre 19 : « Ce qui leur arriva à Surinam, et comment Candide fit connaissance avec Martin »). Voltaire dénonce l'esclavage pratiqué par les colons (« C'est à ce prix que vous mangez du sucre en Europe »), mais aussi la complicité des parents de l'esclave et le recours aux fétiches (sorciers ou pasteurs) pour justifier cette horreur.*

En approchant de la ville, ils rencontrèrent un nègre étendu par terre, n'ayant plus que la moitié de son habit, c'est-à-dire d'un caleçon de toile bleue ; il manquait à ce pauvre homme la jambe gauche et la main droite. « Eh, mon Dieu ! lui dit Candide en hollandais, que fais-tu là, mon ami, dans l'état horrible où je te vois ? — J'attends mon maître, M. Vanderdendur[31], le fameux négociant, répondit le nègre. —Est-ce M. Vanderdendur, dit Candide, qui t'a traité ainsi ? — Oui, monsieur, dit le nègre, c'est l'usage. On nous donne un caleçon de toile pour tout vêtement deux fois l'année. Quand nous travaillons aux sucreries, et que la meule nous attrape le doigt, on nous coupe la main ; quand nous voulons nous enfuir, on nous coupe la jambe[32] : je me suis trouvé dans les deux cas. C'est à ce prix que vous mangez du sucre en Europe. Cependant, lorsque ma mère me vendit dix écus patagons[33] sur la côte de Guinée, elle me disait : « Mon cher enfant, bénis nos fétiches[34], adore-les toujours, ils te feront vivre heureux, tu as l'honneur d'être esclave de nos seigneurs les blancs, et tu fais par là la fortune de ton père et de ta mère. » Hélas ! je ne sais pas si j'ai fait leur fortune, mais ils n'ont pas fait la mienne. Les chiens, les singes et les perroquets sont mille fois moins malheureux que nous. Les fétiches hollandais qui m'ont converti me disent tous les dimanches que nous sommes tous enfants d'Adam, blancs et noirs. Je ne suis pas généalogiste ; mais si ces prêcheurs disent vrai, nous sommes tous cousins issus de germains[35]. Or vous m'avouerez qu'on ne peut pas en user avec ses parents d'une manière plus horrible.

— Ô Pangloss ! s'écria Candide, tu n'avais pas deviné cette abomination ; c'en est fait, il faudra qu'à la fin je renonce à ton optimisme. — Qu'est-ce qu'optimisme ? disait Cacambo.

— Hélas ! dit Candide, c'est la rage de soutenir que tout est bien quand on est mal[36]. » Et il versait des larmes en regardant son nègre, et en pleurant il entra dans Surinam.

Extrait 3 : *Ne pas chercher à comprendre Dieu, ne pas s'occuper des affaires publiques (fin de* Candide ou l'Optimisme). *Candide a découvert tant de souffrances qu'il renonce à l'optimisme de Pangloss, selon lequel Dieu a créé un monde qui comporte du mal, mais est le meilleur des mondes possibles. Voltaire prône le silence en matière religieuse et une foi aveugle dans la Providence. Il propose le bonheur par le repli sur soi.*

Il y avait dans le voisinage un derviche[37] très fameux, qui passait pour le meilleur philosophe de la Turquie ; ils allèrent le consulter ; Pangloss porta la parole, et lui dit : « Maître, nous venons vous prier de nous dire pourquoi un aussi étrange animal que l'homme a été formé.

— De quoi te mêles-tu ? dit le derviche, est-ce là ton affaire ? — Mais, mon Révérend Père, dit Candide, il y a horriblement de mal sur la terre. — Qu'importe, dit le derviche, qu'il y ait du mal ou du bien ? Quand Sa Hautesse[38] envoie un vaisseau en Égypte, s'embarrasse-t-elle si les souris qui sont dans le vaisseau sont à leur aise ou non ? — Que faut-il donc faire ? dit Pangloss. — Te taire, dit le derviche. — Je me flattais, dit Pangloss, de raisonner un peu avec vous des effets et des causes, du meilleur des mondes possibles, de l'origine du mal, de la nature de l'âme et de l'harmonie préétablie[39]. » Le derviche, à ces mots, leur ferma la porte au nez.

Pendant cette conversation, la nouvelle s'était répandue qu'on venait d'étrangler à Constantinople deux vizirs du banc et le muphti[40], et qu'on avait empalé plusieurs de leurs amis. Cette catastrophe faisait partout un grand bruit pendant quelques heures. Pangloss, Candide et Martin[41], en retournant à la petite métairie, rencontrèrent un bon vieillard qui prenait le frais à sa porte sous un berceau d'orangers. Pangloss, qui était aussi curieux que raisonneur, lui demanda comment se nommait le muphti qu'on venait d'étrangler. « Je n'en sais rien, répondit le bonhomme, et je n'ai jamais su le nom d'aucun muphti ni d'aucun vizir [...] ; je ne m'informe jamais de ce qu'on fait à Constantinople ; je me contente d'y envoyer vendre les fruits du jardin que je cultive. » Ayant dit ces mots, il fit entrer les étrangers dans sa maison : ses deux filles et ses deux fils leur présentèrent plusieurs sortes de sorbets qu'ils faisaient eux-mêmes, du kaïmac piqué d'écorces de cédrat confit, des oranges, des citrons, des limons, des ananas, des pistaches [...].

« Vous devez avoir, dit Candide au Turc, une vaste et magnifique terre ? — Je n'ai que vingt arpents, répondit le Turc ; je les cultive avec mes enfants ; le travail éloigne de nous trois grands maux : l'ennui, le vice, et le besoin. »

Candide, en retournant dans sa métairie, fit de profondes réflexions sur le discours du Turc. Il dit à Pangloss et à Martin : « Ce bon vieillard me paraît s'être fait un sort bien préférable à celui des six rois avec qui nous avons eu l'honneur de souper. — Les grandeurs, dit Pangloss, sont fort dangereuses, selon le rapport de tous les philosophes : car enfin Églon, roi des Moabites, fut assassiné par Aod ; Absalon fut pendu par les cheveux et percé de trois dards ; le roi Nadab, fils de Jéroboam, fut tué par Baaza [...]. Vous savez comment périrent Crésus, Astyage, Darius [...], Marie Stuart, Charles Ier, les trois Henri de France, l'empereur Henri IV ? Vous savez ... — Je sais aussi, dit Candide, qu'il faut cultiver notre jardin. — Vous avez raison, dit Pangloss : car, quand l'homme fut mis dans le jardin d'Éden, il y fut mis *ut operaretur eum*, pour qu'il travaillât[42], ce qui prouve que l'homme n'est pas né pour le repos. — Travaillons sans raisonner, dit Martin ; c'est le seul moyen de rendre la vie supportable. »

Toute la petite société entra dans ce louable dessein [...] ; et Pangloss disait quelquefois à Candide : « Tous les événements sont enchaînés dans le meilleur des mondes possibles[43] ; car enfin, si vous n'aviez pas été chassé d'un beau château à grands coups de pied dans le derrière pour l'amour de Mlle Cunégonde, si vous n'aviez pas été mis à l'Inquisition, si vous n'aviez pas couru l'Amérique à pied, si vous n'aviez pas donné un bon coup d'épée au baron, si vous n'aviez pas perdu tous vos moutons du bon pays d'Eldorado, vous ne mangeriez pas ici des cédrats confits et des pistaches. — Cela est bien dit, répondit Candide, mais il faut cultiver notre jardin. »

8.11 LECTURE DE VOLTAIRE

8.11.1 Lecture initiale

Ayant lu le texte une première fois, répondez aux questions suivantes.

Considérations préliminaires

- *Qui* : Qui parle dans le texte ? Y a-t-il des personnages ?

Genre et discours

- Quel est le genre du texte (pièce de théâtre, poème, roman, etc.) ?
- Quel est le type de discours (argumentatif, descriptif, explicatif, narratif, injonctif) ?
- Quelle est la tonalité du texte (comique, épique, lyrique, tragique, polémique, etc.) ?

Recherche web

- Faites des recherches complémentaires sur le jansénisme et sur les Lumières
- Cherchez quand a eu lieu l'abolition de l'esclavage en France (attention : il a été rétabli puis à nouveau aboli).

Comparaisons

Comparez les deux extraits de *Candide* et les deux extraits des romans de Kourouma dans leur évocation de la souffrance et dans celle de la religion.

Culture

Heureusement, dans sa propre vie, Voltaire ne suivra pas le conseil égoïste de la fin de *Candide*, et s'engagera, notamment pour la tolérance religieuse. Faites des recherches sur « l'affaire Calas » et le *Traité sur la tolérance* (1763).

8.11.2 Lecture approfondie

Compréhension

Résumé en images et interview des personnages

Pour assurer la compréhension du texte étudié, faites son résumé en images séquentielles et posez des questions aux personnages (voir Annexe A). Lisez le texte une deuxième fois. Faites attention aux procédés littéraires et dégagez ensuite la signification de chaque extrait.

Interprétation

Signification

Comparez vos réponses aux questions suivantes avec celles de votre partenaire ou de la classe :
L'extrait 1 : Tout est ce qu'il doit être dans l'ordre divin (*Lettres philosophiques*)

1) « L'homme paraît être à sa place dans la nature, supérieur aux animaux, auxquels il est semblable par les organes, inférieur à d'autres êtres, auxquels il ressemble probablement par la pensée » : quels sont ces autres êtres ? Comment cette idée permet-elle à Voltaire de paraître à la fois bon croyant et raisonnable quant à l'espérance d'un relatif bonheur ?
2) Comment Voltaire parvient-il à se présenter comme un meilleur croyant que Pascal ? Voltaire fait-il appel à la raison des lecteurs ou à leur foi ?

L'extrait 2 : L'honneur d'être esclave (*Candide ou l'Optimisme*, chapitre 19)

3) Comment interpréter le possessif dans « Et il versait des larmes en regardant *son* nègre » ?
4) Dans les *Lettres philosophiques*, Voltaire soutenait l'optimisme. Dans *Candide*, il y renonce. Or, l'optimisme sauvait Dieu de l'accusation d'avoir créé la souffrance humaine. En rompant avec l'optimisme, Voltaire doit abandonner Dieu et devenir athée, ou se mettre à croire aveuglément comme Pascal. Quel a été le choix de Voltaire ?

L'extrait 3 : Ne pas chercher à comprendre Dieu, ne pas s'occuper des affaires publiques (fin de *Candide ou l'Optimisme*)

5) Au XVIIIe siècle, des auteurs tentent de concilier raison et foi à propos du mal et de la souffrance. Pangloss prône l'optimisme (Dieu ne peut pas être accusé d'avoir créé le Mal car il a tout fait *au mieux*) ; Martin défend le manichéisme (le Dieu du Bien est innocent, le Mal a été créé par le Dieu du Mal). Voltaire rejette la troisième solution : l'athéisme. Dans cette hypothèse, quelles seraient les causes des souffrances et peut-on les réduire ?

8.12 PRODUCTION ORALE ET ÉCRITE AUTOUR DES MORCEAUX CHOISIS DE VOLTAIRE

Exposé oral

Préparez un exposé oral sur un des sujets proposés :
Sujet 1 – La démocratie : Essayez de donner les grandes étapes de l'histoire de ce concept. Comment Abraham Lincoln a-t-il défini la démocratie ?

Sujet 2 – Voltaire sur l'esclavage : Analysez la citation suivante, et dites ce que peut nous apporter l'accusation par Voltaire des différents responsables de l'esclavage.

> « C'est à ce prix que vous mangez du sucre en Europe. Cependant, lorsque ma mère me vendit dix écus patagons sur la côte de Guinée, elle me disait : 'Mon cher enfant, bénis nos fétiches, adore-les toujours, ils te feront vivre heureux, tu as l'honneur d'être esclave de nos seigneurs les blancs, et tu fais par là la fortune de ton père et de ta mère.' »

Débats

En groupe de deux ou trois, discutez du sujet suivant et présentez vos idées à la classe. Préparez-vous à un débat.

L'humanisme : Enquêtez sur les définitions de l'humanisme, défendez votre définition et expliquez clairement par des exemples les valeurs que cet humanisme implique.

Travail d'écriture

A. *Écriture créative* – argumentation fictive : Cherchez une pensée de Pascal qui s'oppose à l'espérance du bonheur. À la manière ironique de Voltaire dans la 25e lettre des *Lettres philosophiques*, rédigez une réponse.

B. *Écriture créative* – fiction : À la manière ironique de Voltaire, imaginez un chapitre de *Candide* dans lequel une victime raconte un grave dommage qu'elle a subi du fait d'une violence collective. Terminez par les réactions de Candide à l'égard de la doctrine de l'optimisme.

8.13 MISE EN PARALLÈLE

De Voltaire et Kourouma jusqu'à aujourd'hui

La force de Kourouma et Voltaire est dans la combinaison d'un style ironique et d'un engagement critique puissants. Mais l'ironie de Kourouma porte sur toutes les formes de religion et de dictature. L'ironie de Voltaire ne porte que sur les religions qu'il trouve intolérantes ou dogmatiques, mais non sur son propre déisme, qui cherche aussi à faire accepter le monde tel qu'il est. Et son ironie porte sur les pouvoirs autoritaires quand ils lui paraissent arbitraires, mais non sur les pouvoirs autoritaires éclairés par des philosophes.

Voltaire critique la tyrannie, mais de même qu'il croit en un Dieu qui a créé le monde à l'*optimum*, il croit dans les bienfaits d'une monarchie absolue. Il ne semble pas capable d'imaginer l'idée de contre-pouvoir qui est aux fondements de la démocratie selon Montesquieu (« je détesterais moins la tyrannie d'un seul que celle de plusieurs », *Dictionnaire philosophique*, article « Tyrannie », 1764). Sa position s'explique par la lutte de la monarchie pour maîtriser la noblesse et l'Église, et sa propre espérance de conseiller les monarques. Voltaire correspond toute sa vie avec son ami Frédéric II, roi de Prusse (« Vous êtes le vainqueur de la superstition [...]. Vivez plus longtemps que moi, pour affirmer tous les empires que vous avez fondés. Puisse Frédéric le Grand être Frédéric l'immortel ! », *Correspondance*,

1er avril 1778). Les philosophes espèrent remplacer l'Église pour conseiller les rois, qui se servent de l'image progressiste des philosophes pour légitimer leur puissance.

L'œuvre de Kourouma est un antidote à cette association de l'optimisme philosophique et du despotisme éclairé. Mais l'afro-pessimisme de Kourouma, après *Candide* ou *Voyage au bout de la nuit* de Céline (qui passionnait Kourouma), pose la question de l'espérance politique aujourd'hui. Le pessimisme est si insupportable que l'on a lu *Candide* à contresens, en prétendant que la leçon finale (« cultiver son jardin ») était un appel à s'engager (comme Voltaire le fera après *Candide*). Le journaliste qui, à la mort de Kourouma, titre « Ahmadou Kourouma, un Voltaire africain » en fait aussi un optimiste. Aujourd'hui, la question se pose de savoir si on peut croire dans l'élaboration d'une véritable démocratie, par des citoyens tous impliqués, et non des despotes prétendument éclairés (ceux que Voltaire a défendus), et qui se disent socialistes ou capitalistes, chrétiens ou musulmans (ceux que Kourouma a dénoncés).

- Comparez les formes d'ironie présentes chez Kourouma et Voltaire.
- Comparez le regard porté sur les croyances religieuses et les pouvoirs de ceux qui dirigent les cultes chez Kourouma et Voltaire.
- Comparez le rôle de l'intellectuel par rapport au pouvoir politique chez les deux auteurs.

8.14 SYNTHÈSE

Travail d'écriture

Écriture analytique – essai : Condorcet, philosophe, mathématicien et homme politique (1743–1794), s'est battu avec Voltaire pour la tolérance religieuse. Pendant la Révolution française, il a défendu l'égalité des hommes et des femmes, des blancs et des noirs, et le droit à l'instruction et à la sécurité sociale pour tous. Refusant de dire comme Pascal (ou Voltaire dans *Candide*) que la vie terrestre est nécessairement faite de souffrances, et refusant de dire, comme Voltaire dans les *Lettres philosophiques*, que tout est bien, il écrit dans une introduction aux *Œuvres complètes* de Voltaire : « Qu'importe que tout soit bien, pourvu que nous fassions en sorte que tout soit mieux qu'il n'était avant nous ? » Qu'en pensez-vous ?

Théâtralisation

A. Prononciation d'un discours : Le philosophe et encyclopédiste Diderot (1713–1784) a d'abord cru comme Voltaire que le bonheur des citoyens pourrait venir de la bonté d'un monarque tout-puissant. Mais il finit par comprendre que c'est une illusion. Il explique alors qu'un bon roi... est encore pire qu'un mauvais roi, parce qu'il fait croire que la monarchie est une bonne chose. Soutenez ce paradoxe devant la classe. Vous êtes un philosophe qui s'oppose à la monarchie et défend la République, au début de la révolution américaine ou française.

B. Débat philosophique (variante) : Une personne s'oppose à vos idées, puis l'ensemble de la classe intervient, avant l'organisation d'un vote.

Portfolio de recherche

Enquêtez sur les différentes manières de concevoir et d'organiser la liberté de croyance en France et aux États-Unis. Pour expliquer les différences, enquêtez sur les événements historiques à l'origine de ces deux systèmes de liberté : en France, la Révolution française puis la loi sur la laïcité de 1905, qui s'opposent à la toute-puissance de l'Église catholique ; aux États-Unis, l'émigration de minorités religieuses empêchées de croire librement, et la Révolution américaine. Voyez le premier amendement (1791) de la Constitution des États-Unis et l'article 10 de la Déclaration des droits de l'homme et du citoyen (1789), préambule à la Constitution française. Ce dossier peut être constitué seul ou en équipe, sur papier ou sur un blogue avec de possibles enrichissements durant l'année.

Notes

1 Ahmadou Kourouma, *Les Soleils des indépendances*, Paris, Éditions du Seuil, 1969, pp. 9–11.
2 **Malinké** : déformation de « maninke », sous-ensemble du Mandingue, zone culturelle et linguistique à laquelle appartiennent aussi les Bambaras (régions du Mali, de Guinée, du Burkina-Fasso, de la Côte d'Ivoire)
3 **Ne pas soutenir un petit rhume** : en malinké, euphémisme signifiant « mourir », de même que « finir »
4 **Graillonna** : toussa pour expectorer
5 **Dans le temps de ciller l'œil** : « en un clin d'œil » (cela sent la traduction du malinké)
6 **Soleils** (m. pl.) **des Indépendances** : traduction du malinké pour les jours des indépendances (au début des années 1960)
7 **L'ombre aurait réintégré les restes** : l'esprit du mort aurait réintégré le corps
8 **Funérailles** (f. pl.) : selon la tradition, les funérailles durent quarante jours puis l'ombre revient dans le terroir natal
9 **Griots** (m.) : de la caste des poètes, de tradition orale, qui chantent les louanges du personnage dont ils dépendent
10 **Horodougou** : une région fictive qui évoque le Worodougou de la Côte d'Ivoire ; le fief de Fama
11 **Tisserin** (m.) : un petit oiseau de la savane africaine
12 **Doumbouya** : nom d'une famille princière (comme Kourouma) ; le prénom Fama signifie « prince »
13 **Les gardes frontaliers** : à la frontière entre la Côte des Ébènes (la Côte d'Ivoire) et le Nikinai (la Guinée)
14 La tension entre les deux pays, comme entre Côte d'Ivoire et Guinée dans les années 1960, explique l'échange incontrôlé de coups de feu (il n'y a pas ici de « fugitif », et Fama ne comprend rien aux nouvelles frontières).
15 Durant tout le roman, Fama, prince déchu, se plaint de ne pas réussir à avoir des enfants et en accuse sa femme.
16 Ahmadou Kourouma, *En attendant le vote des bêtes sauvages*, Paris, Éditions du Seuil, 1998, pp. 172–174.
17 **Totem** (m.) : un animal tutélaire selon les croyances animistes, ancêtre et protecteur d'un clan
18 **Grigris** (m. pl.) : des amulettes, objets magiques offerts par des marabouts féticheurs, des sorciers animistes
19 **Féticheurs** (m. pl.) : ici, synonyme d'« animiste », croyant aux fétiches
20 **Nègre** (m.) : ce terme n'est pas toujours péjoratif dans l'histoire de la langue française (il ne l'est ni dans l'épisode du « Nègre de Surinam » chez Voltaire, ni sous la plume de Kourouma)
21 Entretien avec Kourouma par Yves Chemla, *Le Serpent à plumes*, n° 8, 1993, p. 157.
22 *La langue d'Ahmadou Kourouma ou le français sous le soleil d'Afrique,* Paris, ACCT-Karthala, 1995, p. 17.
23 *Le Serpent à plumes*, p. 159, cité dans M. Borgomano, *Kourouma. Le « guerrier » griot*, L'Harmattan, 1998, p. 83.
24 Dominique Mataillet, « Ahmadou Kourouma, un Voltaire africain », *Jeune Afrique*, 16 décembre 2003.
25 Les œuvres de Voltaire sont dans le domaine public.

26 Les chrétiens expliquent la souffrance humaine comme une punition. Même les enfants sont coupables, parce qu'ils héritent du péché originel d'Adam et Ève. Cette idée semble injuste à Pascal mais, sans elle, il ne peut comprendre la souffrance. Pascal préfère encore ce « mystère » à l'athéisme.

27 **L'Écriture** (f.) : les Écritures saintes, la Bible

28 **Pascal** : un mathématicien, homme de sciences, inventeur, polémiste chrétien, et philosophe (1623–1662)

29 **Amour-propre** (m.) : l'amour de soi-même. Voltaire revalorise l'amour-propre critiqué par des rigoristes comme Pascal.

30 L'homme est ce qu'il doit être, tout est ce qu'il doit être : c'est la doctrine de l'optimisme, que l'Anglais Pope, l'Allemand Leibniz et le Français Voltaire diffusent pour disculper Dieu de l'accusation d'avoir créé le mal et la souffrance. Il faudrait accepter le monde tel qu'il est...

31 **Vanderdendur** : un nom hollandais (les terres de la future République de Suriname sont colonisées par les Hollandais) ; « dendur » évoque la sévérité (il a la « dent dure »).

32 **Couper la jambe** : selon le Code noir édicté par Louis XIV, on coupe le jarret à qui essaie de s'enfuir deux fois.

33 **Écus** (m. pl.) **patagons** : la monnaie des Flandres hollandaises et d'Espagne

34 **Fétiches** (m.) : les pasteurs hollandais. « Fétiche » désigne aujourd'hui un objet magique, et « féticheur » un sorcier.

35 **Cousins issus de germains** (m. pl.) : dont les parents sont cousins germains entre eux. Le lien familial est assez proche.

36 Le mot « **optimisme** » a été inventé en 1737 pour désigner l'idée que notre monde est le meilleur des mondes possibles. Le sens psychologique actuel n'apparaît qu'en 1788 et le mot « pessimiste » en 1789.

37 **Derviche** (m.) : un religieux musulman qui vit dans l'extrême pauvreté

38 **Hautesse** (f.) : ici, le Sultan de Turquie

39 Selon Leibniz, ridiculisé à travers Pangloss, Dieu a établi à l'avance une harmonie entre l'âme et le corps, et entre tous les éléments matériels et spirituels de l'univers.

40 **Vizirs** (m. pl.) **du banc et muphti** (m.) : les ministres de la cour suprême et chef religieux de l'Islam en Turquie

41 **Candide** (synonyme de naïf) est entouré de deux philosophes, **Pangloss** et **Martin**. Pangloss explique l'existence du Mal par l'idée qu'un Dieu infiniment bon, sage et puissant n'a pas pu créer le *maximum* mais seulement un *optimum* avec le moins de mal possible. Martin croit en l'existence d'un Dieu du Bien et d'un Dieu du Mal.

42 **Pour qu'il travaillât** : traduction de la formule latine du chapitre biblique de la *Genèse*

43 **Le meilleur des mondes possibles** : l'optimisme suppose que Dieu a pensé, avant de créer le monde, toutes les séries de causes et d'effets. L'optimisme a donc été accusé, à juste titre, d'être un « fatalisme », de nier toute liberté.

Module 9 Confessions chez Jean-Jacques Rousseau et Annie Ernaux

Sylvie Romanowski et Véronique Olivier

9.1 ENTRÉE EN MATIÈRE

« Moi seul. Je sens mon cœur et je connais les hommes. Je ne suis fait comme aucun de ceux que j'ai vus ; j'ose croire n'être fait comme aucun de ceux qui existent. Si je ne vaux pas mieux, au moins je suis autre. Si la nature a bien ou mal fait de briser le moule dans lequel elle m'a jeté, c'est ce dont on ne peut juger qu'après m'avoir lu. »

(Jean-Jacques Rousseau, *Les Confessions*)

« Je suis sûre maintenant qu'on se découvre davantage en se projetant dans le monde extérieur que dans l'introspection du journal intime. »

(Annie Ernaux, *Journal du dehors*)

Interprétation

1) Dans les citations précédentes, identifiez cinq termes avec lesquels vous n'êtes pas entièrement familiers, ou que vous trouvez révélateurs. Cherchez leurs définitions dans un dictionnaire.
2) Quelle est la fonction de ces mots dans les citations ?
3) Quelles images évoquent-ils ?
4) En quoi peut-on dire que les deux citations se font écho ?
5) Quel thème unifie les deux citations ?

Vocabulaire utile : autre, introspection (f.), journal (m.) intime, monde (m.) extérieur, moule (m.), nature (f.), connaître, se découvrir, juger, lire, se projeter, sentir

Présentation

Présentez à vos partenaires les cinq termes que vous avez préparés et comparez-les. Quels sont les termes communs ?

9.2 JEAN-JACQUES ROUSSEAU ET ANNIE ERNAUX

Jean-Jacques Rousseau, écrivain et philosophe de langue française (1712–1778)

Né à Genève et mort à Ermenonville (Oise), il est une des figures les plus importantes de l'époque des Lumières : il a écrit sur la philosophie, la théorie politique, la pédagogie et aussi un roman et des écrits autobiographiques. Ses œuvres politiques l'ont rendu célèbre et controversé. Il s'est opposé à plusieurs idéaux des Lumières comme la notion de progrès, le rationalisme, en proposant le concept de l'homme naturel qui est essentiellement bon, mais corrompu par la société de l'époque qui prônait le raffinement, la culture, le commerce, la propriété. Il veut au contraire une société radicalement égalitaire et démocratique. Il met en valeur les sentiments intérieurs et valorise tout ce qui est inné et naturel, plus que le conformisme aux normes sociales. Mal compris et très contesté, il s'est senti persécuté et a vécu une vie instable et tourmentée. Dans la dernière décennie de sa vie, qui est très solitaire, il écrit ses principales œuvres autobiographiques. Il commence à rédiger les *Confessions* vers 1765 et publie les six premiers livres en 1782, et publie les *Rêveries du promeneur solitaire* en 1778. Il a contribué à préparer le mouvement du romantisme et la valorisation d'une nature plus sauvage au dix-neuvième siècle.

Annie Ernaux, romancière française (1940–)

Elle est née en Normandie en 1940, enfant unique de parents commerçants modestes. Elle fait de brillantes études de littérature et devient professeur de français et rapidement écrivaine. Son œuvre s'intéresse à l'autobiographie, à l'expérience personnelle. Elle a publié *La Place* sur la mort de son père et *Une Femme*, hommage à sa mère et à ses origines modestes. Dans *L'Événement*, elle raconte son avortement alors que dans *Passion simple*, elle évoque une relation avec un homme marié. Dans *Journal du dehors*, Annie Ernaux propose de relater la vie quotidienne au sein d'une ville nouvelle de banlieue parisienne, où elle réside. Elle s'intéresse à l'ordinaire, au familier, aux êtres humains qu'elle observe et croise.

Vocabulaire

Cherchez la définition des mots suivants dans un dictionnaire : Lumières (f. pl.), raffinement (m.), romantisme (m.), unique, avortement (m.), relater (v.), au sein de, résider (v.), croiser (v.)

Contexte

Pour bien vous situer dans le contexte historique et géographique, faites une recherche pour répondre aux questions suivantes :

• Quand est l'époque des Lumières en France, quand commence-t-elle et quand finit-elle ? Quels monarques ont régné pendant cette époque ? Pourquoi l'appelle-t-on ainsi ? Comment appelle-t-on cette époque en anglais ?
• Renseignez-vous sur l'évolution des droits de femmes en France au XXᵉ siècle. Qu'est-ce que la loi Veil et quand fut-elle adoptée ?

9.3 RÉSUMÉ DES TEXTES

Les Confessions *(1782)*

Rousseau commence à rédiger les *Confessions* vers 1765 et publie les six premiers livres en 1782, et publie les *Rêveries du promeneur solitaire* en 1778. Ses textes autobiographiques sont bien différents des textes politiques, *Le Discours sur les sciences et les arts* (1750), le *Discours sur l'origine de l'inégalité* (1755) et le *Contrat social* (1762). La courte citation ci-présente est le deuxième paragraphe du Livre I des ***Confessions***. Après avoir dit que son autobiographie est la première de toute l'histoire humaine, il exprime le sentiment d'être profondément différent de tous les hommes et il affirme qu'il se connaît mieux que quiconque.

Journal du dehors *(1993)*

C'est l'histoire de l'auteur qui, entre 1985 et 1992, relate, chronologiquement, la vie quotidienne au sein de son quartier en banlieue parisienne. Tout en regardant les autres vivre, des scènes et des souvenirs personnels d'Annie Ernaux émergent. La narratrice réalise finalement qu'elle parle beaucoup plus d'elle-même qu'elle n'avait planifié. Elle se rend compte que les autres l'aident à se connaître.

Vocabulaire

Cherchez la définition des mots suivants : confession (f.), émerger, planifier, se rendre compte de, banlieue (f.), relater

Comparaisons

En paire ou en groupe, identifiez, d'après leurs résumés, ce qui peut relier ces textes. Cherchez sur Internet et étudiez les couvertures des différentes éditions des *Confessions* et *Journal du dehors*.

- Quelles informations, verbales et visuelles, se trouvent sur chacune de ces couvertures ?
- À quoi servent-elles ?
- Quelles réactions suscitent-elles chez vous?
- Quelle version achèteriez-vous et pourquoi ?

Communautés

Allez sur le forum de Jean-Jacques Rousseau et d'Annie Ernaux, lisez les discussions ou créez vous-même une nouvelle discussion.

9.4 THÈMES COMMUNS : CONNAISSANCE DE SOI ET NARRATION PERSONNELLE

Considérez d'abord les questions préliminaires :

- Tenez-vous un journal intime ? Qu'est-ce que vous y mettez ?
- Êtes-vous utilisateur de Facebook ? Qu'est-ce que vous y mettez ?
- Est-ce que vous aimez observer les autres (dans la rue, au café, dans le métro, sur le campus) ?
- Avez-vous déjà vécu des moments, ou rencontré des personnes qui ont provoqué un souvenir personnel ? Lequel ? Comment ce processus s'est-il manifesté ?
- Si vous commenciez une autobiographie, quelle en serait la première phrase ?
- La connaissance de soi peut-elle être complète ? Comment se connaît-on ? Quel est le rôle des autres dans la connaissance de soi ? Quelle est la relation entre le monde extérieur et la connaissance de soi ?

Confessions

Le seul texte précédent qui s'appelle *Confessions* est celui de Saint Augustin (354–430). Il fut d'abord un intellectuel avec diverses croyances, puis il s'est converti au christianisme en 386 et est devenu prêtre, puis évêque. Il a vécu en Afrique et il est un des théologiens fondateurs de la religion chrétienne. Il a eu une influence profonde sur les courants importants de la religion chrétienne, tant la Réforme protestante au XVIe siècle, que la Contre-réforme catholique aux XVIe et XVIIe siècles. Il a influencé à la fois les mystiques et les scolastiques tels que Saint Thomas d'Aquin, les fondateurs des confessions protestantes Luther et Calvin, Pascal et les jansénistes, et bien d'autres, par exemple Kierkegaard. Ses *Confessions* commencent sur une méditation et une prière, et sont en fait une longue narration et une méditation adressées à Dieu.

Voici comment Saint Augustin explique pourquoi il a écrit ses *Confessions* :

« Mais que me font les hommes ? pourquoi leur faire entendre mes *Confessions* comme si c'était eux qui devaient guérir toutes mes langueurs ? Race curieuse de la vie d'autrui, mais nonchalante à amender la sienne ! Qu'ont-ils besoin de chercher à connaître qui je suis, eux qui ne veulent pas connaître par vous qui ils sont ? [...] Seigneur, je me confesse à vous pour que les autres hommes m'entendent. Je ne puis leur démontrer la vérité de ma confession ; mais ils me croient, ceux dont la charité m'ouvre les oreilles[1]. »

Comparez les intentions de Rousseau et d'Augustin : quelles ressemblances voyez-vous ? quelles sont les principales différences ? À qui s'adressent les deux auteurs, et qu'attendent-ils de leurs lecteurs ? Que disent-ils sur la possibilité de se connaître ? de connaître les autres ? Selon quel critère Rousseau veut-il être jugé ?

L'enfance et vous

1) Quelle est l'importance de l'enfance ? est-ce nécessaire de commencer à la raconter pour se connaître et pour se faire connaître aux autres ? Est-ce de cette manière que vous commenceriez votre autobiographie ? Justifiez votre réponse.
2) Quelle est l'importance du cadre, des objets extérieurs à vous ? À quelles sortes d'objets faites-vous particulièrement attention ? Quelle sorte de mémoire avez-vous : visuelle ? auditive ? émotionnelle ?
3) Avec le recul, pensez-vous que vos souvenirs ont changé ? de quoi vous souvenez-vous plus maintenant qu'autrefois ?

Vocabulaire

Cherchez la définition des mots suivants : autobiographie (f.), mystique, scolastique, évêque (m.), amender

Discussion

Quelles réactions les mots « intime », « connaissance de soi », « autobiographie » et « confession » suscitent-ils chez vous ?

Recherche web

Faites des recherches supplémentaires sur les concepts et phénomènes suivants :

• Saint Augustin, Saint Thomas d'Aquin
• La Réforme protestante
• La Contre-Réforme
• Le jansénisme
• Martin Luther, Jean Calvin, Søren Kierkegaard

9.5 JEAN-JACQUES ROUSSEAU, *LES CONFESSIONS*

> *Après avoir dit que son autobiographie est la première de toute l'histoire humaine, l'auteur exprime le sentiment d'être profondément différent de tous les hommes et affirme qu'il se connaît mieux que quiconque[2].*

Préambule

Voici le seul portrait d'homme, peint exactement d'après nature et dans toute sa vérité, qui existe et qui probablement existera jamais. Qui que vous soyez que ma destinée ou ma confiance ont fait l'arbitre du sort de ce cahier, je vous conjure par mes malheurs, par vos entrailles[3], et au nom de toute l'espèce humaine de ne pas anéantir[4] un ouvrage unique et utile, lequel peut servir de première pièce de comparaison pour l'étude des hommes, qui certainement est encore à commencer, et de ne pas ôter à l'honneur de ma mémoire le seul monument sûr de mon caractère qui n'ait pas été défiguré par mes ennemis. Enfin fussiez-vous vous-même un de ces ennemis implacables, cessez de l'être envers ma cendre[5], et ne portez pas votre cruelle injustice jusqu'au temps où ni vous ni moi ne vivrons plus ; afin que vous puissiez vous rendre au moins une fois le noble témoignage d'avoir été généreux et bon quand vous pouviez être malfaisant[6] et vindicatif : si tant est que le mal qui s'adresse à un homme qui n'en a jamais fait, ou voulu faire, puisse porter le nom de vengeance. (p. 3)

Livre I

Intus, et in Cute[7].

1) Je forme une entreprise qui n'eut jamais d'exemple, et dont l'exécution n'aura point d'imitateur. Je veux montrer à mes semblables un homme dans toute la vérité de la nature ; et cet homme, ce sera moi.

2) Moi seul. Je sens mon cœur et je connais les hommes. Je ne suis fait comme aucun de ceux que j'ai vus ; j'ose croire n'être fait comme aucun de ceux qui existent. Si je ne vaux pas mieux, au moins je suis autre. Si la nature a bien ou mal fait de briser le moule[8] dans lequel elle m'a jeté, c'est ce dont on ne peut juger qu'après m'avoir lu.

3) Que la trompette du jugement dernier sonne quand elle voudra ; je viendrai ce livre à la main me présenter devant le souverain juge[9]. Je dirai hautement : voilà ce que j'ai fait, ce que j'ai pensé, ce que je fus. J'ai dit le bien et mal avec la même franchise. Je n'ai rien tu de mauvais, rien ajouté de bon, et s'il m'est arrivé d'employer quelque ornement indifférent, ce n'a jamais été que pour remplir un vide occasionné par mon défaut de mémoire ; j'ai pu supposer vrai ce que je savais avoir pu l'être, jamais ce que je savais être faux. Je me suis montré tel que je fus, méprisable et vil[10] quand je l'ai été, bon, généreux, sublime, quand je l'ai été : j'ai dévoilé mon intérieur tel que tu l'as vu toi-même. Être éternel, rassemble autour de moi l'innombrable foule de mes semblables : qu'ils écoutent mes confessions, qu'ils gémissent[11] de mes indignités, qu'ils rougissent de mes misères. Que chacun d'eux découvre à son tour son cœur aux pieds de ton trône avec la même sincérité ; et puis qu'un seul te dise, s'il l'ose : *je fus meilleur que cet homme-là.* (p. 5)

***

J'étudiais un jour seul ma leçon dans la chambre contiguë à la cuisine. La servante avait mis à sécher à la plaque[12] les peignes de Mlle Lambercier[13]. Quand elle revint les prendre, il s'en trouva un dont tout un côté de dents était brisé. À qui s'en prendre de ce dégât[14] ? personne autre que moi n'était entré dans la chambre. On m'interroge ; je nie d'avoir touché le peigne. M. et Mlle Lambercier se réunissent ; m'exhortent, me pressent, me menacent ; je persiste avec opiniâtreté[15] ; mais la conviction était trop forte, elle l'emporta sur toutes mes protestations, quoique ce fut la première fois qu'on m'eut trouvé tant d'audace à mentir. La chose fut prise au sérieux ; elle méritait de l'être. La méchanceté, le mensonge, l'obstination parurent également dignes de punition : mais pour le coup ce ne fut pas par Mlle Lambercier qu'elle me fut infligée. On écrivit à mon oncle Bernard ; il vint. Mon pauvre cousin était chargé d'un autre délit[16] non moins grave : nous fumes enveloppés dans la même exécution. Elle fut terrible. Quand, cherchant le remède dans le mal même, on eût voulu pour jamais amortir mes sens dépravés, on n'aurait pu mieux s'y prendre. Aussi me laissèrent-ils en repos pour longtemps.

On ne put m'arracher l'aveu[17] qu'on exigeait. Repris à plusieurs fois, et mis dans l'état le plus affreux, je fus inébranlable[18]. J'aurais souffert la mort et j'y étais résolu. Il fallut que la force même cédât au diabolique entêtement d'un enfant ; car on n'appela pas autrement ma constance. Enfin je sortis de cette cruelle épreuve en pièces, mais triomphant.

Il y a maintenant près de cinquante ans de cette aventure, et je n'ai pas peur d'être aujourd'hui puni derechef[19] pour le même fait. Hé bien, je déclare à la face du Ciel que j'en étais innocent, que je n'avais ni cassé ni touché le peigne, que je n'avais pas approché de la plaque, et que je n'y avais pas même songé. Qu'on ne me demande pas comment ce dégât se fit ; je l'ignore, et ne puis le comprendre ; ce que je sais très certainement, c'est que j'en étais innocent.

Qu'on se figure un caractère timide et docile dans la vie ordinaire, mais ardent, fier, indomptable[20] dans les passions ; un enfant toujours gouverné par la voix de la raison, toujours traité avec douceur, équité, complaisance ; qui n'avait pas même l'idée de l'injustice, et qui, pour la première fois en éprouve une si terrible, de la part précisément des gens qu'il chérit[21] et qu'il respecte le plus. Quel renversement d'idées ! quel désordre de sentiments ! quel bouleversement dans son cœur, dans sa cervelle[22], dans tout son petit être intelligent et moral ! Je dis, qu'on s'imagine tout cela, s'il est possible ; car pour moi, je ne me sens pas capable de démêler[23], de suivre, la moindre trace de ce qui se passait alors en moi.

Je n'avais pas encore assez de raison pour sentir combien les apparences me condamnaient, et pour me mettre à la place des autres. Je me tenais à la mienne, et tout ce que je sentais, c'était la rigueur d'un châtiment[24] effroyable pour un crime que je n'avais pas commis. La douleur du corps, quoique vive, m'était peu sensible, je ne sentais que l'indignation, la rage, le désespoir. Mon cousin dans un cas à peu près semblable, et qu'on avait puni d'une faute involontaire comme d'un acte prémédité, se mettait en fureur à mon exemple, et se montait, pour ainsi dire, à mon unisson[25]. Tous deux dans le même lit nous nous embrassions avec des transports[26] convulsifs, nous étouffions ; et quand nos jeunes cœurs un peu soulagés, pouvaient exhaler[27] leur colère, nous nous levions sur notre séant, et nous nous mettions tous deux à crier cent fois de toute notre force : *Carnifex, Carnifex, Carnifex*[28].

Je sens en écrivant ceci que mon pouls[29] s'élève encore ; ces moments me seront toujours présents quand je vivrais cent mille ans. Ce premier sentiment de la violence et de l'injustice est resté si profondément gravé dans mon âme, que toutes les idées qui s'y rapportent me rendent ma première émotion ; et ce sentiment, relatif à moi dans son origine, a pris une telle consistance en lui-même, et s'est réellement détaché de tout intérêt personnel, que mon cœur s'enflamme au spectacle ou au récit de toute action injuste, quel qu'en soit l'objet et en quelque lieu qu'elle se commette, comme si l'effet en retombait sur moi. Quand je lis les cruautés d'un tyran féroce, les subtiles noirceurs d'un fourbe[30] de prêtre, je partirais volontiers pour aller poignarder ces misérables, dussai-je[31] cent fois y périr. Je me suis souvent mis en nage, à poursuivre à la course ou à coups de pierre un coq, une vache, un chien, un animal que j'en voyais tourmenter un autre, uniquement parce qu'il se sentait le plus fort. Ce mouvement peut m'être naturel, et je crois qu'il l'est ; mais le souvenir profond de la première injustice que j'ai soufferte y fut trop longtemps et trop fortement lié, pour ne l'avoir pas beaucoup renforcé.

Là fut le terme de la sérénité de ma vie enfantine. Dès ce moment je cessai de jouir d'un bonheur pur, et je sens aujourd'hui même que le souvenir des charmes de mon enfance s'arrête là. (pp. 18–21)

9.6 LECTURE DE ROUSSEAU

9.6.1 Lecture initiale

Ayant lu le texte une première fois, répondez aux questions suivantes.

Considérations préliminaires

- *Qui* : Qui parle dans le texte ? Qui sont les personnages ?
- *Quoi* : Quel est le sujet du texte ?
- *Où et quand* : Relevez les mots dans le texte qui indiquent un lieu et le temps.

Genre et discours

- Quel est le genre du texte (pièce de théâtre, poème, roman, etc.) ?
- Quel est le type de discours (argumentatif, descriptif, explicatif, narratif, injonctif) ?
- Quelle est la tonalité du texte (comique, épique, lyrique, tragique, polémique, etc.) ?

Prise de notes

Prenez des notes en lisant le texte. Notez des détails importants et vos propres questions.

9.6.2 Lecture approfondie

Compréhension

Résumé en images et interview des personnages

Pour assurer la compréhension du texte étudié, faites son résumé en images séquentielles et posez des questions aux personnages (voir Annexe A). Lisez le texte une deuxième fois. Faites d'abord attention aux procédés littéraires et dégagez ensuite la signification de chaque extrait.

Analyse

Procédés littéraires

Le Préambule peut faire l'objet d'une **explication de texte** détaillée, car il est court et il contient de nombreux concepts importants des *Confessions* et de l'œuvre de Rousseau en général.

Comparez vos réponses aux questions suivantes avec celles de votre partenaire ou de la classe :

1) Quelle est la structure syntaxique et grammaticale des trois premières phrases ? Quelle progression peut-on remarquer ?
2) Quels sont la fonction et le ton de la première phrase ? Comment la construction grammaticale correspond-elle avec cette fonction ?
3) Comment commence la deuxième phrase ? Notez la présence du « vous » : à qui l'auteur parle-t-il et comment s'adresse-t-il ? Quel est le verbe de la proposition principale ?
4) Comment commence la troisième phrase ? Comparez-la avec la deuxième phrase. Quelles idées de la deuxième phrase sont amplifiées dans la troisième phrase ?

Interprétation

Signification

5) Quelles sont les demandes de Rousseau à ses lecteurs ? Comment Rousseau veut-il persuader le lecteur de lire ses écrits ? Qu'est-ce que Rousseau cherche à obtenir de son lecteur ?
6) Comment interpréter la partie finale de la troisième phrase, à partir de « Si tant est » ?
7) À travers ce discours aux lecteurs, comment Rousseau se peint-il lui-même ? qu'apprend-on sur lui ?

Contexte

Ce passage peut aussi se lire à la lumière des concepts de la **rhétorique classique**, bien connue sous l'Ancien Régime. À tout discours, selon les règles de la rhétorique, il faut une entrée en matière qui attire l'attention du lecteur et lui donne envie de lire : ceci s'appelle l'*exorde*. Ensuite on doit raconter, c'est la *narration* : avancer un ou plusieurs arguments, formuler une demande, raconter des faits, dire ce dont on veut persuader le lecteur. On peut aussi faire une *concession*, où l'on concède que le lecteur peut avoir des points de vue opposés qui ont du mérite, ou des préjugés qu'il faut reconnaître pour pouvoir y répondre et le persuader plus aisément. Finalement, il faut une conclusion forte, parce que la partie finale est ce qui reste dans la mémoire : c'est la *péroraison*.

A. Analysez ce préambule selon ces concepts. Quel est l'exorde ? Est-ce que Rousseau fait des concessions à ses lecteurs ? Où est la péroraison ? Imaginez que vous devez lire le texte à haute voix, comme un texte dramatique, et comment vous en feriez ressortir les différentes parties.

B. Les trois premiers paragraphes du Livre I des *Confessions* constituent comme un deuxième préambule avant que Rousseau ne commence le récit de sa vie proprement dit, donc ils peuvent se lire comme une expansion du préambule. Étudiez les trois sections numérotées et comparez-les avec les trois phrases du préambule : quelles idées sont répétées, et lesquelles sont amplifiées ? Notez les ressemblances et les différences de ton. Est-ce que l'adresse aux lecteurs occupe la même place ? À qui d'autre Rousseau s'adresse-t-il dans ces paragraphes et en quels termes ?

C. Question de compréhension générale : qu'est-ce qu'une confession ? Selon la religion catholique, la confession fait partie des concepts-clés du christianisme et elle est un des sept sacrements de l'Église catholique. Ce que la personne (le pénitent) cherche quand elle confesse ses péchés : une délivrance, que l'on obtient par l'aveu à un prêtre qui a le pouvoir d'absoudre les péchés et d'imposer une pénitence, pour obtenir la réconciliation avec Dieu. Est-ce que les *Confessions* de Rousseau ressemblent à ce modèle ? Discutez les différences et les ressemblances avec le modèle religieux. (Rousseau a été élevé dans la religion protestante, mais s'est converti au catholicisme plus tard pour ensuite élaborer sa propre foi de manière individuelle.)

L'incident du peigne cassé

A. La narration de l'incident lui-même (deux premiers paragraphes). Quelle est la progression des deux paragraphes ? Quels sont les termes qui soulignent l'importance de l'injustice soufferte par le jeune garçon ? quelle sorte de vocabulaire utilise-t-il ? pensez-vous que sa réaction soit justifiée ?

Rousseau dégage les significations multiples de cet incident dans les paragraphes suivants. Comment cet incident a-t-il changé sa vie ? son caractère ? Comment juge-t-il les adultes autour de lui ? Où trouve-t-il de la consolation ? Comment explique-t-il que les adultes se comportent injustement envers lui ? Comment se sent-il différent ?

9.7 PRODUCTION ORALE ET ÉCRITE AUTOUR DES *CONFESSIONS*

Exposé oral

Préparez un exposé oral sur la comparaison des deux phrases d'ouverture du Préambule et du Livre I. Quelles idées communes voyez-vous ? quelles divergences ? quels termes-clés figurent dans les deux phrases ?

Préparez un autre exposé oral sur votre enfance ou l'enfance d'une personne que vous connaissez (cela peut être également un personnage imaginaire). Si vous avez des photos ou des objets représentatifs, partagez-les avec la classe.

Débats

En groupes de deux ou trois, discutez des sujets suivants et présentez vos idées à la classe. Préparez-vous à un débat.

Sujet 1 : Internet détruit la vie privée.
Sujet 2 : Il ne faut jamais tout dire à propos de soi.

Visionnement

Charles Aznavour, célèbre auteur-compositeur et chanteur français né à Paris en 1924 de parents arméniens, chante une chanson, intitulée *Autobiographie* en 2004 au Palais des Congrès de Paris. Regardez le clip et écoutez la chanson sur YouTube :

*   Comment commence et finit la chanson ?
*   Quels détails de sa vie donne-t-il ?
*   Pouvez-vous imaginer chanter votre propre biographie? Pourquoi ? Pourquoi pas ?

Travail d'écriture

Écriture créative – réécriture : Imaginez une autre version de l'incident du peigne cassé dans laquelle la vérité est révélée. (250 mots)

9.8 PERSPECTIVES CULTURELLES : NOUVEL ESPACE – NOUVELLE VIE

Les « villes nouvelles » ont été créées pendant la seconde moitié du XXe siècle à proximité d'une agglomération urbaine importante (telle que Paris ou Londres) pour organiser et encourager la croissance urbaine. Elles sont souvent le résultat d'un projet mené par l'État qui répond aux besoins de la population et vise à aménager de manière systématique les fonctions économiques et résidentielles de ces nouveaux espaces urbains.

Visionnement

Regardez le film d'Éric Rohmer, *L'amie de mon amie* (1987). On y voit une ville nouvelle, comme chez Annie Ernaux.

1) Regardez les cinq premières minutes.

*   Comment est la vie ? Ressemble-t-elle à Paris ? Pourquoi ? Pourquoi pas ? Ressemble-t-elle à votre ville natale ? Comment ?
*   Comment s'appellent les deux jeunes filles ?
*   Notez en quoi elles sont différentes. Par exemple, qui a un copain, qui habite Paris, qui fait du sport ?
*   Est-ce que vous pensez que ces deux jeunes filles peuvent devenir amies ?

2) Regardez le film en entier. Faites attention en particulier aux relations entre les quatre principaux personnages.

*   Est-ce que la fin du film montre que « notre moi, notre vrai moi, n'est pas tout entier en nous » ?
*   Qu'est-ce qui a changé entre le début et la fin du film ?
*   Notre moi est-il stable ou bien évolue-t-il d'après le film de Rohmer ?

Connexions

En relisant le texte, pensez aux relations entre le texte de Rousseau et l'espace. Le moi est-il influencé par l'espace, par son environnement ? De quelle manière ?

Culture

Renseignez-vous sur la création des « villes nouvelles » dans d'autres pays que la France, par exemple dans les pays de l'Europe de l'Est pendant la période communiste, d'Amérique du Sud ou d'Afrique. Dans quelles conditions politiques ces villes furent-elles créées et quelle est leur situation actuelle ?

Recherche web

Faites des recherches supplémentaires sur la ville nouvelle de Cergy (banlieue de Paris). Allez sur le site http://www.ville-cergy.fr/. Aimeriez-vous y habiter ? Pourquoi ? Pourquoi pas ? Cette ville vous semble-t-elle identique à celle du film de Rohmer ?

9.9 ANNIE ERNAUX, *JOURNAL DU DEHORS*

Notre *vrai* moi n'est pas tout entier en nous.

Jean-Jacques Rousseau

Avant-propos[32]

Depuis vingt ans, j'habite dans une ville nouvelle[33] à quarante kilomètres de Paris, Cergy-Pontoise. Auparavant, j'avais toujours vécu en province, dans des villes où étaient inscrites les marques du passé et de l'histoire. Arriver dans un lieu sorti du néant en quelques années, privé de toute mémoire, aux constructions éparpillées[34] sur un territoire immense, aux limites incertaines, a constitué une expérience bouleversante. J'étais submergée par un sentiment d'étrangeté, incapable de voir autre chose que les esplanades ventées, les façades de béton[35] rose ou bleu, le désert des rues pavillonnaires. L'impression continuelle de flotter entre ciel et terre, dans un *no man's land*. Mon regard était semblable aux parois de verre des immeubles de bureaux, ne reflétant personne, que les tours et les nuages.

Je suis sortie peu à peu de cette schizophrénie. J'ai aimé vivre là, dans un endroit cosmopolite, au milieu d'existences commencées ailleurs, dans une province française, au Viet-Nam, au Magreb ou en Côte-d'Ivoire – comme la mienne en Normandie. J'ai regardé à quoi jouaient les enfants au pied des immeubles, comment les gens se promenaient dans les rues couvertes du centre commercial[36] des Trois Fontaines, attendaient sous les Abribus. J'ai prêté attention aux propos qui s'échangeaient dans le R.E.R[37]. J'ai eu envie de transcrire des scènes, des paroles, des gestes anonymes, qu'on ne revoit jamais, des graffiti sur les murs, effacés aussitôt tracés. Tout ce qui, d'une manière ou d'une autre, provoquait en moi une émotion, un trouble ou une révolte.

Ainsi est né ce journal du dehors que j'ai poursuivi jusqu'en 1992. Il ne s'agit pas d'un reportage, ni d'une enquête de sociologie urbaine, mais d'une tentative d'atteindre la réalité d'une époque – cette modernité dont une ville nouvelle donne le sentiment aigu sans qu'on puisse la définir – au travers d'une collection d'instantanés[38] de la vie quotidienne collective. C'est, je crois, dans la façon de regarder aux caisses le contenu de son Caddie, dans les mots qu'on prononce pour demander un bifteck ou apprécier un tableau, que se lisent les désirs et les frustrations, les inégalités socioculturelles. [...] Dans tout ce qui semble anodin et dépourvu de signification parce que trop familier ou ordinaire. Il n'y a pas de hiérarchie dans les expériences que nous avons du monde. La sensation et la réflexion que suscitent les lieux ou les objets sont indépendantes de leur valeur culturelle, et l'hypermarché offre autant de sens et de vérité humaine que la salle de concert.

J'ai évité le plus possible de me mettre en scène et d'exprimer l'émotion qui est à l'origine de chaque texte. Au contraire, j'ai cherché à pratiquer une sorte d'écriture photographique du réel, dans laquelle les existences croisées conserveraient leur opacité et leur énigme. [...] Mais, finalement, j'ai mis de moi-même beaucoup plus que prévu, dans ces têtes : obsessions, souvenirs, déterminant inconsciemment le choix de la parole, de la scène à fixer. Et je suis sûre maintenant qu'on se découvre soi-même davantage en se projetant dans le monde extérieur que dans l'introspection du journal intime – lequel né il y a deux siècles, n'est pas forcément éternel. Ce sont les autres, anonymes, qui, par l'intérêt, la colère ou la honte dont ils nous *traversent*, réveillent notre mémoire et nous révèlent à nous-mêmes. (7–10)

1985

Sur le mur du parking couvert de la gare R.E.R, il y a écrit : DÉMENCE. Plus loin, sur le même mur, JE T'AIME ELSA et IF YOUR CHILDREN ARE HAPPY THEY ARE COMMUNISTS.

À la boucherie du village, au bas de la Ville Nouvelle, on attendait d'être servi. Quand son tour est arrivé une femme a dit : « Je voudrais un bifteck pour un homme. » Ensuite, le boucher a demandé : « Et avec ça ? – c'est tout », a-t-elle dit en sortant son porte-monnaie. (11)

1986

Souvenirs en passant en voiture devant l'immeuble noir de 3M Minnesota dont toutes les baies étaient éclairées : quand j'ai commencé de vivre dans la Ville Nouvelle, je me perdais toujours et je continuais de rouler, trop affolée pour m'arrêter. Dans le centre commercial, j'essayais de bien me rappeler par quelle porte j'étais entrée, A, B, C ou D afin de retrouver la sortie. Je tâchais aussi de ne pas oublier dans quelle travée du parking j'avais garé ma voiture. J'avais peur d'errer jusqu'au soir sans la retrouver, sous la dalle de béton. Beaucoup d'enfants se perdaient dans le supermarché. (29)

« Tu crois qu'on a le temps d'aller à ... (inaudible)
- Comment ?
- Tu deviens sourde !
- Non non. »
Un grand et gros garçon d'environ dix-huit ans est assis en face d'une femme, sa mère sans doute, dans le train pour Paris. Des lèvres énormes, de petits yeux.
« ...

- Hein ?
- Tu vois, tu deviens sourde ! »

Elle se penche davantage pour saisir les paroles. Il exulte : « Tu deviens sourde ! » Il a de grosses cuisses écartées sous son imper[39], un sourire de maître. (35)

Pourquoi je raconte, décris, cette scène, comme tant d'autres qui figurent dans ces pages. Qu'est-ce que je cherche à toute force dans la réalité ? Le sens ? Souvent, mais pas toujours, par habitude intellectuelle (apprise) de ne pas s'abandonner seulement à la sensation : la « mettre au-dessus de soi ». Ou bien, noter les gestes, les attitudes, les paroles de gens que je rencontre me donne l'illusion d'être proche d'eux. Je ne leur parle pas, je les regarde et les écoute seulement. Mais l'émotion qu'ils me laissent est une chose réelle. Peut-être que je cherche quelque chose sur moi à travers eux, leurs façons de se tenir, leurs conversations. (Souvent, « pourquoi ne suis-je pas cette femme ? » assise devant moi dans le métro, etc.) (36–37)

1987

Dans les grands magasins du boulevard Haussmann[40], à la recherche vague de fringues[41]. Engourdissement, suite de désirs qui naissent et meurent, ce pull de Chacock, celui-ci de Carroll, cette robe à plis religieuse, images de moi successives, en bleu, en rouge, avec un décolleté en V, qui se font et se défont. Impression d'être en proie à une attaque de couleurs, de formes, d'être déchiquetée par ces choses vives, innombrables, qu'on peut mettre sur soi.

Ressortir sur le pavé humide et noir du boulevard et s'apercevoir qu'au fond on n'avait pas besoin de pull ou de robe, ni de rien. (55)

L'homme interroge la jeune femme dans le train vers Paris, « vous travaillez combien d'heures par semaine ? », « vous commencez à quelle heure ? », « vous pouvez prendre vos vacances quand vous voulez ? ». Nécessité d'évaluer les avantages et les contraintes d'une profession, la matérialité de la vie. Non pas curiosité inutile, conversation insipide, mais savoir comment les autres vivent pour savoir comment, soi, on vit ou l'on aurait pu vivre. (56)

Les jours de soleil comme aujourd'hui les arêtes des immeubles déchirent[42] le ciel, les panneaux de verre irradient. Je vis dans la Ville Nouvelle depuis douze ans et je ne sais pas à quoi elle ressemble. Je ne peux pas non plus la décrire, ne sachant où elle commence, finit, la parcourant toujours en voiture. Je peux seulement noter « je suis allée au Centre Leclerc[43] ..., j'ai repris l'autoroute, le ciel était violet derrière les tours de Marcouville (ou sur 3M Minnesota) ». Aucune description, aucun récit non plus. Juste des instants, des rencontres. De l'ethnotexte. (64–65)

1988

Je m'aperçois qu'il y a deux démarches possibles face aux faits réels. Ou bien les relater avec précision, dans leur brutalité, leur caractère instantané, hors de tout récit, ou les mettre de côté pour les faire (éventuellement) « servir », entrer dans un ensemble (roman par exemple). Les fragments, comme ceux que j'écris ici, me laissent insatisfaite, j'ai besoin d'être engagée dans un travail long et construit (non soumis au hasard des jours et des rencontres). Cependant, j'ai aussi besoin de transcrire les scènes du R.E.R, les gestes et les paroles des gens *pour eux-mêmes*, sans qu'ils servent à quoi que ce soit. (85)

1992

D'autres fois, j'ai retrouvé des gestes et des phrases de ma mère dans une femme attendant à la caisse du supermarché. C'est donc au-dehors, dans les passages du métro ou du R.E.R, les gens qui empruntent l'escalator des Galeries Lafayette[44] et d'Auchan[45], qu'est déposée mon existence passée. Dans des individus anonymes qui ne soupçonnent pas qu'ils détiennent une part de mon histoire, dans des visages, des corps, que je ne revois jamais. Sans doute suis-je moi-même, dans la foule[46] des rues et des magasins, porteuse de la vie des autres. (106–107)

9.10 LECTURE D'ERNAUX

9.10.1 Lecture initiale

Ayant lu le texte une première fois, répondez aux questions suivantes.

Considérations préliminaires

- *Qui* : Qui parle dans le texte ? Qui sont les personnages ?
- *Quoi* : Quel est le sujet du texte ?
- *Où et quand* : Relevez les mots dans le texte qui indiquent un lieu et le temps.

Genre et discours

- Quel est le genre du texte (pièce de théâtre, poème, roman, etc.) ?
- Quel est le type de discours (argumentatif, descriptif, explicatif, narratif, injonctif) ?
- Quelle est la tonalité du texte (comique, épique, lyrique, tragique, polémique, etc.) ?

Comparaisons

- En lisant le deuxième texte, comparez-le au premier. Notez quelques analogies et différences aux niveaux suivants :
- Le narrateur
- Le paysage décrit
- Les émotions ressenties par les personnages
- L'effet produit chez le lecteur et le but du texte

Culture

- À quelles références culturelles renvoie le texte d'Ernaux ? Identifiez les différents types de références (par exemple à la géographie, à la politique, à la culture classique, à la culture populaire, etc.) et commentez leur importance dans le texte.

Recherche web

Cherchez sur le web l'origine de mot GRAFFITI. Ce concept a-t-il évolué ? Comment ?

9.10.2 Lecture approfondie

Compréhension

Résumé en images et interview des personnages

Pour assurer la compréhension du texte étudié, faites son résumé en images séquentielles et posez des questions aux personnages (voir Annexe A). Lisez le texte une deuxième fois. Faites d'abord attention aux procédés littéraires et dégagez ensuite la signification de chaque extrait.

Analyse

Procédés littéraires

Comparez vos réponses aux questions suivantes avec celles de votre partenaire ou de la classe :

1) Trouvez des adjectifs qui caractérisent la ville nouvelle où habite la narratrice ? Par comparaison, quels adjectifs évoquent pour vous la ville de Paris ?
2) Pourquoi la narratrice utilise-t-elle la conjonction « mais » dans le dernier paragraphe de la préface ?
3) Faites une liste des thèmes, des sujets et des lieux abordés par la narratrice. Ensuite, faites une liste des différents types de narration (description, dialogue, style indirect, etc.). Commentez brièvement la relation entre la première liste et la seconde. Y a-t-il des thèmes ou des sujets qui sont mieux représentés par un certain type de narration ?
4) À quel(s) moment(s) la narratrice est-elle détachée (objective) et à quel(s) moment(s) s'inclut-elle dans ce qu'elle raconte ?
5) Que conclut la narratrice sur le lien entre l'autre et le moi ?

Interprétation

Signification

6) Comment est-ce que la ville nouvelle est différente de Paris ?
7) Quel est l'objectif de la narratrice dans son projet ? Respecte-t-elle son projet ? Qu'est-ce qui provoque le désir d'écrire de la narratrice ? Qu'est-ce qui influence son projet d'écriture ?
8) Est-ce que la narratrice s'intéresse au quotidien, à la vie de tous les jours ?
9) Est-ce que le moi, le « je », est très présent finalement dans le *Journal* ? Pourquoi, à votre avis ?

10) Qu'est-ce qui déclenche l'irruption du « je » dans les différents passages décrits ?
11) Que réalise la narratrice lorsqu'elle observe les autres ? Est-elle capable de rester objective, comme elle le proclame dans la préface ?
12) Est-ce qu'il est facile d'écrire sans s'inclure dans le texte ? Pourquoi ?
13) Pourquoi le quotidien et l'ordinaire sont-ils importants pour Annie Ernaux ? Que permettent-ils ? que révèlent-ils ?
14) Est-ce que l'autre et le moi sont entièrement indépendants, sans relation ? Voyez-vous un lien entre cette question et le titre du livre (*Journal du dehors*) ?

9.11 PRODUCTION ORALE ET ÉCRITE AUTOUR DE *JOURNAL DU DEHORS*

Exposé oral

Préparez un exposé oral sur un des sujets suivants :

- « On se découvre soi-même davantage en se projetant dans le monde extérieur que dans l'introspection du journal intime » (Préface). Comment est-ce que cette citation est confirmée dans le texte d'Annie Ernaux ?
- « Notre vrai moi n'est pas tout entier en nous ». Est-ce que la lecture du texte confirme cette citation de Rousseau à votre avis ? Comment ?

Portfolio de recherche

Montez un dossier de recherche sur de nouvelles villes : Allez sur Internet et cherchez des images de villes nouvelles en France et aux États-Unis. Qu'ont-elles en commun ? Comment sont-elles différentes ? Imprimez des photos de ces villes et présentez-les à la classe. Vos camarades vont essayer de deviner à quel pays appartient chaque ville nouvelle.

Travail d'écriture

Écriture créative – journal : Écrivez les premières pages de votre journal. Qu'est-ce que vous privilégiez ? Choisissez-vous un ordre chronologique tel que chez Ernaux ou, au contraire, préférez-vous des souvenirs plus spécifiques ?

9.12 MISE EN PARALLÈLE

Afin de mieux comprendre les textes de Rousseau et Ernaux, considérez les pistes suivantes :

Autobiographie et journal intime

Le texte d'Ernaux procède par des observations, des fragments de scènes vues et entendues avec peu de commentaires personnels. Le texte de Rousseau commence par une explication des raisons pour lesquelles il écrit, avant de passer à la narration de la vie de l'auteur depuis sa naissance. On ne peut pas imaginer deux procédés plus différents.

1) Quels sont les avantages et les inconvénients de ces deux méthodes ? En préférez-vous une ?

2) Si vous vouliez écrire un texte autobiographique, choisiriez-vous l'une ou l'autre de ces approches ? Quelle est la différence entre un journal et une confession ?

3) Malgré ces différences, Ernaux a choisi de mettre en exergue, c'est-à-dire de citer au début de son texte, une phrase de Rousseau. Est-ce que vous pouvez voir des ressemblances entre la narration d'Ernaux à travers l'observation de scènes et de personnes extérieures à elle et la narration des souvenirs de Rousseau ?

4) Comment les deux écrivains apprennent-ils à se connaître ? à comprendre leurs relations aux autres ?

5) Les deux auteurs disent qu'ils sentent le besoin de raconter. Rousseau : « Je sais bien que le lecteur n'a pas grand besoin de savoir tout cela ; mais j'ai besoin, moi, de le lui dire. » Ernaux : « Cependant, j'ai aussi besoin de transcrire les scènes du R.E.R., les gestes et les paroles des gens *pour eux-mêmes*, sans qu'ils servent à quoi que ce soit. » Quelles sont les motivations pour ce besoin de dire ? Peut-on voir des rapprochements entre Rousseau et Ernaux sur le besoin d'écrire ?

6) Quelles seraient vos motivations pour écrire un texte autobiographique ?

7) Quelle est l'importance du quotidien chez les deux auteurs ?

Film et littérature

1) Pourriez-vous adapter, mettre en scène l'expérience d'Annie Ernaux dans un petit film ? Comment représenteriez-vous l'expérience du moi narrateur ? (un personnage réel, une voix off, etc. ?)

2) Choisissez une date ou une scène du *Journal du dehors* et réécrivez-la sous forme de blogue. Quels changements feriez-vous entre le style du journal et votre blogue ?

9.13 SYNTHÈSE

Travail d'écriture

A. *Écriture analytique* – essai : Comment les confessions d'Ernaux et de Rousseau sont-elles différentes ? Pensez-vous que le fait d'être un homme ou une femme influence le choix des confessions ? Dans votre essai, faites attention à l'organisation des idées et donnez des exemples. N'oubliez pas les mots de liaison pour passer d'une idée ou d'un paragraphe à l'autre.

B. *Écriture analytique* – essai : Peut-on considérer Facebook comme un journal ou comme une confession ?

C. *Écriture analytique* – essai : Un poète français du XIXe siècle, Arthur Rimbaud, a dit que « Je est un Autre ». À votre avis, qu'est-ce que cela signifie ? Renseignez-vous d'abord sur la vie et l'œuvre de Rimbaud. Expliquez ensuite comment on pourrait relier Rimbaud, Rousseau et Annie Ernaux.

Théâtralisation

• Mettez en scène une scène d'aveu de Rousseau.

• Jouez une scène que vous choisissez dans *Journal du dehors*. Où se situe la narratrice ?

Portfolio de recherche

Montez un dossier de recherche sur un quartier : Avec deux ou trois autres étudiants, vous allez effectuer une promenade dans le même quartier, prendre des photos de ce qui vous intéresse dans cette promenade. Puis, sans nécessairement prendre des notes, vous allez imiter Annie Ernaux en transcrivant ce que vous avez observé en quelques paragraphes. Vous allez ensuite poster ce que vous avez écrit sur Internet ou sur un blogue, et lire ce qu'ont écrit les autres étudiants de votre groupe. Finalement, vous allez rédiger un dernier paragraphe pour réfléchir aux différences entre votre interprétation de la réalité et celle des autres.

Notes

1 Saint-Augustin, *Confessions,* Livre 10, Chapitre 3, traduit du latin par Joseph Trabucco, Paris, Garnier Flammarion, 1964, pp. 203–204.
2 Jean-Jacques Rousseau, *Les Confessions, Autres textes autobiographiques*, dans *Œuvres complètes*, vol. 1, éd. Bernard Gagnebin et Marcel Raymond, Paris, Gallimard, Bibliothèque de la Pléiade, 1962. © Gallimard www.gallimard.fr
    L'orthographe est modernisée ; la ponctuation est maintenue.
3 **Entrailles** (f. pl.) : les organes intérieurs du corps ; un sentiment instinctif (sens figuré)
4 **Anéantir** : réduire à néant, à rien
5 **Cendre** (f.) : ce qui reste après le feu ; ce qui reste d'un corps humain après la mort
6 **Malfaisant** : qui cause du mal, qui veut faire du mal
7 **« Intus, et in Cute »** : citation d'un auteur latin, Perse (34–62), *Satire III*. Phrase complète : « je te connais à fond et dans la peau. » Ou : je connais ton intérieur et ton extérieur.
8 **Moule** (m.) : modèle
9 **Souverain juge** (m.) : Dieu
10 **Vil** : extrêmement mauvais
11 **Gémissent** : expriment leur douleur, se plaignent
12 **« Sécher à la plaque »** : la plaque est une niche derrière une cheminée de cuisine où l'on mettait des objets à sécher. Les peignes servaient à peigner mais aussi à maintenir les cheveux en place dans les coiffures des femmes.
13 **Les personnages** : la mère de Jean-Jacques est morte à sa naissance ; en l'absence de son père, exilé hors de Genève, le jeune Jean-Jacques a été envoyé chez son oncle et mis en pension avec son cousin germain chez le pasteur protestant Lambercier et sa femme (Mlle Lambercier) à Bossey, un village près de Genève, pour y recevoir son éducation. Rousseau a environ 11 ans au moment où se passe l'épisode du peigne cassé.
14 **Dégât** (m.) : dommage, destruction
15 **Opiniâtreté** (f.) : grande obstination
16 **Délit** (m.) : crime
17 **Aveu** (m.) : une confession, un témoignage
18 **Inébranlable** : très ferme, inchangeable
19 **Derechef** : de nouveau
20 **Indomptable** : qu'on ne peut pas maîtriser
21 **Chérit** : qu'il aime tendrement
22 **Cervelle** (f.) : sa tête
23 **Démêler** : mettre en ordre, comprendre
24 **Châtiment** (m.) : punition sévère
25 **Unisson** (m.) : accord, unité
26 **Transports** (m. pl.) : émotions violentes
27 **Exhaler** : exprimer
28 **« Carnifex »** (latin) : assassin
29 **Pouls** (m.) : battement du cœur
30 **Fourbe** (m.) : qui trompe avec méchanceté
31 **Dussai-je** : même si je devais
32 Annie Ernaux, *Journal du dehors*, Paris, Gallimard, 1997. © Gallimard www.gallimard.fr

33 **Ville** (f.) **nouvelle** : une ville construite très rapidement, sur un espace auparavant vide, et qui suit un plan régulier. Les villes nouvelles sont communes près de Paris et sont accessibles en général par le RER.

34 **Eparpillées** : dispersées, qui ne sont pas organisées

35 **Béton** (m.) : une matière pour construire les bâtiments, les immeubles

36 **Centre commercial** : un grand ensemble de magasins et de boutiques

37 **RER (Réseau Express Régional)** : le train qui circule entre Paris et les villes de la banlieue parisienne

38 **Instantanés** (m.) : des photos

39 **Imper** (m.) : (imperméable) un manteau pour la pluie

40 **Boulevard Haussmann** : un des grands, larges boulevards créés à Paris pendant la période du Second Empire à Paris (la deuxième moitié du XIXᵉ siècle) par le Baron Haussmann dans le but de moderniser la ville.

41 **Fringues** (f. pl.) : (*populaire*) des habits, des vêtements

42 **Déchirer** : détruire

43 **Centre Leclerc** : un grand magasin pour acheter la nourriture

44 **Galeries Lafayette** : un grand magasin de mode parisien

45 **Auchan** : un autre exemple de grand magasin pour acheter la nourriture

46 **Foule** (f.) : parmi les gens, parmi les autres

Module 10 Voyages imaginaires avec Charles Baudelaire et Amélie Nothomb

Vera A. Klekovkina et Virginie A. Duzer

10.1 ENTRÉE EN MATIÈRE

> « Là, tout n'est qu'ordre et beauté,
> Luxe, calme et volupté. »
>
> <div align="right">(Charles Baudelaire, <i>L'Invitation au voyage</i>)</div>

> « J'ignore ce qu'est la réussite d'une histoire d'amour, mais je sais ceci : il n'y a pas d'échec amoureux. C'est une contradiction dans les termes. Éprouver l'amour est déjà un tel triomphe que l'on pourrait se demander pourquoi l'on veut davantage. »
>
> <div align="right">(Amélie Nothomb, <i>Le Voyage d'hiver</i>)</div>

Interprétation

1) Dans les citations précédentes, identifiez cinq termes avec lesquels vous n'êtes pas entièrement familiers, ou que vous trouvez révélateurs. Cherchez leurs définitions dans un dictionnaire.
2) Quelle est la fonction de ces mots dans les citations ?
3) Quelles images évoquent-ils ?
4) En quoi peut-on dire que les deux citations se font écho ?
5) Quel thème unifie les deux citations ?

Vocabulaire : amour (m.), amours (f. pl.), beauté (f.), calme (m.), désir (m.), échec (m.), histoire (f.), invitation (f.), luxe (m.), ordre (m.), paysage (m.), réussite (f.), triomphe (m.), volupté (f.), voyage (m.)

Présentation

Présentez à vos partenaires les cinq termes que vous avez préparés et comparez-les. Quels sont les termes communs ?

10.2 CHARLES BAUDELAIRE ET AMÉLIE NOTHOMB

Charles Baudelaire, poète, essayiste et critique d'art français (1821–1867)

Baudelaire est considéré comme l'un des plus grands poètes français du XIXᵉ siècle. Célèbre dandy réputé pour sa vie de bohème, il appartient aussi au groupe des poètes « maudits ». Son recueil *Les Fleurs du Mal*, publié en 1857, qui inclut le poème *L'Invitation au voyage*, a choqué la morale bourgeoise entraînant un procès où le poète fut condamné et censuré. De son vivant, outre des traductions d'Edgar Allan Poe, un essai sur les « paradis artificiels », et des critiques de Salons, Baudelaire n'a publié que cet ouvrage poétique dont la thématique principale est la dualité entre violence et volupté, bien et mal, laideur et beauté, enfer et paradis. Ce flâneur de Paris, de Bruxelles et d'Honfleur aura été un grand voyageur tout à la fois poétiquement, amoureusement et concrètement puisqu'en juin 1841, Baudelaire entreprit un voyage vers Calcutta – mais ne dépassa guère l'Île Maurice et l'Île Bourbon.

Amélie Nothomb, écrivaine belge francophone (1966–)

Issue d'une famille aristocratique belge, Nothomb s'inscrit dans la lignée littéraire de sa famille, plusieurs de ses ancêtres étant de grands hommes politiques et littéraires. Grande voyageuse malgré elle, Nothomb a passé son enfance à suivre son père diplomate, le baron Patrick Nothomb ambassadeur de Belgique, dans plusieurs pays – le Japon, la Chine, les États-Unis, le Laos, le Bangladesh et la Birmanie. Bien qu'aujourd'hui elle partage sa vie entre Paris et Bruxelles, le Japon, pays de ses premières années, garde une place importante dans son cœur. Auteure prolifique, depuis son premier succès, *Hygiène de l'assassin*, paru en 1992, Nothomb atteint un grand lectorat en France et ailleurs. Deux de ses livres ont trouvé une adaptation cinématographique. *Le Voyage d'hiver* est son dix-huitième roman paru en 2009.

Vocabulaire

Cherchez la définition des mots suivants dans un dictionnaire : dandy (m.), maudit, flâneur (m.), rentrée (f.), lectorat (m.)

Contexte

Pour bien vous situer dans le contexte historique et géographique, faites une recherche pour répondre aux questions suivantes :

- Que s'est-il passé en France dans les années 1840 et 1850 ?
- Faites une recherche sur la géographie et l'histoire de la Belgique. Quelles langues parle-t-on dans ce pays ?

10.3 RÉSUMÉ DES TEXTES

L'Invitation au voyage *(1857)*

Figurant dans la section « Spleen et idéal » des **Fleurs du Mal**, *L'Invitation au voyage* est un poème lyrique s'adressant à une femme aimée, où le voyage est autant amoureux que poétique et esthétique. Le poète invite son âme-sœur à partir avec lui en voyage. Il essaie de la séduire par la description d'un ailleurs exotique où ils pourront s'abandonner à leur passion sans souci. Bercé d'un calme refrain, ce poème a souvent été mis en musique.

Le Voyage d'hiver *(2009)*

Le Voyage d'hiver se présente comme la confession d'un homme qui s'apprête à détourner un avion pour l'écraser contre la Tour Eiffel. Zoïle, agent EDF pour la ville de Paris, attend à l'aéroport le vol qui sera son dernier voyage. Pour calmer sa peur, il raconte les événements qui l'ont conduit à cette décision. Au cours d'une visite pour relever un compteur, il rencontre un couple curieux : Aliénor Malèze, une romancière handicapée mentale, et Astrolabe, sa secrétaire et garde-malade. Atteinte d'une forme rare d'autisme, la maladie de Pneux, Mlle Malèze écrit d'étranges romans qui envoûtent Zoïle. Pourtant, c'est la jeune et douce Astrolabe qui conquiert son cœur. La présence constante d'Aliénor empêche Zoïle d'assouvir son désir pour Astrolabe. Alors, ce dernier élabore un plan machiavélique dans l'espoir de séduire l'une et distraire l'autre. Contrairement à ses attentes, il connaît l'humiliation de l'échec. Désespérément amoureux mais rejeté, Zoïle orchestre son suicide extravagant pour lancer un ultime défi à l'amour et à la vie.

Vocabulaire

Cherchez la définition des mots suivants : spleen (m.), esthétique, ailleurs (m.), souci (m.), s'abandonner, bercer, détourner, écraser, EDF, envoûter, assouvir, machiavélique, échec (m.), défi (m.).

Comparaisons

En paire ou en groupe, identifiez, d'après leurs résumés, ce qui peut relier ces textes. Cherchez sur Internet et étudiez les couvertures des différentes éditions des *Fleurs du Mal* et du *Voyage d'hiver*.

* Quelles informations, verbales et visuelles, se trouvent sur chacune de ces couvertures ?
* À quoi servent-elles ? Quelles réactions suscitent-elles chez vous ?
* Quelle version achèteriez-vous et pourquoi ?

Communautés

Allez sur le forum d'Amélie Nothomb et lisez les discussions ou créez vous-même une nouvelle discussion.

10.4 THÈMES COMMUNS : VOYAGE ET EXOTISME

La quête d'identité à travers l'expérience de l'Autre caractérise le renouvellement du thème traditionnel du voyage à partir de la fin du XIXe siècle dans la littérature française et francophone.

Le thème du voyage a toujours su captiver l'intérêt des lecteurs. Qu'il s'agisse de voyages réels ou imaginaires, leur attrait assure un lectorat fidèle. Le déplacement au cœur du voyage s'opère de deux manières : dans l'espace et dans le temps. Pour voyager, il faut s'organiser mais le voyage met le voyageur face à l'inconnu et à l'imprévu. C'est une aventure qui demande des préparatifs et qui offre, en même temps, une liberté. Comme le rêve ou la rêverie, le voyage est une échappatoire au réel mais soumet l'homme au hasard des rencontres et des découvertes qui risquent de mettre en question son savoir et sa propre identité.

Les récits de voyage sont généralement des comptes rendus non fictifs des impressions d'un narrateur-voyageur qui a découvert quelque lointaine contrée. L'un des premiers récits de voyage serait celui de Marco Polo, *Le Devisement du monde*, qui date de 1299. De la Renaissance à la période révolutionnaire, ces ouvrages sont devenus de plus en plus nombreux, étant donné que les périples à travers le monde n'ont cessé de s'accroître.

Le thème de l'exotisme s'accorde bien entendu souvent au thème du voyage dans de tels écrits. Étymologiquement, l'exotisme qualifie tout ce qui est étranger à la civilisation gréco-romaine. Depuis le XVIIe siècle, l'exotisme renvoie à tout ce qui est étranger à l'Occident et ce qui est loin, curieux ou inconnu des Européens. Au XIXe siècle, l'exotisme s'est développé en parallèle entre la littérature – de Nerval à Chateaubriand – et la peinture, qui prend de plus en plus pour thème celui d'un exotisme conquérant (sinon colonisateur). Au XXe siècle et de nos jours, l'exotisme se construit en opposition au « chez-soi ».

Notons que **le discours postcolonial** remet en question l'exotisme et dénonce la condescendance de l'Occident cachée dans le regard, quoiqu'attendri ou admiratif, porté sur un monde exotique, voire méconnu ou complètement inconnu.

Vocabulaire

Cherchez la définition des mots suivants : identité (f.), captiver, attrait (m.), déplacement (m.), inconnu (m.), imprévu (m.), échappatoire (f.), hasard (m.), contrée (f.), périple (m.), attendri, méconnu

Discussion

- Quelles réactions les mots « voyage » et « exotique » suscitent-ils chez vous ?
- Préférez-vous des voyages réels aux voyages imaginaires ? Pourquoi ?
- Y a-t-il des côtés positifs et négatifs au voyage ? Lesquels ?
- Quels paysages sont exotiques pour vous ? Pourquoi ?

Recherche web

Faites des recherches supplémentaires sur les concepts et phénomènes suivants : la peinture orientaliste du XIXe siècle ; l'orientalisme, le japonisme et la chinoiserie ; *L'Orientalisme* d'Edward Saïd ; le discours postcolonial.

10.5 CHARLES BAUDELAIRE, *L'INVITATION AU VOYAGE*

Mon enfant, ma sœur[1],
   Songe à la douceur
D'aller là-bas vivre ensemble !
    Aimer à loisir,
    Aimer et mourir
Au pays qui te ressemble !
    Les soleils mouillés[2]
    De ces ciels brouillés[3]
Pour mon esprit ont les charmes
    Si mystérieux
    De tes traîtres[4] yeux,
Brillant à travers leurs larmes.

Là, tout n'est qu'ordre et beauté,
Luxe, calme et volupté.

Des meubles luisants,
   Polis par les ans,
Décoreraient notre chambre ;
    Les plus rares fleurs
    Mêlant leurs odeurs
Aux vagues senteurs de l'ambre[5],
    Les riches plafonds,
    Les miroirs profonds,

La splendeur orientale,
   Tout y parlerait
   À l'âme en secret
Sa douce langue natale.

Là, tout n'est qu'ordre et beauté,
Luxe, calme et volupté.

   Vois sur ces canaux[6]
   Dormir ces vaisseaux[7]
Dont l'humeur est vagabonde ;
   C'est pour assouvir[8]
   Ton moindre[9] désir
Qu'ils viennent du bout du monde.
   — Les soleils couchants
   Revêtent[10] les champs,
Les canaux, la ville entière,
   D'hyacinthe[11] et d'or ;
   Le monde s'endort
Dans une chaude lumière.

Là, tout n'est qu'ordre et beauté,
Luxe, calme et volupté.

10.6 LECTURE DE BAUDELAIRE

10.6.1 Lecture initiale

Ayant lu le texte une première fois, répondez aux questions suivantes.

Considérations préliminaires

- *Qui* : Qui parle dans le texte ? Qui sont les personnages ?
- *Quoi* : Quel est le sujet du texte ?
- *Où et quand* : Relevez les mots dans le texte qui indiquent un lieu et le temps.

Genre et discours

- Quel est le genre du texte (pièce de théâtre, poème, roman, etc.) ?
- Quel est le type de discours (argumentatif, descriptif, explicatif, narratif, injonctif) ?
- Quelle est la tonalité du texte (comique, épique, lyrique, tragique, polémique, etc.) ?

Prise de notes

Prenez des notes en lisant le texte. Notez des détails importants et vos propres questions.

10.6.2 Lecture approfondie

Compréhension

Résumé en images et interview des personnages

Pour assurer la compréhension du texte étudié, faites son résumé en images séquentielles et posez des questions aux personnages (voir Annexe A). Lisez le texte une deuxième fois. Faites d'abord attention aux procédés littéraires et dégagez ensuite la signification du texte.

Analyse

Procédés littéraires

Comparez vos réponses aux questions suivantes avec celles de votre partenaire ou de la classe :

1) Étudiez les verbes utilisés par Baudelaire et notez-les dans le tableau ci-dessous. Quelle est la différence entre le premier impératif et le dernier ? À quoi renvoie l'usage du conditionnel ? Selon vous, pourquoi le poète finit-il par avoir recours au présent de l'indicatif ?

Temps et Modes	*Verbes*
Impératif	
Infinitif	
Conditionnel présent	
Indicatif présent	

2) Étudiez les adjectifs utilisés dans la description de la chambre imaginée.
3) Relevez les mots qui indiquent les émotions (le champ lexical des sentiments).
4) Quelles figures de style pouvez-vous identifier dans le texte (métaphore, comparaison, personnification, antithèse, etc.) ?
5) Quelle est la structure de ce poème ? Quelle est la fonction d'un refrain ?
6) Étudiez la ponctuation. Vous paraît-elle expressive, suffisante, absente ?

Interprétation

Signification

7) À qui s'adresse le poète en apostrophe initiale ? En quoi cette apostrophe est-elle contradictoire ? Recherchez ce qu'est une « âme sœur » pour mieux comprendre le lien entre amour et fraternité.
8) Comment le lieu de voyage est-il décrit ? Quelles sont les couleurs et les odeurs de cet endroit ? Est-ce un univers imaginaire ou une vraie contrée ?
9) Quelles images est-ce que le poète évoque en particulier ? Peut-on parler ici d'une galerie de peinture ou la pinacothèque ?
10) Comment fonctionne l'appel aux sens dans le poème ? Quelle est la réaction du lecteur à cet appel ?
11) Pensez-vous que le poète et sa bien-aimée partent en voyage ? Si oui, où ? Sinon, pourquoi pas ? Alors, qu'est-ce que le poème nous apprend sur le voyage ?

10.7 PERSPECTIVES ARTISTIQUES : ÉTUDE DES PAYSAGES

Autour des canaux

Venise et Amsterdam (la « Venise du Nord ») sont les deux villes européennes les plus célèbres pour leurs canaux. L'omniprésence de l'eau dans la ville de Venise, construite au niveau de la mer comme la ville d'Amsterdam, fait que les bâtiments se reflètent dans l'eau. Le bateau y est un parfait moyen de transport et les ponts sont très nombreux. Chez Baudelaire, la mention des canaux dans le poème s'accompagne d'un champ lexical visuel évoquant une peinture hollandaise qui pourrait être celle de Vermeer, de Ruysdael ou de Peter de Hooch. Toutefois, du fait d'un certain orientalisme, il est tout aussi possible d'imaginer que la ville des voluptés amoureuses serait Venise – et l'on pense alors aux toiles de Turner que Baudelaire découvrirait quelques années plus tard. Que l'on choisisse Amsterdam ou Venise, le paysage de la ville construite sur des canaux se referme sur tous les possibles de sa beauté – de la même manière que le poème présente une forme de « circularité ».

Le paysage de Baudelaire

L'image des « soleils mouillés » au septième vers est presque un oxymore puisque le soleil est, par définition, non mouillé. Mais ici, parce que soleil est au pluriel, et que l'on y ajoute l'idée d'humidité aquatique, il semble que l'on soit dans le domaine de la peinture – et sans doute de l'aquarelle. Au huitième vers, Baudelaire évoque des « ciels brouillés » qui riment parfaitement avec ces « soleils mouillés ». Là encore, c'est le pluriel qui est utilisé – mais pas celui, habituel, de « cieux ». L'image est en effet plus pittoresque sinon plus picturale qu'un vrai paysage : il s'agit des horizons troubles d'une peinture.

Connexions

En relisant le texte, pensez aux relations entre la peinture et la notion du voyage. Considérez ces deux tableaux célèbres ou cherchez un tableau qui pourrait illustrer tout le poème ou l'une des strophes et apportez-le en classe et expliquez pourquoi vous l'avez choisi :

- Johannes Vermeer (1632–1675), *Vue de Delft* (vers 1661).
- J. M. W. Turner (1775–1851), *The Grand Canal, Venice* (1835).

10.8 PRODUCTION ORALE ET ÉCRITE AUTOUR DE *L'INVITATION AU VOYAGE*

Exposé oral

Continuez à explorer les relations entre la poésie et la musique, la poésie et les arts plastiques que le poème de Baudelaire évoque. Préparez un exposé oral sur un des sujets proposés :
La musicalité : Souvenez-vous tout d'abord que la poésie est affaire de lyrisme et que c'est le personnage d'Orphée – un musicien – qui correspond à l'image classique du poète. Ici, quelles sont les caractéristiques musicales de ce poème ? Décrivez la manière dont le sens même du refrain évolue de vers en vers. Puis, essayez d'imaginer quel type de musique accompagnerait le mieux le poème – et expliquez pourquoi.

Le poème-musée : On appelle **ekphrasis** la description, par le biais du langage, d'une œuvre picturale. Parce que Baudelaire connaissait parfaitement l'art de son temps, ayant écrit de nombreuses critiques d'art, ce poème pourrait fort bien évoquer des représentations picturales. Quelles sont les couleurs qui semblent dominer au fil des vers ? S'il fallait choisir, quelles seraient les peintures ou images qui, selon vous, accompagneraient au mieux le poème ? De quelle époque et de quelle origine seraient-elles ? S'agirait-il de peinture à l'huile, d'aquarelle ou tout simplement de dessin, voire de photographie ? Expliquez votre réponse.

Débats

En groupe de deux ou trois, discutez des sujets suivants et présentez vos idées à la classe. Préparez-vous à un débat.

L'amour : Ce poème est un poème d'amour où la femme aimée (la Muse ?) est présentée de manière complexe. À quels différents sens le poète fait-il allusion pour évoquer les vertiges et les voluptés de l'amour ? En quoi l'amoureuse est-elle dangereuse, sinon fatale ? De quelle manière le paysage et les lieux décrits s'accordent-ils avec l'ambiguïté de cette femme ?

Travail d'écriture

Écriture créative – pastiche : Écrivez votre « Invitation au voyage », un pastiche, c'est-à-dire une imitation, du poème de Baudelaire autour du thème du voyage. Pensez à un voyage que vous avez fait ou dont vous rêvez. Racontez ce voyage ou invitez quelqu'un à le faire avec vous. Faites attention à la rime et aux figures de style (antithèse, comparaison, métaphore, litote, personnification, etc.) pour imiter le style de Baudelaire.

10.9   PERSPECTIVES CULTURELLES : UNE NOUVELLE INVITATION AU VOYAGE

La culture contemporaine puise souvent son inspiration dans le passé et l'héritage littéraire. Dès 2012, Louis Vuitton a lancé une campagne publicitaire, intitulée *L'Invitation au voyage*, pour faire rêver le public de ses produits. Le titre de cette campagne rappelle explicitement le poème de Baudelaire. La première partie de la série des films publicitaires, datant de novembre 2012, est construite sur une mythification de la ville de Paris et de ses célèbres monuments.

Visionnement

Regardez sur Internet la campagne publicitaire de Louis Vuitton, *L'Invitation au voyage* de 2012. Voici la présentation de cette campagne sur le site officiel de Louis Vuitton :

> *Au cœur d'un des musées les plus emblématiques du monde, le Louvre, Louis Vuitton dévoile sa nouvelle campagne. Voyage intriguant.*
>
> *Louis Vuitton nous invite à découvrir une aventure mystérieuse, mise en abyme du voyage. Créé par le duo de photographes Inez and Vinoodh, ce film met en lumière celle qui pourrait être la femme Louis Vuitton, porteuse d'une énigme. Sous l'œil de la Joconde et des maîtres italiens, elle découvre finalement le secret contenu dans une malle Louis Vuitton depuis plus de 150 ans.*

Une femme cherchant un indice, un homme l'observant dans la pénombre, une clé amorçant l'aventure, énigmatique voyage autour du monde. Les arcanes du Louvre où s'entremêlent Histoire et culture, où des galeries interminables tissent le cœur de notre intrigue.

Une montgolfière attend la femme Louis Vuitton...

Discutez des questions suivantes, en paire ou en groupes :

1) Qui sont les personnages du film publicitaire ? Où se passe l'action ? Qui invite qui ? Est-ce que quelqu'un parle dans le film ?
2) Connaît-on la destination finale du voyage ?
3) Comment le film joue-t-il sur l'idée de l'identité française ? Quels signes de « francité » pouvez-vous y repérer ?
4) À qui s'adresse la publicité ? aux Français ? aux étrangers ? au monde entier ? Pourquoi ?
5) Comment le film illustre-t-il le refrain du poème baudelairien, « Là tout n'est qu'ordre et beauté/ Luxe, calme et volupté » ?
6) Pourquoi la compagnie Louis Vuitton a-t-elle choisi le titre du célèbre poème de Baudelaire, *L'Invitation au voyage*, pour faire la promotion de ses produits ?
7) Ce film, est-il un éloge ou une destruction du poème baudelairien et/ou de la ville de Paris ?

10.10 AMÉLIE NOTHOMB, *LE VOYAGE D'HIVER*

> **Extrait 1**[12] : *Ici, Zoïle explique pourquoi il veut détourner l'avion et quels sentiments il ressent pour Astrolabe.*

ASTROLABE : c'est évidemment pour elle que je m'apprête à détourner cet avion. Elle serait horrifiée à cette idée. Tant pis : il y a des femmes qu'il faut aimer malgré elles et des actes qu'il faut accomplir malgré soi. (55)

J'ignore ce qu'est la réussite d'une histoire d'amour, mais je sais ceci : il n'y a pas d'échec amoureux. C'est une contradiction dans les termes. Éprouver l'amour est déjà un tel triomphe que l'on pourrait se demander pourquoi l'on veut davantage. (56)

Tomber amoureux l'hiver n'est pas une bonne idée. Les symptômes sont plus sublimes et plus douloureux. La lumière parfaite du froid encourage la délectation morose de l'attente. Le frisson exalte la fébrilité[13]. Qui s'éprend à la Sainte-Luce[14] encourt trois mois de tremblements pathologiques.

Les autres saisons ont leurs minauderies[15], bourgeons, grappes et feuillages où engouffrer ses états d'âme. La nudité hivernale n'offre aucun refuge. Il y a plus traître que le mirage du désert, c'est le fameux mirage du froid[16], l'oasis du cercle polaire, scandale de beauté rendu possible grâce à la température négative. (63)

Mon mirage du froid s'appelait Astrolabe. Je la voyais partout. Les interminables nuits hivernales qu'elle passait à grelotter dans son antre[17] sans chauffage, je les vivais mentalement avec elle. L'amour interdit la fatuité[18]: au lieu d'imaginer le feu que mon corps aurait pu donner au sien, je dévalais[19] les degrés avec la dame de mes pensées, il n'y avait pas de limite à la brûlure glacée que nous pouvions atteindre ensemble. (64)

Je me relis avec stupéfaction : ainsi, celui qui dans quelques heures va faire exploser un avion chargé d'une centaine de passagers, quand il a l'occasion d'écrire ses pensées ultimes, verse dans le lyrisme le plus éperdu[20].

À quoi bon commettre un attentat si c'est pour lamartiniser[21] comme le premier venu ? À la réflexion, je me demande si je ne tiens pas là une clé : ceux qui se lancent dans l'action directe espèrent y trouver une virilité qui leur manque. Le sort du kamikaze[22] pérennisera[23] le malentendu. (65)

Mon exécration[24] ne tarda pas à devenir ce qu'elle est aujourd'hui : un rejet pur et simple de l'espèce, moi compris. C'est aussi pour cela qu'un suicide ne me suffit pas : il me faut inclure dans ma destruction un bon nombre d'humains ainsi que l'une des réalisations qui font l'orgueil de cette race.

Ma logique est celle-ci : Astrolabe est de très loin ce que j'ai rencontré de mieux sur cette planète. Elle n'a pas des qualités, elle est la qualité. Et cela ne l'a pas empêchée de me traiter avec une cruauté castratrice. Donc, si même le fleuron[25] de l'humanité ne vaut pas mieux que cela, liquidons l'affaire[26].

De toute façon, ce sera peu de chose comparé à l'Apocalypse dont j'aurais besoin : je n'anéantirai jamais qu'une œuvre architecturale et une centaine d'individus. Pour un débutant seul, il ne faut pas espérer davantage. Puisse mon coup d'essai être un coup de maître ! (83–84)

> **Extrait 2** : *Après avoir fait avaler des champignons hallucinogènes à Astrolabe et Aliénor sans leur dire ce que c'était, Zoïle guette chaque geste de la jeune femme qui lui raconte ses visions.*

Je m'assis sur le sol, la priai de me rejoindre et désignai le plancher qui d'ordinaire ne valait pas un clou. Elle y colla les yeux.

Elle cria d'admiration. Je voulus m'assurer néanmoins que notre vision était la même :

- Vois-tu ce que je vois ?
- C'est de la glace. C'est un lac gelé, dit-elle.
- Mais oui.
- Il y a cette pellicule[27] de glace parfaitement transparente et en dessous, il y a un monde englouti, d'une beauté mortelle.
- Raconte.
- Il y a, figées dans le gel, des fleurs jamais vues, des cariatides[28] de pétales, le froid les a frappées comme la foudre, elles ne sont pas au courant de leur trépas[29], regarde, on dirait qu'elles tentent de percer la glace, il paraît que les cheveux des cadavres continuent de pousser, les fleurs sont peut-être la chevelure d'une défunte, oui, je la vois, Zoïle, viens voir, la vois-tu ?
- Non.
- Si, regarde, entre les colonnes de marbre.
- C'est l'Artémision d'Éphèse[30] !
- N'avait-il pas disparu, ce temple ?
- Oui ! Toi et moi, nous savons où il est : sous ton plancher !
- Et elle, tu la vois ?

- Non. Nous ne pouvons pas voir absolument la même chose. C'est déjà fabuleux que nous distinguions tous les deux le temple d'Artémis. Ce qui prouve qu'il est bel et bien là.
- Hélas, nous l'oublierons.
- Non. Nous n'oublierons rien de ce que nous aurons vécu lors de ce voyage.
- Nous ne verrons plus ce que nous voyons.
- C'est vrai. Mais nous nous souviendrons, et nous ne verrons plus les choses comme avant.
- Quelle est la mystérieuse correspondance entre Éphèse et un appartement misérable du quartier Montorgueil[31] à Paris ? Sans parler du lien qui peut unir le Ve siècle avant Jésus-Christ et notre époque ?
- Le lien, c'est notre esprit. Nous sommes présocratiquement[32] destinés l'un à l'autre.

Elle rit et se replongea dans la contemplation de cet univers insoupçonnable. (98–99)

Extrait 3 : *Au milieu de leur* trip, *Zoïle essaie de séduire Astrolabe.*

Je parviens à la déshabiller, incrédule, il est si facile de découvrir la beauté, il suffit de lui enlever ses vêtements, hélas, presque aussitôt m'est révélé le problème, Astrolabe est constituée de pierre, sans métaphore, il fallait me dire que tu étais une statue, elle se regarde, se touche, que m'est-il arrivé, d'habitude je n'ai pas ce corps, suis-je ainsi partout, oui, tu es de la pierre partout, elle rit, moi je ne trouve pas ça drôle, elle me demande si j'ai déjà fait l'amour sous champignons, non, mais j'ai des amis qui en ont été capables, ce doit être possible, elle me demande si c'est ça être *stone*, j'imagine que oui, il est terrible d'apprendre en de telles circonstances la réalité d'une expression, je la caresse dans l'espoir de lui rendre son corps de chair, Astrolabe n'en durcit que davantage, est-il pensable d'être dure à ce point, elle se donne des coups de poing sur le ventre, avec sidération[33], elle me dit qu'elle ne sent rien, sauf une douleur au poing, je suis une statue de glace, conclut-elle.

Désespéré, je la prends dans mes bras, combien de temps sa dureté durera-t-elle, c'est précisément le hic[34], Astrolabe, sous trip, le temps n'existe pas, si tu es stone dix minutes, c'est comme si tu l'étais dix heures, dix mois, nous sommes enfermés en une zone de non-temps, c'est formidable quand on est très heureux, et quand on souffre c'est l'enfer, il suffit de ne pas souffrir, mais comment ne pas souffrir quand on est au comble du désir et que l'autre est une pierre, elle rit, ton plan était foireux[35], mon pauvre Zoïle. (104–105)

Tout à l'heure, sous le plancher, Astrolabe et moi avions aperçu l'Artémision d'Éphèse pris dans l'eau gelée. Notre vision était identique à un détail près : ma bien-aimée distinguait une femme sous la glace. C'était elle-même. (107)

Extrait 4 : *Humilié, Zoïle invente un plan de vengeance.*

J'en voulais à tout : à moi, à Aliénor, aux psilocybes guatémaltèques[36], à l'absence de psilocybes guatémaltèques, à EDF[37], au corps stone de ma bien-aimée, *last but not least*, à son rire. « Ton plan était foireux, mon pauvre Zoïle. » Même si ce n'était pas sa faute, j'en voulais à mort à Astrolabe. Oui, mon plan était foireux. N'y avait-il pas de quoi maudire le sort ? Et elle, elle riait.

C'est à ce moment-là que mon dessein a pris tournure : Astrolabe était ce que l'univers avait créé de plus élevé ; si même cette élite pouvait se conduire ainsi, je détruirais le monde. Puisque je n'avais pas les moyens, hélas, d'atomiser[38] la planète, je choisirais un objectif à la démesure de mon dégoût. (109)

Il s'agissait de nuire et non de séduire l'opinion publique. D'autre part, si je voulais que mon acte soit en rapport avec Astrolabe, il me fallait détruire de la beauté. (111)

Le beau ne manque pas à Paris. J'éliminai le Louvre, trop grand. Comment choisir, en outre, entre la section des peintres flamands et celle de la sculpture grecque ? Bien des idées me passèrent par la tête : les jardins du Palais-Royal, l'Observatoire, la tour Saint-Jacques, Notre-Dame, mais il me semblait toujours que cela n'avait pas de sens. Il me fallait un monument qui, d'une manière ou d'une autre, renvoie à Astrolabe. (112)

Le projet m'apparut dans son évidence psychédélique : j'allais tout simplement détourner un avion et percuter la tour Eiffel, pour abolir cette lettre A qui me renvoyait à Astrolabe et à Aliénor. Il y a des actions dans lesquelles on se reconnaît mieux que dans le plus pur des miroirs.

Certes, il y aurait quelques difficultés techniques à maîtriser. J'y penserais plus tard, cela ne m'intéressait guère. L'idée de démolir la tour Eiffel m'exaltait, qui alliait signification et beauté : quoi de plus beau que la tour Eiffel ? (115)

10.11 LECTURE DE NOTHOMB

10.11.1 Lecture initiale

Ayant lu le texte une première fois, répondez aux questions suivantes.

Considérations préliminaires

- *Qui* : Qui parle dans le texte ? Qui sont les personnages ?
- *Quoi* : Quel est le sujet du texte ?
- *Où et quand* : Relevez les mots dans le texte qui indiquent un lieu et le temps.

Genre et discours

- Quel est le genre du texte (pièce de théâtre, poème, roman, etc.) ?
- Quel est le type de discours (argumentatif, descriptif, explicatif, narratif, injonctif) ?
- Quelle est la tonalité du texte (comique, épique, lyrique, tragique, polémique, etc.) ?

Comparaisons

En lisant le deuxième texte, comparez-le au premier. Notez quelques analogies et différences aux niveaux suivants :

- Le narrateur
- Le paysage décrit
- Les émotions ressenties par les personnages

- L'image de la femme
- L'effet produit chez le lecteur et le but du texte

Culture

- De quelle expérience contemporaine s'agit-il dans l'Extrait 2 ?
- À quelles références culturelles renvoient les textes de Baudelaire et de Nothomb : héros mythiques ? figures littéraires ? sites architecturaux ?

Recherche web

Cherchez le temple d'Artémis sur Internet. Qui était Artémis ? Comment était le temple qui lui était consacré ? Considérez le contraste entre le temple que les personnages voient sous le plancher et la chambre de bonne où ils se trouvent à ce moment.

Vocabulaire

Considérez l'usage de l'anglais dans le texte. Quels effets linguistiques et stylistiques les mots étrangers créent-ils ?

10.11.2 Lecture approfondie

Compréhension

Résumé en images et interview des personnages

Pour assurer la compréhension du texte étudié, faites son résumé en images séquentielles et posez des questions aux personnages (voir Annexe A). Lisez le texte une deuxième fois. Faites d'abord attention aux procédés littéraires et dégagez ensuite la signification du texte.

Analyse

Procédés littéraires

Comparez vos réponses aux questions suivantes avec celles de votre partenaire ou de la classe :

1) Qui parle dans le texte ? Est-ce la narration personnelle ou impersonnelle ? Peut-on faire confiance à ce narrateur ? Justifiez votre réponse.
2) À qui s'adresse le narrateur ? Quel est l'effet créé sur le lecteur ?
3) Sur qui et quoi est-ce que le narrateur porte un regard critique ? Est-ce que son autoréflexion semble efficace ?

Interprétation

Signification

4) Qui part en voyage ? Quand ? Où ? Reviennent-ils de ce voyage ?
5) Quels sentiments éprouvent les personnages ? Pourquoi est-ce qu'Astrolabe rit (Extrait 3) ? Quelle est la réaction de Zoïle ? Sa réaction, est-elle justifiée ?
6) Étudiez les images évoquées dans le texte. Quel est le rôle de la beauté dans l'intrigue ?
7) Pourquoi est-ce que Zoïle pense aux bâtiments parisiens ? Lequel choisit-il ? Expliquez.
8) Selon Zoïle, il n'y a pas d'échec amoureux. Est-ce que l'intrigue confirme sa conviction ?

Connexions

Avec votre partenaire, considérez **les renvois intertextuels**. Pour ce faire, cherchez sur Internet les informations sur quelques références à d'autres textes ou événements suggérés dans le roman de Nothomb. Examinez comment elles peuvent améliorer votre compréhension du texte primaire et l'ouvrir à de nouvelles interprétations :

* *Le Lac* ou *L'Isolement* d'Alphonse de Lamartine
* *Le Voyage d'hiver* de Franz Schubert
* L'attaque terroriste du 11 septembre 2001

10.12 PRODUCTION ORALE ET ÉCRITE AUTOUR DU *VOYAGE D'HIVER*

Exposé oral

Préparez un exposé oral sur un des sujets proposés :

Sujet 1 : Considérez les images présentes dans *Le Voyage d'hiver*. Étudiez le vocabulaire dont Zoïle se sert pour les décrire. Cherchez sur Internet les informations supplémentaires pour chacune des images citées ci-dessous. Imprimez quelques images et apportez-les en classe pour illustrer votre exposé oral :

* Les mirages du froid
* Le Temple d'Artémis
* L'architecture de Paris

Sujet 2 : Préparez un exposé oral sur la Tour Eiffel. Cherchez sur Internet les informations supplémentaires sur l'histoire de la Tour. Vous pouvez explorer le site officiel de La Tour Eiffel où vous trouverez des informations sur sa construction.

Débats

En groupe de deux ou trois, discutez des sujets ci-dessous et présentez vos idées à la classe. Préparez-vous à un débat.

L'amour : Selon Zoïle, il n'y a pas d'échec amoureux. Expliquez comment sa propre histoire amoureuse confirme ou contredit cette affirmation.

Le voyage : Expliquez le titre du roman. Identifiez qui entreprend le voyage dans le roman, quand et pour quelles raisons.

L'exotisme : Zoïle offre une expérience hors du commun à Astrolabe – son premier trip sous l'influence des champignons hallucinogènes. Décrivez les paysages qu'ils voient. Expliquez comment cette expérience change les deux personnages et leur relation.

L'identité : Décrivez les changements qui s'opèrent chez Zoïle à la suite de sa rencontre avec Astrolabe. Zoïle, se pose-t-il en victime ou est-il en mesure d'exercer sa capacité d'agir ?

Travail d'écriture

Écriture créative – suite : Le narrateur du texte d'Amélie Nothomb va-t-il vraiment, selon vous, détruire la Tour Eiffel ? Ou pensez-vous que l'issue de cette histoire puisse être heureuse ? Pour le montrer, inventez une suite à ce récit.

10.13 PERSPECTIVES LINGUISTIQUES : ÉTUDE DES NOMS PROPRES

Les personnages principaux nothombiens portent des prénoms curieux, car tous les deux peuvent être à la fois des noms propres et communs.

Astrolabe (nom commun) désigne un ancien instrument astronomique qui mesurait la position du soleil et d'autres étoiles par rapport à l'horizon.

Astrolabe (nom propre) se réfère au prénom masculin donné au fils d'Abélard et Héloïse. Célèbre théologien, professeur de logique et philosophe français, Pierre Abélard (1079–1142) a séduit et épousé en secret son étudiante, Héloïse (1101–1164). Selon les ordres du chanoine Fulbert, l'oncle d'Héloïse, Abélard a été castré. Suite à la séparation de son époux, Héloïse s'est consacrée à la vie monastique. Les deux amants ont maintenu une riche correspondance dans laquelle ils ont conversé sur la foi, la religion, la passion, et l'enseignement aux universités et aux écoles monastiques.

En 1785, **l'Astrolabe** a été l'un des bateaux de l'expédition autour du monde que Jean-François de La Pérouse a entreprise sous l'ordre du roi Louis XVI. De 1826 à 1829, Jules Dumont d'Urville a continué les recherches de La Pérouse et exploré le pôle Sud et l'Océanie au bord de la corvette nommée l'Astrolabe. Ses importantes découvertes géographiques, nautiques et botaniques ont été publiées en 13 volumes sous le titre *Voyage de découvertes de l'Astrolabe* en 1830. Passionné de récits de voyage, Baudelaire a lu cet ouvrage. De nos jours, l'Astrolabe est un brise-glace, assurant la recherche et la mission scientifiques françaises dans les Terres australes et antarctiques françaises.

Zoïle (nom propre) se réfère au sophiste grec (IVe siècle avant J.-C.) qui a critiqué l'œuvre d'Homère. D'où le **nom commun** qui désigne un critique envieux et méchant.

Connexions

Partagez avec la classe l'histoire de votre prénom.

- Quelle est sa signification ? Savez-vous pourquoi on vous a donné ce prénom ? Vous a-t-on nommé d'après quelqu'un ?

Faites une recherche sur les prénoms qui sont maintenant populaires en France, en Belgique et dans votre région.

- Pourquoi sont-ils populaires, selon vous ? Par exemple, dans les années 1960, le prénom français Jacqueline ou Jacquie était très populaire aux États-Unis. À votre avis, pourquoi ?

Faites une autre recherche sur les facteurs sociaux du choix des prénoms, tels que le milieu social et l'âge des parents, le lieu d'habitation ou les vagues d'immigration, etc.

- Comment est-ce que les informations trouvées et les informations ci-présentes sur les prénoms d'Astrolabe et de Zoïle changent votre impression des personnages du *Voyage d'hiver* ?

Figure 7 Voyage au pôle sud et dans l'Océanie. Gravure 22 : L'Astrolabe faisant de l'eau sur un glaçon, le 6 février 1838. Parages Antarctiques.

10.14 MISE EN PARALLÈLE

Afin de mieux comprendre les trois textes – le poème de Baudelaire, le film publicitaire d'Inez et Vinoodh et le roman de Nothomb – et ce qui les relie, considérez les pistes suivantes :

Le couple dans le récit et la quête identitaire

À qui s'adresse le narrateur de chaque texte ? À qui s'adresse le clip publicitaire de Vuitton ? Quelle est la motivation de chaque discours ? Comment sont les destinataires de Baudelaire et de Nothomb ? Pourquoi le moi (le narrateur) a-t-il besoin de l'Autre (son destinataire) ?

L'union avec l'Autre ou l'altéricide (le meurtre de l'Autre)

Vivre ensemble, mourir ensemble ou tuer l'Autre – voilà ce que les textes étudiés questionnent. Réfléchissez comment s'opère la quête d'autoréalisation de chaque narrateur. Serait-ce à travers l'acte de l'union avec l'Autre, celui de la destruction de l'Autre ou celui de l'autodestruction ?

Le voyage et l'exotisme

Qui voyage avec qui ? Comment et pourquoi ? Quels sont les paysages évoqués par les narrateurs du film et du roman ainsi que par le sujet poétique ? Pourquoi ont-ils recours à ces éléments ? Peut-on parler ici d'un processus exotique et/ou fantasmatique ?

Les dichotomies significatives

Comment s'opère le passage de l'intime vers l'universel chez Baudelaire et dans le roman de Nothomb ? Comment la distinction entre le Sud et le Nord, le chaud et le froid, se manifeste-t-elle dans les textes ?

La destruction du mythe

En quoi les villes évoquées par Baudelaire comme par Nothomb sont-elles avant tout des mythes ? De quelle manière Baudelaire et Nothomb détruisent-ils certains mythes amoureux sinon la mythification de la beauté ? Si l'on décide que le clip de Vuitton est destructeur, en quoi cette destruction se rapproche-t-elle et diffère-t-elle de celles déjà entreprises par Baudelaire et Nothomb ?

L'écriture

Quels éléments montrent que le poème et le roman peuvent être une lettre, un témoignage ou un testament ? Quel est rôle de l'écriture dans le poème et dans le roman ? Pourquoi écrivent-ils ? Pourquoi écrit-on en général ?

10.15 SYNTHÈSE

Travail d'écriture

A. Écriture analytique – essai : Écrivez un essai sur un des sujets suivants. Faites attention à l'organisation de votre essai (introduction, thèse, développement et conclusion). Citez les preuves textuelles pour soutenir vos idées.

Sujet 1 : Quel est le rôle du voyage dans le poème de Baudelaire et le roman de Nothomb ?

Sujet 2 : L'échec amoureux, existe-t-il ?

B. Écriture analytique – dissertation : « Les voyages forment la jeunesse », selon un célèbre proverbe français. Partagez-vous cet avis ? Votre dissertation qui répondra à cette question pourra s'appuyer à la fois sur les textes du module et sur votre expérience personnelle.

Portfolio de recherche

Lancez-vous dans un voyage virtuel ! Trouvez les informations suivantes sur chaque auteur/ texte étudié dans ce module ou dans l'anthologie, en général :

- Infos biographiques sur l'auteur
- Expressions/citations intéressantes et vocabulaire important
- Concepts/détails pertinents à la compréhension approfondie du texte

Votre portfolio peut prendre des formes différentes et créatives : un simple dossier ou une sorte d'album, un journal de bord ou un blogue, une PPP ou une Prézi, reflétant votre voyage personnel à travers la vie et l'œuvre des auteurs étudiés. N'oubliez pas d'inclure la bibliographie des ouvrages cités et consultés (sites web, images, dictionnaires et encyclopédies, textes primaires et secondaires, etc.). Faites un exposé oral ou écrit de votre portfolio de recherche.

Notes

1 Charles Baudelaire, *Œuvres complètes,* Paris, Gallimard, Bibliothèque de la Pléiade, 1975, pp. 53–54. © Gallimard www.gallimard.fr
2 **Mouillés** : humides
3 **Brouillés** : troublés, embrumés
4 **Traîtres** : qui trahissent, dissimulent ou mentent
5 **Ambre** (m.) : un parfum musqué, suave et richement exotique
6 **Canaux** : un canal est un cours d'eau généralement artificiel permettant l'irrigation ou bien – dans le cas du poème – la navigation.
7 **Vaisseaux** (m. pl.) : des bateaux, pouvant transporter des marchandises autant que des voyageurs
8 **Assouvir** : contenter, satisfaire
9 **Moindre** : plus petit, plus infime
10 **Revêtent** : couvrent, recouvrent
11 **Hyacinthe** (f.) : une couleur jaune rougeâtre
12 Amélie Nothomb, *Le Voyage d'hiver*, Paris, Albin Michel, 2009.
13 **Fébrilité** (f.) : la nervosité ou un état fiévreux
14 **La Sainte-Luce** : la fête de la Sainte Lucie ayant lieu le 13 décembre et marquant l'Avent, période précédant Noël
15 **Minauderies** (f. pl.) : des coquetteries
16 **Mirage du froid** : un phénomène optique produit par le changement de températures. Les mirages inférieurs (la couche d'air chaud se trouvant en bas) se distinguent des mirages supérieurs (la couche d'air froid étant en bas) par la trajectoire ascendante du mirage. Autres que les illusions optiques ou hallucinations, les mirages peuvent être enregistrés en photo ou vidéo.

17 **Antre** (m.) : un logis misérable
18 **Fatuité** (f.) : l'orgueil
19 **Dévaler** : descendre avec vitesse
20 **Éperdu** : ému ; qui éprouve un sentiment très vif
21 **Lamartiniser** : un mot inventé par Nothomb, faisant allusion au célèbre poète français du romantisme, Alphonse de Lamartine (1790–1869). Ses poèmes, tels que *Le Lac* ou *L'Isolement*, sont particulièrement connus pour un lyrisme harmonieux, une profonde sensibilité et l'exploration des thèmes de l'amour et la mort. Ici, Zoïle utilise ce mot pour désigner l'action de s'exprimer à la manière de Lamartine, mais avec un ton péjoratif, c'est-à-dire, s'exprimer avec beaucoup d'émotions et de sensibleries.
22 **Kamikaze** (m.) : une personne qui commet une attaque militante se terminant par le suicide de celle-ci
23 **Pérenniser** : faire durer
24 **Exécration** (f.) : l'abomination, la haine
25 **Fleuron** (m.) : le meilleur représentant
26 **Liquidons l'affaire** : (*familier*) régler définitivement le cas
27 **Pellicule** (f.) : une fine couche
28 **Cariatides** (f. pl.) : dans l'architecture, une statue de femme utilisée en tant que colonne
29 **Trépas** (m.) : la mort
30 **L'Artémision d'Ephèse** : le Temple d'Artémis à Éphèse datant de 560 avant J.-C. Connu comme l'une des Sept Merveilles du monde, ce temple était consacré à Artémis – une grande déesse grecque de la chasse et de la nature. Fille de Zeus et sœur d'Apollon, elle reste chaste et vierge et tue sans pitié tous ceux qui l'offensent.
31 **Quartier Montorgueil** : Il se trouve entre le 1er et le 2e arrondissement, près des Halles et de la Seine. En forme de rectangle, le quartier est parsemé de rues piétonnes.
32 **Présocratiquement**: ici, avant le philosophe grec Socrate
33 **Sidération** (f.) : un profond étonnement
34 **Hic** (m.) : la difficulté
35 **Foireux** : (*familier*) mal conçu, qui échoue
36 **Psilocybes** (m.) **guatémaltèques** : des champignons hallucinogènes du Guatemala
37 **EDF** : Électricité de France
38 **Atomiser** : (néologisme) détruire au moyen d'armes atomiques

Module 11 Désir et réalité chez Gustave Flaubert et Abdoulaye Sadji

Audrey Dobrenn et Flavien Falantin

11.1 ENTRÉE EN MATIÈRE

« Avant qu'elle se mariât, elle avait cru avoir de l'amour ; mais le bonheur qui aurait dû résulter de cet amour n'étant pas venu, il fallait qu'elle se fût trompée, songeait-elle. Et Emma cherchait à savoir ce que l'on entendait au juste par les mots de félicité, de passion et d'ivresse, qui lui avaient paru si beaux dans les livres. »

(Gustave Flaubert, *Madame Bovary*)

« Nini est l'éternel portrait moral de la Mulâtresse, qu'elle soit du Sénégal, des Antilles ou des deux Amériques. C'est le portrait de l'être physiquement et moralement hybride qui, dans l'inconscience de ses réactions les plus spontanées, cherche toujours à s'élever au-dessus de la condition qui lui est faite, c'est-à-dire au-dessus d'une humanité qu'il considère comme inférieure mais à laquelle un destin le lie inexorablement. »

(Abdoulaye Sadji, *Nini mulâtresse du Sénégal*)

Interprétation

1) Dans les citations précédentes, identifiez cinq termes avec lesquels vous n'êtes pas entièrement familiers, ou que vous trouvez révélateurs. Cherchez leurs définitions dans un dictionnaire.
2) Quelle est la fonction de ces mots dans les citations ?
3) Quelles images évoquent-ils ?
4) En quoi peut-on dire que les deux citations se font écho ?
5) Quel thème unifie les deux extraits ?

Vocabulaire utile : félicité (f.), passion (f.), ivresse (f.), mûlatresse (f.), être (m.), hybride

Présentation

Présentez à vos partenaires les cinq termes que vous avez préparés et comparez-les. Quels sont les termes communs ?

11.2 GUSTAVE FLAUBERT ET ABDOULAYE SADJI

Gustave Flaubert, écrivain français (1821–1880)

Né à Rouen, Flaubert se lance très jeune dans la littérature à cause d'une santé fragile l'empêchant de poursuivre ses études de droit. À l'âge de trente-six ans, il publie *Madame Bovary*, un roman jugé scandaleux qui lui vaudra un procès dès sa parution pour outrage à la morale publique. Son regard impartial sur les comportements humains, le réalisme cruel de ses portraits et l'intensité psychologique de ses personnages font de Flaubert l'écrivain incontournable de la seconde moitié de la littérature française du XIXe siècle. Après un voyage en Tunisie en 1858, cet amoureux de l'Antiquité et de l'histoire d'Afrique, se consacre en 1862 à l'écriture du roman *Salammbô*. Il continue d'écrire jusqu'à sa mort laissant derrière lui de grands chefs-d'œuvre tels que *L'Éducation sentimentale* (1869), *La Tentation de Saint Antoine* (1874), *Trois contes* (1877) ou encore l'inachevé *Bouvard et Pécuchet* (1881).

Abdoulaye Sadji, écrivain sénégalais (1910–1961)

Sadji est né à Rufisque, ville sénégalaise où il devient instituteur de l'école primaire en 1929, après avoir été formé à l'École Normale William Ponty. Cet élève brillant, connu pour être le deuxième bachelier du Sénégal, s'insurge contre l'autorité coloniale à la fin des années 1940 et devient l'un des fers de lance de la Négritude. À cette époque, il commence à publier des articles dans *Paris-Dakar* et *Présence Africaine* où son courage politique et littéraire sera salué par Léopold Sédar Senghor et Frantz Fanon. En 1953 et 1954, ce pionnier de l'indépendance fait paraître deux romans : *Maïmouna* et *Nini*. Grâce à sa plume aiguisée de journaliste, Sadji observe parfois férocement les mœurs de la société sénégalaise. Défenseur d'une culture africaine ouverte sur le monde, il dénonce aussi bien dans *Maïmouna* la bourgeoisie musulmane fermée de Dakar que les mentalités paysannes. Dans *Nini*, il s'affronte au complexe d'infériorité issu du métissage et brosse un portrait sévère des mulâtresses de Saint-Louis.

Vocabulaire

Cherchez la définition des mots et des expressions idiomatiques suivants dans un dictionnaire : impartial, incontournable, outrage (m.), fer de lance (m), s'insurger, plume (f.), aiguiser, brosser

Recherche web

Pour bien vous situer dans le contexte historique et géographique, faites une recherche sur les questions suivantes:

*   Où se situent les villes de Rouen et de Rufisque ? Faites une recherche sur l'histoire de ces deux villes.
*   Qu'est-ce qu'un bachelier ? Qui a créé le baccalauréat ? En quelle année ? Quelle est l'importance de cette information ?
*   Qu'est-ce que la Négritude ? Faites une recherche sur ce mouvement, ainsi que sur les écrivains Léopold Sédar Senghor et Frantz Fanon.

11.3 RÉSUMÉ DES TEXTES

Madame Bovary *(1856)*

Après être sortie d'un couvent de province, la jeune Emma Rouault épouse Charles Bovary, un médecin de campagne. Très vite Emma se trouve déçue de son mariage, car il ne ressemble pas aux histoires d'amour chevaleresque qu'elle a lues dans les romans durant ses années de pensionnat. Lors d'un bal fastueux chez le Marquis d'Andervilliers, la jeune femme comprend que son existence est monotone, que son mari n'a aucune bonne manière et que le petit village de Toste où elle habite la déprime complètement. Devant les troubles nerveux de sa femme, Charles décide de déménager dans une ville plus grande, mais Emma continue de fantasmer une vie sophistiquée bien au-dessus des moyens de son mari. Ulcérée de ne pouvoir devenir la princesse idéalisée de ses lectures d'adolescente, Emma trompe Charles à plusieurs reprises et multiplie les emprunts pour se payer des habits extravagants et pour couvrir ses amants de cadeaux. Une fois criblée de dettes, Emma se retrouve acculée face aux huissiers qui viennent saisir ses meubles. La peur que Charles découvre la ruine dont elle est responsable, la jette dans le désespoir et la pousse à avaler de l'arsenic. Elle meurt dans d'horribles souffrances devant son époux impuissant.

Nini mulâtresse du Sénégal *(1954)*

La jeune Virginie Maerle dite Nini n'aspire qu'à une chose : épouser un homme blanc qui l'emmènera vivre à Paris, loin de l'île de Saint-Louis du Sénégal. Dactylographe dans les bureaux d'une compagnie fluviale, Nini tente à tout prix de réaliser son rêve en séduisant les Français responsables de l'administration coloniale. Son métier lui donne l'occasion de fréquenter les notables de Saint-Louis ou de jouer au tennis avec Messieurs Martineau et Perrin. Pour parvenir à ses fins, Nini s'européanise, se blanchit la peau, s'habille comme une Parisienne et lit beaucoup de romans d'amour. Malheureusement, après lui avoir proposé de se fiancer avec lui, Martineau revient sur sa promesse lorsqu'il se trouve muté à Paris. Cette triste nouvelle pousse Nini dans la lamentation et l'ennui. Sa haine pour son pays et ses origines se décuple et de violentes disputes avec sa tante Hortense surviennent lorsque sa grand-mère tombe gravement malade. Quand elle apprend quelques mois plus tard que Martineau revient à Saint-Louis accompagné de son épouse, Nini ne peut pas supporter cette situation. Le roman s'achève avec Nini dans un avion en partance pour Paris. Entre fuir et mourir, la jeune femme se résout à l'exil.

Vocabulaire

Cherchez la définition des mots suivants : couvent (m.), décevoir, pensionnat (m.), fastueux, marquis (m.), ulcérer, acculer, huissier (m.), être criblé(e) de dette, arsenic (m.), dactylographe (m./f.), fluvial, décupler

Comparaisons

En paire ou en groupe, identifiez, d'après leurs résumés, ce qui peut relier ces textes. Cherchez sur Internet et étudiez les couvertures des livres *Madame Bovary* et *Nini mulâtresse du Sénégal* que vous trouvez sur Internet :

- Quelles informations, verbales et visuelles, se dégagent de chacune des couvertures ?
- Quelles sont les ressemblances et les différences notables ?
- Quelles réactions suscitent-elles chez vous ?

Communautés

Allez sur un forum dédié à Gustave Flaubert ou Abdoulaye Sadji et lisez les discussions ou créez vous-même une nouvelle discussion.

11.4 THÈMES COMMUNS : ENTRE DÉSIR ET RÉALITÉ

La tragédie du réel

Dans les deux textes de ce module, le lieu devient prison de sorte que le réel résiste en permanence aux héroïnes. Flaubert choisit de placer Emma dans la campagne profonde française où il ne se passe rien. Sadji, lui, isole Virginie Maerle sur l'île de Saint-Louis. L'emprisonnement rural et insulaire pousse ces personnages à s'évader et à fuir la réalité d'une manière ou d'une autre. Peu étonnant que le rêve et l'illusion deviennent leur seule échappatoire.

L'objet du désir

Si l'espace symbolique mis en place dans *Madame Bovary* et *Nini* part de l'espace « réel » implacable et définitif, il a surtout pour effet d'entraîner des paradoxes en constituant des lieux de désir et des lieux d'ennui profond ; ou en créant des sentiments de sécurité et de bien-être, alors que d'autres zones semblent en revanche malveillantes, voire dangereuses. En somme, l'immobilité de leur milieu, la confusion de leurs désirs et des moyens pour les assouvir bouleversent cruellement ces deux héroïnes. Ce nœud sociologique et psychologique forme l'intrigue unitaire de ces romans.

L'entre-deux d'origine

Le drame des héroïnes de Flaubert et de Sadji réside tout entier dans l'incompréhension initiale de leur milieu social qu'elles refusent et qui les empêche d'être totalement elles-mêmes. La condition bourgeoise d'Emma la paralyse, car elle ne peut s'en extraire que par le mariage ; par conséquent son union avec Charles met fin à tout espoir de noblesse. De même pour Nini qui subit l'intermédiarité de sa peau : ni complètement noire, ni totalement blanche. Le métissage de la jeune femme la place dans une situation d'appartenance problématique au sein d'une société coloniale basée sur le rapport de force entre l'Europe et l'Afrique.

Le malheur du fantasme

La présence et l'influence de ce tiraillement socioculturel font naître au cœur de ces deux romans des préjugés et des jugements de valeur. Ces portraits de femmes sont la concrétion de psychologies insatisfaites et destructrices. Afin de calmer son ennui auprès de Charles, Emma s'emprisonne dans des lectures venant alimenter son fantasme de chevalerie et d'aventure. Nini, quant à elle, idéalise tant Paris comme le centre du bon goût qu'elle finit par vouloir ressembler à ses habitantes en se blanchissant la peau. De cette impossibilité à vivre pleinement telles qu'elles sont, le lecteur découvre leurs contrariétés, leurs désillusions, leurs aveuglements et leurs intolérances des autres.

La satire sociale

Observateur de la condition féminine de province, Flaubert insiste paradoxalement dans sa lettre à Louise Colet sur le fait qu'il a voulu écrire « un livre sur rien ». En définitive ce récit, se basant sur le néant, se transforme en récit sur les mœurs de l'époque en général, concernant toute la bourgeoisie rurale. La mission pour Sadji semble tout aussi sociologiquement universelle, partant de la particularité du personnage de Nini pour finalement décrire « la Mulâtresse, qu'elle soit du Sénégal, des Antilles ou des deux Amériques. »

Figure 8 Illustration de Charles Léandre pour *Madame Bovary* de Flaubert, gravé à l'eau-forte en couleur par Eugène Decisy. Frontispice. 1831.

Vocabulaire

Cherchez la définition des mots et des expressions idiomatiques suivants dans un dictionnaire : échappatoire (f.), implacable, malveillant, nœud (m.), concrétion (f.), blanchir

Recherche web

Faites des recherches supplémentaires sur la ruralité et le provincialisme.

11.5 GUSTAVE FLAUBERT, *MADAME BOVARY*

Dans cet extrait[1], le lecteur découvre la jeunesse d'Emma faite de lectures et d'illusions. La jeune fille, élevée au couvent, se plaît à mentir aux prêtres et à s'inventer une vie chevaleresque à l'image de celle qu'elle lit dans les romans de Bernardin de Saint-Pierre ou de Walter Scott.

Elle avait lu *Paul et Virginie*[2] et elle avait rêvé la maisonnette de bambous, le nègre Domingo, le chien Fidèle, mais surtout l'amitié douce de quelque bon petit frère, qui va chercher pour vous des fruits rouges dans des grands arbres plus hauts que des clochers, ou qui court pieds nus sur le sable, vous apportant un nid d'oiseau.

Lorsqu'elle eut treize ans, son père l'amena lui-même à la ville, pour la mettre au couvent. Ils descendirent dans une auberge du quartier Saint-Gervais, où ils eurent à leur souper des assiettes peintes qui représentaient l'histoire de mademoiselle de la Vallière[3]. Les explications légendaires, coupées çà et là par l'égratignure[4] des couteaux, glorifiaient toutes la religion, les délicatesses du cœur et les pompes de la Cour.

Loin de s'ennuyer au couvent les premiers temps, elle se plut dans la société des bonnes sœurs, qui, pour l'amuser, la conduisaient dans la chapelle, où l'on pénétrait du réfectoire par un long corridor. Elle jouait fort peu durant les récréations[5], comprenait bien le catéchisme, et c'est elle qui répondait toujours à M. le vicaire dans les questions difficiles. Vivant donc sans jamais sortir de la tiède atmosphère des classes et parmi ces femmes au teint blanc portant des chapelets à croix de cuivre, elle s'assoupit doucement à la langueur mystique qui s'exhale des parfums de l'autel, de la fraîcheur des bénitiers[6] et du rayonnement des cierges[7]. Au lieu de suivre la messe, elle regardait dans son livre les vignettes[8] pieuses bordées d'azur, et elle aimait la brebis[9] malade, le Sacré-Cœur percé de flèches aiguës, ou le pauvre Jésus, qui tombe en marchant sur sa croix. Elle essaya, par mortification, de rester tout un jour sans manger. Elle cherchait dans sa tête quelque vœu[10] à accomplir.

Quand elle allait à confesse, elle inventait de petits péchés afin de rester là plus longtemps, à genoux dans l'ombre, les mains jointes, le visage à la grille sous le chuchotement du prêtre. Les comparaisons de fiancé, d'époux, d'amant céleste et de mariage éternel qui reviennent dans les sermons lui soulevaient au fond de l'âme des douceurs inattendues.

Le soir, avant la prière, on faisait dans l'étude une lecture religieuse. C'était, pendant la semaine, quelque résumé d'Histoire sainte ou les Conférences de l'abbé Frayssinous, et, le dimanche, des passages du *Génie du christianisme*[11], par récréation. Comme elle écouta, les premières fois, la lamentation sonore des mélancolies romantiques se répétant à tous les échos de la terre et de l'éternité ! Si son enfance se fût écoulée dans l'arrière-boutique d'un quartier marchand, elle se serait peut-être ouverte alors aux envahissements lyriques de la nature, qui, d'ordinaire, ne nous arrivent que par la traduction des écrivains. Mais elle connaissait trop la campagne ; elle savait le bêlement[12] des troupeaux, les laitages, les charrues. Habituée aux aspects calmes, elle se tournait, au contraire, vers les accidentés. Elle n'aimait la mer qu'à cause de ses tempêtes, et la verdure seulement lorsqu'elle était clairsemée parmi les ruines. Il fallait qu'elle pût retirer des choses une sorte de profit personnel ; et elle rejetait comme inutile tout ce qui ne contribuait pas à la consommation immédiate de son cœur, – étant de tempérament plus sentimentale qu'artiste, cherchant des émotions et non des paysages.

Il y avait au couvent une vieille fille qui venait tous les mois, pendant huit jours, travailler à la lingerie. Protégée par l'archevêché[13] comme appartenant à une ancienne famille de gentilshommes ruinés sous la Révolution, elle mangeait au réfectoire à la table des bonnes sœurs, et faisait avec elle, après le repas, un petit bout de causette[14] avant de remonter à son ouvrage. Souvent les pensionnaires s'échappaient de l'étude pour aller la voir. Elle savait par cœur des chansons galantes du siècle passé, qu'elle chantait à demi-voix, tout en poussant son aiguille. Elle contait des histoires, vous apprenait des nouvelles, faisait en ville vos commissions[15], et prêtait aux grandes, en cachette, quelque roman qu'elle avait toujours dans les poches de son tablier, et dont la bonne demoiselle elle-même avalait de longs chapitres, dans les intervalles de sa besogne. Ce n'étaient qu'amours, amants, amantes, dames persécutées s'évanouissant dans des pavillons solitaires, postillons qu'on tue à tous les relais[16], chevaux qu'on crève à toutes les pages, forêts sombres, troubles du cœur, serments, sanglots, larmes et baisers, nacelles au clair de lune, rossignols dans les bosquets, *messieurs* braves comme des lions, doux comme des agneaux, vertueux comme on ne l'est pas, toujours bien mis, et qui pleurent comme des urnes. Pendant six mois, à quinze ans, Emma se graissa donc les mains à cette poussière des vieux cabinets de lecture. Avec Walter Scott, plus tard, elle s'éprit[17] de choses historiques, rêva bahuts[18], salle des gardes et ménestrels[19]. Elle aurait voulu vivre dans quelque vieux manoir, comme ces châtelaines au long corsage, qui, sous le trèfle des ogives, passaient leurs jours, le coude sur la pierre et le menton dans la main, à regarder venir du fond de la campagne un cavalier à plume blanche qui galope sur un cheval noir. Elle eut dans ce temps-là le culte de Marie Stuart, et des vénérations enthousiastes à l'endroit des femmes illustres ou infortunées. Jeanne d'Arc, Héloïse[20], Agnès Sorel[21], la belle Ferronnière[22] et Clémence Isaure[23], pour elle, se détachaient comme des comètes sur l'immensité ténébreuse de l'histoire, où saillissaient encore çà et là, mais plus perdus dans l'ombre et sans aucun rapport entre eux, saint Louis[24] avec son chêne, Bayard mourant, quelques férocités de Louis XI, un peu de Saint-Barthélemy, le panache du Béarnais, et toujours le souvenir des assiettes peintes où Louis XIV était vanté.

[...]

Emma, rentrée chez elle, se plut d'abord au commandement des domestiques, prit ensuite la campagne en dégoût et regretta son couvent. Quand Charles vint aux Bertaux[25] pour la première fois, elle se considérait comme fort désillusionnée, n'ayant plus rien à apprendre, ne devant plus rien sentir.

Mais à l'anxiété d'un état nouveau, ou peut-être l'irritation causée par la présence de cet homme, avait suffi à lui faire croire qu'elle possédait enfin cette passion merveilleuse qui jusqu'alors s'était tenue comme un grand oiseau au plumage rose planant dans la splendeur des ciels poétiques ; – et elle ne pouvait s'imaginer à présent que ce calme où elle vivait fût le bonheur qu'elle avait rêvé.

[...]

Si Charles l'avait voulu cependant, s'il s'en fût douté, si son regard, une seule fois, fût venu à la rencontre de sa pensée, il lui semblait qu'une abondance subite se serait détachée de son cœur, comme tombe la récolte d'un espalier quand on y porte la main. Mais, à mesure que se serrait davantage l'intimité de leur vie, un détachement intérieur se faisait qui la déliait de lui.

La conversation de Charles était plate comme un trottoir de rue, et les idées de tout le monde y défilaient dans leur costume ordinaire, sans exciter d'émotion, de rire ou de rêverie. Il n'avait jamais été curieux, disait-il, pendant qu'il habitait Rouen, d'aller voir au théâtre les acteurs de Paris. Il ne savait ni nager, ni faire des armes, ni tirer le pistolet, et il ne put, un jour, lui expliquer un terme d'équitation[26] qu'elle avait rencontré dans un roman.

11.6 LECTURE DE FLAUBERT

11.6.1 Lecture initiale

Ayant lu le texte une première fois, répondez aux questions suivantes.

Considérations préliminaires

- *Qui* : Qui parle dans le texte ? Qui sont les personnages ?
- *Quoi* : Quel est le sujet du texte ?
- *Où et quand* : Relevez les mots dans le texte qui indiquent un lieu et le temps.

Genre et discours

- Quel est le genre du texte (pièce de théâtre, poème, roman, etc.) ?
- Quel est le type de discours (argumentatif, descriptif, explicatif, narratif, injonctif) ?
- Quelle est la tonalité du texte (comique, épique, lyrique, tragique, polémique, etc.) ?

Prise de notes

Prenez des notes en lisant le texte. Notez des détails importants et vos propres questions.

11.6.2 Lecture approfondie

Compréhension

Résumé en images et interview des personnages

Pour assurer la compréhension du texte étudié, faites son résumé en images séquentielles et posez des questions aux personnages (voir Annexe A). Lisez le texte une deuxième fois. Faites d'abord attention aux procédés littéraires et dégagez ensuite la signification de chaque extrait.

Analyse

Procédés littéraires

Comparez vos réponses aux questions suivantes avec celles de votre partenaire ou de la classe :

1) Grâce au vocabulaire, trouvez-vous des images frappantes ou des thèmes qui reviennent ?
2) L'argument : s'agit-il dans chaque pensée d'Emma du même argument, d'arguments voisins, ou d'arguments détachés et sans lien ? Expliquez votre réponse.
3) La tonalité : le ton reste-t-il identique ou change-t-il tout au long du texte ?
4) Le narrateur est-il interne, externe ou omniscient ? Précisez votre réponse.
5) Faites un court résumé des différents paragraphes du texte. Dégagez la logique du texte et sa progression.
6) Y a-t-il des références à des lieux géographiques ou des moments historiques spécifiques ?

Interprétation

Signification

7) Résumez brièvement l'épisode de l'auberge entre Emma et son père. Cet événement peut-il être vu comme un élément déclencheur de la personnalité adoptée par la jeune fille au couvent ?
8) Que fait Emma au lieu de suivre la messe ? Son attitude vous semble-t-elle pieuse ?
9) Expliquez la relation d'Emma avec les bonnes sœurs.

10) Décrivez le comportement d'Emma lorsqu'elle va se confesser. Dans quelle mesure ce comportement reflète-t-il une difficulté psychologique à s'accepter telle qu'elle est ?

11) Pourquoi le cérémonial religieux fascine autant l'attention d'Emma ?

12) Combien de références féminines comptez-vous dans cet extrait ? Quelles sont les femmes illustres décrites dans le texte que vous connaissiez ? En quoi ces femmes sont-elles différentes de la jeune fille ?

13) Pourquoi Flaubert met-il l'accent sur les lectures d'Emma ?

14) Trouvez les indices du texte qui insistent sur l'irréalité, le mensonge et l'illusion d'Emma.

15) Ces indices décrivent-ils Emma comme étant saine d'esprit ?

16) Comment est jugé Charles ? Représente-t-il l'homme idéal dont parlent les romans qu'elle obtient clandestinement au couvent ?

11.7 PERSPECTIVES HISTORIQUES : RÉGIMES POLITIQUES

La Monarchie de Juillet

Bien que *Madame Bovary* paraisse en 1857 sous le Second Empire, Flaubert choisit la Monarchie de Juillet comme toile de fond à son histoire. Essentiellement bourgeois, le régime de Louis-Philippe d'Orléans rompt avec la monarchie absolue de droit divin, raison pour laquelle il supprime son titre de *roi de France et de Navarre* pour devenir *roi des Français*. Cette période historique a permis de définir les dates de l'intrigue du roman de Flaubert entre octobre 1827 et août 1846. Si cette époque monarchique est marquée par des insurrections et des crises à répétition, il n'en demeure pas moins que la liberté de la presse se trouve rétablie par la Charte révisée de 1814 qui dispose en son article 7 l'abolition définitive de la censure d'État et ajoute qu'elle « ne pourra jamais être rétablie ». Il est également à noter qu'avant sa parution en livre, *Madame Bovary* fut publié sous la forme de feuilleton dans la presse, comme la plupart des grands romans du XIXe siècle.

La censure du Second Empire

Flaubert commence l'écriture de *Madame Bovary* en 1851, l'année qui consacre la mise en place du Second Empire par le coup d'État de Louis Napoléon Bonaparte du célèbre 2 décembre. Sans rétablir à proprement parler la censure, les méthodes autoritaires du nouveau régime instituent la technique des *avertissements* pour contrôler le monde de la presse et de l'édition. L'éditeur de Flaubert, Léon Laurent-Pichat, fait l'objet d'un procès intenté à son encontre par le ministère public de l'époque, incarné par le très célèbre procureur Ernest Pinard. Flaubert et son éditeur sont jugés pour « outrage à la morale publique et religieuse et aux bonnes mœurs ». Après un procès très médiatique, Flaubert sera acquitté grâce à la très bonne plaidoirie de son avocat et ami Jules Sénard, à qui il dédie son livre.

Recherche web

- Faites une recherche sur les dates exactes de la Monarchie de Juillet et de la Charte révisée de 1814. Coïncident-elles avec les dates du temps de l'intrigue ?

- Cherchez quelques exemples de crises et d'insurrections qui ont eu lieu lors de la Monarchie de Juillet.

Connexions

- Quelle est la différence entre la parution en feuilleton et la publication d'un livre ?
- Quelle est la portée de l'article 7 de la Charte de 1830 ? Est-ce que l'établissement d'un tel article au sein d'une monarchie vous semble surprenant ?
- En quoi l'intitulé de la plainte posée contre Flaubert par Pinard est-il révélateur d'une politique autoritariste ?
- Y a-t-il, à votre avis, une séparation stricte entre l'Église et l'État dans la France de 1847 ? En quoi cela peut poser préjudice aux écrivains de ce siècle ?
- Comment comprenez-vous l'attaque faite contre Flaubert ? La trouvez-vous justifiée ?

11.8 PRODUCTION ORALE ET ÉCRITE AUTOUR DE *MADAME BOVARY*

Exposé oral

En groupe de deux ou de trois, discutez des sujets suivants et présentez vos idées à la classe. Préparez un exposé oral sur un des sujets ci-dessous :

- Quel rôle l'imagination joue-t-elle dans la vie d'Emma ? Et dans la vôtre ? Est-elle source de bonheur ou de malheur ? L'imagination et l'ennui sont-ils liés ? Pourquoi ?
- En 1892, le philosophe Jules de Gaultier théorise un concept psychiatrique qu'il nomme : le bovarysme. Il définit cette pathologie comme « le pouvoir départi à l'homme de se concevoir autre qu'il n'est »[27]. Vous démontrerez d'après votre lecture si ce « pouvoir » décrit par Gaultier vous semble créateur ou au contraire destructeur. Vous vous servirez des exemples du texte pour répondre à la question et mettrez vos impressions au service d'une étude sociologique du monde moderne. Pensez-vous que la société du XXIe siècle ait gardé des racines bovaryques ?

Débats

En groupe de deux ou trois, discutez des citations suivantes et présentez vos idées à la classe. Préparez-vous à un débat. Puis divisez la classe en deux, avec les pours et les contres. Les équipes doivent présenter au moins cinq arguments différents par citation pour la défendre ou la critiquer. Une fois la première citation débattue, passez à la suivante :

- « On dit que madame Bovary est ridicule. En effet, la voilà, tantôt prenant pour un héros de Walter Scott une espèce de monsieur, – dirai-je même un gentilhomme campagnard ? – vêtu de gilets de chasse et de toilettes contrastées ! et maintenant, la voici amoureuse d'un petit clerc de notaire [...] » (Charles Baudelaire).

- « Nous entrons dans le cœur de Mme Bovary. Comment le définir ? elle est femme ; elle n'est que romanesque d'abord, elle n'est nullement corrompue » (Charles-Augustin Sainte-Beuve).
- « Nous sommes tous des Bovary » (Roland Barthes).

Travail d'écriture

Écriture analytique – dissertation : Peut-on affirmer catégoriquement que la lecture est le meilleur moyen d'apprendre ? Appuyez-vous sur vos expériences personnelles et sur l'exemple d'Emma Bovary pour défendre votre point de vue.

11.9 PERSPECTIVES CULTURELLES : VRAIE TRAGÉDIE DE DELPHINE DELAMARE

Pour écrire *Madame Bovary*, Flaubert s'inspire d'un fait divers survenu à Ry (petit village français) dans les années 1840. Son roman calque ou imite la véritable histoire de Delphine Delamare, jeune fermière ayant épousé un médecin, qui rêve de connaître Paris après avoir lu des romans dits « à l'eau de rose ». La vie de la jeune fille est si monotone, si triste et si vide qu'elle finit par se suicider à l'âge de vingt-huit ans. En paire ou en groupe, répondez aux questions suivantes :

1) L'ennui d'une jeune femme vous semble-t-il une bonne idée pour commencer un roman ?
2) Vos héroïnes favorites de roman ressemblent-elles à Delphine Delamare ?
3) Quelles sont les raisons sociologiques qui ont pu pousser Flaubert à reprendre l'histoire de Delphine Delamare ?
4) Quelle image donne-t-il de la condition des femmes au XIXᵉ siècle dans les campagnes françaises ?
5) Expliquez cette phrase de Flaubert : « Ma pauvre Bovary souffre et pleure dans vingt villages de France. »[28]

Dans *Madame Bovary*, Flaubert écrit : « Avec Walter Scott, plus tard, elle [Emma Bovary] s'éprit de choses historiques, rêva bahuts, salle des gardes et ménestrels. Elle aurait voulu vivre dans quelque vieux manoir, comme ces châtelaines au long corsage ». En paire ou en groupe, analysez cette citation en répondant aux questions suivantes:

1) Quelle est le temps verbal utilisé dans cet extrait ? En quoi est-il révélateur de l'illusion et du fantasme ?
2) Outil médiatique principal, quelle est selon vous la puissance des livres au XIXᵉ siècle ?
3) Après la lecture de cette courte phrase, expliquez les frustrations que peuvent provoquer « ces châtelaines au long corsage » sur une femme simple comme Delphine Delamare (future Emma Bovary).

Connexions

- Qu'est-ce qu'un fait divers en journalisme ?
- Où se trouve Ry sur la carte de France ?

Recherche web

Cherchez sur Internet les romans de Walter Scott. Quels sont leurs titres ?

- Qu'est-ce qu'un roman à l'eau de rose ?
- Quel est son public ? Sont-ils populaires maintenant ? Qu'en pensez-vous ?

11.10 ABDOULAYE SADJI, *NINI MULÂTRESSE DU SÉNÉGAL*

Ici[29], Abdoulaye Sadji revient sur la société de caste divisant les mulâtres du Sénégal en différentes catégories. L'extrait suivant montre le regard satirique du romancier à l'égard de jeunes femmes tiraillées entre leurs préjugés racistes et leurs attitudes quasi fanatiques à l'égard de Paris.

Saint-Louis est la capitale des mulâtresses, leur univers fermé d'où elles entrevoient la belle et douce France. La belle et douce France, objet de soupirs énamourés, patrie perdue.

À Saint-Louis, l'élément mulâtre se distingue nettement de l'élément noir. On dirait les immigrants d'une race d'aristocrates déchus[30] vivant dans un perpétuel effort pour en imposer à leur entourage, les Nègres.

Entre mulâtres mêmes, il y a des cloisonnements étanches. Ils se distinguent entre eux non seulement par des titres de noblesse authentique ou fausse, mais encore et surtout par la teinte de leur peau et un nom de famille devenu célèbre grâce à l'aïeul[31] blanc qui a été magistrat, officier ou grand négociant.

Mais la volonté de ségrégation la plus nette se marque chez les mulâtresses qui se divisent entre trois grandes classes.

En marge de ces trois catégories, il faut placer certaines mulâtresses de toutes teintes échappées du troupeau, qui ont fait piquer au noir leur lèvre inférieure, tout comme les négresses noires, tresser[32] leurs cheveux à l'indigène, et qui mordent avec dignité, en pleine rue, l'habituel « sotiou », morceau de bâton tendre qui rend les dents éclatantes de blancheur.

C'est un spectacle, un panorama séduisant d'espèces et de sous-espèces, de couleurs épidermiques, de toilettes[33], de grâce diverses ; un monde hétéroclite dominé par des antagonismes latents et des rancunes[34] sans cause.

Le sort des mulâtresses de première et de seconde classe est plus digne d'attirer l'attention du psychiatre. Elles ont grandi dans l'idée qu'autrefois tous les Noirs de Saint-Louis étaient leurs esclaves, que malgré la pseudo-abolition de l'esclavage et les efforts de la Démocratie qui voudrait le nivellement[35] des races et des classes, il est impossible qu'elles descendent jusqu'à considérer les Noirs comme des égaux. Les vieilles grand-mères et les vieilles tantes qui représentent l'ordre ancien montent la garde. Conservatrices farouches en matière religieuse ou sociale, elles tiennent à conduire au bon port leurs petites filles, les Nini, les Madou et les Nénette.

Aussi les mulâtresses de Saint-Louis détonnent-elles dans un milieu où Blancs et Noirs authentiques vivent normalement, sans heurts et sans bruit, chacun dans le cadre qui répond à ses mœurs[36].

Elles savent peu de choses de la vie bourgeoise, autrement dit la bienséance, mais elles sont à cheval sur ce peu : une maladresse commise par un Noir leur arrache des cris d'horreur.

Une expression qui leur est familière et chère est : « Ceci a de l'allure » :

– Ce chapeau a de l'allure ; ... ce pull (pull-over) a de l'allure ; ... ce manteau a de l'allure...

Elles sont en perpétuelle lutte avec le soleil et la nature de leur pays qui poussent à la lassitude, à la mélancolie plutôt qu'aux gaietés et aux allures compassées ; un trait dominant de leur humeur est une effervescence un peu simulée.

Il est étonnant de voir comme elles sont agiles et remuantes dans ce cadre d'Afrique si plein de mollesse.

Peu d'entre elles ont vu Paris ; mais toutes vous diront la féerie des Champs-Elysées, le charme du Trocadéro, les merveilles des Tuileries. Et quand la nostalgie les grise par trop fort, elles parlent de leur prochaine rentrée en France.

Surtout n'allez pas leur demander si elles parlent ouolof (la langue de leurs aïeux nègres). Elles ne comprennent que le français – et peut-être l'anglais – car l'anglais est une langue de civilisé et il a de l'allure. Elles parlent d'ailleurs le français avec une vivacité et une couleur que leur envieraient les Parisiennes les plus intoxiquées. Elles sont à l'affût des tournures de langage frais émoulues de Paris. Elles les roulent entre leurs lèvres épaisses en y ajoutant bien malgré elles un certain parfum de gutturalité[37] chaude et authentiquement nègre.

Ce que la nature n'a pas voulu faire, la poudre le réalise à la perfection. Quelle merveilleuse chose pour blanchir ! Les mulâtresses chargent leur figure et leur cou de cette poudre qui, chez l'Européenne, était peut-être faite pour rehausser l'éclat de la blancheur naturelle. (39–41)

Mais ce bien-être est secondaire pour elles. Ce que veulent Nini et Madou c'est qu'une action mystérieuse, probablement chimique des rayons solaires, modifie le degré de pigmentation[38] de leur peau. La teinte croûte de pain dorée est très élégante et très à la mode. Seulement nos deux mulâtresses oublient qu'elles sont assez brunes et que les résultats de ces bains de soleil ne peuvent être que désastreux. (68–69)

La nouvelle qui court depuis un mois dans Saint-Louis est agréable, plus agréable que toutes les promesses du monde. C'est le couronnement d'un certain rêve de grandeur et de distinction qui fait que toutes les mulâtresses, les Ninis, les Nanas et les Nénettes vivent hors des conditions naturelles de leurs pays. Le grand rêve qui les hante est celui d'être épousées par un blanc d'Europe. On pourrait dire que tous leurs efforts tendent vers ce but qui n'est presque jamais atteint. Leur besoin de gesticulation[39], leur amour de la parade ridicule, leurs attitudes calculées, théâtrales, écœurantes[40], sont autant d'effets d'une même manie des grandeurs. Il leur faut un homme blanc, et rien que cela. (75)

Ah! il faut les voir traverser la salle en robes à longues traînes, dignes de la Pompadour[41] [...] Il faut les entendre égrener avec emphase le rire protocolaire des milieux de la haute aristocratie française, débiter à grands roulements de bouche et d'eux, certaines histoires farcies d'humour et de légende où l'imagination tient le plus grand rôle. (83)

Les charmes d'une mulâtresse sont puissants. On les doit d'abord à une hérédité double : hérédité nègre qui permet en amour des gestes pleins de lenteur et de souplesse et dans la douceur desquels il y a autant de faiblesses que de force attachante. Hérédité occidentale qui greffe sur ce fond des apports d'une éducation française reçue ou copiée : des vêtements chatoyants, soyeux, élastiques, qui épousent parfaitement des formes avantageuses et remuantes ; vocabulaire plus riche que tous les dialectes africains les plus sonores ; manières de se tenir, de marcher ou d'enlacer ; et puis fards et rouge à lèvres qui rendent plus gourmandes la figure et la bouche... (119)

Dans leur enfance ils avaient rêvé d'une Afrique pleine de moustiques, de bêtes fauves et de négresses plantureuses ; d'une Afrique noire qui devait faire resurgir l'homme blanc de lui-même, le rendant ainsi apte à lutter pour de nobles causes, à créer, à transformer.

Une Afrique en somme que dominaient les silhouettes imposantes d'un Brazza[42] ou d'un Stanley[43] ou d'un Schweitzer[44]. Au lieu de cela ils avaient trouvé une Afrique délavée où les fauves étaient plus rares qu'à Vincennes, où il n'y avait même pas de moustiques pour justifier une bataille avec le climat ; ou enfin, sauf les métisses telles que Nini, Madou et leurs consœurs les négresses, vouaient au Blanc une indifférence qui frisait l'hostilité. (123)

11.11 LECTURE DE SADJI

11.11.1 Lecture initiale

Ayant lu le texte une première fois, répondez aux questions suivantes.

Considérations préliminaires

- *Qui* : Qui parle dans le texte ? Qui sont les personnages ?
- *Quoi* : Quel est le sujet du texte ?
- *Où et quand* : Relevez les mots dans le texte qui indiquent un lieu et le temps.

Genre et discours

- Quel est le genre du texte (pièce de théâtre, poème, roman, etc.) ?
- Quel est le type de discours (argumentatif, descriptif, explicatif, narratif, injonctif) ?
- Quelle est la tonalité du texte (comique, épique, lyrique, tragique, polémique, etc.) ?

Comparaisons

En lisant le deuxième texte, comparez-le au premier. Notez quelques analogies et différences aux niveaux suivants :

- Le narrateur et le point de vue : qui voit ce qui se passe et qui raconte l'histoire ?
- Le rôle de la famille.
- Le rôle des influences externes, telles que les lectures que les personnages font ou les images qu'ils voient, etc.

11.11.2 Lecture approfondie

Compréhension

Résumé en images et interview des personnages

Pour assurer la compréhension du texte étudié, faites son résumé en images séquentielles et posez des questions aux personnages (voir Annexe A). Lisez le texte une deuxième fois. Faites d'abord attention aux procédés littéraires et dégagez ensuite la signification de chaque extrait.

Analyse

Procédés littéraires

Comparez vos réponses aux questions suivantes avec celles de votre partenaire ou de la classe :

1) Le narrateur est-il interne, externe ou omniscient ? Précisez votre réponse.
2) Faites un court résumé des six paragraphes du texte. Dégagez la logique du texte et sa progression.
3) Y a-t-il des références à des lieux géographiques ou des moments historiques spécifiques ?
4) Le vocabulaire : des images frappantes ? des thèmes qui reviennent ?
5) L'argument : réfléchissez sur le rôle de la famille et du lignage dans l'extrait.
6) La tonalité : quel ton le narrateur donne-t-il au texte ?

Interprétation

Signification

Répondez aux questions suivantes, en cherchant les indices dans le texte :

7) Déterminez les trois classes d'êtres humains vivant à Saint-Louis présentés par le texte.
8) La classe des « mulâtresses » est-elle fixe ? Expliquez comment les mulâtresses se distinguent entre elles.
9) Dans le septième paragraphe, quel évènement social a transformé les colonies françaises ? Cependant, qui maintient les traditions coloniales et pourquoi ?
10) Expliquez comment les mulâtresses de première et seconde classe forcent le parallèle entre elles et leurs origines européennes. Montrez maintenant comment elles estompent leurs origines africaines.
11) Cherchez les formulations qui montrent que le narrateur porte un jugement sur l'attitude des mulâtresses. Dites en quoi son jugement semble positif ou négatif.
12) Pouvez-vous expliquer la première phrase du roman : « Nini n'est pas, comme d'aucuns le pensent, un acte d'accusation qu'expliquerait une déception amoureuse encaissée par l'auteur de la part d'une personne mise en cause ».
13) Relevez et expliquez les indices du texte qui montrent que ce texte se situe dans la période coloniale, et non postcoloniale.

11.12 PRODUCTION ORALE ET ÉCRITE AUTOUR DE *NINI MULÂTRESSE DU SÉNÉGAL*

Exposé oral

Préparez un exposé de dix minutes à présenter devant la classe sur votre vision de la psychologie de *Nini*. Vous vous servirez des exemples du texte pour répondre aux questions suivantes :

• Après avoir lu le texte, donnez votre impression personnelle de la psychologie de Nini. Donnez votre opinion de la façon la plus juste possible.

Débats

En paire ou en groupe, discutez des sujets suivants et présentez vos idées à la classe. Préparez-vous à un débat.

- À l'époque de Sadji, les Sénégalais sont encore sous le joug de la contrainte coloniale. Trouvez-vous les attitudes de Nini raisonnables ou paradoxales ?
- Que tente de dire Sadji dans l'extrait suivant, donnez votre interprétation : « Mais la volonté de ségrégation la plus nette se marque chez les mulâtresses qui se divisent entre trois grandes classes ».
- Pensez-vous que la définition du bovarysme puisse s'appliquer à la personnalité de Nini ?

Travail d'écriture

Écriture analytique – essai : De quelle manière est-ce que Nini, personnage des années 1950, peut nous permettre de confronter les problèmes que rencontre la jeunesse d'aujourd'hui ?

Recherche web

Quels standards de beauté ? Le 6 avril 2010, la chaîne de télévision France 2 diffuse l'émission *Rendez-vous en terre inconnue* chez les Bajaus avec la chanteuse Marianna James. Cherchez des images des femmes Bajaus sur Internet. Remarquez-vous une particularité quant à leur routine de beauté ? Au cours de l'émission, les femmes Bajaus expliquent à Marianne James qu'elles s'appliquent une crème sur le visage pour « blanchir » leur peau. Elles expliquent qu'une peau blanche est plus jolie qu'une peau noire. Pouvez-vous faire un lien avec l'idéal de beauté de Nini ? Réfléchissez : pourquoi ces femmes, d'Afrique et d'Asie, idéalisent-elles la beauté occidentale ?

11.13 MISE EN PARALLÈLE

Lisez les quatre extraits suivants et répondez aux questions.

« Quand elle allait à confesse, elle inventait de petits péchés afin de rester là plus longtemps, à genoux dans l'ombre, les mains jointes, le visage à la grille sous le chuchotement du prêtre. Les comparaisons de fiancé, d'époux, d'amant céleste et de mariage éternel qui reviennent dans les sermons lui soulevaient au fond de l'âme des douceurs inattendues. » (Flaubert)	« Ce que la nature n'a pas voulu faire, la poudre le réalise à la perfection. Quelle merveilleuse chose pour blanchir ! Les mulâtresses chargent leur figure et leur cou de cette poudre qui, chez l'Européenne, était peut-être faite pour rehausser l'éclat de la blancheur naturelle. » (Sadji)

À discuter : 1. A. Comment ces deux extraits transposent-ils la même incapacité des jeunes femmes à se concevoir telles qu'elles sont ?
À discuter : 1. B. En comparant ces deux citations, n'apercevez-vous pas une forme de bovarysme naissant ?

« Elle avait lu *Paul et Virginie* et elle avait rêvé la maisonnette de bambous, le nègre Domingo, le chien Fidèle, mais surtout l'amitié douce de quelque bon petit frère, qui va chercher pour vous des fruits rouges dans des grands arbres plus hauts que des clochers, ou qui court pieds nus sur le sable, vous apportant un nid d'oiseau. » (Flaubert)

« Surtout n'allez pas leur demander si elles parlent ouolof (la langue de leurs aïeux nègres). Elles ne comprennent que le français – et peut-être l'anglais – car l'anglais est une langue de civilisé et il a de l'allure. Elles parlent d'ailleurs le français avec une vivacité et une couleur que leur envieraient les Parisiennes les plus intoxiquées. » (Sadji)

À discuter : 2. A. Dans quelle mesure les deux extraits suivants présentent l'exotisme de l'île Maurice et celui de la France pour les héroïnes ?

À discuter : 2. B. Relevez le vocabulaire de l'idéalisation de ces exotismes ?

À discuter : 2. C. Comment ces deux fantasmes exotiques permettent aux jeunes femmes de renier leurs milieux socioculturels initiaux ? Démontrez les paradoxes.

« Si son enfance se fût écoulée dans l'arrière-boutique d'un quartier marchand, elle se serait peut-être ouverte alors aux envahissements lyriques de la nature, qui, d'ordinaire, ne nous arrivent que par la traduction des écrivains. Mais elle connaissait trop la campagne ; elle savait le bêlement des troupeaux, les laitages, les charrues. Habituée aux aspects calmes, elle se tournait, au contraire, vers les accidentés. Elle n'aimait la mer qu'à cause de ses tempêtes, et la verdure seulement lorsqu'elle était clairsemée parmi les ruines. » (Flaubert)

« Le sort des mulâtresses de première et de seconde classe est plus digne d'attirer l'attention du psychiatre. Elles ont grandi dans l'idée qu'autrefois tous les Noirs de Saint-Louis étaient leurs esclaves, que malgré la pseudo-abolition de l'esclavage et les efforts de la Démocratie qui voudrait le nivellement des races et des classes, il est impossible qu'elles descendent jusqu'à considérer les Noirs comme des égaux. » (Sadji)

À discuter : 3. A. Quels sont les préjugés développés dans les deux camps ?

À discuter : 3. B. En quoi ces deux extraits révèlent-ils la pleine intellectualisation des héroïnes à l'égard de leurs milieux respectifs ?

« Elle aurait voulu vivre dans quelque vieux manoir, comme ces châtelaines au long corsage, qui, [...] passaient leurs jours, le coude sur la pierre et le menton dans la main, à regarder venir du fond de la campagne un cavalier à plume blanche qui galope sur un cheval noir. Elle eut dans ce temps-là le culte de Marie Stuart, et des vénérations enthousiastes à l'endroit des femmes illustres ou infortunées. » (Flaubert)

« Peu d'entre elles ont vu Paris ; mais toutes vous diront la féerie des Champs-Élysées, le charme du Trocadéro, les merveilles des Tuileries. Et quand la nostalgie les grise par trop fort, elles parlent de leur prochaine rentrée en France. » (Sadji)

À discuter : 4. A. Comment le fantasme qui ressort de ces deux extraits renvoie Emma et Nini à l'inaccessibilité de leur rêve ? Recherchez les symboles historiques, géographiques et culturels utilisés pour mettre en perspective le caractère fantasmatique des deux situations.

À discuter : 4. B. Quels sont les éléments utilisés par les narrateurs pour rendre compréhensible cette irréalité aux lecteurs ?

À discuter : 4. C. Quels temps verbaux le narrateur flaubertien utilise-t-il pour marquer l'impossibilité dans laquelle se trouve Emma de supporter le réel ?

À discuter : 4. D. En utilisant le mode indicatif (mode de l'affirmation, du réel), comment Sadji souligne-t-il, à son tour, le fantasme ?

À discuter : 4. E. Dans quelle mesure les procédés narratifs des deux auteurs concourent-ils à développer une même satire sociale ?

11.14 SYNTHÈSE

Travail d'écriture

Écriture analytique – dissertation. « *Bovarysme contemporain* » : Dans son livre *Les Nouveaux Bovary. Génération Facebook, l'illusion de vivre autrement ?* Georges Lewi explique que, grâce à l'essor des réseaux sociaux, il existe un bovarysme nouvelle génération. Celui-ci permettrait en effet de « tuer l'ennui et de recréer de ce fait l'espérance, l'illusion que tout peut arriver. Même le meilleur », comme Lewi le précise dans l'article « Après la génération Y, place aux nouveaux Bovary » (Neonmag.fr ; 25 septembre 2012). En vous aidant de vos expériences personnelles en matière de réseaux sociaux, ainsi que des extraits de *Madame Bovary* et de *Nini* : pensez-vous comme lui, que la jeunesse d'aujourd'hui soit bovaryque ?

Jeux de rôles

Au regard de l'essai de Georges Lewi, et de vos lectures de *Nini* et de *Madame Bovary*, vous allez illustrer « les nouveaux Bovary » sur un des réseaux sociaux de votre choix : à l'écrit, sur Facebook ou Twitter, en photo, sur Instagram ou en vidéo sur Vine. La classe sera divisée en deux : acteurs et intervenants.

Imaginez-vous Nini ou Emma

Publiez et partagez vos créations. Allez voir les créations de vos camarades et intervenez pour soutenir la Nini ou la Emma illustrée. En classe, discutez de vos choix en termes de création et de communication. Vous partagerez aussi les réactions de vos gazouillis qui ne viennent pas de vos camarades de classe (même s'ils ont été faits en anglais).

Portfolio de recherche

« *Le rôle des médias* » : Considérez le rôle des médias dans la représentation de la perfection tant convoitée par Emma et Nini. Lorsque l'on parle de perfection, à quoi fait-on référence ? En Europe ? En Afrique ? En Amérique du Nord ? En Asie ? Recherchez sur Internet les représentations de la femme dans des magazines locaux, dans le monde politique, dans les journaux et dans les séries télévisées. La beauté reste-t-elle culturelle, ou se mondialise-t-elle ? Présentez votre portfolio à la classe pour illustrer votre opinion sur le rôle des médias. Partagez les exemples que vous avez trouvés et commentez-les.

Notes

1 Gustave Flaubert, *Madame Bovary*, Paris, Gallimard, Folio classique, 2001, pp. 84–92. © Gallimard www.gallimard.fr

2 ***Paul et Virginie*** : un roman de Bernardin de Saint-Pierre paru en 1788 qui raconte l'histoire d'amour tragique de deux enfants vivant sur l'Île de France (aujourd'hui Île Maurice)

3 **Mademoiselle de la Vallière** : la célèbre maîtresse de Louis XIV, connue pour sa grande piété

4 **Égratignure** (f.) : une petite coupure

5 **Récréation** (f.) : un moment où les élèves font une pause pour jouer dans la cour de l'école entre deux cours

6 **Bénitier** (m.) : un récipient contenant de l'eau bénite par un prêtre

7 **Cierges** (m. pl.) : des bougies réservées au culte religieux

8 **Vignette** (f.) : une petite image cartonnée

9 **Brebis** (f.) : la femelle du bouc

10 **Vœu** (m.) : un vif désir religieux ou un souhait de bonheur ou de réussite

11 ***Le Génie du Christianisme*** : un ouvrage de Chateaubriand publié 1802 faisant l'éloge de la religion

12 **Bêlements** (m. pl.) : les cris poussés par les moutons

13 **Archevêché** (m.) : le lieu où résident les membres importants du clergé catholique dans les provinces de France

14 **Causette** (f.) : une discussion

15 **Faire des commissions** : faire des courses

16 **Postillon** (m.) : à cette époque de grandes portions de routes séparaient les villes entre elles en étapes (relais), par conséquent le moyen le plus rapide de voyager était de monter à grands galops sur le dos d'un cheval (postillon). Le cheval s'épuisait de cette vitesse infernale et finissait sa course, souvent mort de crise cardiaque, d'où l'expression « crever un cheval ». La distance parcourue par ces chevaux de courses a déterminé par la suite les relais et le temps nécessaire pour passer d'une ville à l'autre. Considéré comme un acte hautement romantique, les hommes crevaient les chevaux pour rejoindre leurs fiancées.

17 **S'éprendre** : s'attacher à, aimer

18 **Bahut** (m.) : un coffre où l'on rangeait les vêtements, au Moyen Âge

19 **Ménestrel** (m) : un trouvère, un jongleur ou un poète médiéval

20 **Héloïse** : jeune femme célèbre pour sa passion avec le théologien Pierre Abélard en 1117

21 **Agnès Sorel** : célèbre maîtresse de Charles VII qui se serait suicidée en 1450 avec du mercure

22 **La belle Ferronnière** : maîtresse de François 1er dont la beauté fut immortalisée par un portrait peint par Léonard de Vinci en 1495

23 **Clémence Isaure** : femme légendaire, emblème de la ville de Toulouse depuis le Moyen Âge

24 **Saint Louis** : roi de France appelé aussi Louis IX qui rendait la justice sous un chêne

25 **Bertaux** : nom de la ferme du père d'Emma où elle revient après ses années passées au couvent

26 **Équitation** (f.) : la technique de la conduite du cheval, le dressage du cheval

27 Jules de Gaultier, *Le Bovarysme*, Paris, Presses de l'Université Paris-Sorbonne, 2006, p. 10.

28 Gustave Flaubert, *Correspondance*, tome 5, 1876–1880, Paris, Gallimard, Pléiade, 1980, p. 56. © Gallimard www.gallimard.fr

29 Abdoulaye Sadji, *Nini, mulâtresse du Sénégal*, Paris, Présence Africaine, 1954.

30 **Déchu** : qui a perdu de sa dignité

31 **Aïeul** (m.) : un parent, un ancêtre

32 **Tresser** : faire des nattes dans les cheveux

33 **Toilettes** (f. pl.) : des vêtements, des tenues

34 **Rancunes** (f. pl.) : le ressentiment, la haine

35 **Nivellement** (m.) : l'action de mettre sur le même niveau d'égalité

36 **Mœurs** (f. pl.) : les coutumes, les traditions

37 **Gutturalité** (f.) : la sonorité rauque venant du fond de la gorge

38 **Pigmentation** (f.) : la couleur de la peau

39 **Gesticulation** (f.) : un mouvement désordonné et potentiellement grotesque

40 **Écœurante** : dégoûtante, répugnante

41 **Madame de Pompadour** : la maîtresse officielle du roi Louis XV

42 **Pierre Savorgnan de Brazza** : un explorateur français d'origine italienne qui fonda la ville de Brazzaville au Congo

43 **Sir Henry Morton Stanley** : un explorateur anglais au service de l'administration du Congo pour le compte de la couronne de Belgique

44 **Dr. Albert Schweitzer** : un médecin alsacien précurseur de l'aide humanitaire au début du XXe siècle

Module 12   Affaires d'État chez Émile Zola et Alain Mabanckou

Olivier Morel et Alison Rice

12.1 ENTRÉE EN MATIÈRE

« En portant ces accusations, je n'ignore pas que je me mets sous le coup des articles 30 et 31 de la loi sur la presse du 29 juillet 1881, qui punit les délits de diffamation. Et c'est volontairement que je m'expose.

Quant aux gens que j'accuse, je ne les connais pas, je ne les ai jamais vus, je n'ai contre eux ni rancune ni haine. Ils ne sont pour moi que des entités, des esprits de malfaisance sociale. Et l'acte que j'accomplis ici n'est qu'un moyen révolutionnaire pour hâter l'explosion de la vérité et de la justice.

Je n'ai qu'une passion, celle de la lumière, au nom de l'humanité qui a tant souffert et qui a droit au bonheur. Ma protestation enflammée n'est que le cri de mon âme. Qu'on ose donc me traduire en cour d'assises et que l'enquête ait lieu au grand jour !
J'attends. »

(Émile Zola, *J'accuse ... !*)

« [C]ette histoire banale pour certains est devenue un fait national, on a parlé de "l'Affaire Le Crédit a voyagé", le gouvernement en a discuté au Conseil des ministres, et certains dirigeants du pays ont réclamé la fermeture immédiate et sans condition de l'établissement, mais d'autres s'y sont opposés avec des arguments à peine plus convaincants, du coup le pays a été divisé en deux pour cette petite querelle de lézards. »

(Alain Mabanckou, *Verre cassé*)

Interprétation

1) Dans les citations précédentes, identifiez cinq termes avec lesquels vous n'êtes pas entièrement familiers, ou que vous trouvez révélateurs. Cherchez leurs définitions dans un dictionnaire.
2) Quelle est la fonction de ces mots dans les citations ?
3) Quelles images évoquent-ils ?
4) En quoi peut-on dire que les deux citations se font écho ?
5) Quel thème unifie les deux citations ?

Vocabulaire : rancune (f.), gouvernement (m.), dirigeant (m.), délit (m.), diffamation (f.), malfaisance (f.), hâter

Présentation

Présentez à vos partenaires les cinq termes que vous avez préparés et comparez-les. Quels sont les termes communs ?

12.2 ÉMILE ZOLA ET ALAIN MABANCKOU

Émile Zola, écrivain français (1840–1902)

Né en 1840, journaliste, écrivain, auteur de la fresque romanesque des *Rougon-Macquart*, dans laquelle on compte *Le Bonheur des Dames*, *La Bête humaine*, *L'Assommoir*, ou *Germinal*, Émile Zola est l'un des plus grands écrivains français. Il est notamment connu pour ses mises en œuvre du monde ouvrier et industriel, des injustices et des violences qui lui sont associées. Le 13 janvier 1898, Zola publie dans le journal quotidien *L'Aurore* un texte qui va faire le tour du monde : *J'accuse … !* Il prend la défense d'un officier français de confession juive, le Capitaine Alfred Dreyfus, condamné pour trahison en 1894, dégradé publiquement dans la cour de l'École militaire début janvier 1895 et envoyé en détention au bagne de l'île du Diable, au large de la Guyane (dans des conditions que Dreyfus lui-même, et l'historien Pierre Vidal-Naquet, qualifient de « torture »[1]). Il faudra des années pour que l'innocence de Dreyfus soit prouvée et que les véritables coupables soient démasqués : mort dans des circonstances demeurées mystérieuses le 29 septembre 1902, Zola n'a pas pu assister à la réhabilitation de Dreyfus en 1906.

Alain Mabanckou, écrivain congolais (1966–)

Alain Mabanckou est un écrivain prolifique né au Congo en 1966. Il a vécu en France où il a travaillé comme avocat pendant une dizaine d'années avant de se consacrer à la littérature et de s'installer aux États-Unis où il est actuellement professeur de littérature francophone à l'UCLA.

Il est l'auteur de romans, d'essais et de poésies. Son premier roman, *Bleu-Blanc-Rouge*, est publié en 1998. Paru en 2005, *Verre Cassé* a fait l'objet de plusieurs adaptations théâtrales et a été traduit en plus de dix langues. Le roman a également remporté plusieurs prix littéraires, dont le Prix des Cinq Continents de la Francophonie. Alain Mabanckou a reçu le prestigieux Prix Renaudot en 2006 pour son roman intitulé *Mémoires de porc-épic*.

Vocabulaire

Cherchez la définition des mots suivants : mise en œuvre (f.), coupable (m.), prix (m.), réhabilitation (f.), dizaine (f.), romanesque, remporter

Contexte

Pour bien vous situer dans le contexte historique et géographique, faites une recherche pour répondre aux questions suivantes :

- Quelle guerre a exacerbé les tensions entre les Français et les Allemands au XIXe siècle ?
- Où se situe la République du Congo, ancienne colonie française ? En quelle année a-t-elle acquis son indépendance ?
- Qu'est-ce que le Prix Renaudot ?

12.3 RÉSUMÉ DES TEXTES

J'accuse ... ! *(1898)*

Initialement intitulé « Lettre à M. Félix Faure, Président de la République », *J'accuse ... !* est un texte rédigé par Zola dans les quarante-huit heures qui suivent le verdict d'acquittement d'un commandant français, Esterházy, impliqué dans l'affaire d'espionnage qui est à l'origine de l'Affaire Dreyfus. *J'accuse ... !* paraît dans le quotidien *L'Aurore* le 13 janvier 1898 à l'initiative de l'homme politique Clémenceau et de Vaughan, directeur du journal.

Verre cassé *(2005)*

Dans le roman intitulé *Verre cassé*, le narrateur est un ancien instituteur qui a plus de soixante ans. Comme le livre, cet homme s'appelle Verre Cassé, en grande partie parce qu'il passe presque tout son temps au bar nommé « Crédit a voyagé ». Il a décidé d'écrire des histoires des gens qui fréquentent ce bar grâce au patron qui lui a donné un cahier et l'a encouragé à écrire. Verre Cassé explique vers le début du texte comment son ami, le patron de ce bar, est devenu célèbre dans son pays d'Afrique. Puisque les églises sont de moins en moins remplies depuis l'ouverture du bar, les gens se fâchent contre cet établissement, et « L'Affaire Le Crédit a voyagé » éclate. Comme l'Affaire Dreyfus plus d'un siècle auparavant, cette affaire africaine déclenche des passions furieuses qui divisent un pays.

Vocabulaire

Cherchez la définition des mots suivants : rédiger, affaire (f.), espionnage (m.), quotidien (m.), éclater, déclencher

Comparaisons

En paire ou en groupe, identifiez, d'après leurs résumés, ce qui peut relier ces textes. Cherchez sur Internet et étudiez les différentes apparitions de *J'accuse ... !* et de *Verre cassé*.

- Quelles informations, verbales et visuelles, se trouvent sur chacune de ces couvertures ?
- À quoi servent-elles ?
- Quelles réactions suscitent-elles chez vous ?
- Quelle version achèteriez-vous et pourquoi ?

Communautés

Allez sur le blogue et le site web d'Alain Mabanckou, lisez les discussions et/ou participez vous-même.

12.4 THÈMES COMMUNS : POUVOIR POLITIQUE ET PRÉJUGÉS COLLECTIFS

Le rapport entre pouvoir politique et préjugés collectifs fait souvent surface lorsque la sécurité nationale et l'identité du peuple sont en jeu. Dans l'Affaire Dreyfus, le conflit avec l'Allemagne et l'antisémitisme en France se juxtaposent de façon compliquée. Dans l'Affaire « Le Crédit a voyagé », c'est la confrontation du pouvoir de l'État et des pratiques religieuses qui crée des tensions dans la communauté africaine.

Considérez d'abord les questions préliminaires :

- Quelles réactions les mots « division » et « protestation » suscitent-ils chez vous ?
- Pourquoi ?
- Y a-t-il des côtés positifs et négatifs à ces concepts ? Lesquels ?
- Comment caractériseriez-vous les querelles, différends ou conflits qui apparaissent dans les deux fragments ?

Considérez maintenant les questions plus globales :

- Lorsque vous considérez les moyens d'influencer un débat public, quelles pratiques, quelles méthodes vous semblent les plus appropriées, les plus efficaces ?
- Donnez des exemples et pensez à ce que vous feriez vous-même si vous souhaitiez lancer une alerte sur une injustice, comme Zola l'a fait en son temps.

- Y a-t-il des exemples contemporains qui vous viennent à l'esprit, qui pourraient ressembler à ce que Zola a fait durant l'Affaire Dreyfus ?

Recherche web

Faites des recherches supplémentaires sur les concepts suivants :

- La justice
- Le bonheur
- La passion
- La lumière (au sens intellectuel)

Renseignez-vous sur d'autres affaires politiques qui ont secoué la République française au cours de son histoire. Quelles ont été leurs conséquences pour le pays ?

12.5 ÉMILE ZOLA, *J'ACCUSE ... !*

Lettre au Président de la République française, M. Felix Faure[2]

Monsieur le Président,

Me permettez-vous, dans ma gratitude pour le bienveillant accueil que vous m'avez fait un jour, d'avoir le souci de votre juste gloire et de vous dire que votre étoile, si heureuse jusqu'ici, est menacée de la plus honteuse, de la plus ineffaçable des taches ?

Vous êtes sorti sain et sauf des basses calomnies, vous avez conquis les cœurs. Vous apparaissez rayonnant dans l'apothéose de cette fête patriotique que l'alliance russe a été pour la France, et vous vous préparez à présider au solennel triomphe de notre Exposition universelle, qui couronnera notre grand siècle de travail, de vérité et de liberté. Mais quelle tache de boue[3] sur votre nom – j'allais dire sur votre règne[4] – que cette abominable affaire Dreyfus ! Un conseil de guerre vient, par ordre, d'oser acquitter un Esterhazy, soufflet[5] suprême à toute vérité, à toute justice. Et c'est fini, la France a sur la joue cette souillure[6], l'histoire écrira que c'est sous votre présidence qu'un tel crime social a pu être commis.

Puisqu'ils ont osé, j'oserai aussi, moi. La vérité, je la dirai, car j'ai promis de la dire, si la justice, régulièrement saisie, ne la faisait pas, pleine et entière. Mon devoir est de parler, je ne veux pas être complice. Mes nuits seraient hantées par le spectre de l'innocent qui expie là-bas, dans la plus affreuse des tortures, un crime qu'il n'a pas commis.

Et c'est à vous, monsieur le Président, que je la crierai, cette vérité, de toute la force de ma révolte d'honnête homme. Pour votre honneur, je suis convaincu que vous l'ignorez. Et à qui donc dénoncerai-je la tourbe malfaisante des vrais coupables, si ce n'est à vous, le premier magistrat du pays ?

***

La vérité d'abord sur le procès et sur la condamnation de Dreyfus. [...]

Mais voici Dreyfus devant le conseil de guerre. Le huis clos le plus absolu est exigé. Un traître aurait ouvert la frontière à l'ennemi, pour conduire l'empereur allemand jusqu'à

Notre-Dame, qu'on ne prendrait pas des mesures de silence et de mystère plus étroites. La nation est frappée de stupeur, on chuchote des faits terribles, de ces trahisons monstrueuses qui indignent l'Histoire, et naturellement la nation s'incline. Il n'y a pas de châtiment[7] assez sévère, elle applaudira à la dégradation publique, elle voudra que le coupable reste sur son rocher d'infamie, dévoré par le remords. Est-ce donc vrai, les choses indicibles, les choses dangereuses, capables de mettre l'Europe en flammes, qu'on a dû enterrer soigneusement derrière ce huis clos[8] ? Non ! il n'y a eu, derrière, que les imaginations romanesques et démentes du commandant du Paty de Clam. Tout cela n'a été fait que pour cacher le plus saugrenu des romans-feuilletons. Et il suffit, pour s'en assurer, d'étudier attentivement l'acte d'accusation, lu devant le conseil de guerre.

Ah ! le néant de cet acte d'accusation ! Qu'un homme ait pu être condamné sur cet acte, c'est un prodige d'iniquité. Je défie les honnêtes gens de le lire, sans que leur cœur bondisse d'indignation et crie leur révolte, en pensant à l'expiation démesurée, là-bas, à l'île du Diable[9]. Dreyfus sait plusieurs langues, crime ; on n'a trouvé chez lui aucun papier compromettant, crime ; il va parfois dans son pays d'origine, crime ; il est laborieux, il a le souci de tout savoir, crime ; il ne se trouble pas, crime ; il se trouble, crime. Et les naïvetés de rédaction, les formelles assertions dans le vide ! On nous avait parlé de quatorze chefs d'accusation : nous n'en trouvons qu'une seule en fin de compte, celle du bordereau[10]; et nous apprenons même que, les experts n'étaient pas d'accord, qu'un d'eux, M. Gobert, a été bousculé militairement, parce qu'il se permettait de ne pas conclure dans le sens désiré. On parlait aussi de vingt-trois officiers qui étaient venus accabler Dreyfus de leurs témoignages. Nous ignorons encore leurs interrogatoires, mais il est certain que tous ne l'avaient pas chargé ; et il est à remarquer, en outre, que tous appartenaient aux bureaux de la guerre. C'est un procès de famille, on est là entre soi, et il faut s'en souvenir : l'état-major a voulu le procès, l'a jugé, et il vient de le juger une seconde fois. [...]

Voilà donc, monsieur le Président, les faits qui expliquent comment une erreur judiciaire a pu être commise ; et les preuves morales, la situation de fortune de Dreyfus, l'absence de motifs, son continuel cri d'innocence, achèvent de le montrer comme une victime des extraordinaires imaginations du commandant du Paty de Clam, du milieu clérical où il se trouvait, de la chasse aux « sales juifs », qui déshonore notre époque.

***

[...] Je l'ai démontré d'autre part : l'affaire Dreyfus était l'affaire des bureaux de la guerre, un officier de l'état-major, dénoncé par ses camarades de l'état-major, condamné sous la pression des chefs de l'état-major. Encore une fois, il ne peut revenir innocent sans que tout l'état-major soit coupable. Aussi les bureaux, par tous les moyens imaginables, par des campagnes de presse, par des communications, par des influences, n'ont-ils couvert Esterhazy que pour perdre une seconde fois Dreyfus. Quel coup de balai le gouvernement républicain devrait donner dans cette jésuitière[11], ainsi que les appelle le général Billot lui-même ! Où est-il, le ministère vraiment fort et d'un patriotisme sage, qui osera tout y refondre et tout y renouveler ? Que de gens je connais qui, devant une guerre possible, tremblent d'angoisse, en sachant dans quelles mains est la défense nationale ! et quel nid de basses intrigues, de commérages[12] et de dilapidations, est devenu cet asile sacré, où se décide le sort de la patrie ! On s'épouvante devant le jour terrible que vient d'y jeter l'affaire Dreyfus, ce sacrifice humain d'un malheureux, d'un « sale juif » ! Ah ! tout ce qui s'est agité là de démence et de sottise, des imaginations folles, des pratiques de basse police, des mœurs d'inquisition et de tyrannies, le bon plaisir de quelques galonnés[13] mettant leurs bottes sur la nation, lui rentrant dans la gorge son cri de vérité et de justice, sous le prétexte menteur et sacrilège de la raison d'État ! [...]

C'est un crime que d'exploiter le patriotisme pour des œuvres de haine, et c'est un crime, enfin, que de faire du sabre le dieu moderne, lorsque toute la science humaine est au travail pour l'œuvre prochaine de vérité et de justice.

Cette vérité, cette justice, que nous avons si passionnément voulues, quelle détresse à les voir ainsi souffletées, plus méconnues et plus obscurcies ! [...]

Telle est donc la simple vérité, monsieur le Président, et elle est effroyable, elle restera pour votre présidence une souillure. [...] Je le répète avec une certitude plus véhémente : la vérité est en marche et rien ne l'arrêtera. [...]

***

[...] J'accuse le général Mercier de s'être rendu complice, tout au moins par faiblesse d'esprit, d'une des plus grandes iniquités du siècle.

J'accuse le général Billot d'avoir eu entre les mains les preuves certaines de l'innocence de Dreyfus et de les avoir étouffées[14], de s'être rendu coupable de ce crime de lèse-humanité et de lèse-justice[15], dans un but politique, et pour sauver l'état-major compromis.

J'accuse le général de Boisdeffre et le général Gonse de s'être rendus complices du même crime, l'un sans doute par passion cléricale, l'autre peut-être par cet esprit de corps qui fait des bureaux de la guerre l'arche sainte, inattaquable.

[...]

J'accuse les trois experts en écritures, les sieurs Belhomme, Varinard et Couard, d'avoir fait des rapports mensongers et frauduleux, à moins qu'un examen médical ne les déclare atteints d'une maladie de la vue et du jugement.

J'accuse les bureaux de la guerre d'avoir mené dans la presse, particulièrement dans *L'Éclair* et dans *L'Écho de Paris*, une campagne abominable, pour égarer l'opinion et couvrir leur faute.

J'accuse enfin le premier conseil de guerre d'avoir violé le droit, en condamnant un accusé sur une pièce restée secrète [...]

En portant ces accusations, je n'ignore pas que je me mets sous le coup des articles 30 et 31 de la loi sur la presse du 29 juillet 1881, qui punit les délits de diffamation. Et c'est volontairement que je m'expose.

Quant aux gens que j'accuse, je ne les connais pas, je ne les ai jamais vus, je n'ai contre eux ni rancune ni haine. Ils ne sont pour moi que des entités, des esprits de malfaisance sociale. Et l'acte que j'accomplis ici n'est qu'un moyen révolutionnaire pour hâter l'explosion de la vérité et de la justice.

Je n'ai qu'une passion, celle de la lumière, au nom de l'humanité qui a tant souffert et qui a droit au bonheur. Ma protestation enflammée n'est que le cri de mon âme. Qu'on ose donc me traduire en cour[16] d'assises et que l'enquête ait lieu au grand jour !

J'attends.

Veuillez agréer, Monsieur le Président, l'assurance de mon profond respect.

Émile Zola.

12.6 LECTURE DE ZOLA

12.6.1 Lecture initiale

Ayant lu le texte une première fois, répondez aux questions suivantes.

Considérations préliminaires

- *Qui* : Qui parle dans le texte ? Qui sont les personnages ?
- *Quoi* : Quel est le sujet du texte ?
- *Où et quand* : Relevez les mots dans le texte qui indiquent un lieu et le temps.

Genre et discours

- Quel est le genre du texte (pièce de théâtre, poème, roman, etc.) ?
- Quel est le type de discours (argumentatif, descriptif, explicatif, narratif, injonctif) ?
- Quelle est la tonalité du texte (comique, épique, lyrique, tragique, polémique, etc.) ?

Prise de notes

Prenez des notes en lisant le texte. Notez des détails importants et vos propres questions.

12.6.2 Lecture approfondie

Compréhension

Résumé en images et interview des personnages

Pour assurer la compréhension du texte étudié, faites son résumé en images séquentielles et posez des questions aux personnages (voir Annexe A). Lisez le texte une deuxième fois. Faites d'abord attention aux procédés littéraires et dégagez ensuite la signification de chaque extrait.

Analyse

Procédés littéraires

Comparez vos réponses aux questions suivantes avec celles de votre partenaire ou de la classe :

1) Quelle est l'évolution rhétorique du texte ? Comparez les premières phrases du document et les dernières, celles qui précèdent la formule de politesse : quelle est l'évolution « linguistique » entre ces deux moments ?
2) Que peut-on dire des émotions que le texte restitue ou communique (ton, ponctuation...) ?
3) Quelle(s) relation(s) pourriez-vous établir entre l'écrivain « Zola » et « Émile Zola », qui signe ce texte ?
4) À qui Zola s'adresse-t-il directement ? Pourquoi est-il important de considérer la situation d'énonciation (le journal quotidien *L'Aurore*), de ce texte ? Qu'est-ce qu'une « lettre ouverte » ?

5) Comment le texte est-il structuré par Zola (moments argumentatifs) ?

6) Quelle est la portée de la ritournelle « J'accuse » et que peut-on dire, d'un point de vue stylistique pur, de la série des « J'accuse » par rapport à l'unique « J'attends. » (musicalité du texte, etc.) ?

7) Qu'est-ce qu'un « performatif » ? Peut-on dire que ce texte contient une dimension performative ? et pourquoi ?

Interprétation

Signification

8) Qui est Émile Zola ? En quoi *J'accuse... !* est-il un document différent de ses textes dits « littéraires » ?

9) Pourquoi s'exprime-t-il ainsi ? Pourquoi cette véhémence ? De quoi est-elle le signe ?

10) Dans la formule « J'accuse » : en quoi consiste le fait d'« accuser », qui Zola accuse-t-il et pourquoi ? Quelle conséquence cela pourrait-il avoir sur lui, l'auteur du texte ?

11) Pourquoi Zola souligne-t-il qu'il n'a pas de liens personnels directs avec les protagonistes de l'Affaire ? Qu'est-ce qui peut pousser quelqu'un à se battre pour des idées qui n'ont pas d'implications « personnelles » pour celle ou celui qui se bat ainsi ?

12) Qu'est-ce qu'un(e) « intellectuel(le) » qui s'engage ? Pourquoi a-t-on particulièrement lié l'invention de la figure de l'intellectuel(le) engagé(e) à *J'accuse... !* ?

13) En quoi la rhétorique de Zola dans cette lettre ouverte a-t-elle pu avoir une influence centrale sur l'histoire culturelle, littéraire, politique contemporaine (de la littérature au Rap...) ?

12.7 PERSPECTIVES HISTORIQUES : DREYFUS ET ANTISÉMITISME

L'Affaire Dreyfus

La France a perdu l'Alsace et la Lorraine au cours de la Guerre franco-prussienne de 1871. Dans un climat de crainte et de revanche vis-à-vis de l'Allemagne, en septembre 1894, les services du contre-espionnage français avaient découvert un petit document contenant des informations sur des secrets militaires français, le « bordereau », qui avait été transmis à l'Ambassade d'Allemagne.

Du fait de la similitude de son écriture avec celle du « bordereau », Dreyfus est rapidement soupçonné et arrêté le 15 octobre 1894. Il passe en conseil de guerre et est condamné le 19 décembre, en dépit de charges faibles et douteuses. C'est ce que Madeleine Rebérioux, historienne, a appelé « L'affaire avant l'Affaire »[17]. En 1896, le Lieutenant-colonel Georges Picquart, nouveau chef des renseignements, intercepte un document qui ne laisse aucun doute sur son auteur et ses accointances avec l'Ambassade d'Allemagne (l'écriture est la même que celle du « bordereau » de 1894) : le document a été écrit par le commandant Esterházy. En dépit de tout, Esterházy est acquitté et c'est là le début de « l'Affaire », marqué en particulier par l'engagement d'Émile Zola et sa condamnation pour diffamation.

Dès lors, en dépit des multiples rebondissements et péripéties, la vérité est en marche. Esterházy, notamment, finira par reconnaître être l'auteur du bordereau en 1899. Si Dreyfus est gracié en septembre de la même année, le vrai combat est celui de la révision de son procès, qui n'interviendra qu'en 1906 au terme de débats, de passions et de violences qui polarisent la France entière, et au-delà, laissant des traces indélébiles sur le paysage politique, social et culturel de la France. Dreyfus étant issu d'une famille juive, l'antisémitisme des antidreyfusards demeure l'un des faits sociaux et culturels les plus sinistres de l'Affaire.

L'Antisémitisme

* Qu'entendez-vous par antisémitisme ? À votre avis, quelles sont les caractéristiques de l'antisémitisme ? À quels autres sentiments ou idées l'associez-vous ? Pourquoi ?
* Pourquoi ce thème revient-il à plusieurs reprises sous la plume de Zola ? En quoi et pourquoi est-il un sujet central de l'Affaire Dreyfus ?

 « Mais, grand Dieu ! pourquoi ? dans quel but ? Donnez un motif. Est-ce que celui-là aussi est payé par les juifs ? Le joli de l'histoire est qu'il était justement antisémite. »
 « C'est un crime d'empoisonner les petits et les humbles, d'exaspérer les passions de réaction et d'intolérance, en s'abritant derrière l'odieux antisémitisme, dont la grande France libérale des droits de l'homme mourra, si elle n'en est pas guérie. »

L'Opinion publique divisée

C'est un Zola enflammé qui compose *J'accuse... !* Il n'est pas le seul !

 « Je n'ai qu'une passion, celle de la lumière, au nom de l'humanité qui a tant souffert et qui a droit au bonheur. Ma protestation enflammée n'est que le cri de mon âme. »

Discussion

* Que pensez-vous de ces caricatures ?
* Commentez les déclarations de Zola à la lumière des scènes décrites dans ces desseins.
* Faut-il parler des sujets difficiles, même si cela peut créer des ruptures entre les membres de la même famille ou entre amis ?
* Faut-il plutôt éviter ces sujets ?

12.8 PRODUCTION ORALE ET ÉCRITE AUTOUR DE *J'ACCUSE... !*

Exposé oral

Préparez un exposé oral sur un des sujets proposés :
Sujet 1 : Quel rôle la presse joue-t-elle aujourd'hui ? Quels journaux et magazines lisez-vous ? Lesquels sont vos préférés ? Pourquoi ? Les lisez-vous en ligne ou les achetez-vous en format papier ?
Sujet 2 : Comment envisagez-vous le rôle du journalisme tel qu'il existe à l'époque de Zola, et aujourd'hui, à l'âge « digital », c'est-à-dire numérique ?
Sujet 3 : Comment prenez-vous connaissance des nouvelles du jour ? Comment vous informez-vous des nouveautés littéraires et des nouveautés musicales ?
Sujet 4 : À quelle époque de l'histoire de France l'Affaire Dreyfus a-t-elle eu lieu ? Quelles ont été les conséquences de la publication de la lettre ouverte d'Émile Zola ?

UN DINER EN FAMILLE

(PARIS, CE 13 FÉVRIER 1898)

PAR CARAN D'ACHE

— Surtout ! ne parlons pas de l'affaire Dreyfus !

... Ils en ont parlé...

Figure 9 Caricature de Caran d'Ache (Emmanuel Poiré, 1858–1909), parue dans les colonnes du *Figaro*, le 14 février 1898. Le dessin décrit la division de la société au cours de l'Affaire Dreyfus. «— Surtout! ne parlons pas de l'affaire Dreyfus!» «... ils en ont parlé...». Bibliothèque nationale de France, Gallica.

Débats

Pensez-vous que la politique puisse inspirer de telles passions aujourd'hui aux États-Unis d'Amérique ? Est-ce qu'il vous est arrivé d'avoir des discussions engagées avec vos ami(e)s, sur des sujets d'actualité ? Lesquels ? En classe, recréez ou proposez un sujet polémique qui a suscité (ou peut susciter) des discussions engagées. Préparez-vous pour un débat.

Travail d'écriture

Écriture créative – pastiche : Choisissez un des aspects de votre société comme, par exemple, le racisme, les préjugés sexistes, les inégalités sociales, ou une autre forme d'injustice contre laquelle vous écrirez votre « J'accuse ».

12.9 PERSPECTIVES CULTURELLES : *J'ACCUSE... !*, AUJOURD'HUI

Reprise de J'accuse... ! *dans la musique contemporaine*

Puisque l'expression « J'accuse » est si connue en raison de son rôle dans l'Affaire Dreyfus et, donc, dans l'histoire de la France, les musiciens ont souvent choisi d'insérer ces mots au cœur de leurs chansons de protestation. La répétition de « J'accuse » dans le texte d'Émile Zola se prête facilement à des créations musicales. Dans les traces de Zola, qui y dénonce notamment l'antisémitisme, ces chansons s'insurgent contre les préjugés et les discriminations dans les sociétés françaises et francophones. Pourquoi cette expression, si courte, est-elle si efficace ?

Plusieurs rappeurs ou chanteurs français, tels que Kery James ou Damien Saez ou Michel Sardou, se sont servi de cette expression dans leurs chansons. Écoutez la chanson *J'accuse* de Kery James, chantée avec Leslie en 2004. Quel est l'effet de la répétition de l'expression « J'accuse » dans le refrain de cette chanson ?

Le néocolonialisme

Ce terme fait référence à une relation qui perdure entre les anciennes colonies et la puissance colonisatrice. Même après la décolonisation de l'Empire français, par exemple, certains pays sont toujours dépendants de la France. Ils font la preuve d'une domination économique, politique et/ou culturelle qui montre qu'ils ne sont pas encore complètement indépendants.

Une façon dont Alain Mabanckou souligne le lien néocolonial entre un pays africain et la France de nos jours consiste en une évocation de la nostalgie de l'univers politique et culturel qui a porté la colonisation. Il nomme Joséphine Baker dont la popularité était énorme en France aux années 1920 lorsqu'elle paraissait sur scène dans les « bals nègres » mentionnés dans *Verre cassé*. Cherchez des images de cette femme talentueuse qui dansait et chantait à Paris. Analysez-les en prêtant attention aux détails qui contribuent à perpétuer certains stéréotypes. Cherchez les vidéos sur le web de Joséphine Baker chantant et dansant pour plaire à un public français de son époque.

Recherche web

La culture contemporaine puise souvent son inspiration dans le passé et l'héritage littéraire. Faites des recherches supplémentaires sur les « J'accuse » des artistes suivants :

- Faf LaRage
- Kamnouze
- Rost
- Saye & Lmc'rar

Recherchez la signification et l'historique du terme « Françafrique ». À quelle époque est-il apparu ? Quel type de relation désignait-il au début ? Comment les attitudes des Français (par exemple, des présidents de la République) ont-elles évolué à son égard ? Quelles sont les réactions des Africains envers la « Françafrique » ?

12.10 ALAIN MABANCKOU, *VERRE CASSÉ*

Ici[18], Verre Cassé, le narrateur du livre, explique qu'il écrit dans un cahier grâce à l'inspiration d'un homme qui porte le nom L'Escargot entêté, patron d'un bar nommé « Le Crédit a voyagé ». Ce patron a déclaré à celui qui fréquente son établissement qu'il avait des choses à raconter, et, dans un texte à la ponctuation insolite, Verre Cassé nous livre non seulement sa propre histoire, mais aussi, et surtout, celles des autres qu'il rencontre au bar. Dans l'extrait qui suit, c'est un épisode important dans son pays natal qui est évoqué. Une énorme polémique éclate, et toute la controverse tourne autour de ce bar qui n'est pas apprécié par tous. Les gens qui cherchent un coupable pour les changements sociaux de leur époque pensent que le bar est la cause de tous leurs problèmes et que le patron est celui qui doit en payer le prix.

[...] tout le monde le connaissait maintenant, il devenait célèbre, il inspirait de la pitié, on voulait l'aider, il y a même eu des lettres de soutien, des pétitions pour ce brave type qu'on a alors commencé à appeler « L'Escargot entêté », mais il fallait surtout compter avec les soûlards qui sont toujours solidaires jusqu'à la dernière goutte de vin et qui sont donc passés à l'action, ils se sont retroussé les manches pour réparer les dégâts matériels causés par les gens qui regrettaient l'exposition coloniale[19], la Case de Gaulle[20], les bals nègres de Joséphine Baker[21], et cette histoire banale pour certains est devenue un fait national, on a parlé de « l'Affaire Le Crédit a voyagé », le gouvernement en a discuté au Conseil des ministres, et certains dirigeants du pays ont réclamé la fermeture immédiate et sans condition de l'établissement, mais d'autres s'y sont opposés avec des arguments à peine plus convaincants, du coup le pays a été divisé en deux pour cette petite querelle de lézards, et alors, avec l'autorité et la sagesse qu'on lui connaissait désormais le ministre de l'Agriculture, du Commerce et des Petites et Moyennes Entreprises, Albert Zou Loukia, a élevé la voix, il a fait une intervention mémorable, une intervention qui est restée ici comme un des plus beaux discours politiques de tous les temps, le ministre Zou Loukia a dit à plusieurs reprises « j'accuse », et tout le monde était si médusé que dans la rue, pour un oui ou pour un non, pour une petite dispute ou une injustice mineure, on disait « j'accuse », et même le chef du gouvernement a dit à son porte-parole que ce ministre de l'Agriculture parlait bien, que sa formule très populaire de « j'accuse » resterait dans la postérité, et le Premier ministre a promis qu'au prochain remaniement du gouvernement on confierait au ministre de l'Agriculture le portefeuille[22] de la culture, il suffirait alors de rayer[23] les quatre premières lettres du mot « agriculture », et jusqu'à ce jour on s'accorde à reconnaître que le ministre avait fait un discours brillant, il récitait des pages entières des livres de ces grands auteurs qu'on cite volontiers à table, il suait[24] comme chaque fois qu'il était fier d'avoir séduit son auditoire par son érudition, et c'est ainsi qu'il avait pris la défense du *Crédit a voyagé*, il avait d'abord loué l'initiative de L'Escargot entêté qu'il connaissait bien pour avoir été à l'école primaire avec lui, puis il avait conclu en disant ces mots que je cite de mémoire : « *Mesdames et Messieurs du Conseil, j'accuse, je ne veux pas être le complice d'un climat social aussi moribond que le nôtre, je ne veux pas cautionner cette chasse à l'homme par mon appartenance à ce gouvernement, j'accuse les mesquineries[25] qui s'abattent sur[26] une personne qui n'a fait qu'imprimer un itinéraire à son existence, j'accuse l'insipidité des agissements[27] rétrogrades de ces derniers temps, j'accuse l'incivilité des actes barbares orchestrés par des gens de mauvaise foi, j'accuse les outrages et les défis qui sont devenus monnaie courante dans notre pays, j'accuse la complicité sournoise[28] de tous ceux qui prêtent le bâton aux casseurs, aux fauteurs de troubles, j'accuse le mépris de l'homme par l'homme, le manque de tolérance, l'oubli de nos valeurs, la montée de la haine, l'inertie des consciences, les crapauds-brousse[29] d'ici et d'ailleurs, oui, Mesdames et Messieurs du Conseil, voyez comment le quartier Trois-Cents est devenu une cité sans sommeil, avec un visage de pierre, or cet homme qu'on appelle désormais L'Escargot entêté, en dehors du fait qu'il ait été un de mes anciens camarades de classe, très intelligent par ailleurs, cet homme qu'on traque[30] aujourd'hui est victime d'une cabale, Mesdames et Messieurs du Conseil, concentrons plutôt nos efforts à traquer les vrais bandits, j'accuse donc ceux qui paralysent impunément le fonctionnement de nos institutions, ceux qui brisent ouvertement la chaîne de solidarité que nous avons héritée de nos ancêtres les Bantous[31], je vous avouerais que le tort de L'Escargot entêté a été d'avoir montré aux autres compatriotes que chacun, à sa manière, pouvait contribuer à la transformation de la nature humaine ainsi que nous l'enseigne le grand Saint-Exupéry dans* Terre des hommes, *c'est pour cela que j'accuse, et j'accuserai toujours* »

le lendemain de l'intervention du ministre Zou Loukia, le président de la République en personne, Adrien Lokouta Eleki Mingi, a piqué une colère en écrasant les raisins qu'il aimait pourtant manger comme dessert tous les jours, et nous avons appris par Radio-Trottoir FM que le président Adrien Lokouta Eleki Mingi, qui était par ailleurs général des armées, manifestait sa jalousie quant à la formule « j'accuse » du ministre de l'Agriculture, en fait le président-général des armées aurait voulu que cette formule populaire sorte de sa bouche à lui, il ne comprenait pas que ses conseillers n'aient pas imaginé une aussi courte formule pourtant efficace sur le terrain [...] et le président-général des armées les a tous sommés de lui trouver une formule qui pourrait rester dans la postérité comme le « j'accuse » qu'avait prononcé le ministre Zou Loukia, et les nègres du cabinet présidentiel ont travaillé la nuit entière, à huis clos, ils ont ouvert et feuilleté pour la première fois les encyclopédies qui prenaient de la poussière dans les rayons[32] de la bibliothèque présidentielle, ils ont aussi cherché dans les grands livres écrits en tout petit, ils ont remonté depuis l'origine du monde en passant par l'époque d'un type nommé Gutenberg et celle des hiéroglyphes égyptiens jusqu'aux écrits d'un certain Chinois qui avait paraît-il disserté sur l'art de la guerre et qui avait vécu prétendument à l'époque où on ne savait même pas que le Christ allait naître par une opération du Saint-Esprit et se sacrifier pour nous autres les pécheurs, mais les nègres d'Adrien n'ont rien trouvé d'aussi fort que le « j'accuse » du ministre Zou Loukia, alors le président-général des armées a menacé de virer le cabinet entier s'il n'avait pas son mot pour la postérité, il a dit « pourquoi je vais continuer à payer un tas d'imbéciles incapables de me trouver une formule qui frappe, qui reste, qui marque, je vous préviens que si j'ai pas ma formule avant que le coq n'annonce l'aube d'un autre jour, y aura des têtes qui vont tomber comme des mangues pourries qui tombent d'un arbre, oui pour moi vous n'êtes tous que des mangues pourries, c'est moi qui vous le dis, commencez à faire vos cartons et à chercher un pays catholique pour votre exil, ce sera l'exil ou la tombe, je vous dis, personne ne sort de ce palais à partir de cette minute, que je ne sente même pas l'odeur du café depuis mon bureau, encore moins les cigares Cohiba ou Montecristo, pas d'eau à boire, pas de sandwiches non plus, rien, rien et rien, ce sera la diététique tant que vous ne trouverez pas ma formule à moi, et alors dites-moi donc comment ce petit ministre Zou Loukia a trouvé son « j'accuse » dont tout le monde parle dans le pays, hein, les Services de sécurité présidentielle m'ont dit que y a même des bébés qui se prénomment « j'accuse », et que dire alors de toutes ces jeunes filles en chaleur qui se sont fait tatouer cette formule sur leur paire de fesses, hein, et d'ailleurs, ironie du sort, les clients des prostituées exigent que celles-ci aient ce tatouage, vous voyez dans quelle merde vous me foutez, hein, c'était pas quand même sorcier à trouver, cette formule, voyons, est-ce que les nègres du ministre de l'Agriculture sont meilleurs que vous, hein, est-ce que vous êtes conscients que ses nègres à lui n'ont même pas chacun une voiture de fonction, ils prennent le bus du ministère, ils ont des salaires minables[33] pendant que vous vous la coulez douce ici au palais, vous vous baignez dans ma piscine, vous buvez mon champagne, vous regardez tranquillement les chaînes câblées[34] étrangères qui rapportent n'importe quoi sur moi, vous mangez mes petits-fours[35], vous mangez mon saumon, mon caviar, vous profitez de mon jardin et de ma neige artificielle pour skier avec vos maîtresses, c'est tout juste si vous ne couchez pas avec mes vingt femmes, hein, finalement, dites-moi, vous me servez à quoi dans ce cabinet, hein, est-ce que je vous paye pour venir vous asseoir comme des fainéants ici, hein, autant embaucher comme directeur de cabinet mon chien stupide, bande de bons à rien », et le président Adrien Lokouta Eleki Mingi a claqué la porte de son cabinet en criant de nouveau « bande de Nègres, plus rien ne sera comme avant dans ce palais, y en a marre d'engraisser des limaces de votre espèce qui me bavent des conneries, vous serez jugés au résultat, et dire que parmi vous y a des énarques et des polytechniciens[36], mon cul[37], oui »

12.11 LECTURE DE MABANCKOU

12.11.1 Lecture initiale

Ayant lu le texte la première fois, répondez aux questions suivantes.

Considérations préliminaires

- *Qui* : Qui parle dans le texte ? Qui sont les personnages ?
- *Quoi* : Quel est le sujet du texte ?
- *Où et quand* : Relevez les mots dans le texte qui indiquent un lieu et le temps.

Genre et discours

- Quel est le genre du texte (pièce de théâtre, poème, roman, etc.) ?
- Quel est le type de discours (argumentatif, descriptif, explicatif, narratif, injonctif) ?
- Quelle est la tonalité du texte (comique, épique, lyrique, tragique, polémique, etc.) ?

Comparaisons

En lisant le deuxième texte, comparez-le au premier. Notez quelques analogies et différences aux niveaux suivants :

- Le narrateur
- Les émotions ressenties par les personnages
- L'effet produit chez le lecteur et le but du texte

Recherche web

Cherchez des informations sur la vie et l'œuvre d'Antoine de Saint-Exupéry.

12.11.2 Lecture approfondie

Compréhension

Résumé en images et interview des personnages

Pour assurer la compréhension du texte étudié, faites son résumé en images séquentielles et posez des questions aux personnages (voir Annexe A). Lisez le texte une deuxième fois. Faites d'abord attention aux procédés littéraires et dégagez ensuite la signification de chaque extrait.

Analyse

Procédés littéraires

Comparez vos réponses aux questions suivantes avec celles de votre partenaire ou de la classe :

1) Qui prend la parole pour résoudre le problème appelé « l'Affaire Le Crédit a voyagé » ? Pourquoi son discours est-il si efficace ?
2) Pouvez-vous dresser une liste des aspects de ce texte qui sont en rapport avec l'Affaire Dreyfus et *J'accuse... !* d'Émile Zola ?
3) Le pays africain en question a été colonisé par la France. Essayez de trouver des références à cette histoire coloniale. Par qui les antisémites de l'Affaire Dreyfus sont-ils remplacés dans « l'Affaire Le Crédit a voyagé » ?
4) Trouvez-vous que l'humour joue un rôle important dans « l'Affaire Le Crédit a voyagé » ? Quels sont les détails qui vous font rire ?

5) Examinez le passage en italique et l'accumulation des « J'accuse ». Comparez ce passage avec le texte de Zola.

Interprétation

Signification

6) Pourquoi pensez-vous que la formule « J'accuse » n'est pas écrite, mais plutôt prononcée dans *Verre cassé* ? Comment la culture orale est-elle représentée dans cet ouvrage ?
7) Quelle est l'importance des livres dans ce pays d'Afrique ? Où les ministres du Président vont-ils chercher de l'inspiration ?
8) Pensez-vous que Mabanckou influence le débat public sur le néocolonialisme avec son roman, par exemple ? Pensez-vous que la littérature, le cinéma, l'art, puissent changer le monde, pourquoi et comment ?

12.12 PRODUCTION ORALE ET ÉCRITE AUTOUR DE *VERRE CASSÉ*

Exposé oral

Préparez un exposé oral sur un des sujets proposés :
Sujet 1 : De quel pays vient Alain Mabanckou et quel est son rapport à la France ? Que pouvez-vous dire de son œuvre ? Dans quel contexte reprend-il l'expression « J'accuse » dans *Verre cassé* ?
Sujet 2 : Pourquoi *Verre cassé* est-il humoristique ? Donnez des exemples précis du texte.

Débats

En groupe de deux ou trois, discutez des sujets suivants et présentez vos idées à la classe. Préparez-vous à un débat.
L'engagement littéraire : Est-il important de s'engager lorsqu'on témoigne de l'injustice ? L'écriture peut-elle influencer les opinions ou faut-il s'exprimer autrement ? Alain Mabanckou est un romancier qui écrit aussi des essais et qui intervient souvent de manière orale : tous ces moyens de communication sont-ils significatifs, à votre avis ?

Travail d'écriture

Écriture créative – réécriture : Écrivez votre « J'accuse », soit dans le style épistolaire et factuel de Zola, soit selon le modèle romanesque et humoristique de Mabanckou. Pensez à un thème controversé qui divise les citoyens de votre pays en ce moment et choisissez de défendre une position ou d'exposer les réalités des deux côtés du débat.

12.13 MISE EN PARALLÈLE

Afin de mieux comprendre les deux textes – *J'accuse... !* de Zola et *Verre cassé* de Mabanckou – et ce qui les relie, considérez les pistes suivantes :

Le rôle de l'intellectuel dans la vie de tous les jours

En France, on a tendance à consulter les professeurs et les écrivains lorsque leur expertise peut illuminer des aspects de la vie politique ou culturelle. Est-ce qu'on fait la même chose aux États-Unis ? Est-ce que les intellectuels de nos jours devraient être engagés comme Émile Zola a décidé de l'être ?

L'originalité

Aux États-Unis, on valorise l'originalité et on l'exige dans les travaux des étudiants, par exemple. Dans d'autres pays, cette qualité n'est pas appréciée au même degré. Dans le roman d'Alain Mabanckou, l'importance de l'originalité est remise en question de plusieurs façons dans le contexte d'un pays africain. Au lieu d'inventer une expression innovatrice pour le Président Adrien, par exemple, ses ministres cherchent à trouver une phrase convaincante qui est déjà écrite. Que pensez-vous de l'importance de l'originalité en général et comment interprétez-vous la reprise de l'expression « J'accuse » dans *Verre cassé* ?

L'antisémitisme et le racisme

L'Affaire Dreyfus marque un moment significatif dans un pays où persiste un antisémitisme ancré dans l'histoire. Le livre d'Alain Mabanckou évoque également un passé colonial qui est souvent caractérisé par des attitudes racistes. Quels sont les avantages et les inconvénients d'étudier l'antisémitisme et le racisme en parallèle ?

Le rire et le changement social

Le texte d'Alain Mabanckou reprend les détails d'un moment très sérieux dans l'histoire de la France afin de dénoncer des aspects très sérieux de la vie actuelle dans un tout autre contexte. Est-ce que l'humour de ce roman récent est capable de provoquer des changements réels en Afrique aujourd'hui ? Est-ce qu'un texte moins drôle aurait plus d'influence ?

Rumeurs, fausses accusations, scandales, condamnations sans preuves, condamnations d'innocents

Pouvez-vous, à la lumière d'autres situations, explorer des cas célèbres, ou moins connus mais, à votre avis, importants, qui pourraient vous rappeler l'Affaire Dreyfus/*Verre cassé* ?

12.14 SYNTHÈSE

Travail d'écriture

Écriture analytique : essai. Choisissez l'une des questions de la page précédente et développez une analyse par écrit.

Exposé oral

Préparez un exposé oral sur un des sujets proposés :

Sujet 1 : À partir de l'étude de plusieurs contextes conflictuels, donnez les critères selon lesquels le rétablissement de la paix, la réconciliation ou l'apaisement sont possibles.

Sujet 2 : Proposez un exposé sur quelques exemples célèbres de querelles ou scandales publics qui ont secoué le monde durant les dernières années. Quels étaient les acteurs, quel contexte historique et comment les tensions se sont-elles développées ou résolues ?

Théâtralisation

Choisissez un personnage, soit dans *Verre cassé*, soit dans « L'Affaire Dreyfus », et adoptez son point de vue et ses mots pour l'incarner devant la classe.

Portfolio de recherche

« *'J'accuse' en production artistique* » : Effectuez vos propres recherches pour trouver d'autres chansons ou d'autres formes de production artistique qui utilisent la formule « J'accuse » (y compris en anglais). Présentez vos recherches à la classe.

Notes

1   Pierre Vidal-Naquet, Préface à Alfred Dreyfus, *Cinq années de ma vie*, Paris, La Découverte, 2006, p. 5.
2   Le texte est repris du domaine public.
3   **Boue** (f.) : un mélange d'eau et de poussière ; (*fig.*) un état d'abjection
4   **Règne** (m.) : la durée du gouvernement d'un souverain, d'un roi
5   **Soufflet** (m.) : un coup du plat ou du revers de la main sur la joue
6   **Souillure** (f.) : une tache, physique ou morale
7   **Châtiment** (m.) : une punition
8   **Huis clos** (m.) : un procès auquel le public n'est pas autorisé à assister
9   **Île du Diable** : située au large de la Guyane, « L'île du Diable » est l'une des trois îles du Salut. Cette petite île rocheuse située dans un environnement hostile (chaleur et humidité) a longtemps servi de bagne pour les prisonniers politiques de France et des détenus de droit commun. Ce bagne a été fermé en 1946.
10   **Bordereau** (m.) : une petite note contenant des informations détaillées officielles
11   **Jésuitière** (f.) : un dérivé du nom masculin « jésuite » qui désigne le membre de l'ordre séculier la Compagnie de Jésus, créé en 1540 ; ici, une collectivité d'esprits jésuites
12   **Commérage** (m.) : un propos méchant, un bavardage malveillant
13   **Galonné** (m.) : un officier ou un sous-officier
14   **Étouffer** : asphyxier quelqu'un ; empêcher quelqu'un de parler
15   **Lèse-** : mot qui se place avant certains noms féminins pour indiquer que la chose exprimée a été attaquée ou violée
16   **Traduire en cour** : poursuivre quelqu'un en justice ; faire passer quelqu'un devant un tribunal
17   Madeleine Rebérioux, « L'Affaire, la République, cent ans après », Entretien avec Olivier Morel, *République Internationale des Lettres*, n° 9, 1994. http://www.republique-des-lettres.com/dreyfus-9782824900407.php
18   Alain Mabanckou, *Verre cassé*, Paris, Éditions du Seuil, 2005, pp. 16–21.
19   **L'exposition** (f.) **coloniale** : Inaugurée en mai 1931 à Paris (Vincennes), l'Exposition coloniale montre aux visiteurs les richessses et les splendeurs de la « plus grande France », les territoires colonisés par la France depuis plusieurs siècles sur les cinq continents.
20   **La case de Gaulle** : Ce bâtiment est la résidence de l'ambassadeur de France au Congo depuis 1960, l'année de l'indépendance. Il a été construit en 1940 lorsque Brazzaville est devenue la « capitale de la France libre ». Charles de Gaulle, président de France, a été accueilli dans cet édifice en 1941.

21 **Joséphine Baker** : elle est née en 1906 à Saint-Louis aux États-Unis ; elle a pris la nationalité française en 1937. Chanteuse, danseuse et meneuse de revue à Paris, elle a fréquenté un bar antillais appelé « Le Bal Nègre ». Elle était connue pour une « danse sauvage » qu'elle effectuait avec des bananes autour de sa taille.

22 **Portefeuille** (m.) : (ici) la charge d'un ministre ; un département ministériel

23 **Rayer** : marquer d'un trait quelque chose d'écrit pour l'annuler ; supprimer

24 **Suer** : transpirer

25 **Mesquinerie** (f.) : une action mesquine, qui manque de générosité

26 **S'abattre sur** : tomber sur ; épuiser, démoraliser

27 **Agissement** (m.) : un acte, une action

28 **Sournois** : hypocrite, perfide

29 **Crapaud-brousse** (m) : néologisme composé du nom masculin « crapaud », un animal proche de la grenouille, et du nom féminin « brousse », une forme de végétation tropicale

30 **Traquer** : chasser, poursuivre

31 **Nos ancêtres les Bantous** : Lors de la colonisation française, ceux qui assistaient à l'école apprenaient par cœur la phrase « nos ancêtres les Gaulois », une phrase qui faisait référence à l'héritage de la France mais qui n'était pas pertinente aux jeunes enfants de l'Afrique. Ici, cette phrase est reprise mais les Bantous, un ensemble de peuples africains, remplacent les Gaulois.

32 **Rayon** (m.) : une planche, une étagère d'une bibliothèque ou d'une armoire

33 **Minable** : très petit, misérable

34 **Chaîne** (f.) **câblée** : une chaîne de télévision disponible par câble

35 **Petit-four** (m.) : une pâtisserie fine de petite taille, sucrée ou salée

36 **Des énarques et des polytechniciens** : Les anciens élèves de l'École nationale d'administration et l'École polytechnique sont fiers d'avoir pu faire leurs études dans ces Écoles françaises prestigieuses qui forment des hommes politiques et des ingénieurs ; de nombreux chefs d'État africains sont diplômés de ces lieux d'enseignement supérieur en France.

37 **Cul** (m.) : (*populaire*) la partie postérieure du corps, comprenant les fesses et le fondement

Module 13 La Rivière comme métaphore de l'identité chez Marcel Proust et Édouard Glissant

Margaret Gray et Jason Herbeck

13.1 ENTRÉE EN MATIÈRE

« Jamais dans la promenade du côté de Guermantes nous ne pûmes remonter jusqu'aux sources de la Vivonne, auxquelles j'avais souvent pensé et qui avaient pour moi une existence si abstraite, si idéale que j'avais été aussi surpris quand on m'avait dit qu'elles se trouvaient dans le département [...] que le jour où j'avais appris qu'il y avait un autre point précis de la terre où s'ouvrait, dans l'Antiquité, l'entrée des Enfers. Jamais non plus nous ne pûmes pousser jusqu'au terme que j'eusse tant souhaité d'atteindre, jusqu'[au château de] Guermantes. »

(Marcel Proust, *Du côté de chez Swann*)

« [Thaël] dort sur le sol, parmi les étoiles proches. Quand le premier craquement le surprend, [...] c'est déjà six heures. [...] Thaël bénit le jour. Il voit qu'il a dormi tout près d'un champ de ronces, quelle chance ! Il écarte des branchages, ne dirait-on pas qu'il entend un murmure, un doux chanter d'eau pure ? Une source ? Il avance, dans l'espérance de ce chant ; il déchire des feuilles, des transparences, des beautés. Alors il aperçoit la maison. Lourde, volets fermés : c'est la maison de Garin. Thaël oublie la source. »

(Édouard Glissant, *La Lézarde*)

Interprétation

1) Identifiez cinq termes dans ces citations avec lesquels vous n'êtes pas entièrement familiers ou que vous trouvez révélateurs. Cherchez leurs définitions dans un dictionnaire.
2) Quelle est la fonction de ces mots dans les citations ?
3) Quelles images évoquent-ils ?
4) En quoi les deux citations correspondent-elles l'une avec l'autre ?
5) Y a-t-il un thème unifiant ? Lequel ?

Vocabulaire utile : jamais, promenade (f.), remonter, penser, idéal (m.), terme (m.), atteindre, source (f.), surprendre, bénir, murmure (m.), pur, chant (m.), déchirer, transparent, beauté (f.), apercevoir, volet (m.), oublier

Présentation

Présentez vos termes choisis à vos partenaires et comparez-les. Quels sont les termes communs ?

13.2 MARCEL PROUST ET ÉDOUARD GLISSANT

Marcel Proust, écrivain français (1871–1922)

Né le 10 juillet 1871 à Auteuil, Marcel Proust est l'un des plus grands romanciers modernes. Son roman magistral, *À la recherche du temps perdu,* raconte le cheminement vers une vocation d'écrivain. Dans cette œuvre sont traitées des thématiques telles que la mémoire aux prises avec le passage du temps et l'oubli, la relation à l'art vécue par divers personnages, la comédie mondaine, sa vulgarité et son snobisme et l'amour pour un(e) Autre qui résiste au désir de possession de l'amant. Le premier volume, *Du côté de chez Swann,* sera publié en 1913. Mais la Grande Guerre éclate l'année d'après, mettant fin à la publication du deuxième volume. Celui-ci sera amplifié d'ajouts faits par Proust pendant la guerre, qu'il passe dans une chambre tapissée de liège pour étouffer le bruit et les odeurs de l'extérieur. Proust meurt en 1922, laissant inachevé son grand chef d'œuvre, dont trois volumes posthumes.

Édouard Glissant, écrivain martiniquais (1928–2011)

Né à Sainte-Marie (Martinique) le 21 septembre 1928, Édouard Glissant est devenu un penseur-phare en raison de la profondeur et de la diversité de son œuvre monumentale. À la fois poète, essayiste, dramaturge et romancier, il a publié plus de trente-cinq ouvrages qui lui ont valu de nombreux prix littéraires. Formé au Lycée Schœlcher de Fort-de-France, il a par la suite fait des études de philosophie et d'ethnologie à Paris. Rentré en Martinique en 1965, Glissant a en outre fondé des établissements de recherche et d'enseignement, servi comme Directeur du Courrier de l'UNESCO, et occupé, aux États-Unis, des postes académiques à l'Université d'État de la Louisiane (LSU) et la City University of New York (CUNY). Au cours de sa carrière, Glissant a introduit et développé des concepts désormais clés dans le contexte des Antilles et, plus généralement, les domaines de l'ethnologie et des études postcoloniales, parmi lesquels : l'antillanité, la poétique de la Relation, l'opacité, la créolisation et le Tout-monde. Au centre de la pensée glissantienne se trouve une préoccupation constante pour les notions de justice, d'engagement et d'identité, et ce, en relation souvent avec l'environnement antillais.

Vocabulaire

Cherchez la définition des mots suivants dans un dictionnaire : être aux prises avec, tapisser, liège (m), étouffer, phare (m.), en outre, établissement (m.)

Contexte

Pour bien vous situer dans le contexte historique et géographique, pensez aux questions suivantes :

- Où se trouve Auteuil ? Quel type de ville est-ce ?
- Que savez-vous sur les pays des Antilles francophones : Haïti, la Guadeloupe, la Martinique et la Guyane ?

13.3 RÉSUMÉ DES TEXTES

Du côté de chez Swann *(1913)*

Du côté de chez Swann est le premier volume des sept qui composent *À la recherche du temps perdu* (1913–1927). Il s'ouvre sur la partie intitulée *Combray*. L'épisode ci-présent décrit la vie du jeune narrateur en vacances chez sa grand-tante dans la petite ville de Combray. Le dimanche après-midi, accompagné de ses parents, il fait des promenades – du côté de chez Swann (que l'on appelle aussi « le côté de Méséglise ») si le temps est menaçant, ou du côté de Guermantes – promenade plus longue – s'il fait beau. Remontant vers sa source le cours de la Vivonne qui définit la promenade du côté de Guermantes, le narrateur décrit ses divers aspects, dont, par exemple, le nénuphar « neurasthénique », ainsi que la jeune femme mystérieuse et triste encadrée dans la fenêtre d'une maison de plaisance. Comme nous verrons, ces scènes sont riches en implications pour l'écrivain que le narrateur voudrait devenir. Il conclut l'extrait en précisant l'idéal inaccessible que représentent les sources de la Vivonne, où se situe le château du duc et de la duchesse de Guermantes. Tout en sachant que ce sont de vraies personnes, le narrateur les imagine infusées de la magie d'un passé lointain et mythique.

La Lézarde *(1958)*

Pour son premier roman, *La Lézarde*, Glissant s'est vu attribuer le Prix Renaudot. Le livre raconte l'histoire d'un groupe de jeunes révolutionnaires anticolonialistes en Martinique vers la fin de la Seconde Guerre mondiale. En anticipation des élections municipales prochaines, les membres du groupe décident qu'il faut éliminer Garin, un renégat envoyé supprimer le mouvement populaire dans la région de Lambrianne. La majorité des jeunes venant de la ville elle-même, c'est alors Thaël, un inconnu des montagnes, que l'on choisit pour commettre « l'acte ». Ainsi Thaël, acceptant cette grande responsabilité, part-il à la recherche de Garin qu'il va trouver dans sa Maison de la Source située haut dans les montagnes. Ce n'est qu'après avoir descendu ensemble le fleuve éponyme que les deux hommes se livrent combat dans la mer. Alors que Garin finit par se noyer, Thaël retourne, victorieux, à la plage. Le candidat soutenu par le groupe révolutionnaire gagne l'élection et chacun des membres doit donc décider de son rôle prochain en ce qui concerne l'avenir du pays ...

Vocabulaire

Cherchez la définition des mots suivants : cours (m.) d'une eau, nénuphar (m.), neurasthénique, maison (f.) de plaisance, renégat (m.), éponyme, livrer combat, noyer

Comparaisons

En paire ou en groupe, identifiez, d'après leurs résumés, ce qui peut relier ces textes. Cherchez sur Internet et étudiez les couvertures des différentes éditions de *Du côté de chez Swann* et de *La Lézarde*.

- Quelles informations, verbales et visuelles, se trouvent sur chacune de ces couvertures ?
- À quoi servent-elles ?
- Quelles réactions suscitent-elles chez vous?
- Quelle version achèteriez-vous et pourquoi ?

Communautés

Allez sur un forum consacré à Marcel Proust ou Édouard Glissant et lisez les discussions ou créez vous-même une nouvelle discussion.

13.4 THÈMES COMMUNS : IDENTITÉ INDIVIDUELLE ET PUBLIQUE

En paire ou en groupe, discutez de votre propre identité individuelle et de celle de votre famille en répondant aux questions suivantes :

- Comment décrivez-vous votre identité et celle de votre famille ? Les associez-vous à un endroit particulier ?

Maintenant, pensez à la Maison-Blanche des États-Unis ou bien à la Mecque en Arabie saoudite.

- Associe-t-on généralement une certaine identité ou idée précise à ces endroits ? Expliquez.

D'une part, l'identité peut se constituer en fonction d'un espace déterminé. D'autre part, l'identité peut être liée au mouvement et, plus précisément, au voyage. Que ce soit dans un contexte religieux (les pèlerinages du Moyen Âge à nos jours), colonial (la découverte des Amériques), ou personnel (les voyages des écrivains célèbres, tels que les voyages en Italie de l'écrivain allemand Goethe ou de l'écrivain français Stendhal), l'identité individuelle et publique en ressort profondément marquée.

Recherche web

Connaissez-vous des œuvres littéraires dans lesquelles un *endroit* est investi de caractéristiques identitaires ou idéologiques ?

* Dans *Traversée de la mangrove* (1989) de Maryse Condé, la mangrove représente la complexité du passé colonial de la Guadeloupe. Par la formation de ses racines aériennes, la mangrove empêche toute traversée facile. De même, les histoires des divers peuples antillais s'avèrent à la fois complexes et « impraticables ».

Vocabulaire

Cherchez la définition des mots suivants : colombe (f.), rameau (m.), phrygien, ressortir, rayonner, jouvence (f.), déplacement (m.), quête (f.), épreuve (f.), formateur/formatrice, mangrove (f.), empêcher, praticable

Présentation

Faites une courte présentation orale sur vos propres voyages. Si vous avez des photos, partagez-les avec la classe et pensez aux questions suivantes :

* Avez-vous fait des voyages, petits ou grands, qui ont eu un impact sur la formation et l'évolution de votre identité ?
* À votre avis, qu'est-ce que vous devez à ces expériences de mouvement à travers l'espace ?

Communautés

Allez sur un des plus grands forums francophones sur les voyages, http://voyagefo rum.com/. Quelles sont les dernières suggestions de lecture ? Quelles destinations vous intéressent ? De quoi parlent les participants au forum ?

13.5 MARCEL PROUST, *DU CÔTÉ DE CHEZ SWANN*

Dans cet extrait[1], le narrateur parle de la deuxième promenade – du côté de Guermantes – que la famille faisait quand le temps était clément.

Bientôt le cours de la Vivonne s'obstrue de plantes d'eau. Il y en a d'abord d'isolées comme tel nénuphar à qui le courant au travers duquel il était placé d'une façon malheureuse laissait si peu de repos que comme un bac² actionné mécaniquement il n'abordait une rive que pour retourner à celle d'où il était venu, refaisant éternellement la double traversée. Poussé vers la rive, son pédoncule³ se dépliait, s'allongeait, filait, atteignait l'extrême limite de sa tension jusqu'au bord où le courant le reprenait, le vert cordage se repliait sur lui-même et ramenait la pauvre plante à ce qu'on peut d'autant mieux appeler son point de départ qu'elle n'y restait pas une seconde sans en repartir par une répétition de la même manœuvre. Je la retrouvais de promenade en promenade, toujours dans la même situation, faisant penser à certains neurasthéniques au nombre desquels mon grand-père comptait ma tante Léonie, qui nous offrent sans changement au cours des années le spectacle des habitudes bizarres qu'ils se croient chaque fois à la veille de secouer et qu'ils gardent toujours, pris dans l'engrenage⁴ de leurs malaises et de leurs manies, les efforts dans lesquels ils se débattent inutilement pour en sortir ne font qu'assurer le fonctionnement et faire jouer le déclic de leur diététique étrange, inéluctable et funeste. Tel était ce nénuphar, pareil aussi à quelqu'un de ces malheureux dont le tourment singulier, qui se répète indéfiniment durant l'éternité, excitait la curiosité de Dante et dont il se serait fait raconter plus longuement les particularités et la cause par le supplicié lui-même, si Virgile, s'éloignant à grands pas, ne l'avait forcé à le rattraper au plus vite, comme moi mes parents.

Mais plus loin le courant se ralentit, il traverse une propriété dont l'accès était ouvert au public par celui à qui elle appartenait et qui s'y était complu⁵ à des travaux d'horticulture aquatique, faisant fleurir, dans les petits étangs que forme la Vivonne, de véritables jardins de nymphéas⁶. Comme les rives étaient à cet endroit très boisées, les grandes ombres des arbres donnaient à l'eau un fond qui était habituellement d'un vert sombre mais que parfois, quand nous rentrions par certains soirs rassérénés d'après-midi orageux, j'ai vu d'un bleu clair et cru, tirant sur le violet, d'apparence cloisonnée et de goût japonais. Ça et là, à la surface, rougissait comme une fraise une fleur de nymphéa au cœur écarlate, blanc sur les bords. Plus loin, les fleurs plus nombreuses étaient plus pâles, moins lisses, plus grenues, plus plissées, et disposées par le hasard en enroulements si gracieux qu'on croyait voir flotter à la dérive, comme après l'effeuillement mélancolique d'une fête galante, des roses mousseuses en guirlandes dénouées. Ailleurs un coin semblait réservé aux espèces communes qui montraient le blanc et le rose proprets de la julienne, lavés comme de la porcelaine avec un soin domestique, tandis qu'un peu plus loin, pressées les unes contre les autres en une véritable plate-bande⁷ flottante, on eût dit des pensées des jardins qui étaient venues poser comme des papillons leurs ailes bleuâtres et glacées, sur l'obliquité transparente de ce parterre⁸ d'eau, de ce parterre céleste aussi : car il donnait aux fleurs un sol d'une couleur plus précieuse, plus émouvante que la couleur des fleurs elles-mêmes, et, soit que pendant l'après-midi il fît étinceler sous les nymphéas le kaléidoscope d'un bonheur attentif, silencieux et mobile, ou qu'il s'emplît vers le soir, comme quelque port lointain, du rose et de la rêverie du couchant, changeant sans cesse pour rester toujours en accord, autour des corolles de teintes plus fixes, avec ce qu'il y a de plus profond, de plus fugitif, de plus mystérieux – avec ce qu'il y a d'infini – dans l'heure, il semblait les avoir fait fleurir en plein ciel.

Au sortir de ce parc, la Vivonne redevient courante. Que de fois j'ai vu, j'ai désiré imiter quand je serais libre de vivre à ma guise, un rameur, qui, ayant lâché l'aviron, s'était couché à plat sur le dos, la tête en bas, au fond de sa barque, et la laissant flotter à la dérive, ne pouvant voir que le ciel qui filait lentement au-dessus de lui, portait sur son visage l'avant-goût du bonheur et de la paix.

Nous nous asseyions entre les iris au bord de l'eau. Dans le ciel férié, flânait longuement un nuage oisif⁹. Par moments, oppressée par l'ennui, une carpe se dressait hors de l'eau dans une aspiration anxieuse. C'était l'heure du goûter. Avant de repartir nous restions longtemps à manger des fruits, du pain et du chocolat, sur l'herbe où parvenaient jusqu'à nous, horizontaux, affaiblis, mais denses et métalliques encore, des sons de la cloche de Saint-Hilaire qui ne s'étaient pas mélangés à l'air qu'ils traversaient depuis si longtemps, et côtelés[10] par la palpitation successive de toutes leurs lignes sonores, vibraient en rasant les fleurs, à nos pieds.

Parfois, au bord de l'eau entourée de bois, nous rencontrions une maison dite de plaisance, isolée, perdue, qui ne voyait rien, du monde, que la rivière qui baignait ses pieds. Une jeune femme dont le visage pensif et les voiles élégants n'étaient pas de ce pays et qui sans doute était venue, selon l'expression populaire « s'enterrer » là. Goûter le plaisir amer de sentir que son nom, le nom surtout de celui dont elle n'avait pu garder le cœur, y était inconnu, s'encadrait dans la fenêtre qui ne lui laissait pas regarder plus loin que la barque amarrée près de la porte. Elle levait distraitement les yeux en entendant derrière les arbres de la rive la voix des passants dont avant qu'elle eût aperçu leur visage, elle pouvait être certaine que jamais ils n'avaient connu, ni ne connaîtraient l'infidèle, que rien dans leur passé ne gardait sa marque, que rien dans leur avenir n'aurait l'occasion de la recevoir. On sentait que, dans son renoncement, elle avait volontairement quitté des lieux où elle aurait pu du moins apercevoir celui qu'elle aimait, pour ceux-ci qui ne l'avaient jamais vu. Et je la regardais, revenant de quelque promenade sur un chemin où elle savait qu'il ne passerait pas, ôter de ses mains résignées de longs gants d'une grâce inutile.

Jamais dans la promenade du côté de Guermantes nous ne pûmes remonter jusqu'aux sources de la Vivonne, auxquelles j'avais souvent pensé et qui avaient pour moi une existence si abstraite, si idéale, que j'avais été aussi surpris quand on m'avait dit qu'elles se trouvaient dans le département, à une certaine distance kilométrique de Combray, que le jour où j'avais appris qu'il y avait un autre point précis de la terre où s'ouvrait, dans l'Antiquité, l'entrée des Enfers. Jamais non plus nous ne pûmes pousser jusqu'au terme que j'eusse tant souhaité d'atteindre, jusqu'à Guermantes. Je savais que là résidaient des châtelains, le duc et la duchesse de Guermantes, je savais qu'ils étaient des personnages réels et actuellement existants, mais chaque fois que je pensais à eux, je me les représentais tantôt en tapisserie, comme était la comtesse de Guermantes, dans le « Couronnement d'Esther »[11] de notre église, tantôt de nuances changeantes comme était Gilbert le Mauvais dans le vitrail où il passait du vert chou au bleu prune selon que j'étais encore à prendre de l'eau bénite[12] ou que j'arrivais à nos chaises, tantôt tout à fait impalpables comme l'image de Geneviève de Brabant, ancêtre de la famille de Guermantes, que la lanterne magique promenait sur les rideaux de ma chambre ou faisait monter au plafond – enfin toujours enveloppés du mystère des temps mérovingiens[13] et baignant comme dans un coucher de soleil dans la lumière orangée qui émane de cette syllabe : « antes ». Mais si malgré cela ils étaient pour moi, en tant que duc et duchesse, des êtres réels, bien qu'étranges, en revanche leur personne ducale se distendait démesurément, s'immatérialisait, pour pouvoir contenir en elle ce Guermantes dont ils étaient duc et duchesse, tout ce « côté de Guermantes » ensoleillé, le cours de la Vivonne, ses nymphéas et ses grands arbres, et tant de beaux après-midi. Et je savais qu'ils ne portaient pas seulement le titre de duc et de duchesse de Guermantes, mais que depuis le XIVe siècle où, après avoir inutilement essayé de vaincre ses anciens seigneurs ils s'étaient alliés à eux par des mariages, ils étaient comtes de Combray, les premiers des citoyens de Combray par conséquent et pourtant les seuls qui n'y habitassent pas. Comtes de Combray, possédant Combray au milieu de leur nom, de leur personne, et sans doute ayant effectivement en eux cette étrange et pieuse[14] tristesse qui était spéciale à Combray, propriétaires de la ville, mais non d'une maison particulière, demeurant sans doute dehors, dans la rue, entre ciel et terre, comme ce Gilbert de Guermantes, dont je ne voyais aux vitraux de l'abside de Saint-Hilaire que l'envers de laque noire, si je levais la tête, quand j'allais chercher du sel chez Camus[15].

13.6 LECTURE DE PROUST

13.6.1 Lecture initiale

Ayant lu le texte une première fois, répondez aux questions suivantes.

Considérations préliminaires

- *Qui* : Qui parle dans le texte ? Qui sont les personnages ?
- *Quoi* : Quel est le sujet du texte ?
- *Où et Quand* : Relevez les mots dans le texte qui indiquent un lieu et le temps.

Genre et discours

- Quel est le genre du texte (pièce de théâtre, poème, roman, etc.) ?
- Quel est le type de discours (argumentatif, descriptif, explicatif, narratif, injonctif) ?
- Quelle est la tonalité du texte (comique, épique, lyrique, tragique, polémique, etc.) ?

Prise de notes

Prenez des notes en lisant le texte. Notez des détails importants et vos propres questions.

13.6.2 Lecture approfondie

Compréhension

Résumé en images et interview des personnages

Pour assurer la compréhension du texte étudié, faites son résumé en images séquentielles et posez des questions aux personnages (voir Annexe A). Lisez le texte une deuxième fois. Faites d'abord attention aux procédés littéraires et dégagez ensuite la signification de chaque extrait.

Analyse

Procédés littéraires

Comparez vos réponses aux questions suivantes avec celles de votre partenaire ou de la classe :

1) *La personnification* est une figure de style qui projette des qualités ou émotions humaines sur un animal ou une chose inanimée : par exemple, « la pauvre plante » (I, 166), ou

encore, « [d]ans le ciel férié, flânait un nuage oisif. Par moments, oppressée par l'ennui, une carpe se dressait hors de l'eau dans une aspiration anxieuse » (I, 168).

2)   À votre avis, comment fonctionne la personnification dans le texte ? Quels objectifs sont réalisés par cet aspect stylistique ?

Interprétation

Signification

En groupe de deux ou trois, discutez de ce que le Château de Guermantes représente dans le texte :

3)   Qu'est-ce que ce château inaccessible, rêvé, représente pour le narrateur ? Quel effet est produit par la progression dans le récit, qui raconte une succession de vrais scénarios pour aboutir à un scénario fantasmé ?

Contexte

L'auteur Marcel Proust est associé à **la Belle Époque en France**, période connue pour son élégance et son insouciance, avant d'aboutir précipitamment à la Grande Guerre en 1914. C'est aussi un moment où foisonnent diverses avant-gardes : l'Art nouveau aux formes sinueuses (appelé aussi « style nouille »), le primitivisme de Picasso, la poésie urbaine et hallucinatoire d'Apollinaire, les audaces de Diaghilev et Nijinsky aux Ballets russes, les harmonies discordantes du *Sacre du Printemps* de Stravinsky. Bref, c'est une époque d'innovation artistique.

4)   Trois éditeurs auraient refusé le manuscrit de Proust parce qu'il était trop « différent ». Qu'est-ce que ces éditeurs n'ont pas su apprécier chez cet auteur ?

13.7 PERSPECTIVES CULTURELLES : NATURE ET LITTÉRATURE

Selon *l'Encyclopédie Larousse*, un cours d'eau en géographie se réfère à toute eau courante. Cherchez les définitions des mots désignant un cours d'eau :

une source	*un ruisseau*	*une rivière*	*un fleuve*

Discussion

*   Qu'est-ce qu'une lézarde ? Pourquoi un fleuve s'appellerait-il une « lézarde », d'aprèsles différentes définitions que vous aurez trouvées ?
*   Connaissez-vous des paysages marqués par des cours d'eau : rivières, ruisseaux, fleuves ?
*   Quelles sortes de scènes naturelles ou humaines peut-on croiser en les longeant ?
*   Pensez aux différentes formes de végétation et aux traces de présence humaine qui peuvent indiquer le climat et le site (sauvage, pastoral, urbain) d'un ruisseau. Donnez quelques exemples de ce que l'on peut voir en remontant un cours d'eau.

Figure 10 David Richardson, *The Vivonne*. Ce tableau
(originalement en couleur) fait partie de
son livre, *Resemblance : Portraits of Characters from Marcel Proust's* In Search of
Lost Time, Soumensac, La Bossière, 2013.

En poursuivant la question sur le lien entre la littérature et l'identité, on remarque que la
promenade ensoleillée décrite dans l'extrait de Proust est caractéristique « de la dérivation
vers le langage, de l'esprit qui s'efforce de tirer au clair des impressions confuses », comme
le constate Michel Raimond dans *Proust romancier*[16].

• Qu'est-ce qu'un pareil désir – de traduire en mots certaines impressions obscures qui y
résistent – révèle sur l'identité du sujet qui éprouve ce désir ?

Recherche web

Cherchez des informations supplémentaires sur les grands fleuves du monde et
leur fonction pour ceux qui vivent près d'eux : le Mississippi, le Nil, l'Amazone et le
Yangtze, par exemple.

Connexions

La culture contemporaine puise souvent son inspiration dans le passé et l'héritage
littéraire. Stéphane Heuet adapte en bande dessinée *À la recherche du temps*

perdu de Marcel Proust depuis 1998. Dans le premier tome, *Combray*, Heuet peint la Vivonne (2004, pp. 64–65).

- Comparer la BD au texte proustien. Quelles différences voyez-vous entre les deux versions du roman ?
- Chercher d'autres exemples en ligne de « lectures » contemporaines de Proust (des caricatures, par exemple).
- Quelles impressions du grand auteur ces créations évoquent-elles chez vous ?

13.8 PRODUCTION ORALE ET ÉCRITE AUTOUR DE *DU CÔTÉ DE CHEZ SWANN*

Exposé oral

En groupe de deux ou trois, décrivez **le Château de Guermantes** tel que vous l'imaginez. N'oubliez pas qu'il se trouve aux sources de la Vivonne ! Si vous connaissez ou si vous avez vu des photos des châteaux de la Loire, imaginez-vous des ressemblances entre le château fictif et les châteaux historiques ?

Débats

En groupe de deux ou trois, discutez des sujets suivants et présentez vos idées à la classe. Préparez-vous à un débat.
Sujet 1 : Le style complexe de Proust nous empêche-t-il de comprendre ses idées ou, au contraire, nous donne-t-il accès à une riche vision du monde ?
Sujet 2 : Retrouvez le passage où le narrateur évoque « le kaléidoscope d'un bonheur attentif, silencieux et mobile » et dégagez les différentes significations possibles de cette expression dans le contexte de l'extrait !

Travail d'écriture

A. Écriture créative – récit : En petits groupes, écrivez un récit de quelques lignes dans lequel un personnage remonte un cours d'eau vers sa source. Dans votre récit, décrivez ce « voyage » à travers les pensées du personnage, les scènes qu'il voit, etc. Comment votre récit évoque-t-il un voyage aussi psychologique que physique ?
B. Écriture créative – pastiche : Rappelez-vous que le pastiche est une imitation du style d'un auteur ou d'un artiste (souvent renommé) par exercice, par jeu ou dans une intention parodique. Décrivez ensuite un voyage que vous avez fait récemment en imitant le style de Proust.

13.9 ÉDOUARD GLISSANT, *LA LÉZARDE*

Dans cet extrait[17], Thaël cherche la maison de Garin.

Alors Thaël remonte aux sources de la rivière, dans cette région qui lui était familière quand il n'avait pas encore connu la ville plate. Il retrouve les à-pic[18] [...], les couleurs ici plus continûment sombres, où soudain crie la fleur rouge du balisier[19]. Ce bruit ininterrompu du sous-bois, ce ruissellement d'oiseaux, de feuilles, de vent lourd qui, à la fin, recouvre toutes choses d'une nappe d'immobile ferveur. Et on n'ose plus parler, ni bouger qu'avec précaution, on découvre en chaque coin du ciel un reflet d'eau (oui, ne dirait-on pas que le ciel reflète cette vie ?), on s'arrête, et on médite longuement devant la peau d'argent brisé (écaille somptueuse où dort le soleil) que vient d'abandonner un serpent en sa mue[20]. [...] On devine derrière les arbres quelques moutons sauvages, descendants séculaires de l'élevage le plus tranquille, qui ont appris ici le guet, l'élan, la course. Thaël regrette ses chiens, dressés à cerner une bête, à lui sauter à la gorge, à l'immobiliser sous leurs crocs. Il se sent à la bouche le goût de viande braisée. Il respire le parfum des girofles, du thym, ses yeux brillent sous la morsure du piment. Il avance dans ce festin [...], et il titube avec volupté, se rattrapant aux souches, enfonçant dans les troncs pourris où fourmillent[21] les poux de bois, tellement serrés qu'ils semblent un seul corps de pourriture sèche, ou au contraire fracassant un amas de bois flot, d'où s'élève un léger parfum de poussière et d'ardeur. [...] Alors il découvre un coin de pommes-noix (le fruit pour son jus âcre, la noix pour sa saveur et sa force), et il oublie son festin de viandes, voilà que toutes les feuilles, toutes les plantes, toute la végétation lui paraissent amicales. Le soleil est fruité, les arbres ruissellent, les ombres sont claires et douces. Il repart gavé[22] de fruits, les lèvres brûlantes (l'écorce de la noix crispe et raidit la bouche), mais le cœur plein de suavités, et un goût de verdeur dans tout le corps, une autre ivresse, une autre douceur. Et il continue sa marche longtemps, « *j'ai tellement marché que j'ai chémar et que mes talons sont venus par-devant* », car il remonte par des chemins obscurs vers la source de la rivière, où est l'homme qu'il va tuer, qu'il doit chercher si longuement, en remontant vers cette source : comme si la rivière lui imposait de connaître ce commencement, ce doux jaillir[23] qui prendra force et engendrera la fécondité, avant qu'il accomplisse l'acte. Mais il croit qu'il ne verra pas cette source. Il n'a pas le temps de requérir la Présence : l'œuvre précise l'appelle. Il va dépister la bête, alors une inquiétude ardente le tenaille[24]. Parmi les ombres et les splendeurs de la forêt, Thaël d'abord pense à la ville. Il s'écarte brusquement de son chemin (cette ville a un charme, dit-il) et reprenant aussitôt il repart, confusément certain qu'il découvrira plus tard le secret, allons, il faut maintenant travailler sur Garin. Garin, le renégat. (Un homme qui a grandi loin de toute sollicitude, garçon, puis chauffeur chez un grand planteur, et bientôt homme à tout faire : il a tué pour de l'argent ... Il avait quitté le pays quand les menaces contre lui s'étaient précisées. Il est revenu en vainqueur, chargé d'une mission officielle !) Cet homme fruste[25] commande, pressure, fait payer à tous le prix de sa peur passée. Plus dangereux que le serpent qui vient de muer ... [...] Alors les tourments le reprennent. Parce qu'il n'est pas aussi prêt qu'il le croit à plonger un couteau dans la poitrine d'un homme. Je l'attaquerai, dit Thaël, il se défendra. Il a sa chance. Valérie, je ne mourrai pas. Je l'aurai, le chien. Face à face, comme un homme d'honneur. Et il s'exalte, à l'ombre des fougères. [...] Il est comme une branche de l'arbre universel qui a proliféré là, il ne tranche plus la forme informe. Tant que je n'aurai pas fait la chose, pense-t-il. Tant que je n'aurai pas planté le couteau, pense-t-il, et l'odeur du sang vient se mêler à l'odeur du festin, et le parfum du sacrifice au parfum du bois mort et du bois qui brûle. C'est un seul indistinct relent[26], associé encore au souvenir de Valérie. La nuit est là, elle a déjà envahi le ciel ; [...]. Pour finir il dort sur le sol, parmi les étoiles proches. Quand le premier craquement le surprend, ainsi livré aux puissances, c'est déjà six heures. La clarté du matin a fait place au rayonnement soutenu du soleil. Les raidissements disparaissent, Thaël bénit le jour. Il voit qu'il a dormi tout près d'un champ de ronces, quelle chance ! Il écarte des branchages, ne dirait-on pas qu'il entend un murmure, un doux chanter d'eau pure ? Une source ? Il avance, dans l'espérance de ce chant, il déchire des feuilles, des transparences, des beautés. Alors il aperçoit la maison. Lourde, volets fermés : c'est la maison de Garin. Thaël oublie la source.

Cette maison le fascine. Il ne sait pourquoi, mais elle lui paraît monstrueuse. Elle est pourtant commune, renfermée sur elle-même : muette[27]. Thaël rôde tout le jour autour d'elle. Dans la matinée il explore les arrières de la bâtisse : quatre portes-fenêtres montant jusqu'au toit, pas de véranda. Des bananiers occupent tout le champ, ils sont chargés de régimes[28]. Je ne mourrai pas de faim. [...] Il traverse le champ et tente d'ouvrir les lourds volets. Aucun d'eux ne cède, et Thaël fait le tour. Sur le flanc droit un amas de terre atteint jusqu'à la fenêtre d'en haut, si bien que l'on peut de plain-pied pénétrer à l'étage du dessus (« bizarre, cette maison à deux étages »), et il semble qu'à cet endroit le rez-de-chaussée est sacrifié. La fenêtre s'ouvre doucement, et Thaël la referme : il entrera par ici, mais il faut d'abord faire le tour. La façade principale est plus reluisante : la peinture est vive, les murs soignés. La pluie et le vent viennent du nord, pense Thaël, c'est l'autre face qui protège vraiment la maison ... Alors il remarque la chose. La porte est surélevée, elle repose sur un dallage de marbre : sous le marbre passe un filet d'eau qui traverse le jardin et s'échappe derrière un champ de calebassier[29]. Rien de particulier sur le quatrième côté (c'est la réplique de la face est, sans l'amas de terre), et Thaël retourne vers le ruisseau extraordinaire, il entend à nouveau le bruit de source : cela provient de l'intérieur de la maison ! Plein d'une exaltation sombre, il gravit[30] le talus, pénètre dans une chambre vide, poussiéreuse, où un écho en quelque sorte humide fait vibrer le bruit des pas. Thaël avance doucement et il fait bien : derrière la porte de cette resserre il n'y a qu'un pas-courant, une étroite bande de marbre dominant la grande salle. Il n'y a pas de rampe, Thaël suit le dallage [...] jusqu'à ce qu'il rencontre une pente sans marches qui glisse vers le sol. Dans la luminosité sombre Thaël avance pas après pas. Il descend lente-ment vers le bruit de l'eau, vers la fraîcheur, et à peine voit-il le fond de cette sorte de puits[31]. En bas, il sent autour de lui l'immense salle (cernée d'une galerie qui supporte les chambres du haut) et voit qu'au centre elle atteint le toit. La galerie est cloisonnée[32] du côté est : il y a là une réserve, des trois autres côtés elle s'ouvre, faisant des niches meublées de tables et de bancs, de berceuses, de canapés, pour le repos ou pour le manger. Le centre de la pièce est vide, immensément vide, plus que la plage dans la nuit quand aucune ombre ne passe. Vide et inerte[33]. Jusqu'à ce que Thaël, suivant le bruit, arrive au plein milieu d'où sourd un ruisseau : la source. L'origine emprisonnée de la Lézarde, gardée par les murs épais, entourée de dal-lages de marbre, comme une idole accablée d'atours[34]. De l'intérieur le murmure de la source est moins perceptible. On dirait qu'elle ose à peine surgir là. Et la maison est comme une île, avec sa mer en son mitan[35], l'eau glacée qui combat victorieusement la chaleur du jour, avant qu'elle aille loin d'ici se soumettre au soleil souverain. Ainsi, pense Thaël, il est vrai que je connais la source en même temps que je trouve l'homme. Et elle naît, et il vit, dans cette obscurité orgueilleuse. Il boit à cette source, il y met ses bouteilles à fraîchir. Tout commence ici. Cette religieuse attente près de l'autel ruisselant. Ne soyons pas romantiques, quittons ces pensées, sortons d'ici. Oublions ces légendes d'un autre âge, tout a croulé[36] dans les siècles, un autre travail me requiert.

Mais quoi qu'il dise, Thaël est pris au charme sombre de la Maison de la Source.

13.10 LECTURE DE GLISSANT

13.10.1 Lecture initiale

Ayant lu le texte une première fois, répondez aux questions suivantes.

Considérations préliminaires

- *Qui* : Qui parle dans le texte ? Qui sont les personnages ?
- *Quoi* : Quel est le sujet du texte ?
- *Où et quand* : Relevez les mots dans le texte qui indiquent un lieu et le temps.

Genre et discours

- Quel est le genre du texte (pièce de théâtre, poème, roman, etc.) ?
- Quel est le type de discours (argumentatif, descriptif, explicatif, narratif, injonctif) ?
- Quelle est la tonalité du texte (comique, épique, lyrique, tragique, polémique, etc.) ?

Comparaisons

En lisant le deuxième texte, comparez-le au premier. Notez quelques analogies et différences aux niveaux suivants :

- Le point de vue du narrateur chez Glissant est-il différent du point de vue du narrateur chez Proust ? Pourquoi ? Pourquoi pas ?
- Les deux textes font-ils appel au sens (l'ouïe, l'odorat, la vue, le toucher, le goût) et comment ?
- Relevez les marques de certitude et/ou d'indécision qui accompagnent le cheminement de chaque narrateur vers la source et la demeure qui s'y trouve.

13.10.2 Lecture approfondie

Compréhension

Résumé en images et interview des personnages

Pour assurer la compréhension du texte étudié, faites son résumé en images séquentielles et posez des questions aux personnages (voir Annexe A). Lisez le texte une deuxième fois. Faites d'abord attention aux procédés littéraires et dégagez ensuite la signification de chaque extrait.

Analyse

Procédés littéraires

Comparez vos réponses aux questions suivantes avec celles de votre partenaire ou de la classe :

1) Pensez au langage utilisé dans l'extrait. Quelles figures de style (telles que la métaphore, l'énumération ou l'antithèse) identifiez-vous ?

2) Que signifie à votre avis la phrase, « *j'ai tellement marché que j'ai chémar et que mes talons sont venus par-devant* » ? Pourquoi Glissant utilise-t-il ce langage dans ce passage précis du texte ?

3) *Un oxymore* est une figure de style qui réunit deux termes de sens contraire ou en apparence contradictoire – par exemple, le « mutisme [...] assourdissant » évoqué par Jean-Baptiste Clamence dans *La Chute* d'Albert Camus. Quels oxymores pouvez-vous trouver dans l'extrait ? Comment ces oxymores servent-ils à présenter les lieux découverts par Thaël ?

Interprétation

Signification

4) Créez deux listes de mots (qui ne se trouvent pas forcément dans l'extrait) qui servent à décrire, respectivement, la Maison de la Source et la nature.

La Maison de la Source	Les environs

5) Pensez-vous que ces deux listes constituent des « univers » opposés, semblables ou neutres ? Autrement dit, la Maison de la Source est-elle en harmonie avec ses environs ? Expliquez votre réponse.

6) Thaël découvre que la source de la Lézarde est *dans* la Maison de la Source. Comment cette découverte influence-t-elle votre compréhension de l'identité particulière de chacun des deux espaces et la relation entre eux ? Cette confluence des deux espaces, est-elle décrite comme une contagion ou une harmonie dans le texte ?

13.11 PERSPECTIVES HISTORIQUES : LA MARTINIQUE DES ANNÉES 1940

Pendant la Seconde Guerre mondiale, la France est divisée en deux. Le nord du pays est occupé par les Allemands ; au sud, c'est le maréchal Pétain qui instaure le gouvernement collaborationniste de Vichy. De même, en 1940, alors que le maréchal Pétain accède au pouvoir en France, l'amiral Robert, Haut-commissaire de la France aux Antilles, dirige sévèrement la colonie française de Martinique. Pratiquant une politique autoritaire en tant que représentant du gouvernement de Vichy, l'amiral Robert réprime de manière violente les voix dissidentes qui se prononcent en faveur du ralliement à la France libre.

Suivant la fin de la guerre en 1945, le jeune écrivain engagé Aimé Césaire est élu maire de Fort-de-France (capitale de la Martinique) et député d'outre-mer. Peu après, en 1946, il rapporte à l'Assemblée nationale constituante des propositions de loi qui ont pour objet de classer certaines colonies – dont la Martinique – en départements français. Ainsi, au lieu de proclamer l'indépendance de l'île, le rapport présenté par Césaire au nom de la commission des territoires d'outre-mer, donne comme justification du nouveau statut réclamé l'explication suivante :

> « [L]es Antilles et la Réunion ont besoin de l'assimilation pour sortir du chaos politique et administratif dans lequel elles se trouvaient plongées. [...] La raison en est que presqu'aucun effort n'a été fait pour assurer au travailleur antillais [...] un statut économique et social en harmonie avec le statut politique dont il jouit depuis un siècle[37]. »

Le 19 mars 1946, la loi no. 46–451 dite *de départementalisation* est adoptée à l'unanimité, et la Martinique, ainsi que la Guadeloupe, la Réunion et la Guyane française, sont érigées en départements français d'outre-mer et sont désormais soumises aux mêmes lois et décrets que ceux qui sont en vigueur dans la France métropolitaine.

Dans *La Lézarde*, le renégat Garin se noie dans la mer après y avoir lutté avec Thaël qui, lui, retourne victorieusement à la plage. Depuis sa découverte de la Maison de la Source, Thaël exprime son désir d'y vivre après que tout ce sera calmé. Or, suivant la réalisation de son « acte », la décision favorable du juge quant à son innocence concernant la mort de Garin, et la victoire du candidat soutenu par le groupe révolutionnaire dans les élections municipales, Thaël décide qu'il ne peut pas habiter dans la Maison de la Source mais ne révèle jamais pourquoi.

Connexions

En lisant l'extrait de *La Lézarde* à la lumière des événements historiques réels résumés ici :

- Pensez aux parallèles que l'on peut établir entre l'opposition Thaël–Garin et la période de la Seconde Guerre mondiale en Martinique.
- Une fois placées dans un contexte historique, que peuvent signifier la source et la Maison de Garin ?
- Essayez d'expliquer la raison pour laquelle Thaël finit par refuser d'occuper la Maison de la Source.

13.12   PRODUCTION ORALE ET ÉCRITE AUTOUR DE *LA LÉZARDE*

Exposé oral

Préparez un exposé oral sur un des sujets proposés :

- Édouard Glissant ou Aimé Césaire
- La Martinique pendant la Seconde Guerre mondiale
- La loi française no. 46–451 dite de départementalisation (1946)
- Le statut politique et administratif de la Martinique actuelle par rapport à la France
- Les mouvements indépendantistes (historiques et de nos jours) en Martinique
- La géographie et la topographie de la Martinique
- La « bétonisation » de la Martinique

Débats

En groupe de deux ou trois, discutez des sujets suivants et présentez vos idées à la classe. Préparez-vous à un débat.

Sujet 1 : L'indépendance de la Martinique par rapport à la France est-elle ou non souhaitable ?

Sujet 2 : La littérature est-elle un bon outil pour comprendre la politique ?

Sujet 3 : Est-il préférable de vivre en ville ou à la campagne ?

Sujet 4 : Les mouvements populaires peuvent-ils contribuer aux changements politiques positifs ?

Travail d'écriture

Écriture créative – pastiche : Récrivez une partie de l'extrait de Glissant en faisant un pastiche de Proust. Après, récrivez une partie de l'extrait de Proust en faisant un pastiche de Glissant.

13.13 MISE EN PARALLÈLE

Considérez les habitants de chaque maison, chez Proust et chez Glissant, et la personne qui s'y dirige.

Maison	Visiteur	Habitant(s)
Le château de Guermantes	Le jeune narrateur	Duc et Duchesse de Guermantes
La Maison de la Source	Thaël	Garin

Discussion

La relation et le pouvoir

1) La relation qui lie les personnages est-elle la même dans les deux textes ?
2) Comment décrirez-vous la relation de pouvoir entre l'habitant et le visiteur ?
3) Qui semble détenir le (plus de) pouvoir ? Pourquoi ?

La signification

4) Est-ce que la Maison de la Source et le château de Guermantes présentent des significations semblables pour les deux voyageurs ?
5) Sont-ils aussi accessibles l'une que l'autre ?
6) Qu'est-ce qui les rapproche et les distingue l'une de l'autre ?

Le fleuve

7) Est-ce que le fleuve joue le même rôle physique et symbolique dans chaque texte ? Expliquez.
8) Comment le progrès de chaque protagoniste vers la source du fleuve est-il indiqué ?
9) Dans quelle mesure la source de la Vivonne et celle de la Lézarde sont-elles similaires ?
10) Comment se différencient-elles ?

Le temps et l'espace

11) Sur le plan temporel, est-ce que la Vivonne et la Lézarde représentent la même chose pour les deux protagonistes ?

12) En quoi le mouvement de chaque protagoniste – Thaël dans *La Lézarde* et le narrateur dans *Combray* – vers une source, une origine, est-il également le mouvement vers un avenir qui prend forme ?

13.14 SYNTHÈSE

Travail d'écriture

A. *Écriture analytique* – essai : Écrivez un essai sur un des sujets suivants. Faites attention à l'organisation de votre essai (introduction, thèse, développement et conclusion). Citez les preuves textuelles pour soutenir vos idées.

> *Sujet 1* : En quoi le trajet de chaque protagoniste paraît-il compliquer la différence entre un voyage « initiatique » et une « fin de parcours » ? À votre avis, ces deux catégories sont-elles contradictoires, ou un voyage pourrait-il être simultanément initiatique et conclusif ?
>
> *Sujet 2* : Dans un essai[38], Glissant explique comment, depuis l'ère précolombienne et la longue période de colonisation jusqu'à nos jours, l'île de la Martinique s'est trouvée structurée et divisée en fonction de diverses forces et influences culturelles. Qu'est-ce que ces passages de Proust et de Glissant révèlent sur leurs cultures, française et martiniquaise, respectivement ? Pensez à la confluence des deux espaces (ceux de la source et de la maison) dans *La Lézarde,* pensez à l'absence de cette confluence dans *Combray.* Cette différence entre les deux textes comporte-t-elle une signification culturelle ?

B. *Écriture analytique* – dissertation : « La vie n'est pas un long fleuve tranquille », selon un célèbre dicton français. Partagez-vous cet avis ? Votre dissertation qui répondra à cette question pourra s'appuyer à la fois sur les textes du module et sur votre expérience personnelle.

Visionnement

Allez sur le site de l'INA et regardez l'émission *Lectures pour tous* du 3 décembre 1958 où Pierre Desgraupes interviewe Édouard Glissant sur *La Lézarde*. Dans cet entretien, Glissant dit : « [L]'acte d'écrire pour un Antillais l'engage un peu plus [...] que pour un Français [...] pour des raisons bien simples. Quand on est écrivain en France, on écrit avec un poids de culture et de civilisation qui vous entraîne [et] qui vous constitue. Quand on écrit aux Antilles, on ne bénéficie pas de ce poids-là. On doit se trouver, se dévoiler en même temps qu'on écrit. On essaie de dévoiler un peuple en même temps qu'on essaie de se connaître soi-même. » Quels liens Glissant esquisse-t-il dans cet entretien entre la littérature et l'identité, et pourquoi ?

Notes

1 Marcel Proust, *À la recherche du temps perdu*, Paris, Gallimard, Bibliothèque de la Pléiade, 1987, tome I, pp. 166–170. © Gallimard www.gallimard.fr

2 **Bac** (m.) : un petit bateau

  3 **Son pédoncule** : la longue tige qui ancre le nénuphar au sol
  4 **Engrenage** (m.) : l'enchaînement, la séquence d'événements reliés les uns aux autres
  5 **Se complaire à** : trouver du plaisir à
  6 **Nymphéa** (m.) : la fleur d'eau que Monet aimait à peindre
  7 **Plate-bande** (f.) : un groupement de fleurs dans un jardin
  8 **Parterre** (m.) : un compartiment de fleurs dans un jardin
  9 **Oisif** : paresseux, indolent
 10 **Côtelé** : couvert de rayures (se dit pour un tissu)
 11 **« Couronnement d'Esther »** : allusion au personnage biblique qui épouse le roi de Perse
 12 **Eau** (f.) **bénite** : eau que le prêtre a consacrée
 13 **Temps** (m. pl.) **mérovingiens** : époque de la première dynastie des Francs, 481–751
 14 **Pieuse** : croyante, religieuse
 15 **Camus** : le nom de l'épicier de Combray
 16 Michel Raimond, *Proust romancier*, Paris, Société d'édition d'enseignement supérieur, 1984, p. 53.
 17 Édouard Glissant, *La Lézarde*, Paris, Éditions du Seuil, 1958, pp. 91–97.
 18 **À-pics** (m.) : des montagnes
 19 **Balisier** (m.) : une plante tropicale
 20 **Mue** (f.) : la chute et renouvellement de la peau d'un serpent afin de permettre sa croissance
 21 **Fourmiller** : proliférer
 22 **Gavé** : rassasié ; ayant bien mangé
 23 **Jaillir** : le surgissement d'un fluide
 24 **Tenailler** : causer une vive souffrance morale ; tourmenter
 25 **Fruste** : inculte ; sauvage
 26 **Relent** (m.) : une odeur
 27 **Muette** : silencieuse
 28 **Régimes** (m.pl.) : ici, grappes de fruits
 29 **Calebassier** (m.) : un arbre d'Amérique
 30 **Gravir** : monter
 31 **Puits** (m. sg.) : un trou vertical creusé dans le sol pour atteindre une nappe aquifère
 32 **Cloisonnée** : séparée
 33 **Inerte** : immobile
 34 **Atours** (m. pl.) : des parures riches
 35 **Mitan** (m.) : le milieu, le centre
 36 **Crouler** : s'effondrer ; se détruire
 37 *Assemblée Nationale Constituante*, 1946, N° 520. Annexe au procès-verbal de la séance du 27 février 1946, pp. 9–10, citée par Gérard Théobald dans *La Liberté est ou n'est pas ...*, Paris, Éditions Publibook, 2014, p. 29.
 38 Édouard Glissant, « À partir du paysage », *Le Discours antillais,* Paris, Éditions du Seuil, 1981.

Module 14   Tyrannie en « France »
André Breton et Gerty Dambury

Gladys M. Francis et Lynn E. Palermo

14.1 ENTRÉE EN MATIÈRE

« *Chanter ou ne pas chanter*, voilà la question et il ne saurait être de salut dans la poésie pour qui ne *chante* pas, bien qu'il faille demander au poète *plus* que de chanter. »

(André Breton, *Un grand poète noir*)

« Des négociations débutent... Le 26 mai, ces négociations butent sur l'obstination d'une partie du patronat qui refuse toute augmentation... Une foule se masse devant les bâtiments... très vite la situation dégénère. Le préfet, Pierre Bolotte, donne aux forces de police l'ordre de tirer sur les manifestants... Des képis rouges supplémentaires sont dépêchés en Guadeloupe... Le nombre exact de morts dans la population civile demeure encore inconnu car ces évènements sont classés 'secret défense jusqu'en 2017'. »

(Gerty Dambury, « Avant-propos », *Les Rétifs*)

Interprétation

1) Dans les citations précédentes, identifiez cinq termes avec lesquels vous n'êtes pas familiers. Cherchez leurs définitions dans un dictionnaire.
2) Quelle est la fonction de ces mots dans les citations ?
3) Quelles images évoquent-ils ?
4) En quoi peut-on dire que les deux citations se font écho ?
5) Quel thème unifie les deux citations ?

Vocabulaire utile : salut (m.), augmentation (f.), dégénérer, préfet (m.), tirer sur, manifestant (m.), képi (m.), dépêcher

Présentation

Présentez à vos partenaires les cinq termes que vous avez préparés et comparez-les. Quels sont les termes communs ?

14.2 ANDRÉ BRETON ET GERTY DAMBURY

André Breton, écrivain, poète, essayiste français (1896–1966)

L'un des fondateurs du surréalisme, Breton est né en 1896 à Tinchebray, le fils de petits commerçants. Mobilisé pendant la Première Guerre mondiale, il travaille dans un hôpital psychiatrique où il s'intéresse aux idées du psychanalyste autrichien Sigmund Freud sur le rêve. En 1916, Breton s'intègre dans un groupe dadaïste à Paris. En 1924, avec des amis, il établit le surréalisme, dont il restera le chef jusqu'à sa mort. Son *Manifeste du surréalisme* (1924) définit le surréalisme comme « l'automatisme purement psychique. » De 1929 à 1935, Breton s'associe aux communistes y voyant le seul mouvement politique pour la libération de tous. Il restera toujours influencé par le marxisme. En 1941, Breton s'enfuit de la France occupée avec sa famille. Le bateau fait escale à la Martinique et c'est le moment décrit dans *Martinique charmeuse de serpents*. De retour en France après la guerre, Breton publie *Martinique* en 1948 et meurt à Paris en 1966.

Gerty Dambury, dramaturge, metteuse en scène, écrivaine française d'origine guadeloupéenne (1957–)

Elle est née en 1957 à Pointe-à-Pitre. Issue d'une famille modeste (un père tailleur et une mère vendeuse de tissus), elle est la benjamine de sept autres enfants. La famille quitte Pointe-à-Pitre au début des années 1970 pour la région parisienne où Dambury fera plus tard ses études universitaires de langues et d'art et spectacle. Elle enseigne l'anglais en Guadeloupe de 1980 à 1998, puis retourne de nouveau à Paris où elle vit actuellement. Metteuse en scène et actrice dramaturge, elle écrit pour le théâtre depuis 1981. Dès 1995, ses œuvres sont distinguées par divers prix, comme en 2011, celui de la Mention spéciale du Prix Carbet pour l'ensemble de son œuvre. Certaines de ses pièces ont été montées aux Antilles, en France, et aux États-Unis. Gerty Dambury est également poète, nouvelliste et romancière. *Les Rétifs* (2012) est son premier roman. Militante, elle maintient depuis de nombreuses années un solide engagement au sein de groupes de femmes et d'autres luttant contre le racisme.

Vocabulaire

Cherchez la définition des mots suivants : commerçant (m.), Dada, escale (f.), benjamin (m.), rétif, metteur (m.) en scène, monter une pièce

Recherche web

Faites des recherches sur les sujets suivants :

- À quelle époque est-ce que le surréalisme est apparu ? Quels étaient (1) ses principes et (2) ses représentants principaux ?
- Qu'est-ce que « le Mémorial ACTe ». Où se trouve-t-il ? Pourquoi ce lieu est symbolique ?

14.3 RÉSUMÉ DES TEXTES

Martinique, charmeuse de serpents *(1948)*

Écrit par Breton en collaboration avec André Masson (qui a d'ailleurs contribué aux illustrations) et publié en 1948, ce livre résiste à toute catégorisation générique. Cet ensemble de textes divers (dialogues, poèmes, poèmes en prose, enquête, hommage...) raconte le passage de Breton avec sa femme et sa fille, à la Martinique lorsqu'ils fuyaient la France pour les États-Unis en 1941, pendant la Seconde Guerre mondiale. Le bateau fait escale à la Martinique où Breton doit faire face aux réalités du système colonial qui a préparé le terrain pour le régime fasciste de Vichy. À travers les textes divers – certains surréalistes et poétiques, d'autres journalistiques – Breton s'interroge sur l'exotisme ainsi que la corruption et l'oppression politique, et cherche à cerner la validité du surréalisme comme mouvement de résistance et de libération devant un régime autoritaire. Pendant son séjour, Breton découvre l'œuvre d'Aimé Césaire et voit en lui une réponse à la brutalité de l'époque, une voix qui fusionne la résistance poétique, et politique ce que Breton, lui, n'a jamais pu réaliser dans ses écrits.

Les Rétifs *(2012)*

Les Rétifs se structure sur une danse, un quadrille au commandement, dont les musiciens désobéissent au commandeur. Au cœur de ce quadrille se trouve une écolière, Émilienne, assise sur un banc dans la cour de sa maison. Elle veut savoir où se trouvent son père et sa maîtresse, tous deux disparus depuis la journée de violence qui a éclaté dans les rues de Pointe-à-Pitre le mercredi 24 mai 1967. C'est au rythme de cet étrange quadrille que des personnages accompagnent Émilienne dans ses questionnements. Ils lui livrent des bribes d'histoire qui permettent de déconstruire les mystères de cette journée sanglante et de reconstruire un pan de l'histoire bridée d'une Guadeloupe possédant le statut de département français depuis 1946. Dans ce roman, Dambury expose les actes des émeutes des 24, 25 et 26 mai 1967 qui survivent dans la conscience populaire comme une sanglante manifestation du racisme de l'administration de l'époque. Les thèmes de la barbarie, de l'injustice, de l'instabilité, de l'indulgence et de l'adversité ponctuent le texte.

Comparaisons

En paire ou en groupe, identifiez, d'après leurs résumés, ce qui peut relier ces textes. Cherchez sur Internet et étudiez les couvertures des deux œuvres :

- Quelles informations, verbales et visuelles, se trouvent sur chacune de ces couvertures ?
- Quelles réactions suscitent-elles chez vous?
- Quelle version achèteriez-vous et pourquoi ?

14.4 THÈMES COMMUNS : TYRANNIE ET RÉSISTANCE

Breton, intellectuel français de renom, commence à examiner d'un œil critique les ravages du colonialisme, mais sans parvenir à s'affranchir de l'exotisme (la perspective du colonisateur). Dambury, qui est du « cru », brise toutes représentations stéréotypées ou ghettoïsées de l'île où elle est née. Elle fracture l'imaginaire de l'île comme espace exotique (comme il est souvent le cas dans l'imaginaire de l'Ouest).

Considérez, d'abord, les sentiments conflictuels au sein de l'exotisme et du colonialisme (en contexte post-plantationaire) et la déshumanisation qui relie les deux. En lisant les deux textes, faites attention également à d'autres points communs présentés ci-dessous.

Le cadre créole

Chez Breton, il est associé à la richesse végétale et l'imaginaire de la forêt tropicale. Il évoque surtout un certain exotisme appauvri par les régimes politiques répressifs. Chez Dambury, l'accent est mis sur la ville et ses habitants au quotidien. Elle attire l'attention sur l'espace intime des foyers, sur la langue créole et le quadrille qui est l'essence d'une créolisation.

La fragmentation

Dans le texte de Breton, on constate une fragmentation des genres littéraires (dialogue, poésie, journalisme ...), des voix narratives, de la langue et de l'image de la Martinique. Pour Dambury, elle se manifeste dans l'errance des personnages, les rythmes de l'écriture, l'emploi des voix narratives multiples, les souvenirs ainsi que dans l'usage des différents genres littéraires (conte, roman, théâtre et poésie).

La résistance

Chez Breton, la résistance est à la fois poétique et politique à travers l'engagement de l'écrivain. Le texte résiste aussi à l'appropriation politique par sa fragmentation. Pour

Dambury, c'est la déconstruction de l'exotisme de l'île et des stéréotypes coloniaux qui offre une forme de résistance. Sur le plan narratif, les personnages résistent aux ordres des « commandeurs » du quadrille.

Les violences structurales

Chez Breton, un Français est confronté à la brutalité qui relie les régimes fasciste et colonial sur le territoire français (en Martinique). Chez Dambury, les Guadeloupéens sont subordonnés à un système colonial classique et à l'animalité d'une nation qui se dit républicaine.

Recherche web

Avant d'aborder les textes, faites des recherches sur les sujets suivants :

- L'exotisme
- Le colonialisme français
- La situation socioculturelle et politique actuelle de la Martinique et de la Guadeloupe
- La « tyrannie » (du régime Vichy) qui est le thème principal des deux œuvres.

14.5 ANDRÉ BRETON, *MARTINIQUE, CHARMEUSE DE SERPENTS*

Ces extraits[1] donnent une idée des genres divers qui constituent cet ouvrage. Ci-dessous, Breton et Masson s'interrogent sur la notion de l'exotisme et son rapport avec l'imaginaire, lors d'une promenade dans la forêt martiniquaise. Les poèmes en prose sélectionnés mettent en relief la représentation de la femme, centrale à l'exotisme. Dans « Eaux troubles », Breton nous offre ses premières impressions de l'île et raconte la brutalité de l'accueil des autorités. Finalement, Breton décrit sa première rencontre avec Aimé Césaire et pourquoi le poète lui inspire de l'espoir.

Le Dialogue Créole (entre André Breton et André Masson[2])

> – On peut se demander dans quelle mesure l'indigence de la végétation européenne est responsable de la fuite de l'esprit vers une flore imaginaire. Ce à quoi l'on veut échapper aujourd'hui, est-ce à la perception en général ou seulement à la perception particulière de ce qui tombe sous nos sens quand nous nous retournons dans les lieux moins favorisés ? Certains, d'une manière délibérée, ont quitté l'Europe pour cette seule raison. [...]
> – Exotisme, dira-t-on en mauvaise part [...]. Mais qu'entendre par l'exotisme ? La terre tout entière nous appartient. Ce n'est pas une raison parce que je suis né à proximité d'un saule pleureur[3] pour que je doive vouer mon expression à cet attachement un peu court.

– Où que nous soyons condamnés à vivre, nous ne sommes, du reste, pas totalement limités au paysage de notre fenêtre : il y a l'illustration des livres d'enfance, où se puisent[4] tant de souvenirs visuels à peine moins réels que les autres. [...] Je ne songe pas, bien entendu, à réhabiliter l'art d'imitation, mais il me paraîtrait moins coupable ici qu'ailleurs.

– Le coupable, à mon sens, c'est d'appauvrir ce qui est. Tout jeunes, nous avons rêvé devant les gravures du *Magasin pittoresque*[5] et plus tard nous avons aimé les forêts vierges du douanier Rousseau[6] que tu as, je crois, retrouvées au Mexique[7].

– Ici, Rousseau est chez lui plus encore peut-être que là-bas. Tu sais que l'on conteste fréquemment qu'il ait vu de ses yeux l'Amérique. [...] Apollinaire[8] est formel : Le Douanier a fait son service militaire comme musicien au Mexique. Pourtant, dans une note biographique de la main de Rousseau, rédigée en 1892, on ne trouve pas mention de ce séjour. Qui croire ? Ce serait une belle question d'examen supérieur à poser aux critiques d'art [...] – la peinture de Rousseau prouve-t-elle qu'il a connu les tropiques ou qu'il ne les a pas connus ?

– [...] [T]u me parlais l'autre jour de La Charmeuse de serpents[9], ce tableau du Louvre si fascinant. Depuis que nous sommes ici, nous la croisons tous les jours sur notre route. Elle n'a rien perdu de son mystère et de son attirance.

– [...] Ce Noir que nous avons croisé tout à l'heure dans le sous-bois, sabré au clair – non, c'était son coutelas[10] de coupeur de cannes – était-il assez apparenté à elle ! Si Rousseau n'avait pas bougé de France, il faudrait donc admettre que sa psychologie de primitif lui a découvert des espaces primitifs entiers *conformes à la réalité*. Il y aurait donc, par-delà tous les obstacles posés par la civilisation, une communication mystérieuse, *seconde*, toujours possible entre les hommes sur la base de ce qui les a unis originellement, et divisés.

Des Épingles Tremblantes

Le Brise-Lames[11]

Dans la lumière noyée qui baigne la savane, la statue bleutée de Joséphine de Beauharnais[12], perdue entre les hauts fûts de cocotiers, place la ville sous un signe féminin et tendre. Les seins jaillissent de la robe de *merveilleuse*[13] à très haute taille et c'est le parler du Directoire[14] qui s'attarde à rouler quelques pierres africaines pour composer le philtre[15] de non-défense voluptueuse du balbutiement[16] créole. C'est le Palais-Royal, enseveli sous les ruines du vieux Fort-Royal (prononcez Fô-yal[17]), le bruit des grandes batailles du monde – Marengo[18], Austerlitz[19] contées galamment en trois lignes – ne pas ennuyer les dames – expire à ces genoux charmants entrouverts sous les riantes tuiles de la Pagerie[20].

Eaux Troubles

Les jumelles braquées[21] *sur cette côte nord de l'île comblent*[22] *instantanément la distance qui sépare la perception commune du rêve des poètes. Le spectacle du luxe naturel avec ce sentiment de bienfaits prodigues, comment à un tel moment n'emplirait-il pas le cœur de ceux que ce seul pont relie encore à l'Europe, du moins à l'Europe actuelle toute à sa fureur, à ses ravages*[23] *! [...]*

L'irruption des autorités de contrôle[24] *a vite fait de généraliser l'inquiétude. [...] Munis*[25] *depuis le matin de numéros d'ordre, les passagers groupés à la porte attendent leur tour. Mais le sous-officier d'infanterie coloniale préposé à l'entrée [...] paraît tout de suite en veine de provocation [...]. [I]l est clair qu'il a reçu l'ordre de nous traiter en prisonniers.*

[...]. [L]*e bruit se répand que les premières personnes appelées à comparaître devant les nouveaux venus ont été plus ou moins insultées. À un jeune savant des plus distingués [...] : « À la Pointe-Rouge (c'est le nom d'un des camps de l'île)... Non, vous n'êtes pas français, juifs étrangers. » [...] À moi-même : « Écrivain. Soi-disant invité à donner des conférences, à publier des ouvrages d'art. Ça leur fera une belle jambe*[26]*, en Amérique. Français ? [...] [J]e serai dirigé avec ma femme et ma fille sur la Pointe-Rouge.*

À la tombée de la nuit nous franchissons[27] *la porte de l'ancienne léproserie*[28] *du Lazaret (Pointe-Rouge) gardée par deux sentinelles noires baïonnette au canon*[29]*. L'installation que nous trouvons pour dormir est à faire regretter celle du bateau. Rien de prévu pour la nourriture [...] Pas de lumière.*

[...] *Fort-de-France [...] aucune industrie locale, aucun commerce de luxe [...]. Les deux ou trois librairies [...] ne tiennent plus en rayon qu'une vingtaine de livres fatigués, follement disparates mais également illisibles. [...] L'exploitation agricole du pays, pratiquement réduite à la culture de la canne à sucre et qui laisse d'immenses espaces en friche*[30]*, n'est pas pour donner une idée plus réconfortante de la colonisation telle qu'elle se poursuit ici depuis trois siècles. La vérité est que tout accuse une gestion*[31] *déplorable, d'un échec*[32] *si anormalement total qu'on brûle de s'informer des moyens par lesquels elle s'exerce. [...]*

Un Grand Poète Noir

Et, le lendemain, Césaire[33]*. Je retrouve ma première réaction tout élémentaire à le découvrir d'un noir si pur, d'autant plus masqué à première vue qu'il sourit. [...] [C]'est la cuve*[34] *humaine portée à son point de plus grand bouillonnement*[35]*, où les connaissances, ici encore de l'ordre le plus élevé, interfèrent avec les dons*[36] *magiques. Pour moi son apparition [...] prend la valeur d'un* signe des temps*. Ainsi donc, défiant à lui seul une époque où l'on croit assister à l'abdication générale de l'esprit, où rien ne semble plus se créer qu'à dessein de parfaire le triomphe de la mort, où l'art même menace de se figer*[37] *dans d'anciennes données*[38]*, le premier souffle*[39] *nouveau, revivifiant, apte à redonner toute confiance est l'apport*[40] *d'un Noir. Et c'est un Noir qui manie la langue française comme il n'est pas aujourd'hui un Blanc pour la manier. Et c'est un Noir celui qui nous guide aujourd'hui dans l'inexploré, établissant au fur et à mesure*[41]*, comme en se jouant, les contacts qui nous font avancer sur des étincelles*[42]*. Et c'est un Noir qui est non seulement un Noir mais tout l'homme, qui en exprime toutes les interrogations, toutes les angoisses, tous les espoirs et toutes les extases et qui s'imposera de plus en plus à moi comme le prototype de la dignité.*

[...] *Aimé Césaire est avant tout celui qui chante.*

[...] *Enfin— [...], la poésie de Césaire, comme toute grande poésie et tout grand art, vaut au plus haut point par le pouvoir de transmutation qu'elle met en œuvre et qui consiste [...] à produire on sait assez que ce n'est plus l'or la pierre philosophale*[43]*, mais bien la liberté**[44]*.*

Le don du chant, la capacité de refus, le pouvoir de transmutation spéciale dont il vient de s'agir, il serait par trop vain de vouloir les ramener à un certain nombre de secrets techniques. [...], tous trois admettent un plus grand commun diviseur qui est l'intensité exceptionnelle de l'émotion devant le spectacle de la vie (entraînant l'impulsion à agir sur elle pour la changer) [...].

Ce qui à mes yeux rend[sa revendication] *sans prix, c'est qu'elle transcende à tout instant l'angoisse qui s'attache, pour un Noir, au sort des Noirs dans la société moderne et que, ne faisant plus qu'une avec celle de tous les poètes, de tous les artistes, de tous les penseurs qualifiés, mais lui fournissant l'appoint du génie verbal, elle embrasse en tout ce que celle-ci peut avoir d'intolérable et aussi d'infiniment amendable la condition plus généralement faite à* l'homme *par cette société. Et ici s'inscrit en caractères dominants ce dont le surréalisme a toujours fait le premier article de son programme : la volonté bien arrêtée de porter le coup de grâce au prétendu « bon sens », dont l'impudence a été jusqu'à s'arroger*[45] *le titre de « raison » [...]. Si les négriers*[46] *ont physiquement disparu de la scène du monde, on peut s'assurer qu'en revanche*[47]*ils sévissent*[48] *dans l'esprit où leur « bois d'ébène » ce sont nos rêves, c'est plus de la moitié spoliée*[49] *de notre nature [...]*

La parole d'Aimé Césaire, belle comme l'oxygène naissant.

14.6 LECTURE DE BRETON

14.6.1 Lecture initiale

Ayant lu le texte une première fois, répondez aux questions suivantes.

Considérations préliminaires

- *Qui* : Qui parle dans le texte ? Qui sont les personnages ?
- *Quoi* : Quel est le sujet du texte ?
- *Où et quand* : Relevez les mots dans le texte qui indiquent un lieu et le temps.

Genre et discours

- Quel est le genre du texte (pièce de théâtre, poème, roman, etc.) ?
- Quel est le type de discours (argumentatif, descriptif, explicatif, narratif, injonctif) ?
- Quelle est la tonalité du texte (comique, épique, lyrique, tragique, polémique, etc.) ?

Prise de notes

Prenez des notes en lisant le texte. Notez des détails importants et vos propres questions.

14.6.2 Lecture approfondie

Compréhension

Résumé en images et interview des personnages

Pour assurer la compréhension du texte étudié, faites son résumé en images séquentielles et posez des questions aux personnages (voir Annexe A). Lisez le texte une deuxième fois.

Faites d'abord attention aux procédés littéraires et dégagez ensuite la signification de chaque extrait.

Analyse

Procédés littéraires

Comparez vos réponses aux questions suivantes avec celles de votre partenaire ou de la classe :

1) Étudiez l'illustration de Masson. Trouvez-vous l'image de ces femmes attirante, répugnante ou les deux ? Expliquez votre réponse.
2) Étudiez dans *Des épingles tremblantes* la représentation de Joséphine de Beauharnais.

Selon vous, Breton représente-t-il Joséphine de la même manière dans son poème que Masson dans son dessin ? Quels parallèles et quels écarts voyez-vous entre les deux ?

3) Qui est « Madame Suzanne Césaire » et pourquoi Breton lui dédicacerait-il un poème ?

Interprétation

Signification

4) Dans le *Dialogue créole*, les deux interlocuteurs s'interrogent sur la notion d'exotisme. Quelles qualités de l'exotisme y sont révélées ?
5) « Mais qu'entendre par exotisme ? La terre tout entière nous appartient. » Comment comprenez-vous cette réponse dans le contexte de la discussion qui suit ?
6) Voyez-vous l'exotisme dans l'image des femmes dont on parle dans le *Dialogue créole* ?
7) Quelles sont les impressions de Breton relatives à Fort-de-France, capitale de la Martinique ? Que voit-il comme l'origine des problèmes ?
8) Contrastez le ton dans *Eaux Troubles*, *Dialogue créole* et *Des épingles tremblantes*, surtout la violence et son rapport avec la poésie. Peut-on en tirer des conclusions pour le statut de la poésie sous un régime totalitaire ?

14.7 PERSPECTIVES CULTURELLES : « À LA MARTINIQUE, NOTRE ŒIL SE DIVISE »

Interprétation

1) Quelle est votre réaction à ce tableau ? C'est un tableau qui vous met à l'aise ou dans lequel vous sentez de la tension ? Expliquez quels éléments du tableau évoquent vos impressions.
2) Cherchez le terme « exotisme » dans un dictionnaire encyclopédique. Quels éléments d'exotisme voyez-vous dans ces deux images ? Quel est l'effet des éléments de l'exotisme sur la représentation de la femme ?
3) Après avoir visionné *Une histoire d'Outre-mer : l'héritage colonial* faites une liste des caractéristiques du colonialisme. Quels liens y voyez-vous avec l'exotisme ?

Figure 11 Henri Rousseau, *Martinique, charmeuse de serpents*, 1907, Musée d'Orsay, Paris.

Recherche web

Visionnez *Les derniers maîtres de la Martinique – reportage sur les békés*. Selon ce reportage, quels vestiges du système colonial persistent en Martinique à l'heure actuelle ?

14.8 PRODUCTION ORALE ET ÉCRITE AUTOUR DE *MARTINIQUE, CHARMEUSE DE SERPENTS*

Exposé oral

Préparez un exposé oral sur un des sujets proposés :

Sujet 1 – Breton voyageur : Imaginez que vous êtes Breton. Racontez votre promenade à Fort-de-France à votre famille le soir au dîner, ou bien dans une lettre à un(e) ami(e).

Sujet 2 – Le surréalisme : Selon Breton, le surréalisme va au-delà des arts : c'est une manière de vivre qui promeut la libération de l'esprit afin d'atteindre une « surréalité » – une réalité supérieure – qui serait la résolution de deux états qui semblent contradictoires : l'état d'éveil et de rêve. Pensez-vous que Breton voit Aimé Césaire comme surréaliste ?

Pensez-vous que Breton agit en surréaliste dans ce livre – ou en écrivant ce livre ? Expliquez votre réponse.

Sujet 3 – Le poète noir : Pour Breton, l'escale à la Martinique est un moment de découragement profond. Puis il découvre les écrits d'Aimé Césaire. Dans *Un grand poète noir*, Breton raconte sa rencontre avec Césaire. Que voit-il dans ce poète noir martiniquais ? Pourquoi est-il significatif pour Breton que ce poète soit noir ?

Travail d'écriture

Écriture créative et analytique – description critique : Le débarquement de Breton au port de Fort-de-France : Au début d'*Eaux Troubles*, Breton poursuit l'image exotique de l'île tropicale. Mais dès l'arrivée du bateau à Fort-de-France, l'auteur doit faire face à une réalité radicalement différente. Décrivez la scène du débarquement. Comment les autorités traitent-elles les passagers ? Expliquez pourquoi les autorités trouvent Breton suspect.

14.9 GERTY DAMBURY, *LES RÉTIFS*

> ***Extrait***[50] *: Nous sommes à la fin du roman, le 26 mai 1967. À Pointe-à-Pitre, la violence est au paroxysme entre les ouvriers et les forces policières. Guy-Albert vient de sauver la vie de la petite Émilienne, qui au retour de l'école, s'est retrouvée au centre des émeutes et des balles de fusil de policiers qui tirent sur tout ce qui bouge. Guy-Albert risque sa vie en transportant Émilienne sur son dos jusqu'à chez elle. Mais le père d'Émilienne n'est toujours pas de retour. Voilà trois jours maintenant qu'il est absent.*

Quatrième figure[51]

Pastourelle[52]

Vendredi 26 mai[53]

La voix poursuit

– Je vais te raconter une histoire qui m'empêche de dormir, Guy-Albert. Le feu crépite et mon ami Joseph a une cuiller à la main, il la plonge dans le feu. Mon ami Joseph, ma sœur Augustine et moi, nous la regardons rougir et puis, sans prévenir, Joseph saisit la cuiller à pleines mains, elle le brûle oui, mais certainement moins qu'elle ne crépite sur la peau douce de l'épaule d'Augustine, ma sœur, biens moins qu'elle ne crépite dans mon regard affolé. Ma sœur ne bronche pas[54] comme s'il lui était indispensable d'apprendre à serrer[55] les dents, pas un cri, seulement un petit son étouffé[56], la surprise sans doute, se laisser faire, pas de larmes qui perlent dans les yeux, pas de colère, juste cette rage à surmonter[57] la douleur... Ce qui m'empêche de dormir, Guy-Albert, c'est de ne pas comprendre d'où cette idée est venue à Joseph et d'où Augustine a puisé la certitude qu'il fallait accepter de se soumettre à la torture.

J'avais eu sous les yeux des images d'autrefois, des dessins de vieux esclaves[58] qu'on marquait au fer[59], des choses qui remontaient à très loin mais qui restaient dans nos têtes. Tout ça m'est revenu pendant qu'il parlait, mais je n'ai rien dit.

Et puis la voix a ajouté

– Vous avez bien fait. Rien, pas même une maison de trois étages, ne peut justifier qu'on accepte que ses enfants, des frères, des amis, soient massacrés pour quelques sous d'augmentation.

Il a marqué une pause pendant que les mots qu'il venait de prononcer creusaient[60] profond en moi, la tâche était encore immense à accomplir, il faudrait des machines-outils solides pour ce travail d'assainissement qui s'imposait en nous. Mes pelles[61], mes pioches[62], les tracteurs à chenille[63], ma truelle[64], un immense tamis, aussi grand que l'île entière pour séparer le matériau utile de toutes les boues[65] du passé, tous les outils valsaient autour de moi, autour de nous deux, deux hommes assis dans une voiture tandis que le soir tombait, deux bâtisseurs[66] dont l'immeuble en construction était en train de s'effriter[67].

Le patron – mais dans cet instant il n'y avait pas simplement un patron et un manœuvre –, Saveur Emmanuel Absalon a repris la parole.

Il allait devoir rentrer chez lui et affronter madame Absalon, ça il en avait l'habitude. Ce qu'il craignait, c'était le regard de la petite, ses questions, les changements, qu'il ne voulait pas voir s'opérer en elle, comme chez les autres enfants, cet éloignement progressif, le jugement dans leurs yeux, leur prise de position silencieuse dans les conflits qui l'opposaient à leur mère.

Il savait que la petite avait fait une colère telle que sa mère l'avait emmenée chez les sœurs Absalon. La petite était troublée par son absence.

– Oui, trois jours d'absence, Guy-Albert. Trois jours, c'est la première fois que ça m'arrive de ne pas avoir le courage de revoir cette maison en construction, j'aurais envie de tout détruire, c'est la première fois que je ne saurai pas quoi dire aux enfants, que je ne pourrai pas leur raconter des histoires pour les faire rire et pleurer[68] et rire avec eux pendant qu'ils se surprennent de voir couler les larmes[69] de mes yeux et se demandent pourquoi leur père pleure si facilement quand il affirme qu'un homme ne doit pas pleurer. Tu m'as déjà vu en larmes, Guy-Albert et tu sais. Je ne comprends pas pourquoi cette eau monte, toute seule, sans que je ne puisse la contrôler, qui a l'air de venir d'une rivière sans fond qui coule en moi depuis si longtemps, peut-être depuis le feu et la cuiller apposée sur le bras d'Augustine. J'ai honte de mes relations, honte de ces hommes de l'équipement qui venaient s'asseoir[70] dans mon salon tandis que j'étais fier, certain d'avoir des chantiers[71], des routes à tracer, j'étais fier mais je les détestais en même temps pour ces sommes[72] que je devais leur reverser[73], les sommes données aux maires[74], les bijoux offerts aux épouses des maires pour éviter les questions des inspecteurs des contributions, ces fausses amitiés, ces parties de belote sans joie, juste pour assurer le lendemain des enfants. Le vôtre aussi, même si vous ne me faites pas crédit de cette intention-là. J'ai honte de la fréquentation de ceux qui vendent leurs amis, qui dénoncent, comme cette directrice d'école qui m'a fait venir pour m'informer qu'elle avait signalé l'institutrice d'Émilienne, qu'elle considérait comme une dangereuse révolutionnaire, une autonomiste, une indépendantiste qu'il fallait éloigner des enfants. Elle se vantait d'avoir fait jouer contre cette madame Ladal l'ordonnance du 15 octobre 1960. « *Les fonctionnaires de l'État*[75] *et des établissements de l'État en service dans les DOM*[76] *dont le comportement est de nature à troubler l'ordre public peuvent être, sur la proposition du préfet et sans autre formalité, rappelés d'office en métropole*[77] *par le ministre dont ils dépendent pour recevoir une nouvelle affectation*[78]. » Oui, je le connais désormais comme une leçon, ce texte et j'ai encore plus honte[79]. Honte de lui avoir seulement dit qu'il fallait laisser les élèves terminer leur année, parce que je pensais d'abord à ma fille qui aimait tellement cette maîtresse. Ma chère petite Émilienne pouvait terminer son année et madame Ladal pourrait être signalée après, mise à l'écart après, mais mise à l'écart, Guy-Albert, tu comprends ? J'ai honte de ne pas avoir eu le courage de dire à cette directrice combien je la trouvais méprisable[80], avec sa perruque pour cacher des cheveux qu'elle n'assumait pas tout comme elle avait honte d'être une négresse, avec ses attitudes de béni-oui-oui[81], sa manière de baisser la tête[82], de marcher à reculons[83] devant ceux qu'elle s'était choisis pour maîtres. Je n'ai pas eu ce courage et je vais devoir affronter[84] la petite. Deux questions m'intimident d'avance dans la bouche d'Émilienne : où étais-tu ? où est passée ma maîtresse d'école ?

Lorsqu'il s'est tu[85], je lui ai raconté que la petite s'était retrouvée dans les rues de La Pointe[86] quand ça chauffait. Je ne savais pas pourquoi d'ailleurs, pourquoi elle n'était pas en classe à ce moment-là. Je lui ai raconté comment je l'avais ramenée[87] et je l'ai rassuré en lui disant qu'après ce qu'elle avait vu, la gamine[88] devait s'inquiéter[89] plus pour lui que pour sa maîtresse. Voilà. Il pouvait rentrer maintenant, il devait aller retrouver sa famille, parce que la folie allait se poursuivre[90] toute la nuit et demain et les jours d'après. Il fallait qu'il se mette à l'abri[91], vite. Et moi aussi. Une petite fille, ma gamine à moi, m'attendait elle aussi à quelques mètres, là.

3

Ils ont tous fini par rentrer à la maison.

Émérite, Emmy, Émelie, Émilie, Emmanuel, Émilio, Emmett, Émile.

Maman prend chaque enfant contre elle et son ventre se calme un peu.

– Maintenant, il manque papa.

Mes frères et sœurs reviennent, avec des histoires bien plus terribles que les miennes.

Emmett a vu exploser la tête d'un jeune homme ; il a regardé un des camarades du blessé tenir[92] la cervelle[93] entre les mains et essayer de garder en vie son ami.

Émilio a vu des corps transportés dans des triporteurs, comme des paquets sales et saignants[94], il a dit.

Émelie n'a pas vu de morts ni de blessés[95] mais elle sait que beaucoup de gens ont reçu des balles perdues et qu'en ville on dit que la nuit va être terrible, qu'il ne faudra pas sortir[96] parce que les chiens sont lâchés[97].

Elle répète plusieurs fois cette phrase.

Les chiens sont lâchés.

On s'assied dans la cour[98], tous ensemble et on attend.

Émile demande

– Qu'est-ce qu'on attend ?

On est tous fatigués. Une drôle de fatigue nous tient, qui nous donne envie de vomir. Aucun d'entre nous ne peut répondre à Émile.

Maman va fermer la porte du couloir[99] pour que personne ne sorte, pour que personne n'entre. C'est à ce moment-là qu'on l'entend pousser un cri.

Je pense à toi.

Un monsieur que nous ne connaissons pas est là. Il répète à notre grande sœur Emmy ce qu'il vient de dire à notre mère : l'oncle Justin a été tué aujourd'hui, dans une rue de La Pointe.

– Et papa ?

Personne ne me répond. Maman n'entend plus rien.

Alors, je dis que je vais t'attendre, t'attendre toute la nuit s'il le faut.

Dans la cour.

J'emprunte le petit banc[100] de maman.

Je suis assise sur le petit banc.

J'attends toujours que tu sonnes[101].

4

Pour Nous, le temps est venu de mettre fin à ce quadrille.

Raccompagnez les dames[102].

Saluez la Reine[103].

Un, deux, trois[104].

Nous devons Nous retirer[105].

Mais que les choses soient claires.

Nous attendrons avec Émilienne, même si, respectant ses vœux[106],

Nous resterons à distance.

Nous attendrons, non pas seulement le retour de Notre père.

Nous attendrons que l'on Nous dise comment l'oncle Justin a été tué, pourquoi Colette et Julien Ladal ont disparu.

Nous attendrons qu'on Nous explique,

à Nous aussi.

Nous attendrons la *retournelle*[107].

14.10 LECTURE DE DAMBURY

14.10.1 Lecture initiale

Ayant lu le texte une première fois, répondez aux questions suivantes.

Considérations préliminaires

- *Qui* : Qui parle dans le texte ? Qui sont les personnages ?
- *Quoi* : Quel est le sujet du texte ?
- *Où et quand* : Relevez les mots dans le texte qui indiquent un lieu et le temps.

Genre et discours

- Quel est le genre du texte (pièce de théâtre, poème, roman, etc.) ?
- Quel est le type de discours (argumentatif, descriptif, explicatif, narratif, injonctif) ?
- Quelle est la tonalité du texte (comique, épique, lyrique, tragique, polémique, etc.) ?

Comparaisons

En lisant le deuxième texte, comparez-le au premier. Notez quelques analogies et différences aux niveaux suivants :

- Le narrateur
- Le paysage décrit
- Les émotions ressenties par les personnages
- L'effet produit chez le lecteur et le but du texte

Recherche web

- Des vidéos de danses quadrilles qui se déroulent en Guadeloupe
- Les différentes figures qui existent dans la danse quadrille

14.10.2 Lecture approfondie

Compréhension

Résumé en images et interview des personnages

Pour assurer la compréhension du texte étudié, faites son résumé en images séquentielles et posez des questions aux personnages (voir Annexe A). Lisez le texte une deuxième fois. Faites d'abord attention aux procédés littéraires et dégagez ensuite la signification de chaque extrait.

Analyse

Procédés littéraires

Comparez vos réponses aux questions suivantes avec celles de votre partenaire ou de la classe :

1) Qui parle ? Et à qui ? Quelle est la profession du narrateur ? Trouvez des adjectifs pour décrire le caractère du narrateur.
2) Repérez tous les noms propres qui se trouvent de la page 214 à 217. Quelle est la relation entre ces personnes ?
3) « J'attends toujours que tu sonnes » : « tu » fait référence à qui ?
4) Pourquoi le « Nous » est-il écrit avec une majuscule ?

Interprétation

Signification

5) Qu'est-ce qui arrive à Augustine dans l'histoire que raconte le narrateur ? À qui compare-t-il Augustine ? À quoi compare-t-il ce qui arrive à Augustine ?
6) Les personnages attendent plusieurs choses, quels sont ces différents éléments ?
7) Quelle est l'atmosphère ? Est-ce que le dénouement porte une solution ?
8) Quelles interprétations pouvez-vous donner au dernier mot du livre « la retournelle » ?

9) Comment le narrateur décrit-il les enfants ? Quelle est leur particularité à ses yeux ? Pourquoi c'est une enfant qui est au centre du livre ?

14.11 PRODUCTION ORALE ET ÉCRITE AUTOUR DE *LES RÉTIFS*

Exposé oral

Préparez un exposé oral sur un des sujets proposés :
Sujet 1 – Le Rétif : Que veut dire « rétif » ? Dans quel contexte ce terme est-il utilisé principalement ? En pensant à la Guadeloupe et son histoire d'avant 1946, à quoi/qui ce terme peut-il faire référence ?
Sujet 2 – Breton journaliste des émeutes de 1967 : Imaginez Breton témoin des émeutes. Il est dans les rues de Pointe-à-Pitre le soir du 25 mai 1967. Préparez un reportage des événements en prenant sa perspective.

Débats

En groupes de deux ou trois, discutez du sujet suivant et présentez vos idées à la classe. Préparez-vous à un débat.

La colonisation positive ?!

Le colon fait l'histoire. Sa vie est une épopée, une odyssée. Il est le commencement absolu : « Cette terre, c'est nous qui l'avons faite. » Il est la cause continuée : « Si nous partons, tout est perdu, cette terre retournera au Moyen-âge. » En face de lui, des êtres engourdis, travaillés de l'intérieur par les fièvres et les « coutumes ancestrales », constituent un cadre quasi minéral au dynamisme novateur du mercantilisme colonial. »

Voilà les propos de Frantz Fanon dans son livre *Les Damnés de la Terre* (1961). Depuis quelques années certains membres du gouvernement français parlent de « colonisation positive », comment la colonisation peut-elle être positive ? Dans quelles mesures cette approche renforce ou réfute cette citation de Frantz Fanon ?

Théâtralisation

Avec vos camarades de classe, mettez en scène les pages 218, 219 et 220 de l'extrait de Dambury.

- En suivant l'essence du livre *Les Rétifs*, respectez le cadre d'un quadrille où les participants n'écoutent plus le commandeur !
- Bougez et exprimez-vous en restant dans l'esprit du quadrille. Vos voix seront les instruments !

Travail d'écriture

Écriture créative – conte : Écrivez sous forme de conte, l'histoire d'une des victimes disparues de mai 1967. Incorporez des éléments tirés de la page 218 de l'extrait du livre *Les Rétifs* et aussi des points historiques concrets. Dans votre conte, utilisez des formulations propres aux contes antillais (entre le conteur et les répondeurs, par exemple « Yé kri ! Yé kra ! »). Imitez aussi la structure du quadrille au commandement dans votre conte. Terminez votre conte avec une morale proche de celle de Dambury.

14.12 PERSPECTIVES CULTURELLES : « ÊTRE FRANÇAIS ?! CRISES ET IDENTITÉS KALÉIDOSCOPIQUES »

Parcours musical : Cherchez sur Internet la chanson en créole intitulée *La vi fofilé* de l'artiste Fred Deshayes et écrite par son père Jean-Pierre Deshayes (avocat décédé en 2008) sous le choc des événements de mai 1967, bien avant la naissance de son fils Fred.

Chanteur : Fred Deshayes.
Titre de la chanson : *La vi fofilé.*
Album « Fred Deshayes » 2012.

Interprétation

Après l'écoute :

* Bien que la chanson soit en créole, y a-t-il des mots que vous avez pu comprendre ? Lesquels et pourquoi ?
* De qui parle le chanteur ? Quelle est l'origine de ceux que nomme le chanteur ?
* Une guerre a éclaté dans son pays. En quelle année ?
* Quels sont les points principaux de cette chanson ? De quoi témoigne cette chanson ?
* Pourquoi Jean-Pierre Deshayes a-t-il écrit cette chanson en créole ?
* Pourquoi son fils la chante en 2012 dans son nouvel album ?

Travail à partir du texte traduit en français :

1) Dans le premier couplet de la chanson, il y a référence à un clivage. Lequel ? Dans le deuxième couplet, qu'apprennent les enfants guadeloupéens à l'école ? Comment est présenté le système éducatif ?
2) Qu'est-ce que *La Marseillaise* ? Que représente-t-elle et pour qui ?
3) « Allons enfants de la patrie le jour de gloire est arrivé », à quoi fait écho cette phrase dans la chanson ? Que fait la patrie ? Y a-t-il un jour de gloire ? Qu'est-il arrivé exactement ? Que dénonce cette chanson ?
4) Quelles sont les émotions qui ressortent de cette chanson ? Quelles images vous évoquent l'acte de coudre dans le refrain ? Trouvez des métaphores et exemples riches.
5) Le refrain se base sur un dicton créole : « J'ai trouvé la vie effilochée, ce n'est pas moi qui vais la recoudre ». Avez-vous le même sens dans la version de la chanson ? Qu'est-ce que cela signifie pour le père du chanteur ?

Recherche web

Consultez le site web de Fred Deshayes pour écouter ou lire sa chanson *La vi fofilé*. Vous y trouverez aussi la traduction du texte en français.

Contexte

- Le chanteur fait référence à une date spécifique dans la chanson. À cette époque, les Guadeloupéens étaient-ils des Français au même titre qu'une personne née à Toulouse, par exemple ?

- Pourquoi, longtemps après la mort du père, le fils chante-t-il ces paroles ? Quelle est la valeur de ce geste ?

14.13 MISE EN PARALLÈLE

Afin de mieux comprendre les deux textes – *Martinique, charmeuse de serpents* et *Les Rétifs* – et ce qui les relie, considérez de nouveau les pistes suivantes :

Le cadre créole : exotisme et réalité

1) Dans *Martinique, charmeuse de serpents*, nous avons la perspective d'un Européen sur l'oppression coloniale ; dans *Les Rétifs*, nous avons deux perspectives, celle d'un homme de couleur, celle d'une petite fille de couleur. En réexaminant les deux textes, pouvez-vous articuler certaines différences entre ces trois perspectives ?
2) Quel rapport voyez-vous entre l'exotisme dans *Martinique* et la violence dans *Les Rétifs* ?

La fragmentation

3) Comment le gouvernement français contribue-t-il à faire oublier les émeutes de 1967 ?
4) Quel est le pouvoir mais aussi le risque de l'écriture à travers la représentation des autres ?

La résistance

5) La passation, la recollection, la reconstitution de l'histoire sont des éléments essentiels dans *Les Rétifs*. Que pourriez-vous faire *réellement* pour contribuer à cette passation ?

La tyrannie et les violences structurales

6) Qu'est-ce qui distingue les systèmes d'autorité colonial et postcolonial dans ces deux textes ? Quels éléments ou caractéristiques du régime colonial persistent encore jusqu'en 1967 ? Faites des recherches sur la Martinique et la Guadeloupe pour mieux comprendre la dynamique de pouvoir dans ces deux DOM (Départements d'outre-mer) à l'heure actuelle.
7) Nous avons dit précédemment que le colonialisme avait préparé le terrain au fascisme. En quoi est-ce que ces deux systèmes ont préparé la grève de 1967 à la Guadeloupe ?

14.14 SYNTHÈSE

Jeux de rôles

Une interview : Imaginez que vous êtes un journaliste témoin des incidents racontés par Breton et Dambury. Quelles personnes ou quels personnages voudriez-vous interviewer, et quelles questions leur poseriez-vous ? Imaginez votre dialogue avec ces personnes.

Travail d'écriture

A. Écriture analytique – dissertation : Écrivez une dissertation sur le thème « *La colonisation : l'identité et le regard de l'autre* ». L'écrivain et philosophe existentialiste Jean-Paul Sartre dans son livre *L'Être et le néant* (1946) stipule que « nous ne sommes nous qu'aux yeux des autres et que c'est à partir du regard des autres que nous nous assumons comme nous ». Qu'est-ce que cela impliquerait pour un individu issu de la colonisation, en particulier pour les Guadeloupéens et les Martiniquais ?

B. Écriture créative – poème en prose : Relisez *Des épingles tremblantes* d'André Breton et réexaminez les éléments d'exotisme. Écrivez un poème en prose sans exotisme sur Émilienne (*Les Rétifs*). Comment pouvez-vous évoquer la fille de manière poétique, mais sans tomber dans l'exotisme ?

Portfolio de recherche

Montez un dossier de recherche sur l'un des sujets suivants :

A. Mai 1967 : « Et surtout mon corps aussi bien que mon âme, gardez-vous de vous croiser les bras en l'attitude stérile du spectateur, car la vie n'est pas un spectacle, car une mer de douleurs n'est pas un proscenium, car un homme qui crie n'est pas un ours qui danse » Aimé Césaire, *Cahier d'un retour au pays natal* (1939). Pensez-vous que cette citation soit toujours d'actualité ? Développez un concept de projet sur le thème de mai 1967 pour mobiliser ceux qui « se croisent les bras ». Expliquez l'importance de votre projet, la situation actuelle, ses conséquences, et le besoin de changer les choses. Comment allez-vous développer votre projet (moyens, intervenants, lieux, durée, etc.) ? Argumentez comment votre projet permettra d'effectuer concrètement des changements (qui en bénéficiera ? sur combien de temps ? à quelles difficultés vous confronterez-vous ? etc.).

B. La Mulâtresse Solitude et Joséphine de Beauharnais : Cherchez sur Internet des photos de la Mulâtresse Solitude. Que représente Solitude ? D'où vient-elle ? Est-ce qu'il y a de l'exotisme dans sa représentation sculpturale ? Voyez-vous des liens entre *Les Rétifs* et Solitude ? Recherchez les termes « maronnage » et « nèg mawon ». Quelles corrélations voyez-vous avec *Les Rétifs* ? Cherchez également sur Internet des photos de la statue de Joséphine de Beauharnais. Qui était-elle et pourquoi a-t-on décapité sa statue ? Trouvez une image de la statue intacte. Relisez « Le brise-lames ». Quelles qualités de Joséphine Breton met-il en relief ? Quels liens voyez-vous entre ces portraits de Joséphine et la Mulâtresse Solitude ? Faites des recherches sur Joséphine Baker, une chanteuse célèbre des années 1920 et 1930. Quels liens voyez-vous entre Joséphine de Beauharnais, Joséphine Baker et la Mulâtresse Solitude ?

Communautés

Créez un blogue sur la Guadeloupe qui met en comparaison :

- La lutte contre le rétablissement de l'esclavage en mai 1802
- La commémoration de l'abolition de l'esclavage du 27 mai 1848
- Les émeutes de mai 1967.

  Quels événements dans votre pays sont un peu le miroir de ces moments importants de l'histoire guadeloupéenne ?

Notes

1 André Breton, *Martinique, charmeuse de serpents* dans *Œuvres complètes*, Paris, Gallimard, 1999, tome 3, pp. 372–407. © Gallimard www.gallimard.fr Texte reproduit avec l'aimable autorisation de la Fondation Pauvert et de Mme Aube Breton.

2 **André Masson** : (1896–1987) artiste (peinture, dessin, sculpture) et écrivain français, Masson participe à l'activité surréaliste de 1924 à 1929. Comme Breton, il quitte la France en 1941 avec sa famille et arrive à la Martinique une semaine après Breton. Pendant une escale de trois semaines, les deux surréalistes collaborent sur plusieurs fragments qui seront intégrés dans *Martinique, charmeuse de serpents*, dont « Dialogue créole. » Masson fait également les six dessins qui figurent dans l'ouvrage.

3 **Saule** (m.) **pleureur** : un arbre à branches tombantes qui donne l'impression de pleurer

4 **Puiser** : évoquer

5 *Magasin pittoresque* : un magazine populaire publié à des intervalles variables de 1833 à 1938, inspirait des rêveries chez les enfants du XIXe et du début du siècle. (Notice, André Breton, *Œuvres complètes* v. 3, Paris, Gallimard, 1999, p. 1264)

6 **Henri Rousseau dit le Douanier Rousseau** : (1844–1910) un peintre autodidacte primitiviste très apprécié par les surréalistes

7 Breton fait un voyage au Mexique en 1938.

8 **Guillaume Apollinaire** : (1880–1918) un poète français d'origine italienne. On lui attribue l'invention du terme « surréalisme. » Gravement blessé dans la Grande Guerre, il meurt dans l'épidémie de la grippe espagnole.

9 **Martinique, charmeuse de serpents** : un tableau peint par H. Rousseau en 1907 qui a inspiré le titre de cet ouvrage

10 **Coutelas** (m.) : un couteau qui sert à couper la canne à sucre pour la récolter

11 **Brise-Lames** (m.) : une digue construite pour protéger un port

12 **Joséphine de Beauharnais :** (1763–1814) née Marie-Josephe Rose Tascher de la Pagerie d'une famille française habitant en Martinique. Épouse Napoléon en deuxième mariage en 1796. Couronnée impératrice en 1804. Faute de donner un héritier à l'Empereur, elle doit accepter le divorce en 1809. Passe la fin de ses jours au Château de Malmaison.

13 **Merveilleuse** : les Merveilleuses : courant de mode en France du Directoire (1795–1799) parmi les aristocrates qui se comportaient et s'habillaient avec extravagance en réaction à la tristesse des années de la Terreur. « *Merveilleuse* » renvoie également au *merveilleux* du surréalisme, défini par Aragon dans *Le Paysan de Paris* (1926) : « La réalité est l'absence apparente de contradiction. Le merveilleux, c'est la contradiction qui apparaît dans le réel. »

14 **Directoire** (m.) : (1795–1799) une forme de gouvernement pendant les dernières années de la Première République, avant l'avènement de Napoléon

15 **Philtre** (m) : un breuvage magique qui inspire l'amour

16 **Balbutiement** (m.) : une parole hésitante

17 **Fort-Royal** : ancien nom de Fort-de-France ; *Fô-yal* fait allusion à la prononciation en créole

18 **Marengo** : (1800) le lieu de la victoire militaire en Autriche de Napoléon

19 **Austerlitz** : (1805) le lieu de la victoire de Napoléon sur les empereurs de Russie et d'Autriche

20 **La Pagerie** : le lieu de naissance de l'Impératrice Joséphine

21 **Braqué** : fixé

22 **Combler** : faire disparaître
23 **L'Europe actuelle toute à sa fureur, à ses ravages** : une allusion à la guerre et à l'Occupation de la France
24 **Autorités (f. pl.) de contrôle** : les autorités chargées de l'inspection de documents
25 **Muni** : armé
26 **Cela leur fera une belle jambe** : cela ne les aidera pas
27 **Nous franchissons la porte** : nous pénétrons dans...
28 **Léproserie** (f.) : un établissement d'isolement réservé aux lépreux
29 **Canon** (m.) : le tuyau d'un fusil
30 **En friche** : incultivé
31 **Gestion** (f.) : l'administration
32 **Échec** (m.) : un insuccès
33 **Césaire** : Aimé Césaire (1913–2008) écrivain et homme politique. Poursuit en 1931 ses études à Paris où il rencontre Léopold Sédar Senghor. Influencé par le surréalisme tout en rejetant les modèles politiques et culturels occidentaux. Écrit en 1938–1939 *Cahier d'un retour au pays natal* qui sera publié en 1947, préfacé par André Breton.
34 **Cuve** (f.) : le réservoir
35 **Bouillonnement** (m.) : une effervescence
36 **Don** (m.) : le talent, le pouvoir
37 **Se figer** : refuser d'évoluer
38 **Donnée** (f.) : une idée fondamentale
39 **Souffle** (m.) : la respiration, la brise
40 **Apport** (m.) : la contribution
41 **Au fur et à mesure** : progressivement
42 **Étincelle** (f.) : une petite pointe enflammée qui se détache d'un feu
43 **Pierre** (f.) **philosophale** : le but des alchimistes ; une chose impossible à obtenir
44 *Note de l'auteur* : Pour en prendre le contre-pied, je n'ai pas attendu cette déclaration parue dans *Lettres françaises* (no 7–8, février 1943) : « J'imagine d'abord la poésie comme une sorte d'écriture qui, obéissant non seulement aux contraintes de la prose, mais encore à d'autres qui lui sont spéciales, nombre, rythme, rappel périodique de sons, doit pourtant la surpasser en pouvoirs...
« Je demande ainsi que la poésie possède toutes les qualités qu'on réclame de la prose, qui comprennent en premier lieu nudité, précision, clarté...
« Le poète doit vouloir exprimer tout et seulement ce qu'il désire. À l'extrême, point d'ineffable, point de suggestion, point d'images évocatrices, point de mystères... », etc. Roger Caillois, souvent mieux inspiré, s'exprime ici en parfait philistin.
45 **S'arroger** : s'attribuer sans y avoir droit
46 **Négrier** (m.) : une personne qui faisait la traite des Noirs
47 **En revanche** : en retour
48 **Sévir** : exercer une influence nuisible
49 **Spolié** : dépossédé
50 Gerty Dambury, *Les Rétifs*, Paris, Les Éditions du Manguier, 2012, p. 214–220.
51 Le format a été changé pour l'anthologie, mais dans l'original, « Quatrième figure » apparaît sur une page solitaire, en italique, pas de majuscule à la lettre « f ».
52 **Pastourelle** (f.) : une des quatre figures de la danse quadrille
53 **26 mai 1967** : le jour où débutent des émeutes en Guadeloupe qui seront suivies d'une répression de la police qui va causer la mort de nombreux innocents. Le changement de format – dans l'original, la date apparaît sur une page solitaire, en caractères gras.
54 **Ne bronche pas** : qui ne montre pas son désaccord ; qui ne réagit pas
55 **Serrer** : comprimer, contracter
56 **Étouffé** : oppressé, silencieux
57 **Surmonter** : surpasser, maîtriser
58 **Esclave** (m./f.): une personne opprimée sous l'autorité et la domination absolue d'un maître
59 **Marquer au fer** : marquer le corps d'un esclave avec un objet chauffé
60 **Creusait** : forer, miner
61 **Pelle** (f.) : un outil/accessoire utilisé pour lever/collecter de la terre, du gravier, du sable, etc.
62 **Pioche** (f.) : une houe ; un outil/accessoire utilisé pour forer/percer de la terre
63 **Tracteur (m.) à chenille** : un véhicule pour tracter/tirer

64 **Truelle** (f.) : un outil/accessoire souvent utilisé pour appliquer le plâtre
65 **Boue** (f.) : de la terre imbibée d'eau
66 **Bâtisseur** (m.) : un constructeur, un architecte
67 **S'effriter** : se désintégrer, se fissurer, se corroder
68 **Pleurer** : se lamenter
69 **Larmes** (f. pl.) : les gouttes d'eau dans les yeux
70 **S'asseoir** : par exemple, se mettre sur une chaise
71 **Chantier** (m.) : un lieu/endroit de construction ou de démolition. Lieu où se trouvent des matériaux divers.
72 **Des sommes** (f. pl.) : une grande quantité d'argent
73 **Reverser** : restituer, rembourser
74 **Maire** (m.) : la personne qui dirige une commune. Par exemple le maire de la ville de Pointe-à-Pitre.
75 **Fonctionnaire** (m./f.) **de l'État** : une personne qui occupe un emploi civil de l'État
76 **DOM** : une abréviation de Départements d'Outre-Mer. Renvoie aux départements français (anciennes colonies françaises) situés à l'extérieur du continent européen (la Guadeloupe, la Martinique, la Guyane).
77 **Métropole** (f.) : la France hexagonale
78 **Affectation** (m.) : la titularisation ; le nouveau poste professionnel
79 **Avoir honte** : avoir une humiliation
80 **Méprisable** : abject, vil
81 **Béni-oui-oui** : une personne qui répond toujours oui, sans réfléchir, aux propositions d'une personne supérieure hiérarchiquement
82 **Baisser la tête** : se soumettre, se subjuguer
83 **Marcher à reculons** : aller en arrière
84 **Affronter** : résister, faire face
85 **Il s'est tu** : il a arrêté de parler
86 **La Pointe** : la ville de Pointe-à-Pitre
87 **Ramener** : raccompagner, rapporter, restituer
88 **Gamine** (f.) : une fille ou une jeune fille
89 **S'inquiéter** : s'alarmer, se préoccuper, troubler
90 **Se poursuivre** : continuer
91 **Se mettre à l'abri** : se protéger
92 **Tenir** : prendre, saisir
93 **Cervelle** (f.) : le cerveau ; la tête ; le crâne ; l'ensemble de la masse nerveuse localisée dans la tête
94 **Saignants** : pendant du sang
95 **Blessés** : accidentés, mutilés
96 **Sortir** : partir, aller à l'extérieur de la maison
97 **Sont lâchés** : sont libres, déliés
98 **Cour** (f.) : le patio
99 **Couloir** (m.) : le corridor
100 **Banc** (m.) : un long siège étroit. Plusieurs personnes peuvent s'assoir sur un banc.
101 **Sonnes** : actionner la sonnerie d'une maison pour annoncer sa présence/son arrivée
102 **Raccompagnez les dames** : une commande dans la danse quadrille quand les hommes escortent les femmes.
103 **Saluez la Reine** : une commande dans la danse quadrille quand les hommes saluent les femmes.
104 Fait allusion au commandeur (chanteur-lead) qui pendant la danse quadrille compte/chante : « 1, 2, 3–2, 3 »
105 **Se retirer** : partir, sortir
106 **Vœux** (m. pl.) : les désirs
107 **La retournelle** : une expression dans le quadrille, quand un couple de danseurs fait la queue pour retourner à son positionnement initial.

Annexe A

Exercices de compréhension

A.1 ACTIVITÉ DE COMPRÉHENSION : ÉTUDE DE VOCABULAIRE

✓ Noms avec leurs articles
✓ Verbes avec leurs prépositions (si nécessaire)
✓ D'autres mots (adjectifs, adverbes, conjonctions, etc.)
✓ Phrases/tournures intéressantes

A.2 ACTIVITÉ DE COMPRÉHENSION : RÉSUMÉ EN IMAGES

Pour récapituler ce qui se passe dans le texte lu, faites un résumé en images séquentielles. Vous pouvez faire des bonshommes en bâtons ou juste illustrer quelques objets/aspects qui vous permettront de bien saisir l'essentiel de l'intrigue. (Voir le polycopié dans la rubrique A.2.1)

Présentez vos images à vos partenaires ou à la classe entière. Quand vous parlez, n'oubliez pas de vous servir de conjonctions de coordination et de subordination pour relier vos idées et pour créer un paragraphe cohérent.

• Écrivez également votre histoire et lisez-la à la classe.

Comparez vos images aux images de votre partenaire. Quelles en sont les différences et les similitudes ?

- Avez-vous choisi les mêmes moments-clés de l'intrigue ?
- Avez-vous choisi les mêmes mots-clés ?
- Comment vos choix changent-ils vos résumés ?

Maintenant, sélectionnez les meilleures images et le vocabulaire le plus utile pour faire le résumé de l'histoire avec votre partenaire. N'oubliez toujours pas les conjonctions. Cette fois-ci, racontez l'histoire en vous servant des temps du passé. Faites attention à la concordance des temps.

- Remarquez-vous dans vos images séquentielles des similitudes avec le schéma narratif ?

Vocabulaire

Voilà quelques mots (prépositions, adverbes et conjonctions) utiles pour relier des phrases dans un paragraphe cohérent :
Prépositions de temps : en, dans, depuis, pendant, pour.
Adverbes de temps : d'abord, auparavant, après, depuis, ensuite, puis, tout à coup, tard, tôt, récemment, finalement, etc.
Conjonctions de coordination : mais, ou, et, donc, or, ni, car.
Conjonctions de subordination :

- de but : en sorte (que), de manière que, donc, pour que, afin que, etc.

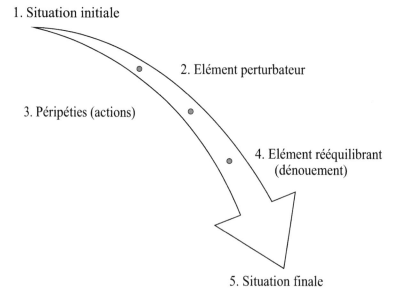

1. Situation initiale

2. Elément perturbateur

3. Péripéties (actions)

4. Elément rééquilibrant (dénouement)

5. Situation finale

Figure 12 Le schéma narratif.

- de cause : comme, quand, lorsque, alors que, tandis que, dès que, après que, pendant que, etc.
- d'opposition : alors que, sans que, sauf que, bien que, etc.

Pour augmenter cette liste, faites des recherches supplémentaires sur ce sujet.

A.2.1 Résumé en images séquentielles (polycopié)

Préparé par: _____

Date: _____

Texte (pages): _____

Auteur: _____

1.	2.	3.

_____

_____

4.	5.	**Vocabulaire-clé**
		_____
		_____
		_____
		_____

_____

_____

A.3 ACTIVITÉ DE COMPRÉHENSION : INTERVIEW DES PERSONNAGES

Pour bien comprendre les personnages, il est utile de penser aux questions que vous pouvez leur poser. Choisissez deux personnages principaux dans le texte lu et imaginez quelles questions vous pouvez leur poser. (Voir le polycopié dans la rubrique A.3.1).

Maintenant, comparez vos questions à celles de vos partenaires.

Jeux de rôles

Jouez l'interview dans laquelle vous posez vos questions et votre partenaire y répondra selon les informations fournies dans le texte étudié.

Vocabulaire

Révisez les mots interrogatifs et les façons de poser des questions en français :

- Qui, que, comment, quand, où, d'où, pourquoi, combien (de)
- L'intonation
- L'inversion
- N'est-ce pas
- Est-ce que

A.3.1 Interview des personnages (polycopié)

Préparé par: _____
Date: _____
Texte (pages): _____
Auteur: _____

1. _____
2. _____
3. _____
4. _____
5. _____

Personnage 1:

6. _____
7. _____
8. _____
9. _____
10._____

Personnage 2:

Annexe B

Exercices d'autoréflexion

B.1 AUTORÉFLEXION

Votre auto-évaluation peut prendre la forme d'un exposé oral ou d'une réponse écrite. Pour bien formuler vos idées, pensez à la structure d'un discours argumentatif ou celle d'une dissertation à la progression dialectique.

Répondez aux questions suivantes :

- Qu'avez-vous appris dans ce module ?
- Quels liens voyez-vous entre les textes étudiés et votre vie personnelle ou professionnelle ? À quels autres textes (compris dans le sens large du terme) est-ce que ces textes vous font penser ? Pourquoi ?

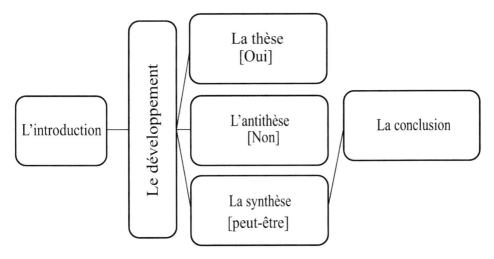

Figure 13 La structure d'une dissertation à la progression dialectique.

Bibliography

Baudelaire, Charles. *Œuvres complètes*. Paris: Gallimard, Bibliothèque de la Pléiade, 1975. Print.

Beyala, Calixthe. *Maman a un amant*. Paris: Albin Michel, 1993. Print.

Bonk, Curtis. *The World Is Open: How Web Technology Is Revolutionizing Education*. San Francisco: Jossey-Bass, 2009. Print.

Borgomano, Madeleine. *Ahmadou Kourouma. Le "guerrier" griot*. Paris: L'Harmattan, collection "Classiques pour demain," 1998. Print.

Breton, André. *Martinique, charmeuse de serpents*. In *Œuvres complètes*, v. 3. Paris: Gallimard, 1999. Print.

Chamoiseau, Patrick. *Au temps de l'antan. Contes du pays Martinique*. Paris: Hatier, 1988. Print.

Chemla, Yves. "Entretien avec Ahmadou Kourouma." *Le Serpent à plumes* 8 (1993): 151–175. Print.

Cohen, Albert. *Belle du Seigneur*. Paris: Gallimard, 1986. Print.

D'Aubigné, Agrippa. *Les Tragiques*. Ed. Frank Lestringant. Paris: Gallimard, 1995. Print.

Dambury, Gerty. *Les Rétifs*. Paris: Les Éditions du Manguier, 2012. Print.

Du Bellay, Joachim. *La Défense et illustration de la langue française*. Ed. S. de Sacy. Paris: Gallimard, 1967. Print.

Ernaux, Annie. *Journal du dehors*. Paris: Gallimard, 1997. Print.

Fanon, Frantz. *Peau noire, masques blancs*. Paris: Éditions du Seuil, 1952. Print.

———. *L'An V de la révolution algérienne*. Paris: François Maspero, 1959. Print.

———. *Les Damnés de la terre*. Paris: François Maspero, 1961. Print.

Flaubert, Gustave. *Correspondance*. Paris: Gallimard, Bibliothèque de la Pléiade, 1980. Print.

———. *Madame Bovary*. Paris: Gallimard, Folio classique, 2001. Print.

Foucher, Anne-Laure. "Réflexions linguistiques et sémiologiques pour une écriture didactique du multimédia de langues," *Alsic* 1.1 (1998): 3–25. Web. 3 June 2014. <http://alsic.revues.org/1440>

François, Michel. Introduction. *L'Heptaméron*. By Marguerite de Navarre. Paris: Bordas, Coll. "Classiques Garnier," 1991. I–XX. Print.

Gassama, Makhily. *La langue d'Ahmadou Kourouma ou le français sous le soleil d'Afrique*, Paris: ACCT-Karthala, 1995.

Gaultier, Jules de. *Le Bovarysme*. Paris: Presses de l'Université Paris-Sorbonne, 2006. Print.

Genette, Gérard. *Palimpsestes*. Paris: Seuil, 1982. Print.

Glissant, Édouard. "À partir du paysage." In *Le Discours antillais*. Paris: Seuil, 1981. Print.

———. *La Lézarde*. Paris: Seuil, 1958. Print.

Gougenheim, Georges. *Grammaire de la langue française du seizième siècle*. Paris: Picard, 1984. Print.

Hébert, Anne. *L'Île de la Demoiselle*. Montréal: Boréal, 1990. Print.

Inez, and Vinoodh. "L'Invitation Au Voyage – The Louis Vuitton Advertising Campaign Film." *YouTube*. YouTube, 11 Dec. 2012. Web. 25 July 2013. <https://www.youtube.com/watch?v=1BMPdXN_jb0>.

Kahn, Axel. *L'Homme, ce roseau pensant ... : essai sur les racines de la nature humaine*. Paris: NIL Éditions, 2007. Print.

Kourouma, Ahmadou. *En attendant le vote des bêtes sauvages*. Paris: Seuil, 1998. Print.

———. *Les Soleils des indépendances*. Paris: Seuil, 1969. Print.

Lafayette, Madame de. *La Princesse de Clèves*. Paris: À la Cité des Livres, 1925. Print.

Le roman de Tristan et Iseut. Ed. Joseph Bédier. Paris: L'édition d'art, 1924. Print.

Lestringant, Franck. "La demoiselle dans l'île, prolégomènes à une lecture de la nouvelle 67." In *Lire L'Heptaméron de Marguerite de Navarre*. Ed. Dominique Bertrand. Clermont-Ferrand: Presses Universitaires Blaise Pascal, 2005. Print.

Mabanckou, Alain. *Verre Cassé*. Paris: Seuil, 2005. Print.

Mataillet, Dominique. "Ahmadou Kourouma, un Voltaire africain." *Jeune Afrique*, n.p., 16 Dec. 2003. Web. <http://www.jeuneafrique.com/102583/archives-thematique/ahmadou-kourouma-un-voltaire-africain/>.

Mouawad, Wajdi. *Incendies*, Montréal/Paris: Leméac/Actes Sud, 2003. Print.

Navarre, Marguerite de. *L'Heptaméron*. Ed. Michel François. Paris: Bordas, Coll. "Classiques Garnier," 1991. Print.

NDiaye, Marie. *Trois femmes puissantes*. Paris: Gallimard, Poche, 2009. Print.

Ngũgĩ wa Thiong'o. *Decolonising the Mind: The Politics of Language in African Literature*, London: James Currey Ltd., 1981. Print.

Nothomb, Amélie. *Le Voyage d'hiver*. Paris: Albin Michel, 2009. Print.

Pascal, Blaise. *Pensées*. Ed. Philippe Sellier. Paris: Classiques Garnier Multimédia, 1999. Print.

Perrault, Charles. *Contes, Contes en vers*. Ed. Gilbert Rouger. Paris: Garnier, 1967. Print.

Proust, Marcel. *À la recherche du temps perdu*. Paris: Gallimard, Bibliothèque de la Pléiade, 1987. Print.

Rebérioux, Madeleine. "L'Affaire, la République, cent ans après." Entretien avec Olivier Morel, *République Internationale des Lettres*, no. 9, 1994. Web. <http://www.republique-des-lettres.com/dreyfus-9782824900407.php>.

Raimond, Michel. *Proust romancier*. Paris: Société d'édition d'enseignement supérieur, 1984. Print.

Rousseau, Jean-Jacques. *Les Confessions, Autres textes autobiographiques*. In *Œuvres complètes*. Eds. Bernard Gagnebin and Marcel Raymond. Vol. 1. Paris: Gallimard, Bibliothèque de la Pléiade, 1962. Print.

Sadji, Abdoulaye. *Nini, mulâtresse du Sénégal*. Paris: Présence Africaine, 1954. Print.

Saint-Augustin. *Confessions*. Tr. Joseph Trabucco. Paris: Garnier Flammarion, 1964. Print.

Sirois, Antoine. "Anne Hébert et la Bible. La suite..." *Cahiers Anne Hébert n°11*. Centre Anne Hébert, Université de Sherbrooke, 2011. Print.

Swaffar, Janet, and Katherine Arens. "Foreign Language Teaching Methods: Reading." *Foreign Language Teaching Methods: Reading*. Center for Open Educational Resources and Language Learning (COERLL). The University of Texas at Austin. 2010. Web. <https://coerll.utexas.edu/methods/modules/reading/>

Théobald, Gérard. *La Liberté est ou n'est pas*. Paris : Éditions Publibook, 2014. Print.

"VALUE Rubric Development Project." *Association of American Colleges & Universities*, n.d. Web. <http://www.aacu.org/value/rubrics>

Vidal-Naquet, Pierre. "Préface à Alfred Dreyfus." In *Cinq années de ma vie*. Paris: La Découverte, 2006. Print.

Voltaire. *Candide ou l'Optimisme*. Gallica. Web. <http://gallica.bnf.fr/ark:/12148/btv1b520001724>

—— *Lettres philosophiques*. Gallica. Web. <http://visualiseur.bnf.fr/CadresFenetre?O=NUMM-72251&M=tdm>.

Zola, Émile. "J'accuse ... !" *L'Aurore* 13 Jan. 1898, n.p. Pitbook.com. Web. <http://www.pitbook.com/textes/pdf/jaccuse.pdf>

Index